U0031293

人間佛教研究

二〇一六年

佛光山 星雲

目　錄

・結合「知識取向」與「實踐取向」的學術刊物
・銜接傳統與現代，落實佛學研究的新方向

《人間佛教研究》第十一期（2021）
Studies in Humanistic Buddhism, Issue 11(2021)，04-37

佛教慈悲精神與
稻盛和夫的慈悲管理

吳有能[*]

摘要

　　本文設定有限的論述目的，具體的說，本文先分析佛教的慈悲觀的理論成分，從哲理分析，提出從存在論、形上學及本性論三向，解釋生緣、法緣與無緣慈悲的三層次；並凸顯慈悲的四個面向，它們分別是意向性的關聯、位格的關係性、平等的同理性及動態的實踐性；並進而以日本京瓷創辦人稻盛和夫為例，以彰顯在其詮釋下，所見到的佛教慈悲精神跟慈悲管理的選擇親和性（Elective affinity）。

關鍵詞：慈悲、慈悲管理、稻盛和夫、選擇的親和性、阿米巴管理

[*] 吳有能：香港浸會大學宗教及哲學系副教授。

一、導言

近年許多商業會議的會議主題，都跟慈悲相關；譬如International Working Group on Compassionate Organizations以及The Changing Culture in the Workplace Conference；至於Wisdom 2.0會議的目的更明確的擺在如何讓現代世界活在更大的覺醒、智慧與慈悲之中（greater awareness, wisdom and compassion in the modern age.），參與會議的講者都非泛泛之輩，而是各行各業中的重要領袖，譬如創立eBay的Pierre Omidyar，福特的Bill Ford、穀歌VP of Talent的Karen May 以及Linked In的CEO Jeff Weiner等等。慈悲管理已成為當前業界關注的重要議題，但這卻非全新的發展。當代人間佛教高僧星雲法師就非常重視慈悲的管理，星雲法師說：「慈悲沒有敵人，慈悲才能受人愛戴；你能以慈悲待人，人家自然會對你有好的回應。慈悲就是最好的管理方法。」[1]艾瑪・塞佩萊（Emma Seppälä）是美國非常知名的慈悲學研究者，她在《哈佛商業評論》（*Harvard Business Review*）指出慈悲是比強硬更有效的管理工具（a better managerial tactic than toughness.）[2]，並且她的經典著作《快樂的軌道》（*The Happiness Track*）[3]論述慈悲與成功的關係，也深受重視，這顯示近年管理學已關注慈悲在管理上的相關性。

當然，企業界主管自身擁有多年具體經驗，多數非常清楚管理的內涵；而學界中就算是專攻工商管理專業的，也沒有多少人像稻盛和夫般具備成功的實戰經

---

[1] 星雲大師：〈普門品的管理〉，《星雲大師全集 19：佛教管理學 1：經典系列》（高雄：佛光文化事業有限公司，2017 年），頁 49。

[2] Emma Seppälä, "Why Compassion is a Better Managerial Tactic than Toughness", *Harvard Business Review*. (2015.5.7) Available at: https://hbr.org/2015/05/why-compassion-is-a-better-managerial-tactic-than-toughness https://hbr.org/2015/05/why-compassion-is-a-better-managerial-tactic-than-toughness.

[3] Emma Seppälä, *The Happiness Track: How to Apply the Science of Happiness to Accelerate Your Success*, (New York: HarperOne,2016).

《人間佛教研究》第十一期（2021）
Studies in Humanistic Buddhism, Issue 11(2021)，04-37

驗；至於不是專研管理的宗教及哲學學門的學者，對於管理事宜，似乎更無發言權；然而慈悲管理，卻又跟宗教及精神文明相關，譬如在TED的演講系列中，著名電視節目主持人及宗教學家 Karen Armstrong就採用金律為題，發揮不同宗教傳統的相關意見，[4]而她的演講贏得2009年的TED獎；[5]其後，超過十萬人簽署支持 Charter for Compassion（慈悲約章）。可見從東方宗教中吸取養分，以豐富管理的智慧，已經成為當前重要的研究及實務的重點之一。[6]在傳統中國的三教中，佛教最重視慈悲的觀念；所以就開發東方慈悲智慧方面，我們實有充分的理由，專門研究佛教慈悲精神與管理的關係。

　　管理並非只是一系列的管控的技術，而是具備價值和道德取向的工具；所以不能欠缺價值思考。而管理的對象是人所進行的關乎生產力的安排，因此管理必須跟他人打交道，而這得面對人性的優缺點。從這個方向想，管理跟倫理與價值非常相關，而這就是宗教與哲學的關涉之處；本文並非要系統的探索慈悲管理，也非要論斷慈悲管理是否有效，[7]因為這是企業家與領導者的專業。本文只有非常有限的論述目的，嘗試從哲學分析展現佛教慈悲精神的某些特點，並進而呈現

---

[4] Karen Armstrong's Ted talk is available at: https://www.ted.com/talks/karen_armstrong_passion_for_compassion.

[5] Karen Armstrong's talk upon receiving the Ted Prize: https://www.ted.com/talks/karen_armstrong_makes_her_ted_prize_wish_the_charter_for_compassion?language=zh-tw.

[6] 譬　如 Judith White, "Leadership through Compassion and Understanding," in *Journal of Management Inquiry*, Thousand Oaks, Vol. 7, Issue 4 (12/1998), pp. 286-293. Hendrik Opdebeeck and Andre Habisch (2011), "Compassion: Chinese and Western Perspectives on Practical Wisdom in Management," *in Journal of Management Development*," Vol. 30, Issue 7/8 (2011), pp.778-788.

[7] 慈悲管理是否有效管理，並非本文所設定的論證目的；這是實證研究的範圍，並非哲學觀念的研究所能彀喙；不過，學界也有反省稻盛管理學在中國執行的具體問題，參見戴偉娟：〈芻議阿米巴模式在我國企業中的運用困境〉，《中國鄉鎮會計》2016年第8期（2016年8月），頁193-194。同時，筆者也願意指出稻盛的管理成就，似乎並非僅來於其晚年推出的慈悲管理觀，反之，其在商界實戰時所開發的阿米巴管理，跟其佛教理念兩者之間，或有互相補強之處。

其與管理學上的「慈悲管理」之間，存在選擇的親和性（Elective affinity）。[8]具體的說，本文先分析佛教的慈悲觀的理論成分，進而以日本京瓷創辦人稻盛和夫為例，並在具體解釋選擇親和性的詞意之後，指出在稻盛和夫詮釋下，佛教慈悲精神跟其慈悲管理之間存在選擇親和性。

二、佛教慈悲精神的哲學分析

慈悲是佛教的根本概念，星雲法師提供非常精要的解說：「慈悲二字，是把快樂給人；悲，是替人拔除痛苦。你有痛苦，我願意為你拔除、願意帶給你快樂，這就叫作慈悲。」[9]星雲法師這一說法跟經典的表述基本一致，譬如《大智度論》卷27說：「大慈與一切眾生樂，大悲拔一切眾生苦。大慈以喜樂因緣與眾生，大悲以離苦因緣與眾生。」[10]依照這一說法，慈是給予眾生快樂，悲就是拔除一切痛苦。所以慈悲就是給予眾生快樂，幫忙減滅眾生痛苦的總稱。而慈悲精神就是在超脫輪迴、證入涅槃的總目標下，從事拔苦予樂的工作。所以慈悲並非只管世間的苦樂，而必有更高的精神，引領出世間的成就，這才是佛教慈悲的重點。[11]因「有」眾生而興悲憫，因諸法「空」而生智慧，以慈悲為觸媒，以智慧

8　什麼是選擇的親和性？一般辭典提供這樣的解釋，The notion of elective affinity (Wahlverwandtschaft) has a long history but Max Weber employed the term to suggest a process through which two cultural forms – religious, intellectual, political or economical – who have certain analogies, intimate kinships or meaning affinities, enter in a relationship of reciprocal attraction and influence, mutual selection, active convergence and mutual reinforcement. 依照這樣的解釋，所謂選擇的親和性，依照韋伯的意思，是指兩個文化形式的相互吸引，影響及強化的過程，無論這些文化形式是宗教、思想、政治及經濟的都可以。本文有專節，討論其意義。

9　星雲大師：〈慈悲〉，《星雲大師全集 16：佛法真義 1》（高雄：佛光文化事業有限公司，2017 年），頁 63。

10　〔姚秦〕鳩摩羅什譯，龍樹菩薩造：《大智度論》卷 27，《大正藏》第 25 冊，頁 256b。

11　張有才：〈論漢傳佛教的「慈悲」美德精神〉，《東南大學學報（哲學社會科學版）》第 18 卷第 2 期（2016 年 3 月），頁 48-53。

《人間佛教研究》第十一期（2021）
Studies in Humanistic Buddhism, Issue 11(2021)，04-37

來超越。悲智雙運的慈悲，不執於凡塵生滅，不迷於人間苦樂，而是讓眾生領悟輪迴的本質，得聞正見，悟諸法實相。古德說悲智雙運，就是點出慈悲與般若智的緊密關係。

（一）慈悲心及不同層次

修行不能無佛心，因為若無佛心，則根本不可能成佛；《觀無量壽佛經》說：「諸佛心者，大慈悲是。」[12]這點出所謂佛心其實就是大慈悲。簡單的說，佛心是根本，而佛心的表現就是慈悲；換言之，佛心就是作為慈悲基礎與動力的「體」；而佛心的發動，就表現為各式各樣的慈悲表相；而拔苦予樂就是慈悲的實踐作用；綜合而言，佛心是體，慈悲為相，離苦得樂是用。打個比方，母愛是體，而其顯現為種種愛護兒女的養育行為，無論是小時候的餵養，還是長大後的教育，都是內在母愛的外在表現，是以成為「表相」；而其效果就在於讓兒女離苦得樂，這就是所謂「作用」。就此而言，佛心就是慈悲心。

一般習慣，將慈悲分為生緣、法緣與無緣慈悲三層次；[13]筆者嘗試從現代哲學分析的進路，提出存在感、形上學及本性論三向詮釋：

1. 生緣慈悲：存在的把握

生緣慈悲是眾生緣慈悲的簡稱；也就是感受到眾生的苦痛，而產生相應的拔苦予樂的行為，由於這是從存在的苦痛著眼，所以是「存在的」（existential）

---

[12] 〔劉宋〕畺良耶舍譯：《佛說觀無量壽佛經》卷 1，《大正藏》第 12 冊，頁 343c。

[13] 參見聖嚴法師：〈慈悲的三層次〉，《大法鼓》第 827 集，網址：https://www.youtube.com/watch?v=OYW3KpwCCJ0。依據《大智度論》：「慈悲心有三種，眾生緣、法緣、無緣。凡夫人眾生緣。聲聞、辟支佛及菩薩，初眾生緣，後法緣。諸佛善修習畢竟空，故名為無緣。」〔姚秦〕鳩摩羅什譯，龍樹菩薩造：《大智度論》卷 40，《大正藏》第 25 冊，頁 350b。其次，「若無空觀者，則見有眾生，眾生成緣，名凡夫慈。若無空觀者，則見有諸法，成於法緣，成二乘慈。是以知一切法空，不見有眾生及以諸法而起慈者，名無緣慈。無緣慈者謂如來慈，故以畢竟空觀成慈悲行。」〔隋〕吉藏：《法華遊意》卷 1，《大正藏》第 34 冊，頁 649a。

把握；吉藏《法華遊意》云：「若無空觀者，則見有眾生，眾生成緣，名凡夫慈。」[14]慈悲並非是菩薩所獨有的，而是人人所共有的本性；但凡夫因為沒有空觀，將一切諸有視為實在，並對因緣所產生的一切法（一切存在），呈現其慈悲。譬如因緣所引，眼前見到市場中屠狗，凡夫即此因緣，而引發內在慈悲心的作用，於是產生諸多不忍，甚至因而產生購買放生的行為。這種慈悲，是緊扣在其所攀緣的境而產生；而凡夫也有這種慈悲，故稱為凡夫慈。

2. 法緣慈悲：形上的說明

人們善觀諸法因緣生，自然能明白我與一切眾生，其實同處於複雜的因緣相互交織中，真可謂呼吸相關，環環相扣；依照佛教通譯，一切存在彼此或直接或間接互為條件；而基於此，也就容易產生「自他不二」的領悟；這裡所謂「不二」，就是不把自我與他者強行裂分為絕不相干，甚至是對立的敵體；反之，把握緣起的存在法則，就能將一切眾生視為相關而不相同的「關係性存在」（relational beings）；所以從形上學講，由於一切眾生都處於龐大無盡的因緣網絡之下，於是佛教慈悲普度的基礎就有其「形上學」（metaphysical）的說明。

既然明白經驗界中自他同處於生滅的因緣網絡中，也就可以從形上原理的把握，進而反省到彼此相依；甚至從明白形上學的自他不二，進而發展為倫理學的自利利他領悟。當人有此一貫徹形上學與倫理學的體悟，則自然容易對他者展現慈悲。簡而言之，這並非道德本心直接發用的慈悲；而是從形上原則領悟出彼此相關，並在這相關性的基礎上，體悟自他相依，從而自愛愛人，自利利他。順此思路，放下分別心，而落實為待人如己的精神與實踐，也就不難理解了。筆者認為這種從形上原則把握的慈悲，就是「法緣慈悲」，這是一種形上學的進路。

---

[14] 〔隋〕吉藏：《法華遊意》卷 1，《大正藏》第 34 冊，頁 649a。

《人間佛教研究》第十一期（2021）
Studies in Humanistic Buddhism, Issue 11(2021)，04-37

3. 無緣慈悲：本性論的進路

但從一切皆空的領悟，也可觀眾生平等，無分別親疏。值得注意的是，無緣慈悲並不從緣起而產生的相關性談，而是從空性談，於是可以得出「無緣大慈，同體大悲」的觀點。[15]而這種從空性講的慈悲，可以稱為「本性論的掌握」。值得注意的是，無緣慈悲雖從空性講，但並不偏廢；反之，它同時具備「空有兼顧，悲智雙運」的性格。

讓我們先從空性談「無緣大慈」，然後再談「同體大悲」。首先，能明白諸法皆空，則把握了諸法的根本。從一方面講，吾人明白一切皆空的本性，就生「平等慧」；也就是能夠平等地看待眾生，並本無分別心以行慈悲普度，這就是「無緣大慈」。是以善導大師的《觀經疏》說：「明佛心者慈悲為體，以此平等大慈普攝一切。」[16]簡而言之，佛菩薩從無分別心，而興發平等智，所以無論眾生與我是否特別有緣，全都放在慈悲的普遍關懷之下，這稱為「無緣大慈」。

另一方面，能把握空性，則心既不攀緣於外在虛境，也不執著於諸法差別；因為無論是內在的吾心與外在的諸法都是空的；究竟說來，確實也無可攀緣；此時，妄心息止；又因為真妄相依，真心就是妄心的反面；所以妄心息止，則真心呈現。所謂同體，就是指同此真如本體。於是在承認一切皆空之同時，也肯定一切眾生都有此能悟的真心。從普遍性言，真心遍在於法界中一切眾生；從關係性言，一切眾生的真心彼此又互具互攝，則法界一切眾生，也都同在真心之中。而在這樣的境界中，真心包舉一切法，遍滿法界一切眾生都不外於心，而同為吾人給予福樂的對象。

---

[15] 見據法師：〈如何體達「無緣大慈，同體大悲」〉，網站名稱：中台世界，網址：https://www.ctworld.org.tw/disciple/mind/2003/105.htm。

[16] 〔唐〕善導大師：《觀無量壽經疏‧觀經正宗分定善義》，大正藏，第 37 冊，No. 1753，頁 30。依照 CBETA 版。

　　「同體大悲」的「體」，就是指諸佛與眾生無二的真心，本質上無二無別。而從圓成佛道看，則一切心、一切有情及其所依報的無情世界，全幅統攝入諸佛空性本體的觀照之下，所以能產生「同體大悲」的瞭解與行為。這真心，在眾生名為理體、佛性、如來藏等，在佛則名為法身、圓覺、真如等。這個真心，是眾生和佛都一樣的，一切諸佛都是同一個法身，一切眾生也都是同一個理體，而諸佛的法身和眾生的理體也是同一個，所以說「生佛同體」。

　　我與眾生的理體既為同一，則一切眾生都跟我密切相關；眾生受苦，與我受苦無異；其間，既無親疏之分，也無敵友之別。《維摩詰經》雲：「菩薩如是，於諸眾生，愛之若子；眾生病則菩薩病，眾生病癒，菩薩亦癒。」[17]正因生佛無異，所以眾生有病，菩薩也病。於此，心靈興發拔除眾生痛苦的願力，嘗試令眾生都能離脫苦果，更能不造苦因，這種從空觀把握的理體，從而講普度眾生，就是「同體大悲」。

　　總上所述，慈悲若從能否把握空性觀察，可以區分為三類；第一是不明白空性，此時心靈依照感官為主的「六入」，一旦接觸於能感動的情境，往往不容或已的產生慈悲之感。這種從實存感受入手談的慈悲，就是「生緣慈悲」。

　　第二是雖不明白空性，但能把握緣起原則，從而明白諸存有之間，實在呼吸相關，環環相扣；並進而能產生自他不二、人溺己溺的覺悟，於是也容易產生對他者的慈悲。這種從形上法則談的慈悲，就是「法緣慈悲」。

　　第三是從理解絕對空性看，除了理解心並無所緣之境，也知道一切對象（諸法）也是空，進而回頭反思那能夠進行一切反思的心靈自身也是空的；於是一方面，理解「我法二空」。另一方面，從破妄而返顯真心。從空性講平等，於是無論眾生是否有緣，都應大慈，是故能「無緣大慈」；從真心的「生佛無異」，則

17　〔姚秦〕鳩摩羅什譯：《維摩詰所說經》卷 2，《大正藏》第 14 冊，頁 544b。

一切眾生都收攝於真心，故能講「同體大悲」。因把握空性，而在顯空智之外，更生慈悲心，所以是無緣大慈，同體大悲，就是空有無礙，悲智雙運的。

（二）慈悲的共性

　　慈悲雖然可有不同的展現，但其實也有共有的特性，本文提出以下四大點：

1.意向性的關聯（Intentional Connectivity）：

　　慈悲反映著意向性的關聯，所以它不是機械性的連結；反之，慈悲是佛心的發用，這是無私慈悲將自我與他者聯繫起來。如果從「能所結構」看，慈悲本身是指向他者的內在心能。

　　除了這發出心能的慈悲主體外，慈悲心的發用必有慈悲的對象；就好像愛的能力，必涉及能愛的主體，以及所愛的對象。一般人常愛家人、愛朋友、愛國家，甚至愛鈔票、愛房、愛車等等，不一而足。而當人們實踐愛的能力之時，所愛的對象儘管不盡相同，但必有所愛的對象。慈悲一方面關涉能夠行慈悲的主體，而慈悲的施行，也同時是愛的意向投注於所愛的對象。所以慈悲展現為意向性結構，在這個結構中，慈悲心體及慈悲對象關聯起來，基於慈悲而來的關聯性，並非法則性的緣起聯繫，更非組織的相關，而是無私大愛的關懷，這正是講究個體自由的現代社會所經常欠缺的考量。

　　其實，法則與組織上就算有連結，也未必有真實的關係。真實的關係是建基於有真情實感的；人們感概相識滿天下，知己無幾人，這並非沒有朋友連結，而是沒有真心的關係。所以真正需要建立的是關係，並非只有聯繫而已。

2.位格的關係性（Personal Relationality）：

　　哲學上，關係是位格（person）與位格之間的，位格就是能感受，有情感的存在。西方基督教及哲學傳統，常只會將位格保留給上帝、天使及人，但佛教則

包含一切有情眾生。所謂有情眾生，其一個意義就是能具體感受苦樂的存在；所以戒殺，不及於草木瓦石，因其沒有感受痛苦的能力，但卻不限於人類，因為鳥獸蟲魚都能感受痛苦，所以佛教主張護生戒殺的範圍其實就是指有感受痛苦能力的有情眾生；換言之，這是從位格去設想。

佛教以慈、悲、喜、捨四無量心為立教宗旨。所謂：「大慈大悲愍眾生，大喜大捨濟含識。相好光明以自嚴，眾等志心歸命禮。」[18]可見佛教慈悲精神所施行的範圍，並不限於自己所熟悉的親友，而能施及他人，甚至一切眾生。其實，所謂悲潤眾生是情感的聯繫，而我們跟有情眾生能夠建立情感關係，才得以彼此同此情，共其感。慈悲講求拔苦予樂，正是建立在這一能感受苦樂的能力之上，而能感受，並能對此感受有所回應正是位格的特色，所以慈悲就是建立在位格為基礎的關係性之上。

3.同理心的平等性（Empathic Equality）：

「同理心」在促進人的正面成長及發展非常重要，但同理心並非同情心，同理心是以平等與尊重為基礎，表現為平等待人。[19]同理心是一種將心比心，易地而處的能力，慈悲也是這種能力，星雲法師說：「慈悲不一定要彼此有緣，並非因為你是我的家人、朋友，我才愛你，我才對你慈悲；真正的慈悲是不管你認不認識我，你有苦難我就要幫助你……所以，奉行慈悲並不難，重點是要學習立場互換。你受苦難，我幫忙你；假如我有了苦難，我也需要人家的幫忙。因此，立場調換以後，慈悲心自然就油然生起了。」[20]所以，修行者當放下個人的執著，不但非親非故應該慈悲待之，冤親舊惡，也應慈悲對待；是以《八大人覺經》

[18] 佚名：《佛說五十三名懺悔經》，《諸經日誦集要》卷 3，《嘉興藏》第 19 冊，頁 174a。
[19] Lanzoni, S., *Empathy: A History*. (New Haven; London: Yale University Press, 2018).
[20] 星雲大師：〈慈悲〉，《星雲大師全集 16：佛法真義 1》，頁 63。

《人間佛教研究》第十一期（2021）
Studies in Humanistic Buddhism, Issue 11(2021)，04-37

說：「菩薩佈施，等念冤親，不念舊惡，不憎惡人。」[21]

慈悲喜捨的捨，也不是一般意義的施捨；因為一般意義的施捨難免有居高臨下的心態，但慈悲喜捨的精神，就是歡喜做，甘願受。舉例言之，發揮母愛的人是如此偉大，我們稱這種母親為慈母，因為這種母愛一心就為孩子，她們「歡喜做，甘願受」；所謂甘願，就不是要圖謀孩子將來感恩圖報；這些母親的心意就只要孩子好，自己心甘情願受苦受難。

將血緣關係的慈愛推進一步，也足以呈現慈悲的平等性。日本佛學宗師中村元在上世紀中，撰寫《慈悲》一書，備受稱許；中村先生特別強調慈悲是平等慧。他說：「人間的愛有親疏差別……慈悲則要超越這種立場，它要求自親至疏都平等待之。」[22]面對疏離孤獨者，在社會上被遺棄，乃至遺忘的邊緣人，慈悲教導我們得真誠的接納他們，不應該用世間歧視的目光，以上臨下的強勢，去看待他們，反而要從無私大愛，轉出無我的接納。佛陀為舍衛城挑糞的尼提說法，跟阿難一同替老比丘清洗全身的瘡，接納毗舍離妓女庵摩羅的供養，佛陀不會因為對方的不堪而拒絕他們，反而更主動的接納他們，這表現出慈悲的平等性，以及同理心。

平等性是在施與受兩方面都可以講的；救苦救難是菩薩，但受苦受難是大菩薩。受苦的眾生，以他們身受苦難來為我們提供修煉慈悲的機會，就施與受都在慈悲行中得到幫助而言，慈悲是平等，而不是強勢對弱者的施捨，而是無分施與受，都是在生命的苦難中，也在慈悲行中得到平等機會。「物我同體，冤親平等」，能如此，自能以無量心去普利眾生，也就更能發揮慈悲精神，愛護自然，珍惜環境，將傳統所謂戒殺護生，發揮到更廣更大的範圍，這樣不但生態環境得

---

[21] 〔後漢〕安世高譯：《佛說八大人覺經》，《大正藏》，17 冊，779 號，頁 1。中華電子佛典協會 (CBETA) cbeta@ccbs.ntu.edu.tw

[22] 中村元著，江支地譯：《慈悲》，臺北：東大圖書出版，1996，頁 86。

以永續發展，而且在大環境中的一切有情眾生，也得到慈悲護庇。

　　具體的說，慈悲就是感同身受與尊重待人；這是用平等而不批判的角度，感受他人處境的能力，既能同歡，也可共哭。相對來說，「同情心」的本質是一種上下不對等的關係，表現為強者對弱者的憐憫與施捨。雖然同情者也可以成為施予者，但往往忽略對受助者的同感與尊重；而慈悲則是站立在平等慧的同理性。

4.動態的實踐性（Dynamic Practicality）：

　　佛陀對世間有一根本觀察，他認為世間充滿苦痛，所以四聖諦中以苦諦為第一；而苦集滅道四者中，前二者是苦諦與集諦，這兩者是描述性的，苦是描述世間苦的現象，集是描述苦的成因；後兩者是滅諦與道諦，這兩者都是實踐性的；滅道交代解脫苦痛的實踐方法；所以概括地說，四聖諦就是針對世間多苦，教人離苦得樂的慈悲智慧。所以《大般涅槃經》中說：「三世諸世尊，大悲為根本」。[23]《觀無量壽經》也說：「佛心者大慈悲是，以無緣慈攝諸眾生。」[24]慈悲可說是佛教，特別是大乘佛教修行的根本。

　　但真正的慈悲，必然不停留在感受苦樂，而必然進一步要求拔苦予樂；也就是慈悲必有行動性。觀音聞聲而救苦，不正表現慈悲並非感受而已，更重要是能感受世間苦難，而產生相應的慈濟行為。所以慈悲必有行動性。印順導師也說：「但有悲心是不夠的，非有悲行不可。換言之，菩薩要從實際的事行中，去充實慈悲的內容，而不只是想想而已。充實慈悲心的事行，名利他行，大綱是：佈施，愛語，利行，同事——四攝。」[25]實際上，聞思修是一貫的，所以慈悲必然付諸實踐。

　　慈悲的行動固然可以是純然利他，但也可以建築在自利利他的共善之上，慈悲可

---

[23]　〔北涼〕曇無讖譯：《大般涅槃經・聖行品》，卷 7，中華電子佛典協會 (CBETA) cbeta@ccbs.ntu.edu.tw，頁 95。
[24]　〔劉宋〕畺良耶舍譯：《佛說觀無量壽佛經》卷 1，《大正藏》第 12 冊，頁 343c。
[25]　印順：《學佛三要》（臺北：正聞出版社，2000 年），頁 131。

以是對他人好，同時，也是對自己好的行為。印順導師說：「菩薩的修學佛法，是為了眾生。要利益眾生，就必須自己修治悟入。所以菩薩是為了利他而自利，從利他中完成自利。如專為了自己這樣那樣，就不是菩薩風格，而是聲聞了。」[26]

對菩薩言，利他是重點，而利己則是連帶的副產品，本身並非目的；但凡夫的利他，往往也帶有對自己有利的考慮。不過，我既為眾生當中之一，所以慈悲眾生也是對自我的慈悲，在自他不二之中，利他也是利己。

三、稻盛和夫：讓日航起死回生的經營聖者

當代日本經濟發展史中曾出現「經營四聖」，他們分別是松下公司的松下幸之助、索尼的盛田昭夫、本田的本田宗一郎以及京瓷集團的稻盛和夫。稻盛和夫生於1932年1月21日，有日本經營之聖之美稱；他從基層出身，刻苦勤奮的精神及深植於佛教的商業準則，讓他成為日本本土企業家的代表人物。他創辦了京瓷、第二電電（今KDDI）等商企，現為日本航空名譽長（董事長）、公益財團法人稻盛財團理事長。

稻盛和夫晚年，在京都出家為僧，本應不問世事，頤養天年；但日本經濟泡沫化，讓日本航空幾乎破產，股票停牌。而日本政府是日本航空的大股東，當時日本首相為挽救日本航空，三顧茅廬，敦請稻盛和夫出山襄助；他基於民族感情，不顧親友反對，竟以七十八歲的高齡，毅然出任日本航空董事長，全力改造日航；一年之內，使日航起死回生，不但償還大量債務，而且竟能讓日本航空重新上市，[27]商界都視為奇蹟的經營！

---

[26] 印順：《妙雲集・寶積經講記》（臺北：正聞出版社，2000 年），頁 269。

[27] 莊素玉：〈稻盛和夫：經營企業就是修行〉，網站名稱：《天下雜誌》，2011 年 11 月 15 日發表，網址：https://www.cw.com.tw/article/article.action?id=5027919。

四、稻盛和夫的慈悲管理學

　　慈悲管理可說是管理的新典範；早在杜拉克的著作，已經提到二十一世紀管理學的挑戰；面對新的挑戰，杜拉克就提出管理新典範；新管理型態並非僅為企業管理，而且管理既非管理組織，也是管理人，管人就是管理。稻盛和夫認同管理是管理人，所以他並不單獨談管理制度，反而更強調把握人的特性。不過，稻盛先生並未系統而全面的發揮其深富佛教色彩的慈悲管理學，下文只勾勒出其中幾個重點。

　　稻盛先生談到實業社會的大人之時，特別引用福澤諭吉的觀點；認為實業社會的大人必須具備四條件，而其中哲學家深遠的思想就是首要條件。[28]

（一）提供思維高度：共識、共存與人間的極樂世界

　　稻盛認為應該提供理念，給與員工共同奮鬥的願景及滿足感；滿足提供快樂，而願景則是一種哲學。管理人除了關心員工苦樂，關懷其福祉外，領導者必須讓員工分享公司的哲學，也就是讓公司上下都共享一種更高的思維。稻盛和夫說：

> 企業是一個集體，為了實現高的目標，遠大的目標，大家在工作中，必
> 須配合協調，不管個人的喜惡，全體人員都需要擁有共同的思維方式，
> 需要理解，並讚同這樣的思維方式，這是做好工作，實現企業目標的前
> 題。[29]

---

[28] 參見日·稻盛和夫、梅原猛著，卞立強譯：《回歸哲學——探求資本主義的新精神》（上海，學林出版社，1996 年），頁 23-24。稻盛和夫在反省福澤諭吉之言後，認為四條件的順序是哲學思想、心地善良、商業才幹及頑強精神。

[29] 日·稻盛和夫：〈企業經營是一門優秀的哲學〉，《IT 時代週刊》2010 年第 15 期（2010 年 8 月 5 日），頁 72。

這裡所謂目標，實際上就是團結公司的精神與哲學，問題是公司中不只一個人，而人人的哲學又未必相同，甚至相互矛盾，那哲學豈非成了分裂爭議的溫床嗎？稻盛和夫認為：

> 你的哲學與我的不一致，我無法接受，如果有這樣的幹部，公司的力量就無法凝聚起來。當然，不光是幹部，一般員工也要與公司一條心，一起朝著相同的方法努力奮鬥。為此，他們必須加深理解公司的哲學，思維方式，大家共同擁有這種哲學。[30]

稻盛和夫強調管理必須有哲學，但不能淪為表面上互相尊重，實際上互不相關心的各行其是。稻盛主張在核心價值上，必須有共識。這是通過長期努力溝通才能建立的，這對於企業的生存與發展，可說是絕對必要。

　　稻盛先生倫理及哲學思想來源不一，但是儒學與佛教都是重要資源，譬如建立了彼此認同的哲學，就容易讓眾人有共許的目標與願景，這就更就容易讓員工團結一致，連帶強化員工的認同感。總之，稻盛先生主張必須建立共認的哲學，進而建立富有佛教精神的管理文化。

　　慈悲管理是佛教管理文化的特色之一，但是大家的發揮並不一致，譬如聖嚴法師說：

> 凡所成就者，都必須結合眾人之力；一個公司要有前途，還是得靠員工的同心合力，單憑老闆個人是無法做到的。所以身為管理者，更應該以全體參與者的利益為利益，需求為需求，如此大家方能有向心力。一個

---

[30] 日‧稻盛和夫：〈企業經營是一門優秀的哲學〉，頁 72。

公司如果能為了共同的理念而上下全體一起努力，事業必定蒸蒸日上。
因此我認為，只要有人就有希望，有人就要關懷、就要教育，這才是慈
悲的管理。[31]

這種慈悲管理是活用佛教的「和敬」精神，重點在彼此敬愛，合心團結。實際
上，在拯救日航的事件中，稻盛和夫就呼喚日本的愛國意識，也讓日航員工感受
到為國爭光的榮譽感；於是公司上下，都在這崇高的思維下，努力置身象徵著救
國行動的拯救日航行動上。所以上下團結一致，甚至不惜犧牲自己，終於將日航
起死回生。

　　但是值得注意的是稻盛先生跟聖嚴法師有不同發揮；稻盛先生主張共存，但
他並非簡單的和平共處，稻盛先生認為這種討好各方的「好好主義」只得一偏；
共存與競爭並非矛盾的概念，反之，共存就包含競爭；換言之，生存競爭就是共
存中的一部分。稻盛先生說：「大家謀求馬馬虎虎的共存，決不可能達到真正的
共存。不是包含著嚴酷的生存競爭的共存，我認為是沒有意義的共存。」[32]理想
的世界，人人「和敬」，但在理想實踐之前，現實的情況，卻不免人各自私，甚
至彼此鬥爭。所以只想到和敬的世界，而忽視現實的鬥爭，其實未免不切實際；
相反，光想著現實的鬥爭，而失去和敬的精神，也就難免溺於「三毒」。所以稻
盛先生強調執兩用中的「中道」精神，將你死我活的摧毀性鬥爭，改為追求發展
的競爭；儘管競爭還是攸關生存發展，但卻不一定需要你死我活，所以還是可以
共存。

---

[31] 釋聖嚴：《人行道》，《法鼓全集》第 8 輯第 5 冊（臺北：法鼓文化，1999 年），頁 94。
[32] 日・稻盛和夫、梅原猛著，卞立強譯：《回歸哲學——探求資本主義的新精神》，頁 53。

此外，共存不只是為競爭對手留有餘地，更可以創造共贏。共存的胸襟不但讓差異不淪為互鬥的根本理由，反而可以成為彼此互補、相互豐盈的起點。同時，共存的包容性，更展開考慮對手的態度。稻盛先生就曾批評日本在日美經濟摩擦中，日本只要一人得利，而不顧及對手，這並不合理，也招致世界各國的指責。[33]

一般修佛的人，常主張人要知足，但現實上不能知足的人很多。「知足的對立面不知足，就是利己。如果是利己，那就會一心只追求自己的利益，就會根據是否符合利的理念這一基準來判斷一切。這樣一來就永遠不知足。」[34]這種不知足讓人鬥爭不息，執著於自我，最終很可能大家都痛苦，而這樣溺於我執而相爭相鬥的世界實際上仿如阿鼻地獄；反之，若能夠想到別人所需，顧念他人，互敬互讓，這世界就是極樂世界。[35]

這實際上又關涉佛教「自利利他」的精神實踐。稻盛先生的核心理念之一就是不能只為利益而營商，商業不僅僅是一個謀利行為而已；反之，它固然利己，也要能夠利人，甚至有時要犧牲自己，才能利他，這當然跟自利利他，甚至是無我利他的佛教精神相呼應。他認為日本社會重視利益得失的價值觀，所以他痛陳「拘泥於自己的利益，就不可能看到前景……反之我感到擺脫自我，實際上能看到對自己有利的東西，拘泥於自己的利益，結果就會看不到世界的真實面

---

[33] 參見日・稻盛和夫、梅原猛著，卞立強譯：《回歸哲學——探求資本主義的新精神》，學林出版社，1996 年，頁 6-8。

[34] 參見日・稻盛和夫、梅原猛著，卞立強譯：《回歸哲學——探求資本主義的新精神》，學林出版社，1996 年，頁 2。

[35] 參見日・稻盛和夫、梅原猛著，卞立強譯：《回歸哲學——探求資本主義的新精神》，學林出版社，1996 年，頁 3-6。

貌」[36]當然這種我執就產生自我中心，而忽視他人；他認為日本經營的心態反映出「這一切都是利己的行為，根本沒有為他人而犧牲自己的利他精神和愛。」，他甚至認為日本的社會經濟問題，「泡沫現象及崩潰的產生，以及股票行市呆滯、金融不正常條件、日美經濟摩擦，國際問題等日本的一切混亂，我認為都是產生於日本人非常缺乏倫理與哲學。」[37]所以稻盛先生的經營理念，就不僅是一套如何賺錢的方式，而更涉及倫理哲學的價值認取；他要回歸哲學，重點是要發揮佛教慈悲的精神，講究自利利他；他既不迴避競爭，但更要追求共存的中道經營，為的是自愛也愛人，所以在經營中不只求創造雙贏，而應更求「多贏」，他說：「我並不認為追求利潤就是壞事。但是現在追求的資本主義中，我認為最大的問題是如何把利益用出去・我想大概是為了社會、為了家人、為了人吧！」[38]他認為營利該為員工、股東、顧客文化與社會帶來利益，這不但涉及公司的社會責任（corporate social responsibility），更注意到分配正義。這一商業經營實踐方面的「利益眾生」，其實就是為自己及他人拔苦予樂。在稻盛先生所見的基礎上，我們可以進而推知，如果人人放下我執，世界就更容易「平靜而和善」，那麼這五濁的人間世就如同「極樂世界」了，[39]稻盛的理念實充滿慈悲的精神！

---

[36] 參見日・稻盛和夫、梅原猛著，卞立強譯：《回歸哲學——探求資本主義的新精神》，學林出版社，1996 年，頁 36-37。
[37] 參見日・稻盛和夫、梅原猛著，卞立強譯：《回歸哲學——探求資本主義的新精神》，學林出版社，1996 年，頁 3。
[38] 參見日・稻盛和夫、梅原猛著，卞立強譯：《回歸哲學——探求資本主義的新精神》，學林出版社，1996 年，頁 19。
[39] 參見日・稻盛和夫、梅原猛著，卞立強譯：《回歸哲學——探求資本主義的新精神》，學林出版社，1996 年，頁 4-5。

（二）慈悲的對待他人

　　日常用語中，對他人痛苦或不幸的同情、憂慮與關懷都是慈悲。這種關懷與擔憂意味著能感受他人苦樂的能力，當慈悲包含這種能力的高度展現時，我們稱為同理心。所謂同理心，就是能夠將心比心，設身處地考慮他人的能力，這是一種換位代入，進行感思的能力，可簡稱為同情共感。

　　菩薩就是具備這種跟眾生同情共感的能力，所以寧願捨棄馬上成佛，還要回頭普度眾生；跟慈悲相反的就是冷漠、殘酷和苛刻的指責。將企業與員工視為共同體，並非僅為彼此相關，利害與共；而更是出自一種關懷，既能體會員工苦痛，也不忍其苦痛；正是因為不忍員工失業的痛苦，稻盛和夫以高齡出掌日本航空，他也放下董事長之尊，換上工人服裝，遇上生手的技工，還跟他們一起工作，體會工作的難度，以及教導工人技巧，這都是慈悲的體現。

　　稻盛和夫提出兩條吸引員工的原則，第一就是接納員工，把他們當夥伴；第二是讓員工真心喜歡你。他說：

> 如果你只愛自己，就沒有人會愛你。所以必須無我、放空自己、犧牲自己，凡事最優先考慮到的就是員工。如果你能為員工做到這樣，他們也一定會打從心底愛上你。[40]

---

[40] 日・稻盛和夫：〈激發員工幹勁的兩大要訣〉，網站名稱：《天下雜誌》，2015 年 1 月 29 日發表，網址：https://www.cw.com.tw/article/article.action?id=5064204。

既然憂戚與共，老闆絕對不能自私，反之，要善待員工，更要善待客戶，讓他人都得幸福；稻盛和夫說：

> 企業經營者必須竭力排斥「只要自己好就行」的利己私心，在關愛心、慈悲心、利他心的基礎上，付出不亞於任何人的努力，最終讓員工、客戶、社區、企業周圍的人都獲得幸福，這才是一個真正意義上的企業家。[41]

這種關心「眾生」的思考，除了反映企業良心外，更反映出慈悲精神，已經超越自私，邁向他者。

當然對他者慈悲，也就必勇於承擔社會責任，絕對不會輕易放棄產品質量；他呼籲注意的不僅是利潤，而應「反思動機是否善，有沒有私心。」[42]他堅持社會良心與責任，重視生產規範，以免貽害他人，稻盛和夫非常強調這一點，並大力斥責造假之風：

> 事實上，公司的這種規範、規則或者說必須遵守的事項，並不明確的企業比比皆是。就是這種原因，古今中外，各式各樣的企業醜聞不斷發生。歷史上一些有名的大企業，甚至因為這類醜聞而遭無情淘汰。[43]

> 回顧過去，在日本因食品造假的公司都消失了。在美國，大型企業安然公司，因財務作假而崩潰；在中國，大型的乳製品企業三鹿集團，因為

---

[41] 日·稻盛和夫：〈企業家必須具備崇高的道德倫理觀〉，《IT時代週刊》2012年Z1期（2012年2月20日），頁14。
[42] 參見日·稻盛和夫、梅原猛著，卞立強譯：《回歸哲學——探求資本主義的新精神》，學林出版社，1996年，頁41-42。
[43] 日·稻盛和夫：〈企業經營是一門優秀的哲學〉，頁72。

對三聚氰氨事件負有責任，導致資不抵債，這些事在日本也有所報導。[44]

可見稻盛和夫的慈悲經營具體表現為堅守企業道德，維持產品質量，這種企業精神當然贏得社會信賴，也讓公司創造更高利潤。

（三）心靈的教育

稻盛先生曾運用吃麵的比喻，說人人爭吃，不惜把碗都打破；從而說明社會上溺於自執，貪戀財貨的人，只知爭取個人利益，而忘記利益他人，於是造成地獄一般的世界。他指責今天社會的苦難，就是人心自私與貪婪的結果：

製造出阿鼻地獄似的悲鳴，是住在那兒的人們的心，現在日本的這種世態，也是現在住在那兒的日本人的心所製造出來的。[45]

其實，極樂世界與地獄都是人心所造：

這樣平靜而和善的人們居住的地方就叫做極樂世界，「我」、「我」地僅考慮自己的人們居住的地方就叫作地獄。[46]

既然極樂的「天堂」與痛苦的地獄都是人心所造，所以正本清源，他呼籲大家回歸良善，放棄自我中心，建立利他的精神；由於他重視重構人心的規範，因而特別強調心靈教育。基本上，稻盛和夫認為社會的重建，重點就在於人心的整頓，

---

[44] 日‧稻盛和夫：〈企業經營是一門優秀的哲學〉，頁 72。
[45] 日‧稻盛和夫、梅原猛著，卞立強譯：《回歸哲學──探求資本主義的新精神》，頁 5-6。
[46] 日‧稻盛和夫、梅原猛著，卞立強譯：《回歸哲學──探求資本主義的新精神》，頁 4-5。

人格的提昇，人格是企業人成功的要素，他曾說：

> 怎樣做才能讓對方信任和尊敬呢？那就是優秀的人格。要想處得外國人
> 的尊敬，必須具備特別優秀的人格，即具備做人的德性。這個德字超越
> 國界，普遍適用到，不能以德治人，企業在海外的運行就無法成功。[47]

這些話是建基於道德人心的整治方案而提出，其陳義很高，可謂空谷足音。

　　總而言之，稻盛先生的管理，並不偏側組織與法規，而側重於以人為本。所以他提出的哲學思想，一方面統整員工的理念與願景，另一方面，破除營利只為自利的我執，開啟利他的襟懷；從而在商業世界中建立「自利利他」，造福他人的商業倫理精神。筆者認為統整理念重在建立共識，自利利他則爭取共存。

　　從共識到共存，其實體現打破我執，關愛他人的慈悲精神，自然就不只善待員工，也要求善待其他持份者，擴而充之，股東、顧客，乃至社會大眾，都在慈心悲願的關懷之內，所以不但重視人間分配的正義，也重視產品的品質，保障消費者的權益；甚至關心環境的保育。這樣廣闊的關心，其實體現大慈大悲精神的普遍周攝；所以稻盛先生的經營管理觀念，可說深富慈悲精神，具現慈悲管理的特色。既然重點在慈悲，而人心卻如此執著與自私，所以要實踐良好的管理，從深層次講，還得從心靈的教育入手。

五、選擇的親和性

　　上文簡單的整理佛教的慈悲概念，以及稻盛和夫的慈悲管理學，現在討論

---

[47] 日·稻盛和夫：〈企業經營是一門優秀的哲學〉，頁 73。

兩者之間是否存在「選擇的親和性」，而這得先說明「選擇的親和性」一詞的意義。

選擇親和性一詞，雖非始於經典社會學家韋伯（Max Weber, 1864—1920），卻是韋伯論述中的重要概念；可是學界對這詞的專門研究，卻並不多見；其中，以何維（Robert Howe）教授的研究最為詳盡[48]；何維將韋伯著作中提到選擇的親和性之處全部羅列出來，並取相近詞，譬如內在親和性（inner affinities）加以比較研究；其解釋可說迄今為止，最為嚴謹的代表性分析。

依據何維的研究，韋伯實際上受康得（Immanuel Kant, 1724—1804）思想的影響；而選擇親和性，則是一種觀念，並不必然是事實；這好比星座與星星的差別，星座只是人們加諸星體的解釋，當然跟宇宙中的星星全無實際關係；但是人們通過意義的連接，卻仍可建立整套星座的解釋。所以將不同星星串聯起來，通過人的主觀想像，竟然成為中國文化的北斗七星、希臘神話中的大熊座，以及古埃及文明眼中的公牛左腳，當然，天上的星星本身，跟這些人類的解釋全無關係。

所以當韋伯用「選擇的親和性」這詞，以說明新教倫理與資本主義關係之時，韋伯清楚否定兩者的直接因果關係；因為許多資本主義因素，早在宗教改革發生前數百年已經出現了；反之，韋伯只是提供一解釋；同時，他也承認資本主義與宗教存在多種相互影響關係；[49]而所謂選擇的親和性就是對這種相互影響的

---

[48] Richard Herbert Howe, "Max Weber's Elective Affinities: Sociology Within the Bounds of Pure Reason," *American Journal of Sociology*, Vol. 84, No. 2 (1978/9), pp.366-385.

[49] M. Weber wrote in his work that ". . . in view of the immense confusion of reciprocal influences between the material bases, the forms of social and political organization, and the intellectual and spiritual contents of the cultural epochs of the Reformation, one can proceed only by first of all inquiring as to whether and in what points definite elective affinities between certain forms of its religious faith and its work ethic are discernible. Thereby and at the same time, the manner and the general direction in which in consequence of such elective affinities the religious movement affected the development of the material culture will be clarified as much as possible." This quotation is translated by Richard Howe. See Richard Howe's article, (1978/9), "Max Weber's Elective Affinities: Sociology Within the Bounds of Pure Reason".

解釋。

這可以說是韋伯否定機械的因果關係，而另行建立的一種解釋。可是，他用的比較寬鬆，所以這一概念後來也引用在化學等學科。但基本上，選擇親和性就是說某一思想體系形成某種傾向，而這些傾向，因選擇而凸顯起來，並用以建立及尋找另一體系。譬如某些新教倫理的觀念，如禁慾、選民等形成某種思想行為傾向，它們可以被選取以建立某種適合資本主義工作倫理的解釋，並反過來解釋基督教倫理。由是，選擇親和性其實就是一種觀念，或者是邏輯，那是諸意義網絡之間的交互關係（interrelationships between networks of meanings）。

基於何維的詮釋，筆者認為選擇親和性可以理解為，它只是通過人們詮釋的產物；其重點不全在於解釋的客觀性，而更在於主觀的選擇，並將這些被選取的觀念從本有體系外推到另一體系；而這一外推為詮釋者在新脈絡中產生有用的詮釋；這一在新體系有用的詮釋又回過頭來，支援其在原脈絡中有效性；於是久而久之，這一觀念詮釋就在原有脈絡及新置脈絡中，都取得強大說服力。比如為另一體系的現象提出解釋，讓本來的體系與目標體系產生有效連結，讓雙方概念，可以互相詮釋；對筆者來說，這類近哲學詮釋學大師高達美（Hans-Georg Ga-damer, 1900—2002）歷史，通過詮釋而產生影響，可稱為效應的歷史（effective history），這種親和性，筆者認為可稱為效應的親和性（effective affinities）。因為這種親和性是詮釋性的，它可為現象提供一定解釋，但隨解釋性與事實的相符程度的高下，就有不同程度的親和性（different degree of affinities）。

本文採用韋伯這個詞，是基於下列幾點考慮；第一，慈悲管理是一種橫跨宗教思想體系及實際管理行為的，呈現交織兩個不同意義網絡的努力，這符合韋伯意義下選擇親和性的應用範圍。

第二，稻盛和夫提出哲學觀，不但為公司與員工提供世界觀及未來願景，也

清晰呈現選擇親和性。因為稻盛和夫將其理解的佛教慈悲，外推到其經營管理的學問上；反過來說，稻盛和夫也抽取部分實際經營經驗，回過頭來詮釋佛教慈悲的觀念；這種雙向的詮釋，讓稻盛和夫慈悲管理學的選擇親和性，更為突出。

上文提到從佛教慈悲觀所展開的某些特性，其中有四大點最為重要。筆者認為這四點跟慈悲經營兩者之間存在選擇的親和性。

第一，意向性的關聯：當前論述多從緣起法說關係性，本文主張從慈悲而並非僅從緣起談，同時，不能忽視能夠實踐慈悲的內在心能。筆者認為慈悲有「意向性」，也就是說慈悲一方面呈現能慈愛的菩提心，另一方面，則必關連到所愛的對象——一切眾生；慈悲不是從緣起談的法則性連結，而是那聯繫自我與他者的無私大愛，也就是慈悲是一種內在心能的發用。所以從慈悲而來的關聯性並非中性的「法則性聯繫」，而是無私大愛的「意向性關聯」。如果個體發揮這種無私奉獻的精神，當然有助於公司的團結，譬如稻盛和夫本人對公司非常投入，他放棄薪資，並住在旅館，全心全意為日航打拚，感動許多員工。他何以不安享晚年？因為他不捨得其他人！

第二，位格性的連結，佛教慈悲精神所及的範圍，不單施及他人，甚至一切眾生。觀音能跟有情眾生同此情，共其感。慈悲講求拔苦予樂，正是建立在這一能感受苦樂的能力。究其實，能感受、有情感正是位格的特色，而慈悲就是建立在位格為基礎的關係性之上。

我們看到慈悲管理也發揮體貼員工的特色，這是要求主管設身處地的明白員工的困難。這已經是同理心的應用；同時，也尊重員工的差異性，盡力去安頓彼此差異，來成為互相補足的正面資產，而不淪為彼此爭鬥的負面能量。凡此，都是因為稻盛和夫能夠尊重個人的位格，所以不但尊重員工的基本人格及相應的權利，更能從人性的角度去理解他們，甚至進而尊重不同意見。於是，稻盛和夫與員工，甚至公司與員工，都已經共融於密切的關聯性之中，所以也贏得員工的支

持與愛護。

但是稻盛和夫更關心顧客，所以重視生產的質量；這除了反映企業良心外，更反映出慈悲精神，已經超越自私，邁向他者。他晚年說，我非為發財，而是希望帶給他人幸福。他跟世界的關係，也可以說是大愛的關係，因為他要為他人拔苦予樂！

第三，同理心的平等性：由於將眾生視為位格者，也就必連帶以平等態度，接納對方，這是同理心與平等性的展現。如果對比稻盛和夫的管理哲學，我們看到他真的很體恤員工，盡量用同理心去理解員工的困難，並協助他們度過難關；譬如當企業面對不景氣，大家擔心失業；稻盛和夫不忍裁員，而讓大家減薪；兩年後，稻盛和夫不但將工資漲回來，更將兩年中員工少領的工資，全數歸還員工。

第四，動態的實踐性：慈悲並不能停留在言說，我們梳理出慈悲的觀念及其相關性，正是要大家付諸實踐，解行並進，慈悲可以表現為不容或已的大愛心能，慈悲不但支撐我們協助他人，也呼籲我們點亮他人的心燈，給予他人光明與溫暖，就此而言，慈悲不單展現慈悲行者的實踐力，也賦予受助者的實踐力，這種慈心就是慈燈，它讓受助者重燃希望，再度擁有信心與能力（empowerment），這就讓施與受雙方都得到提升，救苦救難是菩薩，受苦受難也是菩薩。對員工慈悲，可以接納他們的困難，也要在適當時機提升他們的能力，所以稻盛和夫也注重員工的培訓。

六、反省

稻盛和夫的慈悲管理，確實將管理拉回到人的身上；而不是將管理誤會為管理數字；這讓他的管理充滿溫情與鼓勵的特色，他不輕易解雇員工，因為他看重

的並非雇員數字，而是數字背後許多人，以及許多家庭。

　　他的人本管理，重在道德，重在哲學觀；但這配上其在公司中的高位，很容易形成不容懷疑的道德權威，所以稻盛和夫的管理具有大家長精神，儘管照顧員工，但身在高位的大家長，就算能體察基層的辛苦，這始終就是從上而下仁慈，而這又能否發揮平等的慈悲精神呢？

　　稻盛和夫的哲學或思維的其中一重要面向，就是配合，甚至是向上服從的思維；所謂管理，就是要捐棄個人的好惡，要求全體人員都需要配合集體主義；稻盛和夫說：

> 企業是一個集體，為了實現高的目標，遠大的目標，大家在工作中，必須配合協調，不管個人的喜惡，全體人員都需要擁有共同的思維方式，需要理解，並贊同這樣的思維方式，這是做好工作，實現企業目標的前題。[50]

這樣看來，稻盛是否非常仰賴權威，以及員工對公司的服從？

　　比較起來，現代管理學之父彼得‧杜拉克（Peter Ferdinand Drucker, 1909—2005），同樣也將管理放在人之上，但杜拉克認為領導者應該提供目標與理念，讓員工有自由空間，完成目標。依照杜拉克，管理的手段是自由的；更準確的說，不是管理人，而是領導人[51]，要提供空間，激發和釋放員工本來具備的善意和潛能，從而創造價值。因此管理固非運用威脅和利誘的權利支配，也無須員工服從公司的世界觀，或管理者與員工的道德；反之，管理只須提供目標，讓員工

---

[50] 日‧稻盛和夫：〈企業經營是一門優秀的哲學〉，頁 72。
[51] 美‧彼得‧杜拉克（Peter Drucker）著，劉毓玲譯：《典範轉移：杜拉克看未來管理》（臺北：天下遠見出版社，2005 年），頁 27-28。

發揮長處，達成任務。杜拉克認為隨著現代知識工作者和互聯網的興起，員工更不容易服從，而傳統的權力支配方式將越來越難有效。

但稻盛和夫並未陷入上述的困局，雖然他沒有採取杜拉克的方式，但他另有阿米巴的經營策略。稻盛和夫把企業劃分成若干各個小的單位，培養各小單位的領導。各個作業單位之間可以各自實行買賣，於是原來從生產到行銷等所有環節，仿佛變成一個個獨立的小企業一樣；他們各自擁有獨立性，自主確定生產計畫、自主經營、自主核算、自負盈虧。而每一個單位又如同阿米巴組織，可以隨時切割分散，或互相結合，以因應新形勢。這些獨立的單位，都要爭取利潤，這就有利於調動員工的積極性；而公司每一單位都直接面對競爭性，所以對市場變化的敏感度也隨之強化。總而言之，每個員工都涉入具體的經營活動中，於是公司的各個環節都整合到集體之中。[52]如此一來，個體在單位內充分發揮其創造性，同時，各單位又統屬於公司之中；筆者認為這巧妙的整合個體性與整體性，所以才能夠保持其企業的創造力與內聚力。戴偉娟認為「阿米巴模式和稻盛哲學是合二為一的，如果切斷了二者之間的關聯，很難使得阿米巴起到預期的作用。」[53]但阿米巴經營卻非基於慈悲管理的原則，而是稻盛和夫在發展產業過程中所探索發展的經營方式，而非出家之後自述的稻盛哲學或慈悲經營了。

德州大學心理學Kristin Neff教授指出自我慈悲的重要性[54]，自我慈悲就是疼惜自己，而不必把過多責任背負自己身上；稻盛和夫強調對他人的慈悲，而對自

---

[52] 戴偉娟：〈芻議阿米巴模式在我國企業中的運用困境〉，頁 193-194。李志華研究上百家中國企業的諮詢案例，基於阿米巴經典理念提出了適合中國本土的模式，也就是所謂員工自主經營的「1532」模型，這是 1 個核心，指經營者的核心哲學，5 大系統是指經營單元劃分系統、經營會計核算系統、快速回饋資訊系統、人才建設培養系統和有效的管控系統；3 是三張報表，即價值核算表、價值評估表和價值分配表；2 是兩個提升，組織效能提升計畫與員工效能提升計畫。參見李志華：《阿米巴經營的中國模式：員工自主經營管理理念與方法》（北京：企業管理出版社，2013 年）。
[53] 戴偉娟：〈芻議阿米巴模式在我國企業中的運用困境〉，頁 193-194。
[54] Olga Khazan, "Why Self-Compassion Works Better Than Self-Esteem," in the *Atlantic* (May 6, 2016).

己卻並不太慈悲。承擔責任固然是好，但過度擔責，當失敗來臨，就只會怪責自己，這也可能會出現心理危機。同時，倘若要自己過度承擔責任，也難以接納自身的缺點，反而不斷要求自己，改變缺點，這就是一種完美主義，也很可能是自戀的表現。所以，稻盛和夫的慈悲管理，還要配上真修行，修行得力，自然可以免於自執以及我慢。

七、結語

綜合來說，本文先從哲理分析，凸顯慈悲的四個面向，繼而取稻盛和夫的管理哲學為例，以彰顯兩者之間存在特定的選擇親和性；這當然並非說稻盛和夫的慈悲管理學，僅取資於佛教慈悲觀，而只是點出稻盛管理學，也有呼應佛教慈悲觀之處。稻盛和夫實際提煉出採用佛教理念，特別是慈悲觀念的詮釋理路，企圖說明其個人的經營理念與經驗。筆者認為這實際上就是將原屬佛教脈絡下的種種觀念，外推到商業經營脈絡，並進行創造性的詮釋，於是佛教慈悲與實際管理就交織出在特定詮釋策略下的選擇親和性。

【徵引及參考文獻】

一、古籍

〔姚秦〕鳩摩羅什譯，龍樹菩薩造：《大智度論》，《大正藏》第25冊。

〔姚秦〕鳩摩羅什譯：《維摩詰所說經》，《大正藏》第14冊。

〔北涼〕曇無讖譯：《大般涅槃經》，《大正藏》第12冊。

〔後漢〕安世高譯：《佛說八大人覺經》，《大正藏》，17冊，779號。

〔劉宋〕畺良耶舍譯：《佛說觀無量壽佛經》，《大正藏》第12冊。

〔隋〕吉藏：《法華遊意》，《大正藏》第34冊。

佚名：《佛說五十三名懺悔經》，《諸經日誦集要》卷3，《嘉興藏》第19冊。

二、近人論著

（一）專書

印順：《妙雲集・寶積經講記》，臺北：正聞出版社，2000年。

印順：《學佛三要》，臺北：正聞出版社，2000年。

李志華：《阿米巴經營的中國模式：員工自主經營管理理念與方法》，北京：企業管理出版社，2013年。

星雲大師：《星雲大師全集16：佛法真義1》，高雄：佛光事業有限公司，2017年。

星雲大師：《星雲大師全集19：佛教管理學1：經典系列》，高雄：佛光事業有限公司，2017年。

釋聖嚴：《人行道》，《法鼓全集》第8輯第5冊，臺北：法鼓文化，1999年。

日・稻盛和夫、梅原猛著，卞立強譯：《回歸哲學——探求資本主義的新精神》，上海，學林出版社，1996年。

日‧中村元著，江支地譯：《慈悲》，臺北：東大圖書出版，1996。

美‧彼得‧杜拉克（Peter Drucker）著，劉毓玲譯：《典範轉移：杜拉克看未來管理》，臺北：天下遠見出版社，2005年。

Emma Seppälä, *The Happiness Track: How to Apply the Science of Happiness to Accelerate Your Success*. New York: HarperOne, 2016.

Lanzoni, S., *Empathy: A History*. New Haven; London: Yale University Press, 2018.

（二）期刊論文

張有才：〈論漢傳佛教的「慈悲」美德精神〉，《東南大學學報（哲學社會科學版）》第18卷第2期，2016年3月，頁48-53。

戴偉娟：〈芻議阿米巴模式在我國企業中的運用困境〉，《中國鄉鎮會計》2016年第8期，2016年8月，頁193-194。

日‧稻盛和夫：〈企業家必須具備崇高的道德倫理觀〉，《IT時代週刊》2012年Z1期，2012年2月20日，頁14。

日‧稻盛和夫：〈企業經營是一門優秀的哲學〉，《IT時代週刊》2010年第15期，2010年8月5日，頁72-73。

Judith White, "Leadership through Compassion and Understanding," in *Journal of Management Inquiry*, Thousand Oaks, Vol. 7, Issue 4 (12/1998), pp.286-293.

Olga Khazan, "Why Self-Compassion Works Better Than Self-Esteem," in the *Atlantic* (May 6, 2016).

Opdebeeck, Hendrik and Andre Habisch, "Compassion: Chinese and Western Perspectives on Practical Wisdom in Management," in *Journal of Management Development*, Vol. 30, Issue 7/8 (2011), pp.778-788.

Richard Herbert Howe, "Max Weber's Elective Affinities: Sociology Within the Bounds of Pure Reason," *American Journal of Sociology*, Vol. 84, No. 2 (1978/9), pp.366-385.

（三）網站資源

見據法師：〈如何體達「無緣大慈，同體大悲」〉，網站名稱：中台世界，網址：https://www.ctworld.org.tw/disciple/mind/2003/105.htm

莊素玉：〈稻盛和夫：經營企業就是修行〉，網站名稱：《天下雜誌》，2011年11月15日發表，網址：https://www.cw.com.tw/article/article.action?id=5027919。

聖嚴法師：〈慈悲的三層次〉，《大法鼓》第827集，網址：https://www.youtube.com/watch?v=OYW3KpwCCJ0。

日・稻盛和夫：〈激發員工幹勁的兩大要訣〉，網站名稱：《天下雜誌》，2015年1月29日發表，網址: https://www.cw.com.tw/article/article.action?id=5064204。

Emma Seppälä (2015.5.7), "Why Compassion is a Better Managerial Tactic than Toughness", *Harvard Business Review*. Available at: https://hbr.org/2015/05/why-compassion-is-a-better-managerial-tactic-than-toughness

《人間佛教研究》第十一期（2021）
Studies in Humanistic Buddhism, Issue 11(2021)，04-37

The Spirit of Buddhist Compassion and Inamori Kazuo's Compassionate Management

NG, Yau Nang[*]

Abstract

This article has a very limited objective. It seeks to manifest the key theoretical characteristics of the Buddhist concept of compassion and to demonstrate to the extent that there witnesses elective affinity between the Buddhist concept of compassion and the idea of compassionate management advocated by Inamori Kazuo.

Keywords：compassion, compassionate management, Inamori Kazuo, effective affinities, Amoeba Management

[*] **NG, Yau Nang,** Associate Professor, Department of Religion and Philosophy, Hong Kong Baptist University.

《人間佛教研究》第十一期（2021）
Studies in Humanistic Buddhism, Issue 11(2021)，38-67

家族企業傳承中的人間佛教精神—— 以星雲大師的人間佛教思想為中心

周孜正[*]

摘要

　　家族企業的傳承困境，已經成為華人甚至全球家族企業的重要問題。佛教組織和家族企業，都面臨著長久傳承和現代化的問題。佛光山提倡和踐行人間佛教精神和佛教現代化的成功，星雲大師的圓融智慧是值得家族企業處理接班問題借鑒的。本文在分析了從佛法角度研究家族企業傳承的可能與必要性之後，結合歷史案例，從要持戒、要禪定、要放下、要專注、要發心等方面，論述了人間佛教的禪心法門對家族企業的成功傳承可能的啟發和作用，以期望人間佛教的甘露能夠幫助家族企業更好的完成代際更替。

關鍵詞：星雲大師、人間佛教、家族企業、傳承、發心

---

[*]　周孜正：歷史學博士，現任華南師範大學歷史文化學院講師、中山大學中國家族企業研究中心兼職研究員、香港中文大學人間佛教研究中心人間佛教管理文化兼任研究員。

一、緣起與思路：家族企業傳承與人間佛教的「相遇」

2018年夏末，我到香港中文大學亞太所的華人家庭（族）研究中心訪問。10月初，因為與嶺南佛教的一點機緣，有幸拜訪了臺灣佛光山星雲大師支持創辦的香港中文大學人間佛教研究中心，與中心創辦人談到創辦美國IBM的沃森家族父子傳承中的鬥爭和坎坷，我當時突然有所感悟地說，老沃森最後是「放下權力，立地成佛」，小沃森是「應無所住，而生其新」（創新），帶領IBM創造出了人類第一臺個人電腦，改變了整個時代。

細究家族企業的管理、傳承和創新之中，處處都有大千佛法的智慧，人間佛教的關懷。就筆者目力所及，儒家文化、新教倫理、猶太教的契約精神等都曾進入家族企業研究的視野。近年以來，隨著人間佛教在華人地區的傳播，筆者見過佛教與企業財富有關聯的書，如《當和尚遇到鑽石》、《金剛能斷：超凡的經營智慧》等，其大致敘述路徑是：管理者將佛法運用到企業運營上，結果企業獲得了成功，但好像還很少有學者將「人間佛教」與「家族企業（傳承）」這兩個主題結合起來學術研究。於是我試著寫這篇關乎兩者的論文，以供大家討論和批評指正。

余英時先生在《中國近世宗教倫理與商人精神》的序言中提到，馬克思・韋伯的《新教倫理》一書，其全部的論證是建立在神學家、作家的議論上面的，全書沒有引用過一個企業家的實例。換句話說，這部書僅僅提供了「新教倫理」方面的證據，但沒有舉出資本家怎樣運用「新教倫理」的證據。[1]同樣的情況，佛教在中國和世界流傳數千年，非常多的企業家是佛教徒，而傳統佛經中並不能發現佛法影響家族企業經營、傳承的實例。

在本文中，筆者與一般的思想史研究論文的路徑反其道而行之，先談案例，再

---

[1]　參見余英時：《中國近世宗教倫理與商人精神》（合肥：安徽教育出版社，2001年），頁73。

《人間佛教研究》第十一期（2021）
Studies in Humanistic Buddhism, Issue 11(2021)，38-67

談思想。文章先回顧一下百年或著名的家族企業成功傳承中的關鍵時刻和事件（這些家族未必信仰佛教），研究其原因是否與佛教的禪心智慧和人間關懷有關；同時也將一些傳承失敗的案例與之類比，探討其中的因果，是否因其違背了「諸惡莫作，眾善奉行」[2]精神？

另外，文章在第四部分「人間佛教的禪心法門與家族企業的成功傳承」中，更多地圍繞星雲大師關於人間佛教的法語、文章和觀點展開，以彰顯大師所宣導的、所理解的人間佛教在企業管理、人生轉折、家族傳承方面的大智大慧，不僅體現大師「人間佛教、佛陀本懷」的願望，也希望對家族企業的研究拓展更多的思路。

二、古老與現代：佛教僧團與家族企業

佛教從印度東傳中國，至今已有2000餘年的歷史。人間佛教開始於1920年代太虛大師提出的「人生佛教」，至今已有近百年的時間。1950年代開始，星雲大師、證嚴大師等有機會真正在中國臺灣開始實踐「人間佛教」，1970年代後在臺灣佛教界的推動下，走向全球。1978年改革開放後，在趙樸初會長等高僧大德的推動下，中國大陸也開始了人間佛教的實踐和研究。

家族企業，既古老又現代。自古以來，以家庭成員協作開展工商活動者，都可視為家族企業。但是，對於近代資本主義萌芽後，產生公司、企業這樣的概念，不過三四百年。而當代管理學界對家族企業研究時間則更短，英文雜誌*Family Business*創刊僅僅四十年，而中國大陸管理學界研究家族企業，在李新春、陳凌等教授的推動下，以及方太集團、李錦記家族的支持下，則只有二十年不到的時

2　原文為「一切惡莫作，當奉行其善，自淨其志意，是則諸佛教。」〔東晉〕瞿曇僧伽提婆譯：《增壹阿含經》卷 44，《大正藏》第 2 冊，頁 787。

間。[3]

2500餘年來，隨著佛法傳播，寺廟遍佈全球，僧團也以各種組織形式存在於世界各地，從未中斷。據近年的統計，曾經最長壽的家族企業是日本從事寺廟建築業的金剛組，有1400餘年的歷史。雖然沒有詳實的數據分析，但是可以肯定地說，各佛教寺院存在的時間平均起來，肯定要比家族企業們的平均壽命長久得多。

佛教的影響非常廣泛。在中國，我們常去參加寺院的活動，講佛教的詞語，用佛陀的思想。在印度、斯里蘭卡、日本、韓國、美國等地，都可以看到各種莊嚴清淨的佛教寺廟。另一方面，我們發現有名或無名的家族企業，在人類的生活也是非常普遍的，他們提供的商品或者服務好像無處不在。普通家常的如生產蠔油的香港李錦記，富可敵國如美國沃爾瑪、德國的大眾汽車（保時捷家族）；古老的如製作中藥的同仁堂，現代的如發明個人電腦的IBM公司、T型汽車的福特公司；以及遍佈全球的「有路就有豐田車」的日本豐田集團，「從出生到墳墓」都提供服務的韓國的三星企業等等，無一不是家族企業，或者曾經是家族企業。

兩者之間的關聯性並非不存在，一個是宗教組織，另一個是商業組織，既然都是組織，佛、商之間肯定有值得對話的地方。筆者淺以為，佛教組織中值得商業組織重視，特別是家族企業學習和思考的：其一是基於佛陀的智慧形成的佛教組織、出家僧團之長壽秘訣；其二是近代以來，由太虛法師提出，經印順長老、星雲大師、聖嚴法師、趙樸初先生等人弘揚的人間佛教精神，特別是其中古老佛教如何現代化的智慧，是值得想傳承百年的家族企業的領導者們借鑒的。

---

[3]　中山大學李新春教授、浙江大學陳凌教授為大陸管理學界家族企業研究的主要發起人，他們都是從德國（洪堡大學）留學回大陸，而德國、日本是全球現存百年家族企業最多的兩個國家。

《人間佛教研究》第十一期（2021）
Studies in Humanistic Buddhism, Issue 11(2021)，38-67

三、從佛法角度研究家族企業傳承的必要與可能

　　2018年11月23日的《環球時報》綜合報導認為，現在臺灣島內企業面臨「接班危機」，據臺灣《聯合新聞網》稱，「儘管有3/4的臺灣企業主預計在十年內交班，但調查結果顯示，僅6%的臺灣家族企業老闆有健全的接班計畫，未來十年恐爆發接班危機，影響臺灣的競爭力」。另外，《中時電子報》2018年初報導稱，「臺灣上市企業中家族企業占70%，遠高於大陸的33%及香港的40%，而這些家族企業有3/4仍由創始人掌管」。包括「六十七歲的鴻海董事長郭臺銘、八十六歲高齡的台積電董事長張忠謀都一度面臨接班難的問題」。[4]

　　就大陸方面來說，家族接班的情況也不容樂觀。據普華永道2018年的調查顯示，僅有21%的內地家族企業表示目前有制定繼任計畫，而2016年的相關比例為35%；這一比例也低於香港43%的比例及全球49%的平均值。[5]2017年7月，《中國新聞網》報導的數據更讓人吃驚：針對182家中國最傑出家族企業的調查顯示，在平均年齡達到五十二歲的創業家群體的子女二代中，多達82%的人表示「不願或不主動接班」。這意味著今後一段時間，「無人接手」或成為不少大陸民企面臨的尷尬。[6]

---

[4]　厲華：〈島內企業面臨「接班危機」〉，《環球時報》，2018 年 11 月 23 日，第 10 版。文章稱：臺企老闆平均年齡 62 歲，為華人世界最高，遠高於大陸的 47 歲。從數字來看，約有 7 成的臺灣家族企業主計畫交棒給下一代，這個數字高出全球平均數 14 個百分點，顯示臺灣老闆更傾向交棒給子女，而非專業經理人。然而要順利接班，光是守成還不夠，還要面對產業轉型、升級、創新等壓力。2018 年，旨在探索成功接班方式的「二代大學」成立。

[5]　張苑柯：〈普華永道報告：中國家族企業僅四成有交班計畫〉，網站名稱：第一財經，2018 年 11 月 8 日發表，網址：https://www.yicai.com/news/100055725.html。

[6]　〈曹德旺豪擲 2 億為兒子接班鋪路，641 億的福耀玻璃後繼有人了！〉，網站名稱：搜狐新聞，2018 年 6 月 28 日發表，網址：https://www.sohu.com/a/238308093_391478。

　　任何社會組織的成長都會遇到危機，佛教也不例外，中國的明清時期佛教，注重拜懺，曾經一度不被人尊重。直到清末人生（間）佛教出現後，猶如一股清流，給了佛教新的面貌，扭轉世人的看法，佛教在之後的百餘年內獲得新的發展。

　　事實上，在華人社會，「家族企業」也未必是一個褒義詞。據香港研究華人家族企業的著名學者鄭宏泰先生在2000年的研究，當時他曾與中國社會科學院的民營企業中心一起訪問了數千位國內的民營企業家：

　　問他們最希望人家怎麼稱呼自己的企業？你會看到大部分的人希望被叫
　　私營企業或民營企業，只有2.1%的人喜歡人家稱它為家族企業。這說明
　　了人們對家族企業有所抗拒，認為這是比較負面的。[7]

其實這是一個很大的誤區，前述對世界各知名家族的舉例，已經反駁了這一點。在美國家族企業的定義是「公司的創始人或者他們的後代仍在公司中擔任重要職位或者控制著相當大的公司股份」。一般來說，家族企業有「生來就要當領導、快速決策、培養員工的忠誠、重視再投資、對企業高度負責」五個特點。據美國特刊對入選標準普爾500指數的公司近十年的表現進行了調查，結果發現家族企業的表現遠遠優於非家族企業。但是，如果華人家族企業的接班未來真的出了大問題，那麼「家族企業」不可避免的會真的成為貶義詞。由此可見，華人家族企業的傳承研究，不僅是很有必要，而且是非常急迫。

　　那麼，影響家族企業的成功傳承，肯定是有很多好的思想和辦法的，比如儒

---

[7]　慧谷家族：〈鄭宏泰：家族企業是人類歷史上韌性最強的企業模式〉，網站名稱：介面，2016年11月2日發表，網址：https://www.jiemian.com/article/909561.html。鄭宏泰博士，曾任職於香港大學，現為香港中文大學香港亞太研究所助理所長，社會與政治發展研究中心聯席主任，全球中國研究計劃總監。

《人間佛教研究》第十一期（2021）
Studies in Humanistic Buddhism, Issue 11(2021)，38-67

家提倡的「修身齊家」的觀念，日本神道教對萬物、對事業的崇拜感等；基督新教倫理也認為世俗工作是有益於個人及整個社會的責任。但是，筆者認為，佛法的智慧圓融，尤其是人間佛教的精神，諸如「五戒十善、四無量心、六度四攝、禪淨中道」[8]等思想，是最貼近、最方便幫助家族企業傳承成功的。

　　首先，上文說過佛教僧團和家族企業都是社會組織。在現代社會中，家族企業組織要建立長久發展的保證機制，需要面對兩個問題，「一是企業實現現代公司治理，二是家族治理規範化」。[9]同樣，佛教的長久發展和僧團的管理，也面臨著現代化和規範化的問題。對於佛光山的未來，星雲大師曾說：「我雖然是傳統佛教出身的佛門弟子，但深知佛教的發展，必然要依靠現代的方式更進一步開展」。[10]為建設人間佛教，星雲大師曾為佛光山徒眾立下「佛光山十二條門規」，內容如：「不共財往來；不私自募緣；不染污僧倫；不私自請託」等。由此可明白，佛教僧團和家族企業同樣具有「古老歷史」和「現代性」兩個特徵，也一樣有長久發展的願望。那麼，人間佛教傳播和傳承的成功經驗（即是佛法的智慧），顯然是對家族企業傳承有很好的借鑒意義的。

　　其次，我們舉一個佛教徒傳承家族企業的案例，先試著說明這個問題。大家都知道，福建福耀玻璃創始人曹德旺不僅是成功的企業家，也是虔誠的、有大愛的佛教徒。對於這樣的家族來說，企業的傳承也遇到同樣的問題，如下所示：

　　據外界傳聞，曹德旺的兒子曹暉（1989年加入福耀）曾長期對「接班」

8　星雲法師：〈人間佛教的基本思想〉，網站名稱：新浪佛學，2017 年 5 月 12 日發表，網址：http://fo.sina.com.cn/intro/basic/2017-05-12/doc-ifyetwtf8424170.shtml。

9　〈關鍵時代的家族企業管理──訪中國家族企業研究中心主任李新春教授〉，網站名稱：中山大學管理學院，2014 年 11 月 24 日發表，網址：http://bus.sysu.edu.cn/node/13488。

10　星雲大師：〈《星雲大師全集》自序〉，《星雲大師全集 26：人間佛教的戒定慧》（高雄：佛光事業文化有限公司，2017 年），頁 8。

興趣不高。這一點在2015年得到了一定回應。是年7月，曹暉突然從（工作多年的）福耀玻璃辭職，當時曹德旺接受媒體採訪時表示，「他嫌我的產業不夠高檔」。曹暉離職創業後，在多個場合，曹德旺對兒子的事業進行了高度肯定。而對於是否由兒子來接班，曹德旺也曾是比較矛盾的，「既希望，也不希望」。希望兒子接班，自然是對家族企業有好處，不希望則是覺得孩子今後可以自由做自己想做的事情。在「玻璃大王」72歲這年，一直不願繼承家業的大兒子曹暉，終於向父親妥協。2018年6月，曹德旺稱曹暉已經被說服接班，未來將成為福耀集團董事長。為了避免曹暉創業的三鋒集團與福耀今後有關聯交易，曹德旺說服了曹暉將三鋒集團併入福耀，為曹暉回到福耀玻璃清除了障礙。[11]

就上面的案例，我─們用星雲大師提出的待人處世的「三好、四給、五和」[12]來分析，就能夠看到曹德旺先生的佛法智慧了。兒子出去後，他首先「存好心」，認為兒子出去創業，不肯接班，肯定有其的苦衷。曹德旺雖不明白其究竟原因，但依然為兒子開脫，公開說「我的產業不夠高檔」；接下來，他「說好話」，在多個場合高度肯定兒子的新創事業，正如大師所說的「給人信心、給人歡喜、給人希望」，而且還「給人方便」，對兒子是否要回來接班不做強求，反而說「既希望，也不希望」，怕兒子將來沒有做事的自由。等數年後兒子回心轉意，自願歸來之後，曹德旺又「做好事」，收購其子創辦的三鋒集團，為兒子回歸福耀集團清除了障礙。

---

11 〈曹德旺豪擲 2 億為兒子接班鋪路，641 億的福耀玻璃後繼有人了！〉。曹輝於 1989 年 11 月加入福耀，2006 年 9 月至 2015 年 7 月間，曹暉曾出任福耀玻璃總經理。
12 三好：說好話、做好事、存好心。四給：給人信心、給人歡喜、給人希望、給人方便。五和：自心和樂、人我和敬、家庭和順、社會和諧、世界和平。

《人間佛教研究》第十一期（2021）
Studies in Humanistic Buddhism, Issue 11(2021)，38-67

　　鄭宏泰先生認為，表現最佳的企業家族，有的會制定一些培育傳承計畫，協助下一代成為良好繼承人。「這些計畫著重在五個關鍵目標：企業主的技能和能力、家族企業原則及實務、對家族企業資產的瞭解、瞭解家族歷史及價值觀，培養個人的領導能力」。[13]筆者發現，實現這些關鍵目標，很多時候，將佛法的智慧和人間佛教的精神融入過程之中，會起到意想不到的好結果。這些過程，當事人或許是信佛的，懂得「觀機逗教、去疑生信」的授道法門；但更多的只是從實際中積累的智慧，找到了成功的辦法。但如將其因果和關鍵點進行分析解剖，會覺得其辦法往往符合人間佛教的法門，只是當事者未知而已。在下文中，筆者將會結合家族傳承中成功、失敗的案例，對傳承這一「關鍵時刻」進行佛法與傳承之關聯進行回顧和解析。

　　在華人世界，儒家價值觀是為很多人接受的，儒者的最高理想是「修身、齊家、治國、平天下」，如無錫榮德生家族曾具體提出「治家立身，有餘顧族及鄉，如有能力，即盡力社會。以一身之餘，即顧一家；一家之餘，顧一族一鄉，推而一縣一府，皆所應為」[14]的家訓。榮氏的理念，對鄉土家族企業的創辦和發展，確實有很大的幫助力量。但是，在代際傳承之際的剎那「關鍵時刻」，能否放下自我、交班子女，創業時候的無畏發心、捨我勇氣；接承手藝時需要的專注產品的禪定，都是屬於「心力」方面，只有鍛鍊了接班人內心的力量、勇氣，剎那之間才能生出智慧；而這些都需要佛法和人間佛教的精神來支持。

　　星雲大師指出：「人的一生，思想上的、利益上的、人情上的、時空上的，都有很多的關鍵時刻，有時因緣指導我們，但是性格也會影響我們。有的關鍵時刻，因緣稍有錯失，對未來就是彌補不了的遺憾。人生的關鍵時刻，不只是事業的轉換，也不只是遭遇的因緣，我想內在的起心動念，對人生、對社會，都有重大的關係」。[15]用

13　慧谷家族：〈鄭宏泰：家族企業是人類歷史上韌性最強的企業模式〉。
14　榮德生：《樂農自訂行年紀事》（上海：上海古籍出版社，2001年），頁22。
15　星雲大師：《合掌人生 2：關鍵時刻》（臺北：香海文化事業有限公司，2011年），頁164。

中國人傳統家族觀念來看，成家立業、興家旺族是子女應盡的義務和責任，但如此「關鍵時刻」，為何統計數據顯示，二代們如此表現軟弱，他們究竟是要逃避責任，還是無從著手？如果是後者，我們如何來給他們佛法智慧的手杖，讓他們能摸得到、拉得住，最後實現成功傳承。

四、人間佛教的禪心法門與家族企業的成功傳承

（一）傳承的可能：要持戒

家族傳承首先是道德價值觀的傳承，一個能夠傳承百年的企業，一定有其超越時代的、極有價值的理念。中國古語說：道德傳家，十代以上，耕讀傳家次之，詩書傳家又次之，富貴傳家，不過三代。猶太人的價值觀也認為：「文化和智力的壽命比金錢更長」。

以1669年樂顯揚創辦的同仁堂為例，幾百年來，其家族傳人莫不認同其企業文化「同修仁德，濟世養生」，對於1706年，二代繼承人樂鳳鳴提出：「炮製雖繁必不敢省人工，品味雖貴必不敢減物力」，成為歷代同仁堂家族成員及企業員工的制藥原則。[16]筆者認為，家族企業良好的企業文化思想、道德原則，是其長久的根本，如同寺院的綱常紀律，是需要家族成員「持戒」守護的。

放眼日本、中國或歐美成功的百年家族企業，培養、挑選有合格的傳承人，最重要的前提條件，繼承人首先要在思想上，對家族企業本身的良好文化能夠認同、

---

[16] 〈炮製雖繁必不敢省人工，品味雖貴必不敢減物力〉，網站名稱：中國北京同仁堂（集團）有限責任公司，2019 年 10 月 2 日發表，網址：https://www.tongrentang.com/menu60/newsDetail/166.html。

《人間佛教研究》第十一期（2021）
Studies in Humanistic Buddhism, Issue 11(2021)，38-67

有所體悟、真正身體力行，未來才有可能繼承家族事業，並對之有所發揚、創新升級。

前文曾提到，星雲大師為了樹立佛光山的宗風思想，維護山門綱常紀律，為徒眾立下「佛光山十二條門規」，做為四眾弟子修道的準則。這十二條門規分別是：

一、不違期剃染；二、不私建道場；三、不夜宿俗家；四、不私交信者；五、不共財往來；六、不私自募緣；七、不染污僧倫；八、不私自請託；九、不私收徒眾；十、不私置產業；十一、不私蓄金錢；十二、不私造飲食。[17]

星雲大師認為，因為佛光山不是個人，而是一個教團，佛光人的作為，不能只為個人求安樂。凡有所作，都要想到團體、大眾，都要顧及團隊精神，要有「大我」的觀念。大眾依共同法則、共同制度，共同所信、共同所依，共同的自由，做為行事的準則，這就是所謂「集體創作、制度領導」。[18]

上海中歐國際工商學院家族傳承研究中心聯合主任李秀娟指出，「中國缺乏以家族企業的方式和文化撫養並教育子女的文化。許多孩子由祖父母撫養，然後被送到西方寄宿制學校和大學留學。（他們）與家族的關係並不很牢固，那些回國者心中充滿新觀念」。[19]家族後代們，能否認同家族的企業文化，是一關。其次，正如大師所說，「規矩說起來簡單，做起來卻不容易」。家族企業的一些規矩原則，堅持一時容易，堅持百年卻太難了。日本1400年金剛組傳承失敗的原因，就是違背了

---

[17] 星雲大師：〈高僧語錄：星雲大師說我為佛光山立下十二條門規〉，網站名稱：鳳凰佛教網，2015年5月11日發表，網址：https://fo.ifeng.com/a/20150511/41078624_0.shtml。

[18] 星雲大師：〈高僧語錄：星雲大師說我為佛光山立下十二條門規〉。

[19] 〈英媒：中國的家族企業接班危機，福兮禍兮？〉，網站名稱：ZAKER，2017年12月14日發表，網址：http://www.myzaker.com/article/5a31a48b1bc8e0171b000002/。

家訓中的「一須敬神佛祖先，二須節制專注本業」，[20]不敬佛祖，離開本業，投機房產，從而導致破產。

東京商工調查公司2017年的報告顯示，「全日本超過一百五十年歷史的企業竟達21666家之多，而在明年將又有4850家將滿一百五十歲生日，後年大後年大大後年將有會有7568家滿一百五十歲生日，企業長壽的秘訣就是誠信和不上市」。[21]雖然「不上市」未必是現代企業所一定要堅持，但筆者認為，這裡所說的「誠信、不上市」，都是指企業要能持戒守業，抵住賺快錢的誘惑，只有能守得住業，才能有真正長久的發展。

2017年獲得香港企業傳承大獎的余仁生集團，是香港一家經營中藥的老鋪。余廣於1873年創立「仁生」中藥店，「仁」代表仁愛，「生」代表生命。迄今為止，余氏家族已經傳承了四代，成功傳承百年。余仁生集團剛剛卸任的第四代領導人余義明（Richard）認為，最大的關鍵乃余氏家族傳承了「仁澤眾生」的優良的宗旨。因為「家族擁有的高尚目標與使命，使家族成員對余仁生更有抱負、更忠誠、更團結，而非僅僅將之視為企業」。對於「持戒」家訓、不賺昧心錢對於家族的重要性，余義明解釋說，「自我實現是非常重要的為人因素，如果原動力只是因為要賺錢，對富裕家族的孩子來說，幾可肯定已沒有工作的需要，反而被金錢破壞了人生價值觀。……富裕家族……最重要的是給孩子們建立良好的價值觀，找到努力的動力」。[22]

能否「持戒」，可能是一個過程，為此李錦記設計了一些辦法來考驗家族成員。良好的家族企業理念，往往都包含有「讓自己的心裡有別人的存在，有大眾的利益」之精神。香港李錦記最重要的理念就是「思利及人」，三代傳人李文達為了保證這項

20　〈全球最古老家族：日本金剛組為什麼可以存活 1436 年？〉，網站名稱：搜狐新聞，2017 年 11 月 6 日發表，網址：http://www.sohu.com/a/202754218_736839。

21　〈全球最古老家族：日本金剛組為什麼可以存活 1436 年？〉。

22　〈仁澤眾生 實現自我：余仁生家族（余仁生集團）〉，《傳承雜誌》第 5 期（香港傳承學院，2018 年），頁 28-30。

理念的貫徹，成立可以約束家族所有成員的家族委員會，「藉由家族憲法，將他最在乎的幾項核心價值嵌入其中。譬如：家族憲法明文規定，成員不可離婚、不能搞婚外情，否則就會被逐出家族委員會，喪失所有職務。……還有家族成員未來若想加入企業，就必須在外工作三至五年，還必須與其他求職者一樣，通過考核，並從基層的部門做起。如果工作表現不佳，可以有一次改善機會，但若依然沒有起色，就該和其他員工一樣遭到解雇」。[23]

（二）傳承的心訣：要禪定

家族企業要傳承成功，僅僅要選擇能「持戒」的人還是不夠的，關鍵要能找到「持戒」難忍之時，能夠突破自我、明心見性，真正體會到「戒」的含義的人，這才是最合適的傳承人。這需要有「禪定」的工夫，禪定之後，才能有頓悟。正所謂大師所論：「學道不難於慧解，難於證悟」。[24]

星雲大師感慨過，「人生，有許多關鍵的時刻，也有許多關鍵的想法；細數一生的歲月，點點滴滴，其實『一念三千』，那一分，那一秒，不是足以影響我們一生的『關鍵時刻』呢？」[25]

李錦記第四代傳人李惠森先生年輕時，也曾因為創業受阻，有過他「一念三千」的心思，曾「動念脫離李錦記」，「一度提出以放棄自己在李錦記集團的股權，換取南方李錦記的股權」，這讓他的父親李文達很憂心。然而李惠森後來在整頓南方李錦記期間，「上下求索，反覆思慮人生、事業以及家族命運的問題」，工

23　王國璋、鄭宏泰、黃紹倫：《李文達傳──醬料大王的傳奇》（香港：三聯書店（香港）有限公司，2018 年），頁 184。
24　星雲大師：《星雲法語 4：如何度難關：智慧》（臺北：香海文化事業有限公司，2007 年），頁 229。
25　星雲大師：《合掌人生 2：關鍵時刻》（臺北：香海文化事業有限公司，2011 年），頁 200。

作中,「他一來回想父親的教導,對『思利及人』和『換位思考』的哲學有了深刻的體會;二來則檢視家族前進的歷程與未來方向,對親人關係有了全新體會」,同時,通過「反省了自身和企業發展的過程中所面對的種種問題和挑戰」,「明白到小我與大我之別」,從而「擺脫原本只重視一己事業,忽略家族長遠發展目標的思維局限」,並重新體會了「『換位思考』與『道天地將法』等融合傳統與現代、中國與西方的管理哲學」,進而產生更大的使命與動力,「頓悟的李惠森放下心結,集中精神應對企業的危機,他與公司高層參考一套嶄新的策略思考方法,最終在2001年推出第一個五年計劃,帶領南方李錦記走出低谷,迅速復興」,不久他返回香港李錦記總部,「發展出一套更具號召力的『自動波領導模式』,帶領企業再創高峰」。[26]

李惠森的「禪定」和「頓悟」工夫,不僅放下了自己的「執著」,而且讓李錦記避免了家族分裂。正如星雲大師所論:禪,是人間的,是我們的自性。[27]另外,大師在論述禪定的妙用時,強調了八個字「不隨境轉,自我提升」。大師認為,要如何對治「塵勞妄想」呢?《金剛經》說:「不於色聲香味觸法生心。」[28]就是要我們不要把心安住在「六塵」上面,不要在「相」上執著。一個人如果在「境界」上有了「貪心」,有了「執著」,有了「掛念」;「心念」上有了「人我」、「貪著」,就會生起「邪見」,一切「塵勞妄想」自然由此產生。禪就是自覺、是生活、是自然、是空無。[29]確實,李惠森是通過靜觀內心,才真正走出困難的。星雲大師強調:靜觀就是禪定的功夫,有了禪定,我們的心就不會輕易被「境界」所

[26] 王國璋、鄭宏泰、黃紹倫:《李文達傳——醬料大王的傳奇》,頁 300-302。
[27] 參見星雲大師:《星雲大師全集 26:人間佛教的戒定慧》,頁 195。
[28] 原文為「諸菩薩摩訶薩應如是生清淨心,不應住色生心,不應住聲、香、味、觸、法生心」。〔姚秦〕鳩摩羅什譯:《金剛般若波羅蜜經》卷 1,《大正藏》第 8 冊,頁 749 下。
[29] 參見星雲大師:《星雲大師全集 26:人間佛教的戒定慧》,頁 178-179。

轉；我們的心「不隨境轉」，就能「轉境」，心能轉境，就有力量。[30]

（三）傳承的決心：要放下

星雲大師在《貧僧有話要說》一書中，提到他年輕時，臺灣佛教界的一些長老「倚老賣老」，聽不進他的建議，不給他出國機會等事。他雖然曾經「不能忍耐，桌子一拍」，「拂袖而去」後，「自己想來，愧對長老」，後來遇到類似事情也能忍耐，但是，星雲大師還是很反對「中國的老人，不但不肯交棒，還要給青年人當頭一棒」這樣的情況。[31]

好的家族傳承，除了要讓接班人準備好職位，掌握家族企業的老人，能否管好自己的心，理解好「時間的觀念」（夕陽無限好，只是近黃昏），把握好「做事的原則」，真正能夠適時放下權力交班，是很重要的。浙江方太集團的名譽董事長茅理翔在家族企業交班時，提出了「三三制模式」，不但自己身體力行，而且還將這種「帶三年，幫三年，看三年」的模式在全國各地介紹和宣傳。另外，李錦記家族的李文達為了保證家族理念「思利及人」的貫徹，「放下」自我，成立可以約束家族成員包括他自己的家族委員會。

星雲大師在談到《金剛經》的「無住生心」，[32]他解釋說，心能「無住」，才能抵擋「五欲六塵」，才能「隨心自在」。「無住」之心，就是禪心，就是禪的智慧。[33]

---

[30] 參見星雲大師：〈「無心」是對付「塵勞妄想」的最好辦法〉，網站名稱：搜狐網，2017 年 12 月 16 日發表，網址：http://www.sohu.com/a/210973461_652938。

[31] 星雲大師口述，妙廣法師等紀錄：《貧僧有話要說》（臺北：福報文化股份有限公司，2015 年），頁 163-164。

[32] 原文為「應無所住而生其心」。〔姚秦〕鳩摩羅什譯：《金剛般若波羅蜜經》卷 1，《大正藏》第 8 冊，頁 749 下。

[33] 參見星雲大師：《星雲大師全集 26：人間佛教的戒定慧》，頁 178-179。

如何心能無住，如何放下自我，另外一個經典案例，就是IBM父子傳承及之後的故事。

二戰後，從戰場回到IBM的小沃森和父親沃森在企業戰略上產生了分歧，小沃森準備投鉅款研發電腦，但在老沃森看來，電腦這種「以真空管和電子零配件」裝成的龐然大物，醜陋又難看，他甚至斷言「全世界大約只需要五部電腦」。為此，父子倆發生過激烈爭吵，老沃森雖年事已高，但不肯退位。直到1947年，當老沃森得知人口普查局開始採用蘭德公司研製的「通用自動電腦」（UNIVAC）時，他才正視兒子的提議，⋯⋯先進的電子電腦時代已經到來，自己的想法已經落伍了，應該讓賢了。1949年，小沃森被任命為IBM的執行副總裁，當即決定冒著公司破產的危險，投入天量鉅資開發商用電腦，結果他最後成功了。[34]

讓人更為佩服的是，他未按照父親的遺願，將IBM交給他自己的弟弟，他在清楚地認識到弟弟不是合適的接班人選之後，選擇了以IBM的利益為決定接班人的唯一條件。小沃森對家族可謂是徹底的「放下自我」，交班後之後IBM經歷了六任CEO，都不是沃森家族的人，這些人除了傳奇的郭士納以外，都是IBM內部培養的表現出色的人才。可以說，老沃森把IBM變成了「家天下」，而小沃森又把它變回「公天下」。小沃森清楚地知道IBM需要怎樣的人才方能「延續香火」。「任人唯能」成為選拔接班人的唯一標準，IBM因此也避免了家族企業常常遇到的「富不過三代」的宿命。因此，小沃森被《財富》雜誌稱為「歷史上最偉大的資本家」。[35]

---

[34] 〈竟是賣秤砣的：「藍色巨人」IBM傳奇史〉，網站名稱：和訊科技，2012年10月26日發表，網址：http://tech.hexun.com/2012-10-26/147270866.html。

[35] 〈小沃森之「公天下」〉，網站名稱：光明網，網址：https://mip.gmw.cn/bdmip/201610/18/2996754.html。

《人間佛教研究》第十一期（2021）
Studies in Humanistic Buddhism, Issue 11(2021)，38-67

　　星雲大師曾說：「管理的妙訣，在於將自己的一顆心先管理好，讓自己的心中有時間的觀念，有空間的層次，有數字的統計，有做事的原則」。其中最重要的是，「讓自己的心裡有別人的存在，有大眾的利益」。[36]從大師的開示，以及IBM小沃森將家族企業傳給職業經理人的案例來看，家族企業掌門人在年老時要放下的，不僅是自己，也可能是自己的家族成員和後輩，只有「大眾的利益」，人間的利益，才是最重要的。

（四）傳承的成敗：要專注

　　除了父輩與子女輩一起實踐之外，對家族企業事業的熱愛和專注，是傳承人未來能成功接手父輩企業，持續經營好家族企業，並且有將其發揚光大或創新升級的可能之前提。

　　從佛法的角度來說，熱愛與專注，就要求繼承者要有：禪定的心力。對於禪定，星雲大師在《人間佛教的戒定慧》中對「專注禪」有這樣的一段解釋，「把身心融入在一個目標上，集中心念，專注用功，如《佛遺教經》說：『制心一處，無事不辦』[37]。」[38]

　　香港百年家族企業李錦記在1970年代的家族危機關頭，李文達因為擁有「制心一處，無事不辦」的專注心態，最終成功扭轉分裂局面，繼承和推動了家族企業的發展。據李文達的回憶：「由1954至1972年這段近二十年的歲月裡，我的心情其實頗為鬱悶，因為大家（指其父輩三兄弟）都不想將李錦記做大做好，意見

36　星雲大師：〈最高的管理學〉，網站名稱：七葉佛教書舍，2012 年 8 月 19 日發表，網址：http://www.book853.com/show.aspx?id=2447&cid=30&page=45。

37　原文為「縱此心者，喪人善事，制之一處，無事不辦。」〔姚秦〕鳩摩羅什譯：《佛垂般涅槃略說教誡經》卷 1，《大正藏》第 12 冊，頁 1111 上。

38　星雲大師：《星雲大師全集 26：人間佛教的戒定慧》，頁 169。

都很保守。堂兄李文疊本來負責公司對外銷售，1964年卻又早逝，公司更加積弱不堪，銷售額一路下跌。如果我不接手改善，這家公司最終會被淘汰。」[39]1960年代末李兆南（李文達之父、李家三房）三兄弟「開始觸及分家的細節時，長次兩房曾聯手迫李兆南的三房將股份賣給他們」。但李文達堅決不肯，率直回應說：「我就是做這盤生意的，沒辦法賣給你」。這也顯示他確實對蠔油生意情有獨鐘，別無二心。[40]

由於李文達對家族生意的熱愛，既不願意退出蠔油生意，更不願意賣出股份，在1971年7月14日，「三房成員在的近律師行（Deacons）見證下簽約，完成承／退股手續，並於數日後，在各大中、英文報章刊登啟事昭告社會各界」。[41]如若李文達當時喜歡的是錢，而不是熱愛和專注家族事業，缺少了星雲大師強調的「專注禪」，那麼他就不會堅持不賣出生意。李文達收購李錦記大房、二房的股份，雖然背負了債務和風險，甚至要「分期付款」才能付清大房、二房的錢，但是避免了家族企業的分裂，李文達接手後繼續「集中心念，專注用功」於李錦記的發展，不僅打開了全球市場，還在1980年代後不斷進行了產業升級，出現了「有華人的地方就有李錦記」，品種從蠔油增加為醬油、辣醬等多種產品，最終贏得了家族企業在他手中跨越式大發展。

反觀日本傳承了1400年、長壽的家族企業金剛組的失敗，恰好也是因為傳承中沒有真正用好「專注禪」這個法寶。西元578年，日本「聖德太子篤信佛教，並大力弘揚。這一年聖德太子批准從朝鮮百濟請了三位專門修建神社、佛寺的名匠──金剛（即金剛重光）、早水、永路，興建日本第一座官寺即四天王寺」，「寺院建成之後，金剛重光受聖德太子之命，創立了金剛組，繼續留在日本負責

---

[39] 王國璋、鄭宏泰、黃紹倫：《李文達傳──醬料大王的傳奇》，頁181。
[40] 王國璋、鄭宏泰、黃紹倫：《李文達傳──醬料大王的傳奇》，頁184。
[41] 王國璋、鄭宏泰、黃紹倫：《李文達傳──醬料大王的傳奇》，頁186。

四天王寺的修繕」。自此之後1400餘年，金剛組專注於日本「寺院建築行業」，這「是任何朝代都需要的工程」，「在漫長的歲月中，每個階段總有溢價高的其他行業出現。金剛組歷經磨難，卻始終堅持初心，抵制住誘惑，是非常難得的。金剛組第四十代首領金剛正和就說：我們公司生存這麼久其實沒有什麼秘密，堅持最最基本的業務才是生存之道。」[42]金剛組曾這樣介紹自己：「我們所建造的是宗教建築，正是那個時代每個人的信仰和內心想法的集大成。這種壓倒性的莊嚴感、極樂淨土的具現化和神佛面前那千萬人的純粹，是被歷史永遠鐫刻的」。在金剛組公司的桐木箱子中，仍保留著1801年第三十二代首領金剛喜定的珍貴家訓。「總共列了十六條，大致可分為四類內容：一須敬神佛祖先，二須節制專注本業，三須待人坦誠謙和，四須表裡如一。」[43]

　　就是這個愈久彌堅的長壽企業，讓全世界跌破眼鏡的是：1980年代，禪定了1400年的心力沒有擋住高額利潤的誘惑。金剛組看到日本「房地產業發展紅火，沒能抵住誘惑，購買了大量土地。但隨著日本經濟泡沫破滅，房地產遭遇重創，金剛組資產嚴重縮水，債務纏身。2006年1月，大阪知名建築公司高松建設從第四十代首領金剛正和的手中將公司買下，並完成重建」。金剛組雖然破產了，但其「專注」精神，依然得到重視和尊重。2006年重建金剛組的新社長小川完二認為，「金剛組除了祖傳的技藝，其千年如一日對事業的專注和對傳統的尊重，已經成為日本社會文化的一部分，必須完整保留」。[44]

　　除此之外，再來看看中國，據《搜狐新聞》稱，「最古老的企業是成立於1538年的六必居，之後是1663年的剪刀老字型大小張小泉，再加上陳李濟、廣州同仁堂藥業以及王老吉三家企業，中國現存的超過一百五十年的歷史的老店僅

---

[42] 〈全球最古老家族：日本金剛組為什麼可以存活 1436 年？〉。
[43] 〈全球最古老家族：日本金剛組為什麼可以存活 1436 年？〉。
[44] 〈全球最古老家族：日本金剛組為什麼可以存活 1436 年？〉。

此五家」。[45]我們觀察到這五家企業，他們數百年間一直專注主業，即使在1950年代的公私合營之後，在黨和政府的領導下，依然非常注意保持本色，堅持做本業，生產中藥丸藥、剪刀等傳統產品，即使有所創新，專注本業一直沒有丟掉。

（五）傳承的創新：要發心

2012年9月，星雲大師在天津梅江會展中心「夏季達沃斯論壇」上發表了題為《信仰的價值》之演講。大師說一般人往往不懂得開採心中的寶藏，整日裡只把這顆寶貴的心，用來「關心」自己的前途、命運、金錢，比較少去重視心靈的淨化。其實，「心好命就好，命好錢就多」，人生的財富，要向內求。另外，大師指出，「人生的價值，也不能只有向『錢』看齊，金錢以外，我們內心的滿足、身體的健康……都是無價的財富。」星雲大師強調，「淨心」之外，同時也要懂得「發心」。我們的心「如田」、「如地」，世間的土地經過開發，就可以建築，就能利用。[46]

筆者認為，堅持創業者的精神，冒險去創新，是企業家精神最好的表現，對家族企業長青和成長有著非常重要的意義。那麼，要創新，首先要「淨心」，放下自我，敢於承擔創新過程中資金耗盡、創新失敗等困境，這就必須有良好的「初心」和「發心」。

IBM父子傳承衝突就是一個很好的例子。正是因為小沃森與父親持不同意見，「發心」不怕失敗的創新精神，進軍電子技術領域，才能創造出第一臺個人電腦。他將公司的電子工程師團隊由五百人擴充至四千五百人，聘請有「電子電

---

[45] 〈全球最古老家族：日本金剛組為什麼可以存活 1436 年？〉。
[46] 參見星雲大師：〈隨堂開示錄 171 隨堂開示錄—講座論壇 24 信仰的價值 2-1〉，網站名稱：人間福報，2020 年 6 月 8 日發表，網址：https://www.merit-times.com.tw/NewsPage.aspx?unid=587599。

《人間佛教研究》第十一期（2021）
Studies in Humanistic Buddhism, Issue 11(2021)，38-67

腦之父」之稱的數學家馮・諾依曼（John Von Neumann）擔任顧問。IBM在1953年4月舉行了盛大的701發佈儀式，邀請了一百五十位工商界名流出席，包括「原子彈之父」奧本海默和「電腦之父」馮・諾依曼。IBM701的問世和量產，也標誌著IBM正式從打孔機和機械計算時代進入電子電腦時代。[47]

另外，日本豐田家族企業文化的精華之處是「致力於研究與創新，時刻站在時代的前沿」，由此才能長盛不衰、風靡全球。而三星集團發生手機電池爆炸的，正是因為李在熔在接班過程中，急於求成，發心不對，沒有能真正的「淨心」，而是著急於想研發、銷售暢銷的新款產品，以做給老一輩的家族成員和高管看去成績，結果卻因新產品缺少測試時間，倉促上市，導致電池爆炸事故，危害了不少顧客。

再如，愛彼（Audemars Piguet）做為目前全球唯一一家仍由創始家族掌管的高級製錶企業，過去一百四十年的發展歷程，用「跌宕起伏」一詞來形容毫不為過，但是由於愛彼堅持創新，讓其在高級製錶企業群中存活了下來。1875年，愛彼正式創立，公司就因在複雜功能錶方面的成就迅速脫穎而出，獲得成功。之後100餘年中，在大複雜功能腕錶的製造上，愛彼從未停止過技術創新。1899年，愛彼製造出了閃電跳秒指針；1995年，愛彼製造出了第一款具有一年五十二周顯示功能、自動上弦的複雜功能腕錶。[48]

恰如星雲大師所論：「只要懂得開發心田，內心的寶藏就能一一出土，心裡的能源就會源源流出」。[49]有發心，就更容易會有創新。

---

[47] 張烈生、王小燕：〈第一章 商業帝國的沉澱與崛起（七）〉，《IBM：藍色基因 百年智慧》，網站名稱：價值中國，網址：http://www.chinavalue.net/BookSerialise/BookShow.aspx?ArticleID=47434。

[48] 參見浙江大學企業家學院：〈瑞士名錶愛彼：從 1 年只賣出 1 塊表到年銷售超 9 億美元（上）〉，網站名稱：搜狐網，2018 年 10 月 26 日發表，網址：https://mp.weixin.qq.com/s/nbdkpW_GfYNZ8VE_M48EGA。

[49] 參見星雲大師：〈隨堂開示錄 171 隨堂開示錄──講座論壇 24 信仰的價值 2-1〉。

五、結語

2014年12月，香港豪門新鴻基地產的聯席主席六十三歲的郭炳江因「串謀公職人員行為失當」罪，被判入獄五年，六十二歲的郭炳聯被判無罪。另兩名新鴻基地產的老臣子，執行董事陳鉅源和關雄生，分別被判入獄六年和五年。[50]此案震驚香港，為全球媒體所追蹤。據媒體推測，郭炳江、炳聯被拘與其長兄郭炳湘做污點證人有關。郭氏兄弟內鬥並非一朝一夕，這和郭炳湘因紅顏知己與家族交惡，2008年被罷免公司董事局主席職位等有關。[51]

郭氏家族企業傳承失敗，與兄弟們的自私自利有關，其父親郭德勝在世時，雖已將家族股份交給信託公司，設計制度以防止家族成員因錢內鬥，但在貪權戀財的自私心的作用下，制度再好也沒有用。

家族企業傳承，做為企業管理研究中的一門新興科學，不僅需要智慧，更需要慈悲。人間佛教與現代管理是相融相通的，星雲大師認為，管理「就是在考驗自己心中有多少慈悲與智慧。……更重要的是，讓自己心裡有別人的存在，有大眾的利益，能夠將自己的心管理得慈悲柔和，將自己的心管理得人我一如，以真心誠意來待人，以謙虛平等來待人，才算修滿『管理學』的學分」。[52]對於家族企業的健康傳承，應該如星雲大師所說，心中要有關愛人間的慈悲，化慈悲為力量、為智慧、為大愛，這也是今後家族企業傳承過程中需要進一步研究和實踐

---

[50] 參見〈香港打虎記：廉署歷時4年調查前政務司長貪腐案〉，網站名稱：新浪網，2015年2月6日發表，網址：http://news.sina.com.cn/c/sd/2015-02-06/110031490355.shtml。

[51] 參見〈新鴻基地產大哥舉報兩兄弟 上演「王子」復仇記〉，《錢江晚報》，2012年4月2日，A16版。

[52] 星雲大師：〈修好這顆心〉，網站名稱：七葉佛教書舍，2011年2月28日發表，網址：http://www.book853.com/show.aspx?page=15&id=1634&cid=33。

的。無論是本文論述中，還是過去的家族傳承中，我們可能看重都是「智慧」，並沒有認識到星雲大師提出的「慈悲」的作用。

另外，需要補充說明的是，上文所列的多個著名家族企業之案例，筆者是用人間佛教的觀點去分析的，但這些家族未必就信仰佛教，有的可能是基督徒等。在一些讀者看來，可能這個分析角度不一定合適。不過，星雲大師就宗教異同的問題，也有過闡釋。首先，星雲大師很提倡宗教間的眾生平等及「自我群他的融合」，認為「不僅佛教要融和，不同宗教、族群、國家、社會，都要摒除愛恨的分歧、怨親的疏離，發揮『同體共生』的精神，彼此才能和諧往來」；[53]其次，星雲大師認為「各宗教在多元化的人間，均扮演著導人向上、向善的角色，或為身教，或為家教，或為含容各門學科的心靈教育」；第三，就各大宗教對於佛教來說，星雲大師提出「五教同源」的思想，五教「泛指世界各大宗教，都是以善為出發點，舉例說，儒家思想可綱維人倫，等於佛教的人乘思想；天主教、耶穌教主張生天，等於佛教的天乘思想；道家的清淨無為，任性逍遙，等於佛教的聲聞、緣覺乘思想。人間佛教重視當下的淨土，致力於解決人間各種問題」，提倡「以聲聞、緣覺出世的思想做人天乘入世的事業，進而實踐菩薩道的慧業」。由此，大師提出可以將「各大宗教匯歸為五乘佛教，皆可引導眾生到達理想世界，其根本究竟乃覺行圓滿的大乘佛道，故曰『五教同源』」。[54]由上可見，筆者用人間佛教的觀點來剖析不同案例，並非是存有先入為主的意念，僅僅是認為，有意義的法門，對於各種宗教、不同人群是平等的，是都可以為眾生所思所用的。

---

[53] 星雲大師：〈如何融和〉，《星雲法語9：挺胸的意味》，網站名稱：星雲大師文集，網址：http://www.masterhsingyun.org.tw/article/article.jsp?index=112&item=113&bookid=2c907d49464ad31c01468f75d73a0089&ch=4&se=33&f=1。

[54] 星雲大師：〈佛教對「宗教之間」的看法〉，《人間佛教當代問題座談會》，網站名稱：星雲大師文集，網址：http://www.masterhsingyun.org.tw/article/article.jsp?index=9&item=24&bookid=2c907d4944d9a3fc0144f6f59b760008&ch=2&se=2&f=1。

　　值得強調的是，對於人間佛教的未來，星雲大師提出用現代的方式進一步展開，並「期望有心於佛教信仰的人，都能共同努力發揚人間佛教，唯有如此，佛教才有未來」。[55]同樣，對於家族企業傳承來說，筆者也期待更多的家族企業領導人在傳承中，一方面運用家族憲法、家族委員會、家族信託等現代化的手段和設計，另一方面要重視運用佛法的智慧和慈悲去消解難題，為家族和企業的未來、為人間淨土的美好前途鋪平道路、獲得喜樂。

---

[55] 星雲大師：〈《星雲大師全集》自序〉，《星雲大師全集 26：人間佛教的戒定慧》，頁 8。

《人間佛教研究》第十一期（2021）
Studies in Humanistic Buddhism, Issue 11(2021)，38-67

【徵引及參考文獻】

一、古籍

〔東晉〕瞿曇僧伽提婆譯：《增壹阿含經》，《大正藏》第2冊。

〔姚秦〕鳩摩羅什譯：《佛垂般涅槃略說教誡經》，《大正藏》第12冊。

〔姚秦〕鳩摩羅什譯：《金剛般若波羅蜜經》，《大正藏》第8冊。

二、近人論著

（一）專書

王國璋、鄭宏泰、黃紹倫：《李文達傳——醬料大王的傳奇》，香港：三聯書店
　　（香港）有限公司，2018年。

余英時：《中國近世宗教倫理與商人精神》，合肥：安徽教育出版社，2001年。

星雲大師：《星雲法語4：如何度難關：智慧》，臺北：香海文化事業有限公
　　司，2007年。

星雲大師：《合掌人生2：關鍵時刻》，臺北：香海文化事業有限公司，2011
　　年。

星雲大師：《星雲大師全集26：人間佛教的戒定慧》，高雄：佛光事業文化有限
　　公司，2017年。

星雲大師口述，妙廣法師等紀錄：《貧僧有話要說》，臺北：福報文化股份有限
　　公司，2015年。

榮德生：《樂農自訂行年紀事》，上海：上海古籍出版社，2001年。

（二）報章雜誌

〈仁澤眾生 實現自我：余仁生家族（余仁生集團）〉，《傳承雜誌》第5期，香港
　　傳承學院，2018年，頁28-30。

〈新鴻基地產大哥舉報兩兄弟 上演「王子」復仇記〉，《錢江晚報》，2012年4月
　　2日，A16版。

厲華：〈島內企業面臨「接班危機」〉，《環球時報》，2018年11月23日，第10
　　版。

（三）網站資源

〈小沃森之「公天下」〉，網站名稱：光明網，網址：https://mip.gmw.cn/
　　bdmip/201610/18/2996754.html。

〈全球最古老家族:日本金剛組為什麼可以存活1436年？〉，網站名稱：搜狐新
　　聞，2017年11月6日發表，網址：http://www.sohu.com/a/202754218_736839。

〈炮製雖繁必不敢省人工，品味雖貴必不敢減物力〉，網站名稱：中國北京同仁堂
　　（集團）有限責任公司，2019年10月2日發表，網址：https://www.tongrentang.
　　com/menu60/newsDetail/166.html。

〈香港打虎記：廉署歷時4年調查前政務司長貪腐案〉，網站名稱：新浪網，2015
　　年2月6日發表，網址：http://news.sina.com.cn/c/sd/2015-02-06/110031490355.
　　shtml。

〈曹德旺豪擲2億為兒子接班鋪路，641億的福耀玻璃後繼有人了！〉，網站
　　名稱：搜狐新聞，2018年6月28日發表，網址：https://www.sohu.com/
　　a/238308093_391478。

《人間佛教研究》第十一期（2021）
Studies in Humanistic Buddhism, Issue 11(2021)，38-67

〈竟是賣秤砣的：「藍色巨人」IBM傳奇史〉，網站名稱：和訊科技，2012年10
　　月26日發表，網址：http://tech.hexun.com/2012-10-26/147270866.html。

〈關鍵時代的家族企業管理——訪中國家族企業研究中心主任李新春教授〉，網
　　站名稱：中山大學管理學院，2014年11月24日發表，網址：http://bus.sysu.
　　edu.cn/node/13488。

星雲大師：〈「無心」是對付「塵勞妄想」的最好辦法〉，網站名稱：搜狐網，
　　2017年12月16日發表，網址：http://www.sohu.com/a/210973461_652938。

星雲大師：〈隨堂開示錄171 隨堂開示錄——講座論壇24 信仰的價值2-1〉，
　　網站名稱：人間福報，2020年6月8日發表，網址：https://www.merit-times.
　　com.tw/NewsPage.aspx?unid=587599。

星雲大師：〈如何融和〉，《星雲法語9：挺胸的意味》，網站名稱：星雲大師
　　文集，網址：http://www.masterhsingyun.org.tw/article/article.jsp?index=11
　　2&item=113&bookid=2c907d49464ad31c01468f75d73a0089&ch=4&se=33
　　&f=1。

星雲大師：〈佛教對「宗教之間」的看法〉，《人間佛教當代問題座談會》，
　　網站名稱：星雲大師文集，網址：http://www.masterhsingyun.org.tw/article/
　　article.jsp?index=9&item=24&bookid=2c907d4944d9a3fc0144f6f59b760008&
　　ch=2&se=2&f=1。

星雲大師：〈修好這顆心〉，網站名稱：七葉佛教書舍，2011年2月28日發表，
　　網址：http://www.book853.com/show.aspx?page=15&id=1634&cid=33。

星雲大師：〈高僧語錄：星雲大師說我為佛光山立下十二條門規〉，網站
　　名稱：鳳凰佛教網，2015年5月11日發表，網址：https://fo.ifeng.com/
　　a/20150511/41078624_0.shtml。

星雲大師：〈最高的管理學〉，網站名稱：七葉佛教書舍，2012年8月19日發表，網址：http://www.book853.com/show.aspx?id=2447&cid=30&page=45。

星雲法師：〈人間佛教的基本思想〉，網站名稱：新浪佛學，2017年5月12日發表，網址：http://fo.sina.com.cn/intro/basic/2017-05-12/doc-ifyetwtf8424170.shtml。

浙江大學企業家學院：〈瑞士名表愛彼：從1年只賣出1塊表到年銷售超9億美元（上）〉，網站名稱：搜狐網，2018年10月26日發表，網址：https://mp.weixin.qq.com/s/nbdkpW_GfYNZ8VE_M48EGA。

張苑柯：〈普華永道報告：中國家族企業僅四成有交班計畫〉，網站名稱：第一財經，2018年11月8日發表，網址：https://www.yicai.com/news/100055725.html。

張烈生、王小燕：〈第一章 商業帝國的沉澱與崛起（七）〉，《IBM：藍色基因百年智慧》，網站名稱：價值中國，網址：http://www.chinavalue.net/BookSerialise/BookShow.aspx?ArticleID=47434。

慧谷家族：〈鄭宏泰：家族企業是人類歷史上韌性最強的企業模式〉，網站名稱：介面，2016年11月2日發表，網址：https://www.jiemian.com/article/909561.html。

《人間佛教研究》第十一期（2021）
Studies in Humanistic Buddhism, Issue 11(2021)‧38-67

The spirit of human Buddhism in the inheritance of family business ：Centered on Hsing Yun's Humanistic Buddhism thought

ZHOU, Zi Zheng[*]

Abstract

The inheritance dilemma of family businesses has become an important issue for Chinese and even global family businesses. Buddhist organizations and family businesses are facing the problem of long-term inheritance and modernization. Fo Guang shan promotes and practices the spirit of Humanistic Buddhism and the success of Buddhist modernization. Master Hsing Yun's wisdom is worthy of reference for family companies to deal with succession issues. After analyzing the possibility and necessity of studying the inheritance of family business from the perspective of Buddhism, this article discusses the methods of Zen Buddhism in human Buddhism from the aspects of

[*]   **ZHOU, Zi Zheng**, Ph.D. in History, Assistant Professor at the School of History & Culture of South China Normal University, part-time researcher at the China Family Business Research Center of Sun Yat-sen University, and part-time researcher at the management of Humanistic Buddhism at the Center for the Study of Humanistic Buddhism of the Chinese University of Hong Kong.

holding virtue, meditation, letting down, focusing, and initiating the heart. The possible inspiration and role of the successful inheritance of the family business, hoping that the nectar of Humanistic Buddhism can help the family business to better complete the intergenerational replacement.

Keywords：Master Hsing Yun, Humanistic Buddhism, Family business, inheritance, innovation

《人間佛教研究》第十一期（2021）
Studies in Humanistic Buddhism, Issue 11(2021)，68-105

戴季陶「安遠柔邊」思想的佛教實踐—— 以與九世班禪的政教互動為考察中心 （1927—1937）

韓敬山[*]

摘要

　　國民政府的重要高官戴季陶，實為國家元首蔣中正處置邊疆事務及佛教事務的最重要智囊。他與身處內地的九世班禪有著深入的公私往來。從政府層面講，九世班禪發自內心以佛教領袖身份竭誠為國分憂；從私人層面講，雙方結為金蘭法侶僅僅數年，情誼即急劇升溫。這種為穩固邊疆的運作最終奠基於一樁樁鮮活生動的具體實務中，促使蒙藏民族開啟傾心內向的新旅程。1930年代的戴季陶，在與藏傳佛教領袖九世班禪的友誼之路中採用「敬一人，千萬人悅」的近代中國穩藏思路值得思考。

關鍵詞：戴季陶、九世班禪、治理邊疆、佛教實踐

---

* 韓敬山：中央民族大學藏學研究院藏學博士、哲學與宗教學學院宗教心理學博士後。本文係四川省哲學社會科學重點研究基地、四川高校人文社會科學研究基地「青藏高原經濟社會與文化發展研究中心」課題「國民政府對青藏高原施行邊地教育的策略」（項目號：QZY1609）的最終學術成果。

一、前言

　　1927年4月18日，南京國民政府成立，蔣中正宣誓就職。同日，「武漢國民政府下令免蔣中正本兼各職」，[1]寧、漢兩府勢同水火。9月11日，中國國民黨漢、寧、滬（西山會議派）三方中央要員談話決定「寧、漢兩政府合併」，[2]隨即「武漢政府停止辦公，結束一切」。[3]9月19日，中國國民黨「新組織之中央黨部及國民政府」[4]正式在南京運作，至1937年11月20日遷都重慶止，國民政府被外界讚譽為國家治理體系化的「黃金十年」。

　　這十年中，國民政府（以下簡稱國府）對蒙藏事務的處置呈現日益重視的趨向，從國府成立初期重視個案的是非曲直上升為對整個蒙藏區域的整體推進中，最值得書寫的亮點則是國府以官方和民間交織運作的新思路，將恰在內地的九世班禪禮延為官方受薪的宣化使，納入國家高級文官團隊，身邊之人也整體併入政府機構序列，藉此對蒙藏區域施加安遠之力、懷柔之策。

　　在國府中，戴季陶不僅具有「雙重顯身份」——第一重顯身份是國府五要員之一；第二重顯身份是蔣中正處置邊疆事務及佛教事務的最重要智囊，同時還具有「雙重隱身份」——第一重隱身份是外界稱其為蒙藏委員會的「太上皇」；第二重隱身份是他與九世班禪結為金蘭法侶的特殊私人關係。四重身份的交織碰撞疊加出戴季陶所祈盼和導引的果實：以九世班禪在內地為政治原點，輔以宗教活動為治理蒙藏信仰中心，並以極高優遇高調授予「國師」稱號助推其以佛教領袖和政府官員的政教雙重身份前往內地各省及蒙古、青海區域宣化，以竭誠實現

1　韓信夫、姜克夫主編：《中華民國史：大事記（第四卷）》（北京：中華書局，2015 年），頁 2689。
2　韓信夫、姜克夫主編：《中華民國史：大事記（第四卷）》，頁 2815。
3　韓信夫、姜克夫主編：《中華民國史：大事記（第四卷）》，頁 2817。
4　韓信夫、姜克夫主編：《中華民國史：大事記（第四卷）》，頁 2821。

為國安邦的新期待。

　　號稱「黃金十年」的歲月裡，國難「九一八事變」、「七七事變」相繼爆發，戴季陶與九世班禪「患難真情」下的公私互動，牢固地把穩固邊疆奠基於一樁樁鮮活生動的具體事實中。雙方互動所撞擊出的一系列作法，實為近代中國穩藏安邊的一頁信史。

二、宗教與政治互動：戴季陶深知其特殊效用

　　「因為對在日喀則徵稅持有不同的意見」，[5]九世班禪於1924年經新疆、甘肅出走內地，內地高級官員開始出現新一輪對西藏問題高度關注的熱潮。[6]當九世班禪抵甘肅後，北京政府對其「甚為優遇」[7]也就不難理解。

　　1925年2月25日，九世班禪抵北京居中南海瀛台。3月11日，九世班禪首赴段祺瑞執政府，即表現出他對國事的精準判斷力，如在商談蒙事上，九世班禪略謂「外蒙為中國領土，現在駐蒙俄軍自動撤退，此正我國收復外蒙之機會，請速與駐京俄使加拉罕交涉一切，俾我國對於外蒙得完全行使其統治權。對於藏

---

[5]　From a Special Correspondent lately at Lhasa, "The Death Of The Dalai Lama Where Is The New Incarnation?" *THE TIMES* [London, England] 29 Jan 1934, p.13, Issue46664.

[6]　「北京方面無事可做的蒙藏院得了這消息，視為奇貨，預備招待來京；並請撥招待費四十萬，意圖藉此向政府大敲竹槓。政府也一時莫名其妙，視班禪的行動與解決藏事有關，聞到了甘新，則電該省長官殷勤招待；聞其將轉赴外蒙，則飭令沿邊各省設法勸阻。其結果，班禪於五月初被邀至甘肅安西。據甘肅省長陸洪濤報告，班禪將在該地過夏，待秋涼後始能赴京入覲。這時在政府方面看來，似乎班禪能夠到北京，於中國與西藏間的關係是很有利的。但據由川邊至北京的藏商所說：『此次班禪出走，系受達賴英人兩方夾迫所致，蓋英人與新黨勾結，鑒於班禪不肯附和，遂一面以兵力進迫後藏，一面唆使新黨驅逐班禪。新黨乃蒙蔽達賴，詭稱班禪已將後藏土地，割讓英國，聯合英兵進侵前藏，達賴受愚，遂派新黨率兵二千名，將班禪所管地域，盡行佔據。並坐以觀兵叛藏之罪，罰金二百四十萬品。班禪腹背受敵，不得已乃率領親信及衛兵一百名離京來京，其在甘肅留者，因彼處藏商最多，欲藉之稍獲贈禮，補其所失也。』大山：〈班禪入覲與西藏告警〉，《東方雜誌》第21卷第11號（1924年6月），頁4。1924年5月2日，九世班禪到達北京，蒙藏院出面招待。1924年8月16日，九世班禪代表兩人入京。

[7]　孫子和：《民國十三年以來之中國國民黨與西藏》（臺北：蒙藏委員會，1985年），頁6。

事，亦有所商議」。[8]這是九世班禪首抵內地後，「第一次公開表明自己政治態度」，[9]明確「表達了自己忠心為國的思想，也在全國各族人民面前展示了一個愛國高僧的形象」。[10]這種背景的鋪墊，促使南京國府甫一成立，「班禪喇嘛以前在流亡中的宗教性質角色在最初就被轉換成一個帶有政治管理性的世俗官方角色」。[11]

這種角色定位的隱喻，是國府試圖恢復對藏族聚居區行使管理權力，維護幾近中斷的國家層面與西藏層面的交往，遏制十三世達賴喇嘛的離心及其傾向英國的重要舉措。九世班禪在內外力的作用下，日益擔負起為南京解決西藏問題的重責。在這種期待下，南京除了任命其為青海地方官員之外，還批准其設立駐南京、北平辦事處以加強聯繫。這種善意態度，實現了「在現代中國歷史上，政府第一次為一名藏傳佛教高僧創立一個特別的辦事處」，[12]開創了蒙藏宗教領袖與國府進行密切溝通新嘗試的先河。

到達內地的九世班禪，面對為數眾多的蒙古、青海、西康及內地信佛人士的精神追隨，以及物質上的「供養之豐，尤勝後藏，因此擁護中央之心益決」。[13]擁護的結果就是政治上的待遇接踵而來。1928年10月25日，中央政治會議第160次會議議決，函請國民政府任命九世班禪為青海省政府委員。在「西寧宣誓就職」[14]的九世班禪自此正式成為國府領導下的地方重要官員。隨後，「西藏班

---

8 韓信夫、姜克夫主編：《中華民國史：大事記（第四卷）》，頁 2165-2166。
9 喜饒尼瑪：〈九世班禪出走內地述略〉，《近代藏事研究》（上海：上海書店出版社；拉薩：西藏人民出版社，2000 年），頁 168。
10 喜饒尼瑪：〈九世班禪出走內地述略〉，《近代藏事研究》，頁 168。
11 滕華睿（Gray Tuttle）著，陳波譯：《建構現代中國的藏傳佛教徒》（*Tibetan Buddhists in the Making of Modern China*）（香港：香港大學出版社，2012 年），頁 125。
12 滕華睿著，陳波譯：《建構現代中國的藏傳佛教徒》，頁 125。
13 孫子和：《民國十三年以來之中國國民黨與西藏》，頁 7。
14 〈國民政府指令第二五一號（1929 年 2 月 7 日）〉，《國民政府公報》第 90 號（南京：國民政府文官處印鑄局，1929 年 2 月 12 日），頁 13。

《人間佛教研究》第十一期（2021）
Studies in Humanistic Buddhism, Issue 11(2021)，68-105

禪駐京辦公處」[15]在首都南京正式成立，國府指令蒙藏委員會應準備案。與此同時，國民政府「將福佑寺永遠撥作班禪駐平辦事地址」。[16]自此，國府時期九世班禪辦事機構比北京政府時期更為健全。

青海任職之後一個多月時間，九世班禪又增加了中央職官的頭銜。1928年12月19日，蒙藏委員會「改委員長制」，[17]九世班禪為蒙藏委員會委員，[18]「蒙藏委員會是一個顧問團，這一顧問團由中央政府任命的西藏和蒙古代表所組成，為中央政府在這一區域的事務出謀劃策。」[19]這是九世班禪首次擔任國府的部會官員，距他被宣佈擔任地方官員才過去一個餘月，如此快速的職位晉升實乃有兩層深意：一是「中央賦予班禪的名號、給以實際的職銜和對西藏內部事務的關心顯示了南京政府希望重新證明中國對西藏影響力的願望」；[20]二是廣而告之，「藉此示達賴以中央對西藏之關切」。[21]

1930年2月2日，九世班禪代表劉華軒在北平聲明：「班禪主張蒙藏會議由蒙藏派確實代表參加。」[22]次日，國民政府即公佈確定蒙藏會議的中央代表及「青海……及西康地方，應各派代表一人」[23]參會，可以看出國府對九世班禪意見的重視。

---

[15] 〈國民政府指令第四一四號（1929年2月28日）〉，《國民政府公報》第106號（南京：國民政府文官處印鑄局，1929年3月2日），頁9。

[16] 〈國民政府指令第四八一號（1929年3月9日）〉，《國民政府公報》第114號（南京：國民政府文官處印鑄局，1929年3月13日），頁6。

[17] 周美華編注：《蔣中正總統檔案：事略稿本4（1928年8月至12月）》（臺北：國史館，2003年），頁554。

[18] 委員額定由九人至十三人，加任閻錫山、恩克巴圖、班禪、李天培、喏那（筆者注：諾那）克圖為委員，並任閻氏為委員長。周美華編注：《蔣中正總統檔案：事略稿本4（1928年8月至12月）》，頁554。

[19] From Our Own Correspondent, "Chinese Influence In Tibet Tashi Lama Honoured," *THE TIMES* [London, England] 09 Feb 1934, p.13, Issue46674.

[20] From Our Own Correspondent, "Chinese Influence In Tibet Tashi Lama Honoured," *THE TIMES*, p.13.

[21] 孫子和：《民國十三年以來之中國國民黨與西藏》，頁7。

[22] 〈時事日誌〉，《東方雜誌》第27卷第9號（1930年5月），頁127。

[23] 〈國民政府指令第二〇四號（1930年2月3日）〉，《國民政府公報》第387號（南京：國民政府文官處印鑄局，1930年2月5日），頁13。

對家學淵源的戴季陶而言，「余家自祖母以來，奉佛敬神，尊祖孝親，備極虔誠。而我慈母黃太夫人信佛尤篤，餘自幼受此感化，對釋迦教義，若具夙根。」[24]

1930年，本身就是佛教徒的戴季陶開啟「盡誠盡敬，恭致函電」[25]的方式邀請九世班禪「降臨首都」，[26]請其「弘法濟眾，且以示信遠人」。[27]這是戴季陶與九世班禪直接交往的第一次。應該講，戴季陶這種做法是精心準備，目標清晰，那就是盡可能取得九世班禪的充分信任，因為信任是雙方未來發展的基礎，因此其對九世班禪的遣詞造句極盡尊重。

1931年5月4日，九世班禪「受國民政府之請」[28]首次蒞臨南京「寶華山隆昌寺說般若法」，[29]戴季陶謙稱「得近侍大師，聽聞法要」，[30]雙方一見如故：

> 當大師蒞京，與先生相見，詢知先生為寅年誕生。喜曰……黑虎為護，今日方知其應如響。先生旋偕大師於上師三寶諸天護法之前，發弘誓，願世為法侶，上弘下化，護教護國，救人救世。即於佛前留影，歎為稀有勝緣，不可思議。[31]

九世班禪對戴季陶講道：「昔出箚什倫布寺，護法天尊示相云，內地法緣廣大，

---

[24] 東初：〈戴季陶先生與佛教〉，收入釋東初編：《戴季陶先生佛學論集》（臺北：中華佛教文化館，1972 年），頁 5。
[25] 戴季陶：〈護國宣化廣慧圓覺大師頌〉，《戴季陶先生佛學論集》，頁 82。
[26] 戴季陶：〈護國宣化廣慧圓覺大師頌〉，《戴季陶先生佛學論集》，頁 82。
[27] 戴季陶：〈護國宣化廣慧圓覺大師頌〉，《戴季陶先生佛學論集》，頁 82。
[28] 戴季陶：〈歷代班禪大師織錦法像贊〉，《戴季陶先生佛學論集》，頁 103。
[29] 陳天錫：《戴季陶先生的生平》（臺北：商務印書館，1968 年），頁 62。
[30] 戴季陶：〈歷代班禪大師織錦法像贊〉，《戴季陶先生佛學論集》，頁 103。
[31] 陳天錫編：《戴季陶先生編年傳記》（臺北：中華叢書委員會，1958 年），頁 76-77。

《人間佛教研究》第十一期（2021）
Studies in Humanistic Buddhism, Issue 11(2021)，68-105

並有密囑」，[32]傾心有意的兩人首次見面即結為宗教上的金蘭法侶，雙方達成三點默契：一是「金陵共發之願，決定圓成，世世生生，永作法侶」；[33]二是「發弘誓願……上弘下化，護教護國，救人救世」；[34]三是「異口同心，發至誠願」。[35]

弘揚正法成為雙方齊誦的宗教主題，但戴季陶旋即與九世班禪做了重要的政治層面談話：

> 大師捨離叢林者十餘年，而慈悲愛護宗教之心，為傳賢所悲淚崇信。大師一日不回寺常住，達賴大師一日不與藏中僧俗四眾同心協力，領導四眾，建設西藏，化導群生，保障國土，則佛教將不可救。[36]

上述談話中，戴季陶上升到佛教是否可救的層面，言辭得到了九世班禪的「慨然相許」。[37]這是國府高級官員第一次明確對十三世達賴喇嘛和九世班禪與國家關係做出政治上與宗教上的評鑑，是第一次明確九世班禪必須返回西藏與十三世達賴喇嘛一起領導信眾，更是第一次明確對十三世達賴喇嘛的直接批評，意義不可謂不重大。

就在戴季陶與九世班禪的交往開始新篇之際，他甚至將班禪於湯山溫泉「其所浴之泉取回，分贈院中同人，謂服之可以消災延壽，人多有竊笑之」，[38]戴季

---

[32] 戴季陶：〈書護國宣化廣慧圓覺大師班禪額爾德尼事〉，《戴季陶先生佛學論集》，頁106。

[33] 戴季陶：〈護國宣化廣慧圓覺大師頌〉，《戴季陶先生佛學論集》，頁83。

[34] 戴季陶：〈書護國宣化廣慧圓覺大師班禪額爾德尼事〉，《戴季陶先生佛學論集》，頁106-107。

[35] 戴季陶：〈歷代班禪大師織錦法像贊〉，《戴季陶先生佛學論集》，頁103。

[36] 戴季陶：〈致班禪大師書（1932年6月21日）〉，陳天錫編：《戴季陶先生文存》第3冊（臺北：中央文物供應社，1959年），頁1215。

[37] 戴季陶：〈致班禪大師書（1932年6月21日）〉，《戴季陶先生文存》第3冊，頁1215。

[38] 〈戴季陶軼事〉，《中聲晚報》，1952年8月29日。

陶崇九世班禪之誠意，絲毫不在意他人評述，但他的一系列崇佛行為引起了蔣中正的不滿。

1931年5月19日，也就是九世班禪首次到南京剛剛半個月，蔣中正卻在日記中對戴季陶感歎不已：「季陶態度使人見之心傷，嗚呼。」[39]蔣中正的心中，戴季陶是難得的大才，可其對佛教近乎癡迷的虔誠令蔣大失所望，也就不難理解其日記中近乎悲傷地寫下「季陶益之較有幹才，而其意態消極，不能為用，是為最大之不幸也。」[40]

但在戴季陶來看，「他可說是以身作則，將佛法與現實政治結合在一起」，[41]他敏銳地意識到「要解決西藏問題，在目前也許有更近的路子，因為我們知道西藏民族是信仰的民族，在精神上我們可以先做功夫」，[42]戴季陶期冀能藉此為真正有效解決西藏問題與邊疆危機提供最佳方案。遺憾的是，貴為最高領導人的蔣此際沒有體察到戴季陶尊崇九世班禪絕不僅僅是個人的信仰這麼簡單，而是為了維護國家政治與國防的核心利益。

三、戴季陶設計九世班禪走上政治舞臺的「四大方法」

為了使九世班禪真心誠意地服務國家，戴季陶竭盡所能使其受到最好的優待，以免除其後顧之憂。九世班禪於1931年、1932年、1934年共三次蒞臨首都南

---

[39] 高素蘭編注：《蔣中正總統檔案：事略稿本 11（1931 年 5 月至 8 月）》（臺北：國史館，2004 年），頁 217。

[40] 吳淑鳳編注：《蔣中正總統檔案：事略稿本 15（1932 年 6 月至 7 月）》（臺北：國史館，2004 年），頁 194-195。

[41] 莊宏誼：〈戴季陶與佛教〉，《中國佛教（臺北）》第 29 卷第 7 期（1985 年 7 月），頁 9-10。

[42] 戴季陶：〈中藏思想溝通之重要（1931 年 6 月 7 日）〉，《新亞西亞》第 3 卷第 5 期，1931 年 8 月 1 日，轉引自桑兵、朱鳳林編：《戴季陶卷》（北京：中國人民大學出版社，2014 年），頁 578。

京，「均由戴氏籌畫，並親為接待」，[43]目的是使其心情舒暢、心甘情願地為維護邊疆穩定盡心竭力。主要做法有：

一、請政府首腦出面接見或宴請，商洽藏事解決方案，以示誠意。1931年5月5日，國民會議開幕，出席者除中央委員、國府委員外，代表實到四百五十餘人，專門安排九世班禪第一次在國家政治的中心舞臺亮相宣講。6日，國民會議預備會票選主席團，戴季陶當選。7日，國民會議續開預備會，主席團「特許班禪及蒙古、西藏代表……列席」，[44]由此可見戴季陶從中起到的關鍵作用。

1931年5月25日，戴季陶請蔣中正出面宴請九世班禪，並與其「商康藏問題」，[45]國府希望九世班禪「目前宣慰蒙古，重在將中央誠意，布之遠人」。[46]1932年12月14日，九世班禪第二次到南京，在戴季陶安排下，分別拜謁了蔣中正及林森、宋子文，「略有談話」。[47]談話前，戴季陶兩次致信九世班禪，一次是「望我西藏四眾同胞，去迷開覺，除疑生信」；[48]一次是「關於藏事之解決，此時切實計畫，實不容緩。賢切望大師於法會終了，即命駕來京，一切重要問題，均可詳細商榷。」[49]兩封信件的提醒，可見戴季陶準備工作的認真細緻，期求達到實效。

十三世達賴喇嘛圓寂後，在戴季陶運作下，九世班禪奉召進京，經中央政治會議批准，「道出北平，曾駐錫若干日」，[50]其在北平的全部招待均由國府予

43 李雲漢：《戴季陶》，收入王壽南主編：《中國歷代思想家》第23冊（臺北：臺灣商務印書館，1999年），頁155。
44 〈時事日誌〉，《東方雜誌》第28卷第14號（1931年7月），頁116。
45 〈時事日誌〉，《東方雜誌》第28卷第15號（1931年8月），頁104。
46 戴季陶：〈復蒙藏委員會馬委員長電（1932年4月29日）〉，陳天錫輯：《戴季陶先生文存：續編》（臺北：中國國民黨中央委員會黨史史料編纂委員會，1967年），頁169。
47 〈時事日誌〉，《東方雜誌》第30卷第2號（1933年1月），頁76。
48 戴季陶：〈致班禪大師書（1932年6月21日）〉，《戴季陶先生文存》第3冊，頁1216。
49 戴季陶：〈致班禪大師書（1932年10月28日）〉，《戴季陶先生文存》第3冊，頁1221。
50 〈國民政府訓令第三六三號（1934年5月31日）〉，《國民政府公報》第1452號（南京：國民政府文官處印鑄局，1934年6月2日），頁3。

以出資。戴季陶「為優待起見，曾令鐵道部轉飭平綏、平浦兩路特開專車」[51]護送，花費不菲，專車費用都由戴季陶所在的中央政治會議決議通過。戴季陶要求開行專列專車的理由非常充足：為了追薦十三世達賴喇嘛，安全護送九世班禪來京參加重大政治活動。在這種超規格的優遇禮遇下，九世班禪首次到首都後，在戴季陶的安排下，即到國府晉見蔣中正主席。

二、以國家名義冊封九世班禪為國師，並舉行隆重授典禮。1931年6月15日，戴季陶當選國府委員、考試院院長。當月24日，首次到南京的九世班禪被國民政府予以高度評價，並由國府主席蔣中正和考試院院長戴季陶兩人聯合發佈國民政府令，褒其「翊贊和平統一」，[52]並「加給護國宣化廣慧大師名號」。[53]7月1日在國府舉行授典禮，「政府以至誠之心，至隆之典，虔請大德，奉為國師，其所希求，惟在安民而保國」，[54]並「頒發班禪玉印一顆，文曰護國宣化廣慧大師班禪之印」。[55]1932年12月24日，九世班禪在南京國府禮堂「補行宣誓禮，就西陲宣化使職。」[56]一系列的政治優厚顯見國府期冀九世班禪為國家貢獻力量的定位。

戴季陶為上述事務做了大量工作，如為了此次宣誓禮，戴季陶前後多次協調，[57]最終在國民黨中央委員、考試院院長戴季陶和國民黨中央委員、蒙藏委員

---

[51] 〈國民政府訓令第二九九號【班禪專車費二十二年度歲出臨時概算一案】〉（1934年5月11日）〉，《國民政府公報》第1435號（南京：國民政府文官處印鑄局，1934年5月14日），頁2。

[52] 〈國民政府令（1931年6月24日）〉，《國民政府公報》第806號（南京：國民政府文官處印鑄局，1931年6月25日），頁1。

[53] 〈國民政府令（1931年6月24日）〉，《國民政府公報》第806號，頁1。

[54] 戴季陶：〈致班禪大師書（1932年10月19日）〉，《戴季陶先生文存》第3冊，頁1220。

[55] 〈國民政府文官處公函第八九〇八號（1931年11月5日）〉，《國民政府公報》第919號（南京：國民政府文官處印鑄局，1931年11月7日），頁8。

[56] 〈時事日誌〉，《東方雜誌》第30卷第2號（1933年1月），頁77。

[57] 1932年11月2日，戴季陶致電正在北平宣化的九世班禪，希望九世班禪最好先到洛陽就職，再到南京與蔣中正面見，戴季陶表示與蔣中正到洛陽後，再發邀請九世班禪前往。11月10日，戴季陶自漢口乘平漢特快火車前往洛陽，陳明九世班禪啟程日期到洛陽後定告，並告知九世班禪，已經請蒙藏委員會委員長安排住處。11月15日，戴季陶在洛陽電告九世班禪，洛陽已經做好歡迎準備。但由於三中全會即將召開，因此改請九世班禪到南京宣誓就職，其後一切所需已經就緒。

會委員長石青陽以及「各報社記者數百人」[58]的見證下，九世班禪公開宣誓，誓詞為「自奉中央命後，即誠意宣傳德意，冀以宗教實力，効命中樞，振導人心，輓回末刼。」[59]以此昭示九世班禪用宗教的力量為國府服務的決心。戴季陶說：「世人大多只知眼光向內，而忽略邊疆，如果我不為他們在中央扶植提攜，則我中央國府委員將不成為全國一致之中樞了。」[60]

三、詳盡修正待遇班禪具體辦法和促成宣化使公署成立。蔣中正在1931年6月29日的日記中致電蒙藏委員會馬福祥「告以關於待遇班禪辦法修正，報告下次國務會議後，即由國府發表。」[61]蒙藏委員會於是為九世班禪的待遇走入正軌出臺相關細則辦法，決定每月二千元。就在蒙藏委員會「正核辦間」，[62]突然接到中央政治會議函，以戴季陶為主席團的國民黨「第四屆第四次中央全體會議主席團之諭知」，[63]決定招待九世班禪的費用由原來的「每月二千元」[64]提高到「每月一萬五千元」。[65]一次就提高近八倍，並由中央政治會議決定，可見重視的程度，戴季陶在其中的影響力非同一般。

為了儘速發揮九世班禪的特殊作用，戴季陶全力幫助九世班禪組織宣化使公署，他「盡力向各方疏通，至前星期已得各方諒解，昨日立法院兩組審查通過」。[66]此事，戴季陶並沒有回避辦理過程中的艱難程度，並原原本本地告訴

[58] 釋東初：《中國佛教近代史》上冊（臺北：中華佛教文化館，1974年），頁381。
[59] 見《海潮音》第14卷第1期，轉引自釋東初：《中國佛教近代史》上冊，頁381。
[60] 王更生：〈戴傳賢先生的德業與事功〉，《近代中國（臺北）》第68期（1988年12月），頁137。
[61] 高素蘭編注：《蔣中正總統檔案：事略稿本11（1931年5月至8月）》，頁332。
[62] 〈國民政府訓令第三八六號（1934年6月7日）〉，《國民政府公報》第1458號（南京：國民政府文官處處印鑄局，1934年6月9日），頁7。
[63] 〈國民政府訓令第三八六號（1934年6月7日）〉，《國民政府公報》第1458號，頁7。
[64] 〈國民政府訓令第三八六號（1934年6月7日）〉，《國民政府公報》第1458號，頁7。
[65] 〈國民政府訓令第三八六號（1934年6月7日）〉，《國民政府公報》第1458號，頁7。
[66] 戴季陶：〈貝勒廟XPA（注：原文如此）宣化大師慈鑒（1933年4月26日）〉，《戴季陶先生文存：續編》，頁300。

九世班禪「反對者現雖極力運動，但大致已無問題，數日後必可照案通過發表矣」。[67]電文最後請九世班禪不必對此擔心。筆者相信九世班禪能夠感受到戴季陶為之操勞，為其提供一切必要的方便條件的竭力。

四、國府選取與九世班禪直接交往人員的第一要求就是崇信佛教。戴季陶由於公務繁忙，無法前往北平參加九世班禪主辦的護國法會，於是他托國府謝鑄陳秘書夫婦，代表其夫婦「同參盛會」，[68]並告訴九世班禪謝姓夫婦是虔誠的佛教徒，「齋戒至心，頗足贊許」。[69]戴季陶還針對歐洲藏傳佛教信眾到南京受戒的時機，認為這是「佛化西行之一大緣」，[70]於是在贈送他們九世班禪大師像的同時，信邀九世班禪為此歐洲六國共十二人「宣揚慈化，其利益更未可量」。[71]戴季陶藉此全力尋找一切時機崇禮九世班禪，擴大其在官方和民間的影響力，並擴展其在海外的影響力，足見其安排各項事務的縝密精當。

戴季陶還在政務極其繁忙的情況下，始終關心九世班禪的生活起居和健康狀況。對崇信佛教的戴季陶來說，值得稱頌的是其並沒有因為九世班禪是無量光佛的化身，而將其看成不食人間煙火的天神。從以下四個具體活動中可以看出戴季陶在生活上始終將九世班禪看成是一個正常人，正常人則自然會有生病及不適：

一是九世「班禪二十六日患感冒，戴傳賢（即戴季陶）二十七日延中西醫為班診視」。[72]

二是九世「班禪牙病，戴傳賢派院醫為察病痛，陪班赴中央醫院，用X光診視，二十分鐘，拍就照片數張，由章拯亞牙醫診察，病在牙縫及牙肉之兩旁，尚

---

[67] 戴季陶：〈貝勒廟 XPA 宣化大師慈鑒（1933 年 4 月 26 日）〉，《戴季陶先生文存：續編》，頁300。
[68] 戴季陶：〈致班禪大師書（1932 年 10 月 19 日）〉，《戴季陶先生文存》第 3 冊，頁 1220。
[69] 戴季陶：〈致班禪大師書（1932 年 10 月 19 日）〉，《戴季陶先生文存》第 3 冊，頁 1220。
[70] 戴季陶：〈致班禪大師書（1933 年 12 月 8 日）〉，《戴季陶先生文存》第 3 冊，頁 1221。
[71] 戴季陶：〈致班禪大師書（1933 年 12 月 8 日）〉，《戴季陶先生文存》第 3 冊，頁 1221。
[72] 《申報》，1934 年 1 月 28 日。

未及牙根，故拔牙手術，現非必須以日洗牙肉兩旁之膿為要。」[73]可見戴季陶對九世班禪身體的高度重視及關切之情。

三是當九世班禪奔波在蒙古各地勤勉宣化之際，戴季陶寫下「茲送上青色養目避風眼鏡一副，此鏡將來旅行塞外各地，可以遮灰遮雪遮日光，養目力，此系托力克藥片玻璃，較普通遮灰眼鏡為佳。請留之備用。」[74]可見法侶感情之真摯。

四是當九世班禪到達內蒙宣化後，戴季陶念念不忘其身體狀況，並「送上真四川野連粉六包，此系賢從四川親友帶來之真正野連，清熱解毒，功效最大，對於風火眼紅，服之必然有效，且我等西省人，在南方受暑發熱時，服此最好，即無眼病，當此大暑，每日稍服亦佳也。請每日服三包，每次一包，不可過多。如有效時，可再囑人來取也。」[75]

作為國府高官，以如此之細心服務宗教領袖，不難想見九世班禪在如此體貼入微的關照下，為國服務之心怎能不日益堅定。

四、法會聚心：「九一八」事變後的佛教救國範式

戴季陶借助九世班禪將佛教與政治有機結合，「證明瞭佛法不是消極的，厭世的，而是積極的，入世的，救佛教即是救國」。[76]他為此展開一系列國家層面的佛教實踐：以修建各種主題護國法會為載體，以誦經說法、報國救難為弘法利生的重要方式。戴季陶發起的公共佛事活動主要有護國法會、時輪金剛法會、藥

---

[73] 《申報》，1932 年 12 月 30 日。
[74] 戴季陶：〈致班禪大師書（1932 年 7 月 2 日）〉，《戴季陶先生文存：續編》，頁 1485。
[75] 戴季陶：〈致班禪大師書（1932 年 7 月 2 日）〉，《戴季陶先生文存：續編》，頁 1485。
[76] 莊宏誼：〈戴季陶與佛教〉，頁 10。

師七佛法會：

　　一、共立漢藏同心願的仁王護國法會。1931年日本關東軍在東北發動「九一八」事變。一個多月後的11月16日，戴季陶在「國難嚴重，折衝樽俎之餘」[77]與「善信男女共同發起」[78]修建仁王護國法會。仁王為佛之尊稱。戴季陶請九世班禪主持法會，並請南京寶華山隆昌寺「全體比丘百人修建」。[79]這是戴季陶聯手九世班禪正式推動建立的第一次護國法會，也是九世班禪第一次以國家級宗教領袖的身份在首都與廣大信眾見面。

　　這次莊嚴的法會「參加者有戴季陶及其妻子鈕有恆（1886─1941）、他的兒子戴安國（1912─1984）、蔣緯國（1916─1997）、司法院院長居正（1876─1951）和監察院院長于右任（1879─1964）。由於戴季陶身為考試院院長，因此國民政府五大院中就有三個院長出席本次法會。」[80]此次法會，無論是官方的重視程度，還是民間的參與規模，甚至時間長度，均在民國史上堪稱史無前例──「不獨為期最長，誦經人數亦最多」，[81]截至1932年1月下旬「為期百日圓滿」。[82]

　　法會使內地民眾「對藏傳佛教的興趣發生爆炸性增長」。[83]法會結束後，戴季陶特意將此發願文寄給九世班禪十冊，祈望借其「金口一音，強於凡夫萬眾之演說」，[84]並盼望將這篇發願文翻譯成蒙古、西藏文字，「廣宣於邊地同胞，則為助於宣化者，當亦非小」。[85]

---

[77] 陳天錫編：《戴季陶先生編年傳記》，頁75。
[78] 陳天錫：《戴季陶先生的生平》，頁318。
[79] 陳天錫：《戴季陶先生的生平》，頁318。
[80] Gregory Adam Scott, "The Buddhist Nationalism Of Dai Jitao," *Journal Religions*, vol. 39, no. 1(2011), p.71.
[81] 陳天錫：《戴季陶先生的生平》，頁318。
[82] 陳天錫：《戴季陶先生的生平》，頁318。
[83] 滕華睿著，陳波譯：《建構現代中國的藏傳佛教徒》，頁101。
[84] 戴季陶：〈致班禪大師書（1932年8月24日）〉，《戴季陶先生佛學論集》，頁157。
[85] 戴季陶：〈致班禪大師書（1932年8月24日）〉，《戴季陶先生佛學論集》，頁157。

　　法會結束近一年後，戴季陶致信九世班禪，將在京城「複印成千數」[86]的發願文再次送去，繼續請九世班禪「廣勸五族同胞，共立同心之願」。[87]護國法會中戴季陶向佛教大眾發表的系列演講，核心觀點就是宣導各地民眾抵制外道邪見、世俗之務和妖魔鬼怪，在其他方面則應該為他人貢獻財富和佛法，並要求在俗世間宣揚十善法，努力學習佛教最原本的教義，利用好現代的科學知識。可以講，這篇發願文實乃「充分展示了戴季陶對於佛教在拯救國家危難中所扮演的角色。」[88]

　　戴季陶主張操辦的一系列法會，使「西藏的班禪逐漸恢復他的前世在清帝國朝廷中所扮演的宗教國師的角色，班禪的權力和聲望迅速在全國得到公認。」[89]這不能不說是戴季陶的良苦用心，初顯正果。

　　除此而外，戴季陶還電告九世班禪，自1933年3月20日起，「兩星期內，每日午後七時二十分，賢在廣播電臺講演」。[90]這個講演「戴氏面對可能是他一生中範圍最廣的聽眾」，[91]這些聽眾中包括戴季陶邀請的九世班禪，原因是其對西藏問題的態度可令九世班禪更好地理解國民政府的對藏政策，展示其在國難當頭之際，始終以救國立命，以救教立心。戴季陶為九世班禪所做的種種努力的結果，就是「很多人親眼見證他承認中國對西藏的主權」。[92]

　　二、為國家民族前途的時輪金剛法會。南京法會的巨大成功給了九世班禪充足的信心，堅定了其在戴季陶的幫助下將法會看成為國為教服務的舞臺中心。借助這次法會的影響力，1932年10月9日，九世班禪在北平「以香巴拉淨土及

---

[86]　戴季陶：〈致班禪大師書（1932年10月3日）〉，《戴季陶先生佛學論集》，頁159。
[87]　戴季陶：〈致班禪大師書（1932年10月3日）〉，《戴季陶先生佛學論集》，頁159。
[88]　Gregory Adam Scott, "The Buddhist Nationalism Of Dai Jitao," p.71.
[89]　Gregory Adam Scott, "The Buddhist Nationalism Of Dai Jitao," p.72.
[90]　戴季陶：〈廣慧大師班禪慧鑒（1933年3月18日）〉，《戴季陶先生文存：續編》，頁300。
[91]　滕華睿著，陳波譯：《建構現代中國的藏傳佛教徒》，頁170。
[92]　滕華睿著，陳波譯：《建構現代中國的藏傳佛教徒》，頁171。

其為世間帶來和平的國王為中心」[93]主題，在「雍和宮太和殿修建時輪金剛法會」，[94]「各界人士無不推崇備至」，[95]班禪「祈禱和平，中央及張學良各助二萬」。[96]「這次公開法會有助於重新構建喇嘛們在帝國中扮演的護持國政的形象，也有助於塑造喇嘛們以深奧的教義為基礎的法力光環。戴季陶花費了一點時間利用這種力量來為國家服務。」[97]

「九一八」事變後，在戴季陶宣導和眾多佛教信眾的支持下，九世班禪多次以時輪金剛法會[98]為救國方式，在杭州、西寧等地修建時輪法會，取得巨大成功。在杭州時輪金剛法會上，戴季陶正式成為九世班禪的佛門弟子，開始「公開對班禪頂禮膜拜」。[99]輿論界對以戴季陶為首的政府高層提出抨擊，[100]「現在外族既不斷壓迫，中國之公理至此而窮，故他們轉而乞靈於宗教。因為中國政治不能復興中國，他們乃熱望阿彌陀佛加以援手。」[101]更有甚者「有人污蔑說他禮佛完全是為了蒙古和西藏行懷柔政策，是一種政治手段和障眼法罷了！」[102]但「為國家民族前途作計，以戴季陶先生為首，對外界一切批評，皆甘願忍受，不辯一詞。」[103]

---

[93] Gregory Adam Scott, "The Buddhist Nationalism Of Dai Jitao," p.69.

[94] 釋東初：《中國佛教近代史》上冊，頁 382。

[95] 釋東初：《中國佛教近代史》上冊，頁 382。

[96] 〈時事日誌〉，《東方雜誌》第 29 卷第 5 號（1932 年 3 月），頁 54。

[97] Gregory Adam Scott, "The Buddhist Nationalism Of Dai Jitao," p.69.

[98] 時輪金剛為西藏格魯派（因該派僧侶均身穿黃色僧袍，亦稱之為黃教）密宗無上瑜伽五大金剛之一，班禪為格魯派最高領袖之一。

[99] 金紹先、蕭漢澄、胡慶啟、何會源：《國民黨文官考試的內幕》，收入中國人民政治協商會議全國委員會文史資料研究委員會編：《文史資料選輯》第 136 輯（北京：中國文史出版社，1999 年），頁 85。

[100] 著名的新聞記者曹聚仁在 1931 年 9 月 13 日寫下〈誦經禮佛〉，文中不點名批評戴季陶：「想起孫總理最後還高喊『和平』、『奮鬥』、『救中國』，絕無半點懺悔意味的口號，他的信徒乃從革命的陣線逃向念佛的路子，兩相對比，顯然可知現在是怎樣一個暮氣沉沉的時代！」詳見曹聚仁：〈誦經禮佛〉，《曹聚仁雜文集》（北京：生活・讀書・新知三聯書店，1995 年），頁 663-664。

[101] 林語堂：《吾國與吾民》（長沙：湖南文藝出版社，2012 年），頁 105。

[102] 蔣緯國：〈戴季陶先生——我的親伯〉，收入朱匯森主編：《戴季陶與現代中國》（臺北：國史館，1989 年），頁 22。

[103] 釋東初：《中國佛教近代史》上冊，頁 382-383。

　　九世班禪注意到戴季陶的沉默，於是在時輪金剛法會上不失時機地回應道：「提倡科學，而科學即建在因果律上，必明即空而假說，乃非迷信。故若懷救國濟世之願，即應於時輪壇中，虔誠頂祝！」[104]間接回應了社會上的批評，結果「各方懷疑冰釋矣」。[105]

　　戴季陶堅持以佛教救國救民的思想，絲毫沒有受社會輿論左右。1933年7月13日，他給蔣中正的電文中袒露心扉：

> 賢個人所受魔纏，自知都緣自召，政府布種既大，受苦更非賢比。惟有以教救心，以實業救命，一切政治，視作慈善事業，然後政府先有自存之法，人民方有得救之路。[106]

1934年4月26日，戴季陶完成西北考察後返回南京。與此同日，九世班禪圓滿完成在十三世達賴喇嘛追薦法會上的使命，中國佛教的最高領導人「太虛接受班禪的灌頂」，[107]這是中國佛教史上的大事。此事使九世班禪在內地的宗教影響力處於巔峰狀態，隨後應「江浙淨士及南北各省向慕宗風者之請，建時輪金剛法會」[108]於杭州，「祈禱世界和平，祝國民之康樂」。[109]

　　九世班禪抵達杭州靈隱寺後看到法會一切均已按照戴季陶要求準備妥當。戴季陶當日電告九世班禪由於自己「稍感風寒」，[110]法會開壇之日，「不及趕

---

[104] 見《正信》第4卷第1期，轉引自釋東初：《中國佛教近代史》上冊，頁383。
[105] 釋東初：《中國佛教近代史》上冊，頁383。
[106] 戴季陶：〈致蔣委員長電（1933年7月13日）〉，《戴季陶先生文存》第1冊，頁290。
[107] 梅靜軒：〈民國早期顯密佛教衝突的探討〉，《中華佛學研究》第3期（1999年3月），頁256。
[108] 戴季陶：〈護國宣化廣慧圓覺大師頌〉，《戴季陶先生佛學論集》，頁82。
[109] 釋東初：《中國佛教近代史》上冊，頁382。
[110] 戴季陶：〈杭州探投班禪大師慈鑒（1934年4月26日）〉，《戴季陶先生文存：續編》，頁302。

到」，[111]「稍緩數日」[112]後方抵杭州。當九世班禪到杭州的次日即27日，戴季陶對九世班禪予以特別的鼓勵：「明日建壇，一切敬煩偏勞」，[113]並稱這次法會是「千載一時之盛會，四方民眾所歸依，決定圓滿順利」。[114]28日，時輪金剛法會正式啟建，九世班禪「主壇誦經」，[115]此次法會，「受結緣灌頂者逾萬人。遠道跋涉而至者，北逾大漠，南逾嶺表，西極流沙……慕道之外，別無所求。」[116]

法會當天，戴季陶發去電報，希望「法會平安圓滿，便足令康、藏、青、蒙萬里人民歡樂」，[117]同時也對法會的積極效果做了準確的預估：「敬一人而千萬人悅，乃古來安國之道」，[118]可以想見戴季陶以自身的影響力將自己崇敬的九世班禪推上國家宗教舞臺的中央，「戴氏其所以百般殷殷敬禮，則在融和邊疆各宗族情感」，[119]使其產生對中國各族信仰佛教人民的傳播力、影響力，以便為「安定大後方，以爭取抗戰最後勝利」[120]凝聚共識，最終實現邊疆與國防的鞏固。再看社會輿論「中樞對班禪大師之崇敬，無過於戴氏」，[121]「戴氏奉佛之目的，豈在於此」，[122]一目了然。

戴季陶對杭州時輪金剛法會的成功舉辦予以高度評價：「佛門之光，國家之慶。且結此善緣，於西藏將來建設，或不無小補。」[123]戴季陶此番用意，不言自明。就在此次法會上，戴季陶受灌頂，法名不動金剛。

---

[111] 戴季陶：〈杭州探投班禪大師慈鑒（1934年4月26日）〉，《戴季陶先生文存：續編》，頁302。
[112] 戴季陶：〈杭州探投班禪大師慈鑒（1934年4月26日）〉，《戴季陶先生文存：續編》，頁302。
[113] 戴季陶：〈致林璧予部長電（1934年4月27日）〉，《戴季陶先生文存：續編》，頁248。
[114] 戴季陶：〈致林璧予部長電（1934年4月27日）〉，《戴季陶先生文存：續編》，頁248。
[115] 〈時事日誌〉，《東方雜誌》第31卷第11號（1934年6月），頁79。
[116] 戴季陶：〈護國宣化廣慧圓覺大師頌〉，《戴季陶先生佛學論集》，頁82。
[117] 戴季陶：〈復林璧予部長電（1934年4月28日）〉，《戴季陶先生文存：續編》，頁248。
[118] 戴季陶：〈復林璧予部長電（1934年4月28日）〉，《戴季陶先生文存：續編》，頁248。
[119] 釋東初：《中國佛教近代史》上冊，頁386。
[120] 釋東初：《中國佛教近代史》上冊，頁248。
[121] 釋東初：《中國佛教近代史》上冊，頁386。
[122] 釋東初：《中國佛教近代史》上冊，頁386。
[123] 戴季陶：〈上海探班班禪大師慈鑒（1934年6月9日）〉，《戴季陶先生文存：續編》，頁303。

此後，九世班禪返藏途中在青海西寧塔爾寺建時輪金剛法會，為災難深重的國家祈福，同時給戴季陶「匯來銀五千元，托交賑委會代為施給災民」，[124]可以想見九世班禪愛國愛民之意願。戴季陶在此電結尾不忘囑託賑務委員會要立即向九世班禪「去電申謝為盼」。[125]戴季陶與九世班禪雙方熔鑄政治領域和宗教領域的優質互動，最終得到國民政府的完全支持。

三、現代國家理念通過宗教遵行的藥師七佛法會。1933年1月14日，四十三歲的戴季陶與眾信徒，為「護國濟民」，[126]虔誠邀請二度到京的九世班禪修建護國濟民弘法利生為主題的藥師七佛法會於南京寶華山隆昌寺。藥師又稱大醫王佛。由於「藥師本願為十二」，[127]戴季陶於是發十二大願，將他在1931年底發表的〈仁王護國法會發願文〉中的十大願再次納入，同時在此法會又增加兩願，組成十二大願，「終身奉之，以為法要」。[128]

兩條新願為第九條和第十二條。其中第九條寫道：

> 願全國同胞漢滿蒙回藏以及回疆乃至西南諸省山間民族，共存天下為公之大心，同發團結國族之大願，以三民主義為依歸，則共信斯立，以忠信篤敬律言行，則互信以固，分多潤寡，人人存乎慈悲，截長補短，事事行於方便，同心同德，並育並行，復興富強安樂之中華，有志竟成，

[124] 戴季陶：〈致賑務委員會許靜仁王一亭兩先生電（1935年9月1日）〉，《戴季陶先生文存：續編》，頁249。
[125] 戴季陶：〈致賑務委員會許靜仁王一亭兩先生電（1935年9月1日）〉，《戴季陶先生文存：續編》，頁249。
[126] 戴季陶：〈跋藥師法會願文贈譚雲山先生書（1933年12月於待賢館）〉，《戴季陶先生文存》第3冊，頁1322。
[127] 陳天錫：《戴季陶先生的生平》，頁325。
[128] 戴季陶：〈跋藥師法會願文贈譚雲山先生書（1933年12月於待賢館）〉，《戴季陶先生文存》第3冊，頁1322。

造成盡善盡美之民國，後來居上。[129]

第十二條寫道：

> 願大慈大悲藥師世尊，運無緣慈，施無畏法，憫念眾生，普垂加被，使
> 人人覺悟，共發至誠，懺既往之夙業，種當來之善果，一切煩惱災障，
> 消除無餘，村城國邑，佈滿佛號經聲，大地河山，盡成琉璃世界，千秋
> 萬世，善業昭垂，四海五洲，仁風永被，中華鞏固，民國萬年，萬邦協
> 和，正法永住。[130]

戴季陶所倡導奉行的十二遵行，包括服務社會、尊重女性、普設醫院、廣施藥
品、立法施政、改良刑政、政重民生等現代國家理念通過宗教的本願形式令佛教
弟子遵行值得思考。

　　發此十二願的戴季陶自謂道：「此非一人之私言，實為天下之公言。故不敢
顯個人之名，托之於眾人之口。」[131]值得一提的是，就在此次法會上，戴季陶受
九世班禪藥師灌頂，名曰「不空金剛」。自此之後，其開始佛學著述，並大多署
名為「不空」。

　　1934年6月3日，在戴季陶的安排下，上海舉行規模空前的歡迎九世班禪的大
會，九世班禪發表《蒙藏為中國重要國防》的演講，他的講話不僅有三十萬人在
會場聆聽，還通過中央電台播送八方：

---

[129] 陳天錫：《戴季陶先生的生平》，頁 328。
[130] 陳天錫：《戴季陶先生的生平》，頁 328。
[131] 陳天錫編：《戴季陶先生編年傳記》，頁 94。

> 蒙古和西藏是中國西北最前線的國防……班禪為恢復漢藏感情……迄今
> 十有一年，期以五族早日團結……政府對餘亦可謂仁至義盡，初則授以
> 護國宣化廣慧大師名號，繼則特任西陲宣化使，近又選任國府委員，這
> 都是五族平等維護宗教的表現。[132]

　　九世班禪基於事實上的表態，一方面令國府十分滿意，另一方面使內地民眾清楚地知悉內地與西藏不可分割的關係。多種因素的作用下，加上國府追封十三世達賴喇嘛，頒給玉冊、玉印，直接影響了十三世達賴喇嘛圓寂後的西藏地方政府態度，「承認西藏是中華民國的一部分，宣稱服從中央政府領導」。[133]國府對九世班禪內地活動的強力介入使九世班禪名聲大震，戴季陶同時輔以精巧設計使「中國政府對西藏領土的主張從國內得到藏文化流行於內地的強化，並由於政府對藏傳佛教徒及其儀式的具體支持而得到確認。」[134]這種「通過流亡的喇嘛、密宗儀式和國家支持的活動，西藏在內地呈現出的乃是一個和現代中華民族—國家整合在一起的西藏。二十世紀中期藏傳佛教徒對中國通俗和政治文化的參與得到廣泛宣揚。」[135]

　　經過戴季陶苦心安排和緊密運作，面對英國《泰晤士報》駐北平記者的專訪，國府最需要的目的達到了——「班禪喇嘛說他偏向於將西藏納入到中國國民

---

[132] 牙含章編著：《班禪額爾德尼傳》（拉薩：西藏人民出版社，1987年），頁261。

[133] 王希恩主編：《20世紀的中國民族問題》（北京：中國社會科學出版社，2012年），頁556。

[134] 滕華睿著，陳波譯：《建構現代中國的藏傳佛教徒》，頁149。（筆者在2004年由哥倫比亞大學出版社出版的 GRAY TUTTLE 著作 *TIBETAN BUDDHISTS in the Making of MODERN CHINA* 原書中，在第158-159頁查到原文：The Chinese government's claims on Tibetan territory were thus strengthened domestically by the popularity of the Tibetan cultural presence in China and confirmed by specific government support for Tibetan Buddhists and their rituals. 譯述不甚準確，應譯為「中國政府對西藏領土的主張被藏文化的流行強化，並由於政府對藏傳佛教徒及其儀式的具體支持而得到確認。」）

[135] 滕華睿著，陳波譯：《建構現代中國的藏傳佛教徒》，頁149。

政府的軌道之內。」[136]這也印證了戴季陶通過九世班禪返藏來實現國家與西藏地方正常運作的企盼。在戴季陶給九世班禪的信中提出了願景並予以最大限度上的表態：「賢當竭盡所能，以助大師之圓滿成就者，上報國家，下安藏民，且以護我佛教之存在與進步於無疆。」[137]

面對戴季陶與九世班禪交往結出的累累碩果，蔣中正逐漸領悟到他的用心良苦，進而開始強烈支持戴季陶的邊疆理念和具體事務方式方法，對九世班禪的一切政治經濟優厚待遇大開綠燈成為其當然的選擇。

五、戴季陶助推九世班禪蒙古宣化要義

戴季陶對九世班禪不僅有宗教上的期許，更有政治上的期待。面對日本慫恿下急於建立自治政府的蒙古王公群體，他於1932年10月3日致信九世班禪：

> 尤所念念不釋者，藏蕃蒙古之法統政綱，均宜早定。蓋人事之遷流無
> 常，而憂患之潛伏正多，賢與大師之所宜急加精進者，正在於此，百世
> 千秋，責無旁屬也。[138]

九世班禪非常理解戴季陶心理上的焦急和對蒙藏邊疆情形的憂慮。那麼，戴季陶對信仰藏傳佛教的蒙古區域產生憂慮緣何至此呢？原來1931年冬，國府為加強對內蒙古的控制，擬頒佈《蒙古各盟部旗組織法》，遭到德王強烈反對。九世班

---

[136] From Our Own Correspondent, "Tashi Lama's Preaching Tour," *THE TIMES* [London, England] 13 Aug 1934, p.10, Issue46831.
[137] 戴季陶：〈致班禪大師書（1932 年 10 月 28 日）〉，《戴季陶先生文存》第 3 冊，頁 1221。
[138] 戴季陶：〈致班禪大師書〉，《戴季陶先生佛學論集》，頁 159-160。

禪從中斡旋，德王回憶道：「由班禪出名宴請我們，堪布們代表班禪陪同我們聚餐，並勸我們合作。」[139]但德王沒有被說服。由此可知，九世班禪在內蒙古未來的宣化之路將難以順暢，戴季陶亦更明白九世班禪被德王拒絕後所處環境的變化，只是九世班禪「深受各旗王公的頂禮，並為長期供養，各旗王公集資在蘇尼特右旗給他修建了一所大寺。這是二十世紀中，蒙古人為西藏佛教領袖所修建的唯一的大寺。」[140]

有如此信眾基礎，1933年2月4日，正式就任西陲宣化使之職的九世班禪向國府「請示宣化方針」[141]後離京「前往蒙疆宣化」。[142]戴季陶希望九世班禪將沿途宣化動態直接向蔣中正發電，以便知悉其宣化中所做的種種努力。

1933年2月12日，九世班禪離開北平「將轉往內蒙百靈廟」[143]德王控制區域。2月22日，九世班禪開始發密電給蔣中正，蔣回電「至深佩慰，希將邊情隨時見示為盼」，[144]可見蔣對第一手邊疆情報的渴求。

戴季陶始終密切注視九世班禪的宣化路徑，他給九世班禪去電：「倭寇益深，國難日重，北地國防，至關急要，還祈多方宣化，以固民心。」[145]電文核心是希望九世班禪在內蒙古儘可能擴大安撫民心的範圍。在戴季陶的鼓勵下，九世班禪更加「勤勞為國」，[146]甚至甘願冒著被日本人綁架的風險到「接近敵人勢力」[147]的錫林郭勒盟宣化。戴季陶獲悉此情後，立即電告九世班禪「千乞珍重，

---

[139] 德穆楚克棟魯普：〈抗戰前我勾結日寇的罪惡活動〉，收入中國人民政治協商會議全國委員會文史資料研究委員會編：《文史資料選輯》第 63 輯（北京：中華書局，1979 年），頁 8。

[140] 箭奇斯欽：《蒙古與西藏歷史關係之研究》（臺北：正中書局，1978 年），頁 753。

[141]〈時事日誌〉，《東方雜誌》第 30 卷第 5 號（1933 年 3 月），頁 70。

[142] 陳天錫：〈政治方面〉，《遲莊回憶錄》第 2 編（臺北：盛京印書館，1970 年），頁 58。

[143]〈時事日誌〉，《東方雜誌》第 30 卷第 6 號（1933 年 3 月），頁 60。

[144] 高明芳編注：《蔣中正總統檔案：事略稿本 18（1933 年 1 月至 2 月）》，頁 474。

[145] 戴季陶：〈廣慧大師班禪慧鑒（1933 年 3 月 18 日）〉，《戴季陶先生文存：續編》，頁 300。

[146] 戴季陶：〈滂江德王府廣慧大師慧鑒（1933 年 6 月 3 日）〉，《戴季陶先生文存：續編》，頁 301。

[147] 戴季陶：〈滂江德王府廣慧大師慧鑒（1933 年 6 月 3 日）〉，《戴季陶先生文存：續編》，頁 301。

事畢速回西部，較為妥慎。」[148]由此可見雙方情感上的惺惺相惜。

　　值得一提的是，九世班禪前往日本人控制的區域宣化，引起居心叵測之人的懷疑。九世班禪行轅就此主動給戴季陶發電請其明察。戴季陶非常具有政治上的智慧，明確電告九世班禪：「此間並未聞人道大師有親日之嫌」，[149]一句話就將此事切割殆盡，以免對九世班禪造成心理影響。

　　戴季陶巧妙解決了九世班禪為此所承受的心理負擔後，其在錫林郭勒盟「傳法宣化事竣」，[150]戴季陶「甚以為慰」。[151]九世班禪隨即馬不停蹄西行到貝子廟和「阿巴噶等旗化導」，[152]戴季陶讚歎其「慈悲心重，不問炎暑，尤為敬佩」。[153]

　　戴季陶所做所說令九世班禪十分感念國府誠意，因而凡事均設身處地為國家著想。1933年，內蒙王公前往百靈廟開會組織內蒙自治運動會議，九世班禪也被邀請在會議舉行期間修建時輪金剛法會。德王的用意是「班禪喇嘛的出現會吸引成千上萬的蒙古人到百靈廟來致敬和參加法會，而這會提升運動的動力。」[154]但德王顯然低估了九世班禪的政治頭腦，九世班禪知悉此情後，除了依靠自身影響力竭力使德王不違反國府意旨外，還第一時間向戴季陶發出一封對國家來講至為重要的密電：

---

[148] 戴季陶：〈滂江德王府廣慧大師慧鑒（1933年6月3日）〉，《戴季陶先生文存：續編》，頁301。
[149] 戴季陶：〈廣慧大師慧鑒（1933年6月25日）〉，《戴季陶先生文存：續編》，頁301。
[150] 戴季陶：〈廣慧大師慧鑒（1933年6月25日）〉，《戴季陶先生文存：續編》，頁301。
[151] 戴季陶：〈廣慧大師慧鑒（1933年6月25日）〉，《戴季陶先生文存：續編》，頁301。
[152] 戴季陶：〈滂江德王府班禪大師慧鑒（1933年7月26日）〉，《戴季陶先生文存：續編》，頁301。
[153] 戴季陶：〈滂江德王府班禪大師慧鑒（1933年7月26日）〉，《戴季陶先生文存：續編》，頁301。
[154] 滕華睿著，陳波譯：《建構現代中國的藏傳佛教徒》，頁168。

> 在西烏珠穆沁宣化期間，聞內蒙各王公往百靈廟開聯席會議，頃據德
> 王談及，議決案中，有組織內蒙自治政府，以謀團結自救一節，除由
> （班）禪開導，務求不違反中央意旨外，特電密呈，即請政府速籌辦法
> 為禱。[155]

戴季陶接此密電後，吃驚不已，寫下「此事關係甚巨」[156]的批語，並迅即將此密電轉呈蔣中正，並一針見血地指出「外患既深，邊事若無良策，恐進退兩失」，[157]同時也開始擔憂九世班禪在內蒙的未來處境。

這封密電由九世班禪最早發來，令戴季陶欣慰不已，更使最高領導人蔣中正對九世班禪所起到的特殊政治作用表示滿意。這種作用被美國駐北京公使館前任代辦衛理敏銳地捕捉到，「中央政府努力保持蒙古王公們的支持獲得成功，這毫無疑問是因為班禪喇嘛在他的同教中遊歷的影響。」[158]

如此互信，蔣中正對九世班禪的好感逐漸增加，他甚至將給自己「開過幾年車」[159]的司機派「給班禪大師開車」，[160]可以想像九世班禪得到如此優遇後的心境。更為優質的雙方互動的事例隨之而來。

1933年2月8日，蔣中正電囑戴季陶代辦送班禪盡購儀禮物向軍需署領款。這份編號5829的電文如下：

---

[155] 戴季陶：〈致蔣委員長電（1933 年 9 月 13 日）〉，《戴季陶先生文存：續編》，頁 171。
[156] 戴季陶：〈致蔣委員長電（1933 年 9 月 13 日）〉，《戴季陶先生文存：續編》，頁 171。
[157] 戴季陶：〈致蔣委員長電（1933 年 9 月 13 日）〉，《戴季陶先生文存：續編》，頁 172。
[158] 衛理：〈西藏及其鄰居〉，頁 133-134。轉引自滕華睿著，陳波譯：《建構現代中國的藏傳佛教徒》，頁 169。
[159] 韓海容：〈我為馬步芳向蔣中正要餉的鑽營活動〉，收入中國人民政治協商會議全國委員會文史資料研究委員會編：《文史資料選輯》第 27 輯（北京：中華書局，1962 年），頁 198。
[160] 韓海容：〈我為馬步芳向蔣中正要餉的鑽營活動〉，收入中國人民政治協商會議全國委員會文史資料研究委員會編：《文史資料選輯第》第 27 輯，頁 199。

戴院長勳鑒：

班禪何日啟程，請為弟代送其盡儀式萬元及禮物費約洋一萬元左右。應

送何物請兄為弟代辦，款可向軍需署領取也。

中正叩。

並電告軍需署朱署即發戴院長。[161]

翻看蔣中正的日記《事略稿本》，這一天他極其忙碌。即使如此，依然將班禪返藏之事掛記心間，並以極其尊敬的口吻請戴季陶「為弟代送」錢物，並在落款處又一次用「叩」字表達其對此事的拜託。由於正處於日軍侵華之際，國民政府各方費用支出需要一定的程式，蔣中正在此件上寫著一個大大的「急」字，其又擔心費用流轉速度慢，要求從軍需署領取。軍需署是戰時機構，全部都是重要軍事物資和錢物，蔣中正將此筆款項由軍需署領取，可見其對此事的重視程度。為了將此事辦好，他在急件旁特地批註「電告軍需署朱署即發戴院長」字樣，這筆資金會以非常態高效方式迅即轉呈戴季陶。

戴季陶將蔣中正的禮物和錢財轉呈九世班禪手中時，九世班禪會作何感想？作為國府的最高領導人，專門交辦此事，可以想見戴季陶在其中所起到的作用。

值得一提的是，針對中央政治會議秘書處質疑九世班禪招待費過多一事，戴季陶予以委婉反駁。因為他深知一部分短視高級官員對九世班禪的現狀及當下地位頗有微詞，認為戴季陶作為中央最高層級的官員之一過於重視班禪，似乎讓整個中央蒙受外界輿論的嘲諷。戴季陶則說道：

不深思者，常輕易評其得失，乃至輕易斷論班禪之地位勢力，或以為目

前拉薩二三有力之人，不悅於班禪，軍隊之統率，不在於班禪，遂慮重

---

[161] 〈蔣中正電囑戴傳賢代辦送班禪賻儀禮物向軍需署領款（1933 年 2 月 8 日）〉，收入《蔣中正總統文物》，典藏號：002-010200-00077-004（臺北：國史館藏），網站名稱：國史館檔案史料文物查詢系統，網址：https://ahonline.drnh.gov.tw/index.php?act=Display/image/965367F48IWLL#8fl。

視班禪、優待班禪之非策。此皆為過慮，再十年、二十年後，回顧今
日，夫然後知達賴班禪之爭論，其意義為無限。[162]

這種高瞻遠矚的思考與做法，經過戴季陶的不斷解釋與說明，並在蔣中正的日益
強有力的支持下，雜音逐漸消弭。

　　竭盡所能在蒙古宣化的九世班禪令戴季陶非常感動，戴季陶於1933年10月8
日，自南京給九世班禪發出一份密電，對護國宣化廣慧班禪大師在蒙古宣化功績
予以強力肯定，「大師訓以事事聽令中央，實屬婆心苦口。」[163]「曾經屢與汪院
長[164]石委員長[165]等再四研究，均以大師對於蒙民悲智雙運，財法兼施，可謂所作
已辦。」[166]「政府對師之辛勤宣勞，深用欣慰，當有嘉言逕遠行在矣。」[167]他在
對九世班禪予以高度讚揚後，筆峰一轉，希望圓滿完成內蒙宣化的九世班禪儘快
返回首都南京。可想而知，戴季陶關心九世班禪在內蒙的安全。

　　發出這份密電時，東北和熱河四省已經淪陷。在這種狀況下，九世班禪如何
抽身而出，戴季陶都為其擬好了說辭，「蒙地宣化告成，回京覆命為詞，暫離蒙
地，南下小休」，[168]戴季陶的周詳程度可見一斑。不僅如此，戴季陶甚至動用汪
精衛給九世班禪發電「來京商蒙事」。[169]緣何如此，是因為對外自己並不是主管
蒙藏事務的政府高官，如果公開邀請其回京，名不正言不順，採用行政院院長汪
精衛的名義公開邀請其返回南京符合政務邏輯，也不會引起任何歧義，可見戴季

---

[162] 陳天錫：《戴季陶先生的生平》，頁525。
[163] 戴季陶：《戴季陶先生文存》第1冊，頁292。
[164] 汪精衛，時任行政院院長。
[165] 石青陽，時任蒙藏委員會委員長。
[166] 戴季陶：《戴季陶先生文存》第1冊，頁292。
[167] 戴季陶：《戴季陶先生文存》第1冊，頁292。
[168] 戴季陶：《戴季陶先生文存》第1冊，頁292。
[169] 〈時事日誌〉，《東方雜誌》第30卷第22號（1933年11月），頁66。

陶的苦心。

　　為了確立藏傳佛教的正教地位，戴季陶積極籌設九世班禪自蒙古返回南京後，「復可對於南方各地，廣種眾生之福田，確立正教之基礎。」[170]此時戴季陶站在九世班禪的宗教領袖角度思考，請其提出未來宣化之意見以便政府妥當安排。「蒙藏政教制度，關涉繁重，事事均無具體方案，必待大師慧照，方有所成。」[171]這份密電內容非常豐富，最後密電還告之九世班禪，南京「湯山新館，佈置已妥。」[172]

　　南京的湯山行館係戴季陶專門為九世班禪修造，稱為望雲書屋。為迎接九世班禪的駐錫，戴季陶「連日派人佈置，已經就緒，莊嚴以待」。[173]書屋中懸掛有戴季陶準備的各類佛像，並且每張尺寸都有詳細的考究，如阿彌陀佛西方極樂世界像、釋迦牟尼佛靈山說法像、宗喀巴祖師說法像等。雖然這些佛像都是戴季陶請九世班禪「代托西藏名畫師造次」，[174]但其希望佛像「務求十分精美，色彩鮮明美麗，能經久不壞，見者歡喜生信」，[175]由此可見戴季陶用心之至。

六、結語

　　九世班禪一生到訪南京三次。最後一次是1934年。這一年，中國各地出現罕見大旱，九世班禪不忘利用自己佛教領袖的身份，在首都南京「赴四城門，赴玄武湖，作法祈雨。」[176]「七七事變」後，全面抗戰開始，戴季陶將上海戰況通報

---

[170] 戴季陶：《戴季陶先生文存》第 1 冊，頁 292。
[171] 戴季陶：〈致班禪大師電（1933 年 10 月 8 日于南京）〉，《戴季陶先生文存》第 1 冊，頁 292。
[172] 戴季陶：〈致班禪大師電（1933 年 10 月 8 日于南京）〉，《戴季陶先生文存》第 1 冊，頁 292。
[173] 戴季陶：〈致班禪大師書（1933 年 12 月 8 日）〉，《戴季陶先生文存》第 3 冊，頁 1221。
[174] 戴季陶：〈致班禪大師書（1932 年 9 月）〉，《戴季陶先生文存》第 3 冊，頁 1218。
[175] 戴季陶：〈致班禪大師書〉，《戴季陶先生文存》第 3 冊，頁 1218。
[176] 達生：〈災荒打擊下底中國農村〉，《東方雜誌》第 31 卷第 21 號（1934 年 11 月），頁 42。

《人間佛教研究》第十一期（2021）
Studies in Humanistic Buddhism, Issue 11(2021)，68-105

九世班禪後，九世班禪「即一面電令駐京辦事處立捐鉅款，救濟傷兵難民，同時更作佈施，令各地廣作祈禱佛心無二。」[177]回想九世班禪為國所做的一件又一件事情，戴季陶對九世班禪的情感全部濃縮在他寫下的頌詞裡，頌其「大哉國師，善教善化，潤育萬物，和風時雨」；[178]頌其「西起雪藏，東迄龍江，聞名皈敬，普渡慈航」；[179]頌其「九建時輪，三晉京師，護國護教，等念等慈」。[180]讚美之詞，致敬之意，溢於言表。

縱觀戴季陶與九世班禪的交往史事，戴季陶雖不直接主持邊政事務，但其對於邊地情勢非常熟悉，他強調以誠信仁愛的精神治理邊疆，殫精竭慮地與九世班禪進行「立共信、堅互信」的優質互動，令其日益感受到在處理邊疆事務問題上枝繁葉茂與澆水勤惰沒有必然聯繫，他的解釋發人深省──「凡國家之重要問題，首在根本之鞏固，根本既固，枝葉自繁榮，根本不強，雖日夕澆灑，枝葉頗難期其發茂。」[181]「因為只有佛教，而不是其他中國社會本土的因素，能使從前的多族群政治體系成為可能，戴氏感到佛教在統一中國不同民族方面依舊至關緊要。」[182]

戴季陶始終以「甚反對門戶之見」[183]為前提，因此除了眾所周知與九世班禪結為金蘭法侶之外，對諾那呼圖克圖、章嘉呼圖克圖都相應地被國民政府授予「護國」之名號，「大凡由西藏來的喇嘛，及各地雲遊到南京的高僧，都以一見戴院長為榮」，[184]西藏來京人士尤其僧侶，「沒有一個不造謁先生，先生也無不

---

[177] 戴季陶：〈致朱驊先生書（1938年3月）〉，《戴季陶先生文存》第1冊，頁307。

[178] 戴季陶：〈護國宣化廣慧圓覺大師班禪額爾德尼頌〉，《戴季陶先生佛學論集》，頁80。

[179] 戴季陶：〈護國宣化廣慧圓覺大師班禪額爾德尼頌〉，《戴季陶先生佛學論集》，頁81。

[180] 戴季陶：〈護國宣化廣慧圓覺大師班禪額爾德尼頌〉，《戴季陶先生佛學論集》，頁81。

[181] 戴季陶：〈復蒙藏委員會吳委員長書（1939年3月10日）〉，《戴季陶先生文存》第1冊，頁321。

[182] 滕華睿著，陳波譯：《建構現代中國的藏傳佛教徒》，頁162。

[183] 〈戴季陶軼事〉，《中聲晚報》，1952年8月29日。

[184] 辛盧報導：〈戴季陶先生兩三事〉，《新生報》，1954年1月21日，第4版。

盡力幫助他們解決困難，邊胞熱誠的愛戴先生，可說是始終如一」。[185]對戴季陶
來講，雙方如此互動的深層次原因是「從國民政府的視角來看，接受這種名號
及相應的責任表明承認中國對這些地區的主權。從佛教徒的視角來看，這種確
認標誌著藏傳佛教徒成功地讓中國政府相信宗教和國家政權是自然連結在一起
的。」[186]

　　由此可見，戴季陶以身作則的崇信佛教，通過書信、會見、廣播等多種形
式使以九世班禪為核心的藏傳佛教領袖感同身受地相信內地同樣有尊重佛教的氛
圍。戴季陶與西藏高僧活佛們就是在不斷深入的互動往來中凝聚友誼，增進共
識。戴季陶潛心研究佛教，信仰佛教，絕不止於為個人消災祈福，而是意欲通過
佛教來拯救中國，減輕人民在連年戰爭中的身心苦痛，使民眾精神獲得暫時的寄
託，意圖達到為社會止痛療傷的效果。

　　他認為由於「宗教在中國佔甚大地位，邊疆更甚」[187]的國情，國府應該對政
治與宗教須同步發展予以深入研究。這番見解，從事邊疆研究和邊務實際工作者
都會從中有所領悟。

---

[185] 盧毓駿：〈我從工程角度瞭解戴故院長季陶先生〉，收入陳天錫編：《戴季陶先生文存：三續編》（臺北：中國國民黨中央委員會黨史史料編纂委員會，1971 年），頁 312。

[186] 滕華睿著，陳波譯：《建構現代中國的藏傳佛教徒》，頁 147。

[187] 戴季陶：〈中國之宗教改革與救國事業〉，收入中華佛教居士會編：《太虛大師暨戴季陶居士護國衛教言論選集》（臺北：中華佛教居士會，1979 年），頁 489。

《人間佛教研究》第十一期（2021）
Studies in Humanistic Buddhism, Issue 11(2021)，68-105

【徵引及參考文獻】

一、近人論著

（一）專書

王希恩主編：《20世紀的中國民族問題》，北京：中國社會科學出版社，2012年。

牙含章編著：《班禪額爾德尼傳》，拉薩：西藏人民出版社，1987年。

中華佛教居士會編：《太虛大師暨戴季陶居士護國衛教言論選集》，臺北：中華佛教居士會，1979年。

中國人民政治協商會議全國委員會文史資料研究委員會編：《文史資料選輯》第27輯，北京：中華書局，1962年。

中國人民政治協商會議全國委員會文史資料研究委員會編：《文史資料選輯》第63輯，北京：中華書局，1979年。

中國人民政治協商會議全國委員會文史資料研究委員會編：《文史資料選輯》第136輯，北京：中國文史出版社，1999年。

朱匯森主編：《戴季陶與現代中國》，臺北：國史館，1989年。

李雲漢：《戴季陶》，收入王壽南主編：《中國歷代思想家》第23冊，臺北：臺灣商務印書館，1999年。

吳淑鳳編注：《蔣中正總統檔案：事略稿本15（1932年6月至7月）》，臺北：國史館，2004年。

林語堂：《吾國與吾民》，長沙：湖南文藝出版社，2012年。

周美華編注：《蔣中正總統檔案：事略稿本4（1928年8月至12月）》，臺北：國史館，2003年。

高明芳編注：《蔣中正總統檔案：事略稿本18（1933年1月至2月）》，臺北：國
　　史館，2005年。

高素蘭編注：《蔣中正總統檔案：事略稿本11（1931年5月至8月）》，臺北：國
　　史館，2004年。

陳天錫編：《戴季陶先生編年傳記》，臺北：中華叢書委員會，1958年。

陳天錫：《戴季陶先生的生平》，臺北：商務印書館，1968年。

陳天錫：《遲莊回憶錄》第2編，臺北：盛京印書館，1970年。

孫子和：《民國十三年以來之中國國民黨與西藏》，臺北：蒙藏委員會，1985
　　年。

桑兵、朱鳳林編：《戴季陶卷》，北京：中國人民大學出版社，2014年。

曹聚仁：《曹聚仁雜文集》，北京：生活・讀書・新知三聯書店，1995年。

喜饒尼瑪：《近代藏事研究》，上海：上海書店出版社；拉薩：西藏人民出版
　　社，2000年。

箚奇斯欽：《蒙古與西藏歷史關係之研究》，臺北：正中書局，1978年。

滕華睿（Gray Tuttle）著，陳波譯：《建構現代中國的藏傳佛教徒》（*Tibetan
　　Buddhists in the Making of Modern China*），香港：香港大學出版社，2012
　　年。

戴季陶著，陳天錫編：《戴季陶先生文存》，臺北：中央文物供應社，1959年。

戴季陶著，陳天錫編：《戴季陶先生文存：續編》，臺北：中國國民黨中央委員
　　會黨史史料編纂委員會，1967年。

戴季陶著，陳天錫編：《戴季陶先生文存：三續編》，臺北：中國國民黨中央委
　　員會黨史史料編纂委員會，1971年。

戴季陶著，釋東初編：《戴季陶先生佛學論集》，臺北：中華佛教文化館，1972
　　年。

韓信夫、姜克夫主編：《中華民國史：大事記（第四卷）》，北京：中華書局，
　　2015年。

釋東初：《中國佛教近代史》，臺北：中華佛教文化館，1974年。

（二）期刊論文

王更生：〈戴傳賢先生的德業與事功〉，《近代中國（臺北）》第68期，1988年
　　12月，頁129-140。

莊宏誼：〈戴季陶與佛教〉，《中國佛教（臺北）》第29卷第7期，1985年7月，
　　頁4-13。

梅靜軒：〈民國早期顯密佛教衝突的探討〉，《中華佛學研究》第3期，1999年3
　　月，頁251-270。

Gregory Adam Scott, "The Buddhist Nationalism Of Dai Jitao," *Journal Religions*,
　　vol. 39, no. 1(2011), pp.55-81.

（三）政府公報

〈國民政府指令第二五一號（1929年2月7日）〉，《國民政府公報》第90號，南
　　京：國民政府文官處印鑄局，1929年2月12日，頁13。

〈國民政府指令第四一四號（1929年2月28日）〉，《國民政府公報》第106號，
　　南京：國民政府文官處印鑄局，1929年3月2日，頁9。

〈國民政府指令第四八一號（1929年3月9日）〉，《國民政府公報》第114號，
　　南京：國民政府文官處印鑄局，1929年3月13日，頁6。

〈國民政府指令第二〇四號（1930年2月3日）〉，《國民政府公報》第387號，
　　南京：國民政府文官處印鑄局，1930年2月5日，頁13。

〈國民政府令（1931年6月24日）〉，《國民政府公報》第806號，南京：國民政
　　府文官處印鑄局，1931年6月25日，頁1。

〈國民政府文官處公函第八九〇八號（1931年11月5日）〉，《國民政府公報》
　　第919號，南京：國民政府文官處印鑄局，1931年11月7日，頁8。

〈國民政府訓令第二九九號：班禪專車費（1934年5月11日）〉，《國民政府公
　　報》第1435號，南京：國民政府文官處印鑄局，1934年5月14日，頁2。

〈國民政府訓令第三六三號〉（1934年5月31日），《國民政府公報》第1452
　　號，南京：國民政府文官處印鑄局，1934年6月2日，頁3。

〈國民政府訓令第三八六號（1934年6月7日）〉，《國民政府公報》第1458號，
　　南京：國民政府文官處印鑄局，1934年6月9日，頁7。

〈蔣中正電囑戴傳賢代辦送班禪賻儀禮物向軍需署領款（1933年2月8日）〉，
　　收入《蔣中正總統文物》，典藏號：002-010200-00077-004，臺北：國史館
　　藏，網站名稱：國史館檔案史料文物查詢系統，網址：https://ahonline.drnh.
　　gov.tw/index.php?act=Display/image/965367F48IWLL#8fl。

（四）報章雜誌

〈時事日誌〉，《東方雜誌》第27卷第9號，1930年5月。

〈時事日誌〉，《東方雜誌》第28卷第14號，1931年7月。

〈時事日誌〉，《東方雜誌》第28卷第15號，1931年8月。

〈時事日誌〉，《東方雜誌》第29卷第5號，1932年3月。

〈時事日誌〉，《東方雜誌》第30卷第22號，1933年11月。

〈時事日誌〉，《東方雜誌》第30卷第2號，1933年1月。

〈時事日誌〉，《東方雜誌》第30卷第5號，1933年3月。

〈時事日誌〉，《東方雜誌》第30卷第6號，1933年3月。

〈時事日誌〉，《東方雜誌》第31卷第11號，1934年6月。

〈戴季陶軼事〉，《中聲晚報》，1952年8月29日。

《申報》，1932年12月30日。

《申報》，1934年1月28日。

大山：〈班禪入覲與西藏告警〉，《東方雜誌》第21卷第11號，1924年6月。

辛盧報導：〈戴季陶先生兩三事〉，《新生報》，1954年1月21日，第4版。

達生：〈災荒打擊下底中國農村〉，《東方雜誌》第31卷第21號，1934年11月。

From a Special Correspondent lately at Lhasa, "The Death Of The Dalai Lama Where Is The New Incarnation?," *THE TIMES* [London, England] 29 Jan 1934, Issue46664.

From Our Own Correspondent, "Chinese Influence In Tibet Tashi Lama Honoured," *THE TIMES* [London, England] 09 Feb 1934, p.13, Issue46674.

From Our Own Correspondent, "Tashi Lama's Preaching Tour," *THE TIMES* [London, England] 13 Aug 1934, p.10, Issue46831.

《人間佛教研究》第十一期（2021）
Studies in Humanistic Buddhism, Issue 11(2021)，68-105

Dai Jitao's Buddhist Practice of "Stabilize distant frontier in a gentle way（安遠柔邊 An Yuan Rou Bian）" Thought: Focusing on the Political and Religious Interaction with the 9th Panchen Lama (1927—1937)

HAN, Jing Shan[*]

Abstract

Dai Jitao, an important senior official of the National Government, is the most important adviser for Chiang Kai-shek to deal with border and Buddhist affairs. He has a close and deep public-private relationship with the 9th Panchen Lama in the Mainland. From the government level, as a Buddhist leader, the 9th Panchen Lama sincerely helped the nation solve her difficulties. From the private level, Dai Jitao and the 9th Panchen

---

[*] **HAN, Jing Shan**, Ph.D. in Tibetan Studies, School of Tibetan Studies, Minzu University of China; postdoctoral fellow in Religious Psychology, School of Philosophy and Religion, Minzu University of China. This paper is the academic result of the project of The Strategy of Frontier Education in Qinghai-Xizang Plateau Area during the Period of the Republic of China (Project No. QZY1609) by Qing Zang Plateau Humanities and Social Sciences Research Center, Philosophy and Social Sciences Key Research Base of Sichuan Province of Southwest Minzu University.

Lama have been friends for only a few years, but their friendship rose quickly. This kind of operation for the consolidation of the frontier is ultimately based on vivid, concrete and practical practices, which promotes the Mongolian and Tibetan people to open a new journey of sincere integration into the nation. In the 1930s, Dai Jitao adopted the idea of stabilizing the situation of Tibet in modern China, "Respect one, please everyone." in his interaction with the Tibetan Buddhist leader the 9th Panchen Lama. This thinking is worth investigating.

Keyword：Dai Jitao, The 9 th Panchen Lama, Governing Frontier, Buddhist Practice

《人間佛教研究》第十一期（2021）
Studies in Humanistic Buddhism, Issue 11(2021)，106-141

佛教與岡倉天心的「亞洲一體論」

盛鈺[*]

摘要

　　岡倉天心（Okakura Tenshin, 1862—1913），原名岡倉覺三（Okakura Kaku-zō），是近代日本民族啓蒙運動時期的核心思想家之一，在就讀東京帝國大學（今東京大學）期間，成為時任東大哲學教授的東方學家費諾羅薩的學生與助手，在其影響下，與之一道致力於拯救東方藝術和日本文化。岡倉天心分別於1893年、1906年、1908年和1912年四次到訪中國，為波士頓美術館東方美術部收購大量中國珍貴古畫與佛教藝術品；1903年至1906年間，岡倉天心出版了包括《東洋的理想》（*The Ideals of the East*, 1903）和《茶之書》（*The Book of Tea*, 1906）在內的四本英文著作，在西方產生極大影響。基於對岡倉的生平與著作之梳理，筆者發現他在宣揚與維護東方傳統美學理想和呼籲西方對「東洋」的關注時，一再借助中國古典藝術和佛教思想傳達其強烈以日本為中心的「亞洲一體論」，其思想透露出矛盾性與前軍國主義思想。基於此，本文將從親歷中國、書寫東方、展示東方三個層面展開分析，探討特殊時期佛教思想和藝術對岡倉天心的重要影響，總結岡倉天心的跨文化想像心理機制，以及他在近代中國時期借助佛教所建構起的全新的日本現代民族闡釋模式。

關鍵詞：岡倉天心、佛教、亞洲一體論、近代中國、身份認同

---

[*] 盛鈺：北京外國語大學博士候選人。

一、前言

　　岡倉天心（1862—1913）是日本明治時期著名的美術批評家、思想家和教育家，他1863年出生於橫濱，幼名角三，後更名覺三，中年號天心，是第一批受益於日本明治維新西方現代教育模式的日本學生。天心的父親原是一名武士，曾讓他拜長延寺住持為師，研讀佛教典籍、四書五經。除了從小學習漢學、佛學，天心還在7歲時進入基督教傳教士詹姆斯‧柯帝士‧赫本（James Curtis Hepburn, 1815—1911）開辦的英語學校學習英語，其獨特的多語言學習經歷預設了他對中國的古典文學與藝術的嚮往，也為他後來用英語書寫東方打下了堅實的基礎。十五歲時，岡倉天心進入東京帝國大學，成為東京帝國大學的首屆學生。在學期間，通讀《詩經》、《左傳》，加入漢詩社，而最重要的是他在東帝大學成為時任東大哲學教授的東方學家費諾羅薩（Ernest Francisco Fenollosa, 1853—1908）的學生與助手，擔任其文字和口語翻譯，在其影響下一步步成為中國和日本藝術研究的專家。畢業後，岡倉天心進入日本文部省工作，才華得到了「日本帝國博物館總長」九鬼隆一（Baron Kuki Ryuichi, 1852—1931）的賞識，被安排到各地去調查古寺院所藏書畫。1886年，受政府委派，天心和費諾洛薩一道三次前往京都奈良調查古寺，就是在此行中，透過對奈良法隆寺的調研，一方面讓天心見識到了日本的美術之美，同時也讓他深刻認識到，相對於西方的基督教藝術，東方的佛教藝術，無論是寺廟、繪畫、壁畫、建築還是藝術品，在東亞藝術中的重要地位。而後一年，作為日本「帝國藝術委員」之一，天心又陪同費諾洛薩一道赴歐美考察美術教育，回國後，籌建東京美術學校（Tokyo School of Fine Arts），同時創辦介紹東方藝術的美術刊物《國華》（*Kokka*, 1889），翌年二十九歲的岡倉天心擔任東京美術學校第二任校長，並開課為學生們講授日本美術史。1898年，受學校內部的騷亂事件影響，他辭去了校長一職，後與其學生

《人間佛教研究》第十一期（2021）
Studies in Humanistic Buddhism, Issue 11(2021)，106-141

橫山大觀（Yokoyama Taikan, 1868—1958）等人一起創立了「日本美術院」（Nihon Bijutsuin），並興起新日本畫運動。1904年，在費諾洛薩的引薦和美國著名日本藝術收藏家、文理科學院院士威廉·斯特吉斯·比格洛（William Sturgis Bigelow，1850—1926）的邀請下，天心前往波士頓美術館（Museum of Fine Arts, Boston）工作。此後，為了幫助該館收集美術品，他奔波於美國與中國、日本之間。1906年，天心舉家同美術院的繪畫部一起遷往茨城縣五浦區，現為茨城大學五浦美術文化研究所之所在。1910年，岡倉成為波士頓美術館的日本·中國美術部部長。[1]1913年9月，年僅五十歲的岡倉天心病逝於赤倉。

民族的類型以及民族主義作為一種「特殊類型的文化的人造物」，如本尼迪克特·安德森（Benedict Anderson, 1936—2015）在《想像的共同體——民族主義的起源與散佈》中指出：「是一種想像的政治共同體。它是想像的，因為即使是最小的民族的成員，也不可能認識他們大多數的同胞，和他們相遇，或者甚至聽說過他們，然而，他們相互連接的意象卻活在每一位成員的心中。」[2]在安德森「想像的共同體」基礎上，民族主義應該被理解為一種超越不同或相關文化的「文化意識形態」，就此，美國文化研究專家大衛·卡羅爾（David Carroll）將對這種文化意識形態的關注點移植到了民族主義的美學意義之上：「在組成這樣一種想像的共同體時，美學被當作為一種政治現象；藝術本身，變成了民族自我的建構、表現和人們自我認可的重要模型。」[3]藝術，在岡倉天心的眼中，是最高貴的國民文化的體現，而宗教則是藝術發展

---

[1] 1999年10月23日到2000年3月26日，名為「岡倉天心與波士頓美術館」（Okakura Tenshin and the Museum of Fine Arts, Boston）的回顧展在日本名古屋波士頓美術館（美國波士頓美術館日本分館，2018年已停館）舉辦；更多岡倉天心與波士頓美術館的故事建議參考同步出版物：Nagoya Bosuton Bijutsukan & Museum of Fine Arts, Boston (eds.), *Okakura Tenshin and the Museum of Fine Arts, Boston*，Nagoya：Nagoya Bosuton Bijutsukan, 1999.）。

[2] 美·本尼迪克特·安德森（Benedick Anderson）著，吳叡人譯：《想象的共同體——民族主義的起源與散布》（上海：上海人民出版社，2011年），頁6。

[3] David Carrol，"The Aesthetics and the Limits of Culture",in Salim Kemal and Ivan Gaskell, eds. *Politics and Aesthetics in the Arts*, (Cambridge: Cambridge University Press, 2000), pp.119-200.

中最重要的動因，尤其對於東洋的藝術而言：「如果去除宗教，東洋別無他物。東洋的最大成就就在於宗教的發現，即東洋為人類所作的貢獻在於創立了宗教。」[4]明治時期（1868—1912），在東西方對立的大背景下，日本發展進程呈現出一種「西化的帝國主義」與「烏托邦式的亞洲主義」間的衝突與矛盾。面對彼時日本的全盤西化傾向，在把「西方」作為「他者」的背景下，透過美學民族主義來建構一個相對於歐洲中心主義而言的「東方」，便是天心一再呼籲的「覺醒」和「東洋的理想」。

在岡倉天心的筆下，喜馬拉雅山不再是劃分兩個文明區域的屏障：「亞洲是一個！」[5]《東洋的理想》開篇第一句可謂是岡倉的思想的集中表現，而「儘管喜馬拉雅山脈把兩個強大的文明——以孔子的集體主義為代表的中國文明和以佛陀的個人主義為代表的印度文明——分隔開來，但雪山並不是障礙，它一刻也不能阻止亞洲人民對具有終極普遍意義的博大的愛的追求。這種『愛』是所有亞洲民族共同的思想遺產。」[6]佛教，便給予了這種具有終極普遍意義的博大的愛，充實著「日本的精神土壤」，作為一種共同體系的「固有的親和力」——「佛陀的哲學，通過佛教，以其悠遠的理想主義把印度、中國、日本、暹羅、緬甸連接在一起。」[7]在此基礎上，天心對於佛教藝術的關注與強調，幫助天心找尋到那種安德森所說的作為的「平行的存在感」（Sense of Parallelism），成為其構建「亞洲想像共同體」的重要參照與使用模型。

[4] 日·岡倉天心著，蔡春華譯：〈東洋藝術里的宗教〉，《中國的美術及其他》（北京：中華書局，2009 年），頁 145。
[5] Okakura Kakuzō. "The Range of Ideals," *The Ideals of the East: With Special Reference to the Art of Japan* (Berkeley, CA: Stone Bridge Press, 2007), p.9.
[6] 英文原文。"Asia is one. The Himalayas divide, only to accentuate, two mighty civilisations, the Chinese with its communism of Confucius, and the Indian with its individualism of the Vedas. But not even the snowy barriers can interrupt for one moment that broad expanse of love for the Ultimate and Universal, which is the common thought-inheritance of every Asiatic race, enabling them to produce all the great religions of the world, and distinguishing them from those maritime peoples of the Mediterranean and the Baltic, who love to dwell on the Particular, and to search out the means, not the end, of life."（*The Ideals of the East,* p.9.）
[7] 日·岡倉天心：〈東洋的覺醒〉，《中國的美術及其他》，頁 64。

《人間佛教研究》第十一期（2021）
Studies in Humanistic Buddhism, Issue 11(2021)，106-141

　　「身份認同」這一重要文化概念主要指「某一文化主體在強勢與弱勢文化之間進行的集體身份選擇，由此產生了強烈的思想震盪和巨大的精神磨難，其顯著特徵，可以概括為一種焦慮與希冀、痛苦與欣悅並存的主體體驗。」[8]在上個世紀初歐洲中心主義的氛圍下，西方世界在「東方主義」視角下對東方國家進行著文化建構，岡倉天心為西方世界提供了想像的亞洲圖景，為西方重新認識東方所做了巨大的貢獻；可是，面對著洶湧入侵的西方文化，在天心的身上顯示出他透過「文化挪用」所進行「亞洲民族」的共同體想像：他提煉明治時期日本現代主義文化主體，在西方的話語衝擊下，因試圖在日本身上寄託東洋理想、保留和強調日本民族自我的身份認同，而一再從中國文化，尤其是佛教藝術中提煉其渴求的價值元素；在他的筆下，中國基本上都是同日本一同作為亞洲藝術的代言詞而出現的，並且時刻進行著他詭譎的提喻式的置換。「日本是亞洲的博物館……日本的藝術史就是亞洲諸種理想的歷史」，此類有待商榷的語言在天心的文章中經常出現，透過過分誇大明治時期日本的藝術美學理想，實則表現出來強烈的身份認同危機和認同焦慮：一方面試圖通過其理想化的東方美術「美學民族主義共同體」來抵制西方中心主義和日本社會的全面西化，並以中國藝術為突破口試圖拯救全盤西化中的日本文化；可另一方面，用悉尼大學東亞文化、藝術研究專家約翰·克拉克（John Clark）的話說，在天心的身上呈現出一種後殖民主義語境下文化混雜所具有的「雙向闡釋許可」[9]：他一邊盡力在西方話語體系中表現東方特色，但回到自己的主場之時，又在日本或者更廣泛意義上的「亞洲」話語體系中展示自己對西方話語的掌控。

---

[8]　陶家俊：〈身份認同導論〉，《外國文學》2004 年第 2 期（2004 年 3 月），頁 38。

[9]　John Clark, "Okakura Tenshin and Aesthetic Nationalism," Arts: the Proceedings of the Sydney University Arts Association, 25（2002），pp.64-89. 約翰·克拉克，悉尼大學榮譽教授，著有 The Asian Modern, *The histories of modern art in South East Asia, Modernity in Chinese and Thai Art of the 1980s and 1990s* 等書。

綜上所述，本文圍繞明治日本、近代中國和二十世紀初期美國的三角型關係網，根據跨文化場中的岡倉天心對於「亞洲一體」民族共同體的刻畫與想像，從宗教研究和跨文化研究視角，分別透過岡倉天心三個層面同佛教的互動：（一）空間位移層面：岡倉天心的「跨太平洋的中國之行」；（二）跨文化民族志書寫層面：岡倉天心筆下的佛教與文化想像；（三）藝術品收藏層面：波士頓美術館的佛教藝術的提喻式意涵；分析岡倉天心的「跨文化想像心理機制」，以及他在近代中國時期借助佛教所建構起的全新的日本「現代民族闡釋模式」。

二、從想像中國到親歷中國

1887年從歐洲遊歷歸國的岡倉天心在領略了西方文明的璀璨的同時，也體會到了資本主義發展帶來的人們精神世界的空虛，因此，作為美術批評與研究專家，選擇回歸藝術傳統，將傳統繪畫和藝術從西方的影像中拯救出來，樹立獨特的「美學日本自我」（Aesthetic Japanese Self）；號召文化國粹主義的他，希望能在西方和日本之間尋找一個制衡點，最終他選擇用「美術」作為切入口，試圖借此在世界文化場域中佔據一席之地。

在1887年11月16日的日本藝術鑒賞學會演講上，天心表達了對於當下日本藝術發展的不滿，反對當時普遍存在的全盤西方化、或者強調本地的日本性、抑或折衷主義的態度，反對將西方現代藝術準則作為衡量藝術價值的唯一標準。他認為：「未來西方藝術在發展中應該關注東方的藝術，尤其是以日本為中心的東方藝術。」[10]真正的藝術，在岡倉天心看來，是在其應具有「普世之美（Universal

---

[10] Okakura Kakuzo, "Kangakai ni te," *Okakura Tenshin Zenshu*（《岡倉天心全集》）(Tokyo: Heibonsha, 1981), Volume 3, p.173.

Beauty）」這一美學準則上考量的。就在這篇他藝術研究的開山之作中，岡倉天心指出應該將日本藝術「普世之美」的研究重心放在其起源——中國古代藝術——與西方的關係上：「西方世界在古希臘和古羅馬的藝術啓蒙之上建立了他們的民族、統治者他們的家園；我們今天在建構日本藝術系統之時，也應該關注中國與印度對我們的啓蒙之意義。」岡倉天心深入佛教藝術的研究，始於其同費諾羅薩在京都和奈良探查古寺之時，尤其是他們對於奈良「法隆寺」[11]的研究，讓岡倉天心認識到傳統佛教藝術對於日本「美術」的重要意義，以佛教寺院為代表的視覺藝術，包括壁畫、佛教、雕塑、建築、手工藝品等等，對於日本而言都是西方世界基督教藝術一般的重要存在。費諾羅薩基於對奈良「法隆寺」的研究，提出的日本佛教藝術的「印度—希臘風格」說（Indian-Greek Style 或Hellenism）或希臘源頭說，將法隆寺和奈良評價為犍陀羅藝術的代表；而岡倉天心則和老師有著不同的觀點，針對日本佛教藝術，為淡化西洋的影響，他最終選擇利用中國對日本藝術的影響，提出了「中國影響說」（Chinese Influence），認為以法隆寺為代表的「印度—中國風格」（Indian-Chinese Style）直接影響了日本佛教藝術傳統。[12]岡倉天心為了作證觀點的正確性，開啓了他的中國之旅。「本次旅行的目的是考察中國的美術品。要達到這一目的，並且比較便利的，大

---

[11]　奈良法隆寺，又稱為斑鳩寺，位於日本奈良生駒郡斑鳩町，是聖德太子於飛鳥時代所建造的佛教木結構寺廟，據傳始建於 607 年。法隆寺是聖德太子創建的南都七大寺中的一座，是佛教傳入日本時修建的最早的一批寺院之一，是後來佛教在日本興盛的基礎。關於法隆寺藝術源流探究，詳見王仁波：〈日本法隆寺佛教造像藝術源流的探索〉，《上海博物館集刊》第 8 期（2000 年 12 月），頁 248-262。相關介紹參見〈法隆寺伽藍〉，網站名稱：法隆寺，網址：http://www.horyuji.or.jp。

[12]　岡倉天心在關於日本的美術館講解時指出：「自推古天皇時代興起的藝術應當被稱為純正的中國藝術形式，它表現為夏商周三代和漢、魏藝術的混合體。今天日本保存下來的自推古天皇時代藝術的佛教雕像一開始是印度的（當這些雕像剛進入中國的時候，它們是純正的印度風格。）但是，因為這種風格後來和中國風格融合在了一起……到了六朝時期，中國分裂成為南北，北方的民族特徵並非純正的中國式。鑒於中國北方和西亞地區聯繫密切，我們更應該將他們稱為西方地區民族（Western Regions race）。中國北朝的藝術風尚傳到日本形成了天智天皇時期風格。在這一時期，推古天皇時代藝術獲得推廣，主流的藝術形式是印度—中國風格（Indian-Chinses style），而後的天智天皇時期風格就是所謂的天平時期藝術（Tenpyō art）。」譯自 Okakura Kakuzō, "Nihon Bijutsushi," *Okakura Tenshin Zenshū*, volume 4, p.34.

概莫過於沿著舊帝都、古都城的古蹟去探尋美術品的遺跡。」[13]1893年7月15日，帶著對中國古代藝術的熱愛對中國的美好想像，岡倉天心在日本政府的委派下，第一次前往中國。他從日本新橋出發，並在學生早崎梗吉（Hayasaki Kokichi, 1874—1956）的陪同

圖一：岡倉天心1893年從北京到上海路線圖

下，沿著「長崎—仁川—塘沽—通州—北京—開封—洛陽—西安—成都—重慶—上海—神戶」的路線，展開為期一百四十多天的中國美術考察之旅。（部分路線如圖一所示[14]）

在寫給奈良真言宗本誓寺住持丸山貫長（Maruyama Kancho, 1843—1927）的信中，岡倉天心表達了對初去中國的美好願景，他想要去陝西西安「探尋青龍寺的觀音古洞」，[15]想在「馬背上馳騁千里並且（去山西）踏一踏五臺山的雪」。「一灣灣盡是通州，世運誰推逆水舟。孤塔殘陽前代影，暮雲無際起奇愁。」[16]1893年8月9日，從通州去往北京的路上岡倉作詩抒情。總的來說，岡倉

---

[13] 日·岡倉天心：〈中國的美術〉，《中國的美術及其他》，頁220。

[14] 日·岡倉天心著，中村愿編：《岡倉天心アルバム》（東京：中央公論美術，2000年），頁67。圖片截自 Jing He, "China in Okakura Kakuzo with Special Reference to His First Chinese Trip in 1983," (Dissertation, University of California Los Angeles, 2006), p.230.

[15] 青龍寺，初建於隋開皇二年（582），原名「靈感寺」。唐代再經修建，名「觀音寺」。景雲二年（711）稱「青龍寺」。佛教八大宗派之一——密宗——根本道場。不空弟子惠果住此寺東塔院，稱密宗七祖。大唐永貞元年，日本弘法大師空海（774—835）於此寺拜惠果為師，學習密宗真諦，後回日本創立真言宗，成為開創「東密」的祖師。因此，青龍寺是日本人心目中的聖寺，是日本佛教真言宗的發源地。詳見方立天：《中國佛教與傳統文化》（上海：上海人民出版社，1998年），頁211。

[16] 日·岡倉天心：〈中國紀行·漢詩二十七首〉，《中國的美術及其他》，頁256。

天心的第一次中國佛教發現之
旅可以用如下三處的重要發現
來串聯：北京的「琉璃廠」、
天寧寺；西安的「青龍寺」、
「寶慶寺」等佛教寺廟；洛陽
的「龍門石窟」，尤其是「龍
門石窟」——作為其臨時起意

圖二：1893年岡倉天心龍門石窟考察路線圖

的旅行目的地，洛陽之行不僅讓岡倉天心在無意中探尋了龍門石窟遺址的雄偉壯
麗，他和早崎粳吉一行人更是成為了歷史上有記載的、第一組探尋龍門石窟的外
國人。

　　1893年9月17日，岡倉天心和早崎粳吉行至龍門石窟的「潛溪寺」，[17]驚嘆
於石窟中輝煌肅靜的造像組合，在觀察過西邊的賓陽洞中的佛像組後，他指出：
「賓陽中洞是在北魏時期開鑿的，代表了六朝時期的真實佛教藝術水準。」[18]確
實，據史料記載，賓陽三洞開鑿於北魏時期，是北魏宣武帝為其父孝文帝所建。
賓陽三洞，以中洞開鑿時間最早，後為南洞，不久又開鑿了北洞，與中、南洞並
為三所，此三洞僅中洞按時完成。大約在隋大業年間，開始了對賓陽洞的補鑿，
至初唐太宗之子魏王泰時，把賓陽三洞加以修整，因此南洞和北洞都是在初唐時
期才完成造像。[19]

　　岡倉天心辨認出了三個洞穴之間的佛像風格的不同性，並在比較了法隆寺的
「釋迦三尊」和龍門石窟的佛像藝術之後，總結出了其緊密聯繫的相似性和延續

---

[17] Jing He, "China in Okakura Kakuzō with Special Reference to His First Chinese Trip in 1983," p.165.
[18] Okakura Kakuzō, "Shinkoku Ryo Nisshi," *Okakura Tenshin Zenshū*, Volume 5, p.52.
[19] 閻文儒、常青著，龍門石窟研究所編：《龍門石窟研究》（北京：書目文獻出版社，1995 年），頁
55。

性，認為中國六朝時期的藝術（尤其是北魏的佛教藝術）在吸收犍陀羅、印度和希臘的影響後再傳入日本，給予了日本以法隆寺為代表的飛鳥時代佛教藝術與寺院建築風格形式。六朝是中國歷史上佛教藝術發展的重要時期，佛教造像在六朝時期達到了極高的藝術水準，儘管是外來的宗教藝術，可受到中國美學的影響，六朝時期的佛教造像面龐清麗俊美，衣擺清秀飄逸，呈現出獨特的東西方藝術融合的特點。

岡倉天心的發現，比後來的日本建築學家伊東忠太（1867—1954）的《中國建築史》（1925）中透過大同雲岡石窟鑒定日本法隆寺的藝術源流，要早了三十多年。已故國內著名文博專家、研究員王仁波（1939—2001）在〈日本法隆寺佛教造像藝術源流的探索〉一文中對此問題曾有過精確的溯源，總結如下：日本飛鳥時代（538—644）的法隆寺佛教藝術（包括建築與造像藝術）的淵源，主要受到中國北魏、東魏、北齊時代佛教藝術的影響，南朝梁代佛像上的比分藝術特徵，在法隆寺飛鳥時代的佛像上也有所體現。白鳳時代（645—711），由於中國隋唐時代的大統一，隋唐文化世界性的影響力是當時的日本人如飢似渴地學習高度發展的隋唐文化，相繼派出多批的遣唐使團，畫師帶回的佛像摹本、菩薩像粉本，對白鳳時代的佛教藝術產生過重大的影響，之後的天平時代（711—781），佛教藝術、造像幾乎與中國盛唐時代的佛教造像相類似。[20]

總之，岡倉天心初次中國之旅途中對於龍門石窟的發現，打開了外國人認識中國藝術的全新窗口，可是正如那段歷史所記錄的一樣，也是因為這一發現，使得後來由於戰亂管理空虛，1930年代到1940年代龍門石窟造像受到了瘋狂的盜鑿，許多頭像、碑刻、浮雕被日本、美國的文物商人收購。對於岡倉天心自己而

---

[20] 關於法隆寺藝術源流的具體探究，詳見王仁波：〈日本法隆寺佛教造像藝術源流的探索〉，頁248-262。

言，龍門石窟之發現使佛教藝術研究成為他藝術研究的關鍵部分：「促使六朝的美術大為發展的原因之一，在於佛像製作的繁盛。大概佛教不僅作為宗教促發了高遠靈妙的思想，也在美術上別開題趣」，[21]佛教藝術為岡倉天心之後的美術理論所強調的「亞洲一體論」奠定了重要的基礎。

　　此外，有「中國佛教之祖庭」之稱的洛陽白馬寺也是岡倉天心此行的重要一站。始建於東漢的白馬寺（西元68年），是佛教傳入中國後官方興建的第一座寺院，也是中國第一座譯經道場。《魏書‧釋老志》記載：「愔仍與沙門攝摩騰、竺法蘭東還洛陽，中國有沙門及跪拜之法自此始也。愔又得佛經《四十二章經》及釋迦立像……愔之還也，以白馬負經而至，漢因立白馬寺於洛城雍關西，摩騰、法蘭咸卒於此寺。」[22]在第一次中國之行時，岡倉天心在白馬寺見到了他後來時常念起的「坐菩薩（Seated Bodhisattva）」（上圖 © Museum of Fine Arts, Boston），十分喜愛。這件精美絕倫的東魏石雕菩薩坐像，菩薩神態慈悲、面龐飽滿，衣褶雕刻流暢柔和，是從中國流失的早期石雕中最大的獨立佛雕作品之一，後來岡倉天心再次造訪白馬寺，想購買這件雕像卻未能如願。不久後，這座雕像在白馬寺神秘消失，在岡倉天心去世前，此佛像出現於巴黎，終被波士頓美術館最早的贊助人之一、哈佛大學博物館贊助人鄧曼‧羅斯（Denman Ross, 1853—1935）收藏。1913年，時任波士頓美術館東方部主任的岡倉天心去世，羅斯將石像捐贈給波士頓美術館作為對好友的紀念。

---

[21] 日‧岡倉天心：〈中國古代的美術〉，《中國的美術及其他》，頁220。
[22] 〔北齊〕魏收：《魏書》（北京：中華書局，1974年），卷114，頁3025-3026。

　　岡倉天心的第一次中國之旅，可以說是彌補了他在先前教授「日本美術史」課程時研究資料的空缺，也在很大程度上為他先前所提出的「印度—中國（Indian-Chinese Style）影響下的日本佛教藝術風格」一說提供了更為詳實的史料和實物依據。面對中國晚清特殊時期的民生凋敝，岡倉天心挪用中國宋前藝術之恢弘來宣揚日本藝術的起源與偉大，在近代中國的困境之中，岡倉天心向西方世界推銷自己，在闡明日本在現代世界中的地位的同時，建構並強調日本作為東亞救世主的角色。

　　在西學東漸的潮流下，東西方文明交流碰撞自明治維新運動開始給日本帶來全新的風氣，到了十九世紀末，作為一場不徹底的資產階級革命，明治日本政府在西方資產階級思想的影響下，在政治、文化、教育、生活方式等各個方面衍生出了以「鹿鳴館外交」為代表的號召「文明開化」的極端歐化的思想風潮。面對這樣的全盤西化，日本國內知識份子們中出現了像陸羯南（Kuga Katsunan, 1857—1907）、三宅雪嶺（Miyake Serrei, 1860—1945）、志賀重昂（Shigetaka Shiga, 1863—1927）、高山樗牛（1871—1902）等一批宣揚「國民主義」的國粹主義思想家、評論家，他們主張保留日本的文化獨特性並且呼籲「東洋為東洋人的東洋」，[23]並同部分中國的學者保持著密切的聯繫；隨著明治維新產生的社會動盪逐漸減退，尤其是在甲午戰爭之後，他們中的許多作家、學者們選擇親歷中國，進行「文化中國」之旅，有學者將其稱為一種「文化侵略性的考察」。[24]岡倉天心作為這其中最有國際影響力的學者之一，分別在1893年、1906年、1908年和1912年四次到訪中國，而他1893年第一次的中國之行，不僅幫助他日後定義了「東洋美術」，在北京時岡倉天心同「北京琉璃廠」和「京師古玩」的密切聯

---

[23] 王明偉：〈陸羯南與戊戌變法〉，《史學集刊》2008 年第 3 期（2008 年 5 月），頁38。
[24] 胡天舒：〈19 世紀末 20 世紀初日本知識人的中國體驗——以部分游記為中心〉（長春：東北師範大學中國史歷史地理博士論文，2013 年），頁 1。

繫，以及他在北京古玩市集的各種所見所聞，也大大地豐富了他對於中國藝術市
場、古典藝術種類、特點的認知，也為他之後長期在中國市場的藝術品收購和調
研工作找到了明確的範圍和關注點，[25]可以說為他之後的思想體系之構建奠定了
堅實的文化基礎。

三、文學敘事與文化想象

　　民族文化和歷史的敘事，是被放置在同質的、空洞的時間中的，逆時間之
流而上的書寫，是建構民族想像不可缺少的一部分，按照本尼迪克特的說法：
「適用於現代人物的敘述方式，同樣也適用於民族。知覺到自己深深根植在一個
世俗的、連續的時間之中，並且知覺到這雖然暗示了連續性，卻也暗示了遺忘
這個連續性的經驗──這樣的知覺，引發了對認同的敘述的需要。」[26]民族身份
認同主要來自一種文化心理認同。[27]作為想像的共同體，這種民族身份的文化認
同的構建與傳承，對於岡倉天心來說，很大一部分建構在他系統化的民族文化的
「書寫」中。明治維新的成功使得日本掙脫了漫長的漢文化的支配和羈絆，可是
現代性的衝擊和全盤西化的餘波導致的民族身份的迷失，進一步促使日本的有知
之士開始尋求建構全新民族文化身份認同的新模式，他們「產生了擺脫西方，從
西方邊緣的尷尬地位中解脫出來的願望，希望再度確立一個地緣與政治、經濟、
文化重疊的自我」，[28]作為相對於西方世紀而言的第三世界「邊緣文化主體」，
以岡倉天心為代表的日本民族主義者們試圖透過文學書寫、文化敘事來實現如霍

---

[25]　Jing He, "China in Okakura Kakuzō with Special Reference to His First Chinese Trip in 1983," p.160.
[26]　美・本尼迪克特・安德森著，吳叡人譯：《想象的共同體──民族主義的起源與散布》，頁 200。
[27]　詳見陶家俊：〈身份認同導論〉，頁 37-44。
[28]　葛兆光：《宅茲中國：重建有關「中國」的歷史論述》（北京：中華書局，2011 年），頁 169。

米‧巴巴（Homi K. Bhabha）所強調的邊緣文化從「認識型（Epistemological）文化」向充滿對話精神和顛覆意識的「發聲文化（Culture as Enunciation）」[29]的轉向，從符指活動（signifying activity）層面不斷改寫和重置文化政治權利、優先性和等級體系秩序（高／低；自我／他者），拓寬文化意義和敘事空間，客體化的他者也能夠在他們的歷史和經驗中被轉化為主體，並發揮一種類似於混雜性（Hybridity）的書寫策略來實現對西方權威話語的滲透和衝擊。

〈中國古代的美術〉一文，發表於1890年《國華》雜誌第14期，岡倉天心在文章的開篇談到：

> 要探尋我國（日本）美術的淵源，不得不追溯到遙遠的漢魏六朝。大概我國自上古以來所擁有的獨特藝術，本就毋庸置疑；但假若參照自雄略朝以降，畫工大多為歸化人（渡來人）、雕刻工匠進入日本、做佛像的工人也進貢品等史實，就法隆寺內諸多佛像來考察，那麼必須去追溯中國古代的創作體系……促使六朝的美術大為發展的原因之一，在於佛教製作的繁盛。大概佛教不僅作為宗教促發了高遠靈妙的思想，在美術上也別開題趣。[30]

中國六朝的藝術，可謂是亂世中的絕響，奠定了唐朝藝術的輝煌。中國當代著名思想家、美學家李澤厚在《美的歷程》中分析中國古代佛教藝術時指出，宗教藝術美的理想和審美形式是為宗教內容服務的，中國古代流傳下來主要是佛教石窟藝術，佛教在中國廣泛傳播流行，並在整個社會成為佔據統治地位的意識形態，實在戰亂頻繁的南北朝時期（佛教也是在這一時期傳入日本的）。北魏於南梁先

---

[29] Homi Bhabha, *The Location of Culture* (London: Routledge, 1994), pp.254-255.
[30] 日‧岡倉天心：〈中國古代的美術〉，《中國的美術及其他》，頁205、210。

《人間佛教研究》第十一期（2021）
Studies in Humanistic Buddhism, Issue 11(2021)，106-141

後宣布佛教為國教，經歷隋唐而達到極盛，後來世俗化為禪宗而走向衰落。北魏的藝術精髓見於佛教的雕像，「從雲岡早期的威嚴莊重到龍門、敦煌，特別是麥積山成熟期的秀骨清相、長臉細頸、衣褶繁複而飄動，那種神情奕奕、飄然自得，似乎去盡人間煙火氣的風度，形成中國佛教雕塑藝術的理想美的高峰。人們把希望、美好、理想都寄託在它身上。它是包含各種潛在的精神可能性的神，它所表現的恰好是對世間一切的完全超脫。」[31]以法隆寺探源為課題的岡倉天心，一開始便從宗教的層面入手，選擇佛教作為其對抗西方中心話語的精神力量；龍門石窟中佛陀與菩薩撒向世人的慈悲的微笑，讓初探龍門的岡倉天心體會到中國藝術真正寧靜、平和與高遠，來自六朝的中國佛教藝術賦予日本以「高遠靈妙」的精神氣質，以佛教藝術出發的東洋精神之描繪，在岡倉天心亞洲民族「想像的共同體」的敘事中有著重要的地位：「藝術總是和宗教結合在一起的，藝術最大的成就在於它是宗教思想的點綴。」[32]利用中日之間佛教的傳播和其共通性，岡倉天心在波士頓美術館研究報告中向西方世界傳播宗教與東方藝術的關係，為其亞洲共同體的構建創造根基。東洋社會所具有的超越西方世界的和諧之美，究其根本，在岡倉天心的看來，來自佛教的「慈悲」思想，而東洋藝術的精神，體現在這被慈悲浸染著的蘊涵著天地萬物氣息的世間一切個體生命中。

　　縱觀岡倉天心的英文著述，其中對東方美術、美學思想的宣揚滲透在詞句之間，佛教思想和藝術表現是他向西方介紹東洋文化傳統與亞洲共同體時所最為關注與強調的。以佛教思想為根，在岡倉天心的筆下，佛陀的精神在日本凝結在「茶道」和「劍道」之中：日本的劍化為了印度教「濕婆的後裔」，也是迦梨女神對抗惡魔時的武器；而「茶」作為禪宗精神的化身，已經不僅僅是日常飲用形

---

[31] 李澤厚：《美的歷程》（安徽：安徽文藝出版社，1999年），頁110。
[32] 日‧岡倉天心：〈東洋美術裡的宗教〉，《中國的美術及其他》，頁145。

式的理想化，一期一會之間傳遞的，「更是一種有關生活藝術的宗教」，人情在
小小的一碗茶中實現了「中西相通」。[33]因此，尤為值得關注的，是岡倉天心於
1906年出版的、後風靡西方世界的《茶之書》（*The Book of Tea*, 1906），它被
翻譯為多國語種，甚至被選入了美國的中學教材。我們知道，佛門茶道，興於
唐，盛於宋；中國的茶文化作為佛教中坐禪、供佛等活動的重要內容，有著重要
的宗教文化符號內涵，一碗溫潤的茶湯中包含著「孔子甘甜的靜默寡言，老子奇
趣的轉折機鋒，以及釋迦牟尼本人的廚師芬芳。」[34]至日本最澄禪師（西元801
年）以及其後榮西禪師（1191年）將禪茶引入日本，南宗禪學和茶道藝術在新的
土地上得到了融合與發揚。岡倉天心適時適地的選擇源自中國、傳達東方整套融
合倫理與宗教的天人觀、代表著東方民主真諦的「茶道」（sadō），這一飽含作
為「生活藝術的宗教」的禪宗精神的文化符號，作為向西方言說東方文化和連接
「亞洲一體」的核心精神。

　　此外，岡倉天心指出，東方人在西化的進程中尚無能力深入西方文化的核
心，有時更多的是矯揉造作、卑躬屈膝；而西方也從未真正試圖了解東方，哪怕
是基督教傳教士，更多的也只是表面的賜予。二者間互為他者的無知與蔑視，使
得「歐洲帝國主義在煽動黃禍（Yellow Peril）一詞時，無視如此想法之荒謬無
理，也未曾瞭解，亞洲人終會有認識白害（White Disaster）殘忍的時候」，[35]導
致歧視、誤解，甚至戰爭，在此，岡倉天心將茶道奉為治療這些苦難的解藥，作
為通向「美」與「道」的致靈途徑與崇高的生命境界，如岡倉天心在全書開篇所
言的禪茶精神：「在茶道中蘊含著純粹與和諧，以及主人與賓客禮尚往來間的神
秘感受，還有社會秩序中蘊含的浪漫主義情懷。從本質上而言，茶道是一種對於

---

[33] 日・岡倉天心：〈茶之篇〉，《中國的美術及其他》，頁112、101。
[34] 日・岡倉天心著，谷意譯：《茶之書》（濟南：山東畫報出版社，2010年），頁6。
[35] 日・岡倉天心：《茶之書》，頁1。

『殘缺之美』（Imperfect）的崇尚，是在這被我們稱為生命的不可能完美的事物中，嘗試成就某種完美而做的溫柔的試探。」[36]

　　建構民族文化和歷史的敘事的岡倉天心，若只是象徵性地借助佛教智慧或中國藝術精髓來為其在西方世界書寫「亞洲一體論」，也不會引發後世譯者們和學者們關於他文化敘事策略的一再討論。同遊歷中國時的岡倉天心一樣，在特殊的文化和民族立場下，他的文字，更是他自身思想矛盾性的重要體現。1903年至1906年間，岡倉天心用英文寫成了《東洋的理想》（*The Ideals of the East,* 1903）、《日本的覺醒》（*The Awakening of Japan*, 1904）、《茶之書》（*The Book of Tea*, 1906）以及在其生前並未發表的《東洋的覺醒》（*The Awakening of East*, 1980），用英文書寫的岡倉天心在歐美文學場中佔領了獨特的領地，為二十世紀初正處於西方現在主義文明危機、躍躍欲試想要從東方世界汲取文化滋養的西方讀者，構建了一張完整的文學敘事與文化想像的關係網，也為日本的民族身份以及海外形象構建起了堅實的圖譜。

　　《東洋的理想》完成於岡倉天心的印度之旅前夕，是一部「東洋文明史」，更是一部面向西方世界的「日本美術史」，1903年出版於英國倫敦，後相繼譯為法文（1917）和德文（1922），並反覆在西方再版。全書十五章，除了表達「南北中國論」的第三章「儒教——北方中國」和第四章「老莊思想與道教——南方中國」，其餘十二章，按照日本編年史完整劃分。「The East」是明治以來尤其是印度哲學及佛教哲學研究者喜歡使用的「東洋」的英語名稱，深受西方哲學理念影響的岡倉天心則選用了「Ideal」一詞作為理想的呈現和表達，他的「The Ideals of the East」，將東方美學串聯在柏拉圖哲學對於美之理念的找尋中，也源自黑格爾之「絕對理念」論，藝術和宗教是天心所建構的領悟絕對理念和對抗西

---

[36] 日・岡倉天心：《茶之書》，頁9。

方「強大力量」的根本方式。不得不說，無論是《東洋的理想》一書還是其後的
《日本的覺醒》，岡倉天心在呼籲亞洲一體的覺醒的同時，一再利用提喻式的敘
事修辭將亞洲的文化、歷史「理想化」地移植為日本的藝術史，向世界「推銷」
日本的藝術精神。他承認日本的原始藝術與文明深深根植在「漢文化」，尤其是
受到佛教的影響：「神道至今仍固守佛教傳入之前的先祖崇拜儀式。而佛教自身
也執著於其發展形態各異的種種宗派，這些宗派依循它們傳入日本的順序，逐一
充實了日本的精神土壤。」[37]可是，在岡倉天心對西方讀者的呈現中，只提日本
對於古代中國和印度價值的發現，他在寫作中還將阿波羅的神諭「瞭解你自己」
替換為金剛菩薩開悟的故事中佛陀的一句「他就是你！」，總結為日本「能夠順
利地衝出摧毀諸多東洋國家的暴風雨的包圍，同樣得益於這種自我認識。」[38]

在分析民族主義想像的共同體中的文學敘事與文化想像的關係時，德國文
學理論家、美學家沃爾夫岡・伊瑟爾（Wolfgang Iser, 1926—2007）和其學生、
二十世紀比較文學、文化研究專家加布裡埃・施瓦布（Gabriele M. Schwab）就
虛構與想像的關係以及跨文化想像的心理機制等問題有著獨到的論述。在90年代
初出版的《虛構與想像：繪製文學人類學的地圖》（*Fiction and Imagine-Chart-ing Literary Anthropology*, 1993）一書中，伊瑟爾從人類學視角思考了真實與虛
構的關係，回答了文學何以存在以及人類為什麼需要虛構的問題。人在本質上有
追求虛構的衝動，虛構作為自我揭示的呈現是文學一直能夠得以存在和發展的深
刻的人類學根源，在他看來「想像本來處於混沌的惰性狀態，虛構化行為啟動想
像並使之呈現在文本的空間之中，虛構和想像的融合互動使想像的世界在文本空
間中轉變為在場。」[39]伊瑟爾的學生施瓦布，則在老師的基礎上著重分析跨文化

---

[37] 蔡春華：《東西方文化衝突下的亞洲言說：岡倉天心研究》（北京：人民出版社，2017年），頁7。
[38] 日・岡倉天心：〈理想之篇〉，《中國的美術及其他》，頁41。
[39] 文化想象理論的分析詳見陶家俊：〈安德森・卡勒範式的摹仿詩學基礎──評喬納森・卡勒與本尼
迪克特・安德森的對話〉，《外國語文》第26卷第6期（2010年12月），頁5。

《人間佛教研究》第十一期（2021）
Studies in Humanistic Buddhism, Issue 11(2021)，106-141

想像的心理機制，認為文學作為書寫文化的獨特形式，「在跨文化接觸空間中不僅傳播文化知識，促成文化轉化，而且在想像層面塑造跨文化主體的心理、想像、情緒、情感、認同乃至幻想，成為主體文化移情的媒介。」[40]透過虛構與想像，岡倉天心一步步建構出了一個以日本為中心的的東洋理念世界，借助佛教的精神，從印度、中國一路向東聚集於日本，日本被他想像為東洋歷史精神的完美代言。

　　事實上，自1894年岡倉天心從中國回到日本起，他便開始了他作為身份認同的民族敘事。在日本青年繪畫協會、美術協會的活動中，岡倉天心根據中國之行做了演講報告，並根據旅行感悟創作了《中國的美術》，[41]此外還創作了〈中國南北的區別〉、〈棧雲一片〉、〈中國的旅行日誌〉與〈中國行雜綴〉等文章，起草了〈關於收集中國美術品的意見〉。[42]面對東方文化的凋零，岡倉天心流露出無限的惋惜之情，後期他在美國書寫了《東洋的理想》，向西方各國宣揚了亞洲的文化。分析中國的美術情況時，岡倉天心在介紹完其短暫的五個月的中國之行後，提出了三個代表其思想的的重要觀點，可以說卻是在一定程度上從橫、縱兩個方向將中國進行了變相的拆解，在分析中國問題時，缺乏多民族共存的大國視角，用適應於日本的島國意識來評價中國：（一）在中國，無中國；（二）南北中國論；（三）日本美術獨立論：

---

[40] 陶家俊：〈安德森・卡勒範式的摹仿詩學基礎──評喬納森・卡勒與本尼迪克特・安德森的對話〉，頁5。

[41] 根據岡倉天心著作譯者蔡春華女士在《中國的美術及其他》的前言中所介紹：《中國的美術》和《探究中國美術的端緒》是1894年岡倉天心在東邦協會的演講筆錄，根據岡倉天心在中國近五個月的行程所見所聞，後刊登於《東邦協會報告》第37期。兩文為同一場演講的內容，《東邦協會報告》將其合併為一。

[42] 蔡春華：《東西方文化衝突下的亞洲言說：岡倉天心研究》，頁89；岡倉天心〈中國南北的區別〉、〈棧雲一片〉，收入 *Okakura Tenshin Zenshū*（《岡倉天心全集》），Volume 3。

關於中國，我的感受是什麼呢？別無其他，即所謂的「在中國，無中國」。僅僅說「無中國」，換句話來說，那就是「在中國國內，無中國的共性」。以歐洲來反觀，也可以說「歐洲沒有所謂的歐洲的共性」。與此類似，中國也沒有所謂的中國的共性。[43]

語言的確是交通最為重要的樞機，這是不言而喻的，它也是國家統一的要素。沒有語言的統一，絕不會有國家「國性」的統一。中國國內之所以不統一，就在於異心異性的人民互相猜忌嫌惡。[44]

「日本美術的獨立」……即日本美術將來必有其獨立的地位。這是因為日本的美術原本就不是中國美術的一條支脈或一個流派。詳而言之，日本的美術雖然過去取自中的之處眾多，但其自身固有的美術精華，卻存在於中國之外。而且，她突出的美術精華，比從中國流傳出來的部分多。[45]

當然，岡倉天心對「歐洲中心主義」的反駁和對東方文明的歌頌與關注為中國、日本、印度等東亞國家文化的傳播與發展有著積極的進步意義。然而，不難發現，儘管親歷了中國，可是他在書寫中國的時候依舊處在一種想像中的文化移情機制中，呈現出身份認同時的典型的焦慮和矛盾的混合身份認同體驗：他一邊塑造中日藝術文化共同體，一邊強調日本美術的獨立存在和突出價值；在批判著中國無共性、國性的同時，不斷謳歌歷史上中國與歐洲間的交往、鼓吹中歐之間自古以來的親密聯繫，以此強調要以亞洲為主題探尋亞洲文明對歐洲文化的影響之淵源；一邊歌頌古典中國、尤

---

[43] 日・岡倉天心：〈中國的美術〉，《中國的美術及其他》，頁 232-233。
[44] 日・岡倉天心：〈中國的美術〉，《中國的美術及其他》，頁 238。
[45] 日・岡倉天心：〈中國的美術〉，《中國的美術及其他》，頁 247。

其是唐朝美術之偉大，一邊挪用中國文化、否定中國的現代性，並賦予日本以救世主的身份。

尤其值得討論的，是岡倉天心在文中根據中國在民族、語言、政治、宗教方面的南北差異，將中國視為南與北兩個獨立的個體，否定中國的民族性與統一性，變相將中國進行了民族主權層面的拆解。岡倉天心為西方讀者所虛構出的那個「被拆解」的中國是錯誤且危險的，要知道：「今天留下來的佛教藝術儘管都在北方石窟，但他們所代表的，卻是當時作為整體中國的一代精神風貌。印度佛教藝術從傳入起，便不斷被中國化……雕塑，作為智慧的思辨決疑的神，更是這個時代、這個社會的美的理想的集中表現」。[46]

亞洲宗教研究專家伯納德・佛爾（Bernard Faure, 1948—）教授在專著《禪的洞見和溢見：禪傳統之認識論批判》（*Chan Insights and Oversights: an Epistemological Critique of the Chan Tradition*）一書中分析日本著名禪師鈴木大拙的禪宗書寫時，特別強調了鈴木文字背後的權利關係，認為鈴木大拙對禪宗的詮釋中表達了一種理想化的、排他性的「日本文化優越論」，並且把禪敘述為超越一切西方神秘主義傳統的更為理想的神秘主義：「鈴木大拙禪學的成功，與其說是源自作品的文學性或者哲學性，還不如說是因為他的作品提供了一種樂觀的東方學話語模式產生的歷史時機。」[47]作為同一時期在歐美世界產生重大影響的東方學家，岡倉天心的筆下表現出和鈴木大拙一樣的敘事策略，利用舊的帝國主義話語模式來向西方推銷東方美術思想、強化西方視閾中日本的「東亞盟主」地位，「他的本土主義就是一種薩伊德筆下東方學的延續（Secondary Oriental-

---

[46] 李澤厚：《美的歷程》，頁 117。
[47] Bernard Faure, *Chan Insights and Oversights: An Epistemological Critique of the Chan Tradition* (New Jersey : Princeton University Press, 1993), p.54.

ism）」。[48]

　　岡倉天心「亞洲一體論」思想的背後，如葛兆光教授所總結的，糾纏縈繞
著「民族主義」與「近代性追求」（此處也可理解為現代性）兩個問題。近代日
本早期的「脫亞入歐」思想以及在明治維新後表現出的全盤西化和對現代性的追
求，體現出和「民族主義」本應該呈現的對傳統與民族的堅守間的相互矛盾；後
以岡倉天心「亞洲一體論」為代表的「興亞」思想階段，則是民族主義固有的自
我身份認同的覺醒。從表面上來看，這樣的對現代性的警覺和嘗試抗衡西方話語
霸權的努力，有著超越「近代性」或者「西方性」的意義；但他們努力去勾勒的
日本作為亞洲中心、領袖的形象，「卻又是用進步、文明之類的近代性話語來評
騭高下，確立話語權力。」[49]

四、作為民族象徵根基的佛教藝術：岡倉天心與波士頓美術館

　　二十世紀初，西方世界正處在文明發展的危機斷裂時刻，同時也是現代主
義思想萌芽的關鍵時期。曾任大英博物館東方繪畫館館長的勞倫斯・賓庸（Lau-
rence Binyon, 1869—1943），在哈佛大學任教期間做過一系列關於亞洲藝術的
精彩演講，後被收錄為《亞洲藝術中人的精神》（*The Spirit of Man in Asian Art*,
1936）一書。在書中，賓庸將東方的藝術放置在整體的、世界的藝術與文化的層
面上進行考量，思考各個民族藝術作為世界藝術整體的有機部分，其間的傳遞和
影響，從中總結藝術的生命與活力，尤其是在不同民族文化傳統背後串聯全體的
「人的精神」。在開篇總結東西方藝術傳統特徵時，賓庸指出：

---

[48] Bernard Faure, *Chan Insights and Oversights: An Epistemological Critique of the Chan Tradition*, p.64.
[49] 葛兆光：〈想象的和實際的：誰認同「亞洲」？——關於晚清至民初日本與中國的「亞洲主義」言說〉，
《宅茲中國：重建有關「中國」的歷史論述》，頁 169。

《人間佛教研究》第十一期（2021）
Studies in Humanistic Buddhism, Issue 11(2021)，106-141

當前，我們在西方正處於一種自知失敗的感受之中，並且為之快快不快。我們對種種自然力已經掌握，並且能夠隨心所欲地加以利用，然而不管我們如何努力，還是有一些實物使我們力所不逮……但是不知什麼緣故，生活的整體被人們視而不見。我們所失去的東西似乎就是生命的藝術。我請各位用心地觀賞另一半球上的那些有創造力的成就，那不僅僅是一種令人心曠神怡的消遣品，而且可能會觸發我們對人生對生命的藝術所產生的若干有益的觀念。[50]

世紀初的現代西方在不斷摸索中最終將獲取精神救贖的渴望之手伸向了廣闊而悠久的東亞藝術世界，這些被他們稱為「生命藝術」的東方古典藝術，充盈著豐富的人性精神和飄逸靈動的宇宙意識，賦予歐美世界一次全新的呼吸，而伴隨著這呼吸的便是西方世界的「東方典籍文物博物館化」。

　　在《比較的基礎》一書中，恩內斯特‧克拉勞在分析民族主義想像的共同體的形象與文化共同體生成機制時談到：「在各種散亂的形象中，有一類形象獲得總體性意義上的同質性和空洞性。它們昭示的想像視閾總是不斷擴展延伸，不斷將新的內容納入其意義場域，使形象自身的濃縮結晶與共同想像始終處於吻合對接的狀態，因為它們標示的不僅僅是既定的現實，而且隱含著現實之外的更廣闊的文化空間。」在這些「文化代言的形象」與「東亞想像的共同體」之間，形成了一個雙向選擇與互動的生成過程──共同體空間在擴展時將心理、情感等能量投射到這些形象之上，而這些形象的構建也同時作用於想像的共同體之構建。[51]

---

[50] 英‧勞倫斯‧比恩尼（Laurence Binyon）著，孫乃修譯：《亞洲藝術中人的精神》（瀋陽：遼寧人民出版社，1988年），頁1-2。

[51] 參見陶家俊：〈安德森‧卡勒範式的摹仿詩學基礎──評喬納森‧卡勒與本尼迪克特‧安德森的對話〉，頁4。

將這種同質性與空洞性的形象構建投射到岡倉天心「想像的亞洲共同體」之建構上的，除了透過上文所談到的文學敘事中的文化想像，還有在這裡要著重分析的：岡倉天心在波士頓美術館工作期間大量收集的東方古典造型藝術、尤其是其幫助波士頓美術館收藏的佛教藝術品。

熟諳東西方文化的岡倉天心，牢牢抓住了上世紀初現代西方文明精神化運動向東方世界偏移這一重要特徵，作為岡倉天心向西洋世界傳遞東方文化的重要民族象徵意象，這些博物館之中的「同質的、空洞的文化形象」，為西方世界想像東方提供了想像的可能條件。在對波士頓美術館中國藝術部高級策展人、美國史學家南茜‧柏琳娜（Nancy Berliner）女士的採訪中，當問及美術館鎮館之寶級別的中國藏品，以及它們來到波士頓美術館的具體經過這一問題，柏琳娜答道：「它們中的大部分，都是因為岡倉天心在中國認識了一些人而獲得的。有一座隋代金銅佛群像非常棒。它是十九世紀後期在河北趙州橋附近出土的……這座金銅佛群像先被賣到日本，後來被轉手賣給了波士頓美術館。」[52]事實上，在全盤歐化的明治日本，古代的藝術品不再被人們理解和重視，許多珍貴的傳家之寶被賤賣，甚至有寺院將過時的古代木雕佛像劈掉當柴火。有許多的日本藝術佳品被像費諾洛薩、愛德華‧摩爾斯[53]這樣的歐美東方學家收購。自岡倉天心做費諾洛薩的助手起，他們就開始一起努力尋找和登記這些被人遺忘在角落的日本藝術品。他們的工作最終使得日本法律明令禁止出售那些被認定為國寶的藝術品，這一舉措也使得日本保留住了大多數古代藝術珍品。[54]可是，面對中國的藝術珍品，

---

[52] 宋佩芬：〈宋徽宗和閻立本的畫如何來到美國波士頓美術館？〉，網站名稱：騰訊網，2016 年 11 月 2 日發表，網址：http://cul.qq.com/a/20161102/028657.htm。

[53] Edward S. Morse（1838—1925），美籍動物學家、著名東方學家。自 1877 年起多次訪日，生活、收集藝術品，藏品現收藏於美國波士頓博物館和皮博迪博物館中。1892 年擔任波士頓美術館日本陶器部負責人。出版作品 *Japanese Homes and Their Surroundings*（1886），*Japan Day by Day*（1917）等書。

[54] Everett F. Bleiler, "Introduction" to Okakura Kakuzō. *The Book of Tea*, (New York: Dover, 1964), p.vii-xi.

《人間佛教研究》第十一期（2021）
Studies in Humanistic Buddhism, Issue 11(2021)‧106-141

他的態度卻是有待商榷的。從1904年受聘於波士頓美術館到1913年逝世，岡倉天心收集藏品的工作重心調整為通過收藏中國頂級文物來建立東亞藝術品收藏。作為波士頓美術博物館「中國日本美術部」的第三位主管，岡倉天心工作期間每年都到中國來，建立了以早崎幸吉所在的北平為中心的購買網絡，當時適逢中國國內政局動蕩，國寶外流，作為東方文化研究專家的岡倉天心，專門挑選最精美、最具美學和研究價值的文物進行收購，為波士頓美術館贏得了一大批中國藝術珍品，美術館最重要的收藏——唐、宋、元的繪畫——幾乎都是他任職期間被收購。

岡倉天心後三次的中國之行，都幫助波士頓美術館收購中國的藝術品，他的最後一次到訪，為波士頓美術館收購了包括宋徽宗摹本的《搗練圖》和馬遠冊頁《柳岸遠山圖》等眾多宋元名家畫作和大批的中國古銅鏡。此外，例如著名的元代宮廷畫家，又稱「孤雲處士」的王振鵬的《姨母浴佛圖》（卷）就是在岡倉天心任內入藏的。1912年，岡倉天心還請中國書畫家吳昌碩題寫了「與古為徒」四字，製成匾額，安放在中國館大廳裡，成為波士頓美術館的標誌景觀之一。

在岡倉天心和早崎幸吉的協作下，波士頓美術館成為了北美地區最早收藏東亞藝術的博物館，中國藝術品收藏以早期繪畫、佛教雕塑和陶瓷而聞名，並且擁有全美數量第一的中國宋元書畫藏品。岡倉天心還為美術館培養了約翰‧伊勒頓‧羅吉（John Ellerton Lodge）和富田幸次郎（Kojiro Tomita）等鑒賞家，他們之後也任職於波士頓美術館，並且繼續進行中國藝術品的收購，羅吉在任職期間購入了諸如陳容（1235—1266）《九龍圖》之類的諸多名作；富田幸次郎在任職期間中，收購了包括宋徽宗趙佶（1082—1135）所繪《五色鸚鵡圖》和閻立本（約601—673）的《歷代帝王圖》在內的眾多藝術精品，還設立了亞洲藝術品購藏基金，這使得美術館能夠持續購入中國藝術品。[55]

---

[55] 簡‧波特：〈波士頓的中國藝術品〉，收入日‧木下弘美著，鄭濤譯：《帝王巨觀：波士頓的 87 件中國藝術品》（上海：上海書畫出版社，2018 年），頁 20-21。

此外，還值得關注的是，岡倉天心在波士頓工作期間，大力幫助美術館創辦其下著名館刊《波士頓美術館簡報》（*Museum of Fine Arts Bulletin*）（右圖）。他多次在刊物上面向西方藝術愛好者發表針對東方藝術與自身收藏的研究與介紹論文，致力於幫助波士頓美術館的東方美術部進行展館藏品的推薦，成為了上個世紀初西方世界了解東方文化與藝術的重要媒介之一，也是現當代對東方藝術珍品的海外流傳之研究的珍貴參考，其影響力一直延續至今。

正如東亞藝術究專家孔華潤[56]（Warren I. Cohen）在專著《東亞藝術與美國文化》中所認為的，近代中國1893—1919年，是美國東亞藝術收藏的黃金年代：「在此期間，波士頓美術館獲得了數以千計的中國和日本的無價之寶；在此期間，美國開始培訓東亞藝術業務師；在此期間亞洲藝術史學和鑒賞研究形成局面。」[57]事實上，若將清咸豐十年（1860年）英法聯軍掠奪圓明園算作為中國文物第一次規模流失，那麼1911年的中國辛亥革命及前後的混亂，在Warren的眼中，又一次直接地導致了中國的主要收藏潰散、考古遺址被掠奪以及偉大傑作的流失，美國的文化也在這期間受到了來自東亞文化的深刻影響。1894年，波士頓人首次公開接觸到中國的繪畫藝術，岡倉天心的老師、時任波士頓美術館主任的費諾羅薩，組織了美國歷史上第一次中國古代繪畫展覽——京都大德寺藏南宋佛教繪畫展，展出了四十四幅大德寺藏《五百羅漢圖》。1890年代，大德寺需要錢

---

[56] Warren I. Cohen（孔華潤），美國馬里蘭大學歷史系教授，威爾遜國際學者中心高級研究員，美國國會外交事務顧問。專攻美國與亞洲外交史，著有《東亞藝術與美國文化：從國際關係視角研究》、《美國對中國的反應》、《不再哭泣的帝國》、《蘇維埃時代的美國》等；主編《劍橋美國對外關係史》。
[57] 美·孔華潤（Warren I. Cohen）著，段勇譯：《東亞藝術與美國文化：釐析東亞藝術在美國兩百年的鑒藏之路》（上海：上海書畫出版社，2014年），頁30。

《人間佛教研究》第十一期（2021）
Studies in Humanistic Buddhism, Issue 11(2021)，106-141

修寺，波士頓美術館最早的贊助人之一哈佛大學博物館贊助人鄧曼·羅斯（Denman Ross, 1853—1935）當時恰好在日本，寺廟就和他聯繫，將羅漢圖拿到波士頓展出。起初，這些畫作是作為借款的抵押而來到美國展出的，可是在展出後，十幅畫作被當場拍賣，其中五件直接進入了波士頓美術館，另外五件被鄧曼收入囊中（他去世後也捐給了波士頓美術館）。因此，波士頓美術館如今收藏有十幅宋代畫師周季常和林庭珪的《五百羅漢圖》之《經典奇瑞》、《施財貧者》、《洞中入定》、《應身觀音》、《觀舍利光》等十幅鎮館之寶級別的佛教羅漢畫像，也正是因得這批收藏，奠定了波士頓美術博物館中國繪畫收藏的根基，也成為該館建立有關中國收藏的標誌性事件。

波士頓美術博物館於1903年將日本美術部更名為日本中國美術部，後又更名為東方美術部。1905年，初任職波士頓美術館的岡倉天心在《美術館簡報》（*Museum of Fine Arts Bulletin*）第一期發文，探討館藏的中國和日本繪畫：

> 本館收藏的中國繪畫中，特別值得一提的是宋代末年（十二世紀後半葉）的十幅表現形態各異的羅漢群像的佛畫。另外，元代（1280-1368）的陸信忠落款的《十六羅漢》圖也不可遺漏……儘管如此，我並不認為現有的這些收藏就是完美的，仍然需要為填補編年方面的空白，為再收藏幾個偉大作家的經典作品而付諸努力……藝術的精神是普遍的，它表現了不同民族的形態各異的理想與生活哲學，它必然是多樣的。日本或中國的美術也與歐洲的一樣，都有必要從藝術的內部來理解。[58]

在這段文字中，收藏中國的藝術佳品來填補博物館亞洲藝術的空白成為了岡倉天

---

[58] Okakura Kakuzō, "Japanese and Chinese Paintings in the Museum," *Museum of Fine Arts Bulletin,* 3/1 (1905), pp.5-6.

心的呼籲，而佛教繪畫又一次被賦予了提喻式的意涵，已經超越了其作為藝術品簡單的美學價值而昇華為民族的精神、理想與哲學的體現。作為東亞民族的象徵，岡倉天心對佛教藝術作為文化基因和民族精神的強調，為亞洲民族在當時以西方世界為核心的世界文化場域中找到獨立的民族身份有著積極的意義。可是，從另一個角度來看，借中國的藝術來宣揚日本的民族性的敘事策略，貫穿在岡倉天心在波士頓美術館向西方世界的欣賞者介紹東方藝術的文字之中：中國的古鏡可以說是岡倉天心最愛收藏的器具之一，僅1906—1907年在華收購的中國各個朝代的精美絕倫的鏡子就達到了六十七枚之多，在闡述館內所藏之中國銅鏡的時候，岡倉天心突然借所描述的中國銅鏡之宗教象徵意義來解釋日本的藝術：「鏡、玉和劍是日本皇室的三大寶器……在山野修行的僧侶們常用鑿子在鏡子的表面刻上佛像……對於中國和日本人的感情而言，鏡子是非常重要的。」[59]

　　福柯在1967年的法國建築研究會上發表題為「另類空間：烏托邦與異托邦」（Of Other Spaces: Utopias and Heterotopias）的講演中，將博物館比作一個無限積累時間的「異托邦」（Heterotopias），在其中「包含所有時間、所有時代、所有形式、所有愛好的願望，組成一個所有時間的場所，這個場所本身即在時間之外，是時間所無法嚙蝕的，在一個不動的地方，如此組成對於時間的一種連續不斷的、無定限的積累的計畫。」[60]這樣的異托邦可以視作社會大空間內一個封閉式的、全新建構而成的空間，而這樣的時空關係也賦予博物館對藝術藏品「去語境化」闡釋和重構語境的便利。透過岡倉天心的經營和對佛教藝術、藏品的介紹文字，博物館，看起來是將物品放置在一個客觀和實際的語境中進行再現和呈現，實際上其本身參與了在新的文化語境中對藏物的分類方式以及所代表的民族

---

[59] 日・岡倉天心：〈理想之篇〉，《中國的美術及其他》，頁 171-178。
[60] 法・米歇爾・福柯（Michel Foucault）著，王喆譯：〈另類空間〉，《世界哲學》2006 年第 6 期（2006 年 11 月），頁 56。

《人間佛教研究》第十一期（2021）
Studies in Humanistic Buddhism, Issue 11(2021)，106-141

身份的再建構，同時也是對藏品的「意識形態化的過程」。[61]美國藝術史教授丹尼爾‧捨曼（Daniel J. Sherman）和伊裡特‧羅戈夫（Irit Rogoff）所編的《博物館文化》一書深受福柯知識考古學方法論的影響，在序言中編者指出：「博物館可以為滿足潛意識的慾望而建構虛構的歷史提供場所，陳列的策略使得博物館甚至會成為埋葬一些不合時宜的歷史敘述的場所，成為鄧尼斯‧亞當斯所謂的遺忘的建築……博物館賦予物品一定的意義，借此意指過程，博物館也在通過諸如性別、種族、階級這些基本的社會組織形式發揮作用，授予某類觀看優先地位或是將其排除在外，並由此特定的歷史方面將觀者建構為闡釋共同體。」[62]

五、結語

岡倉天心的前輩、「日本近代教育之父」的福澤諭吉，於1885年3月（明治十八年）在日本《時事新報》發表短文提出「脫亞入歐論」，主張日本一切都要採取西洋的近代文明，要脫離亞洲、與西洋共進退，還將中國比作亞細亞東方的壞朋友，詆損中國儒家精神，貶抑中華文明，具有明顯的極端國粹主義和早期軍國主義色彩。相比較而言，秉持泛亞洲主義的岡倉天心則與之不同，他試圖在亞洲的內部、從原理上尋找東亞文化共同體的整體性以對抗西方中心主義；熟諳西方文化的他，引入佛教的非二元論以顛覆西方哲學觀中的二元對立傳統，試圖超越「西洋的普遍性（universality）」以發現「東洋的普遍性與文化同一性」。對於明治時期以降的日本知識分子而言，中國曾是深深影響日本的「他者」，其影響根植在日本的文化、社會、經濟等各個方面；而明治以來的日本，作為日本近

---

[61] 參見吳瓊：〈博物館中的詞與物〉，《文藝研究》2013 年第 10 期（2013 年 10 月），頁 107。

[62] Daniel J. Sherman & Irit Rogoff (eds.), *Museum Culture*: *Histories, Discourses, Spectacles* (Minnesota：The University of Minnesota Press, 2003), p.xiii

代化的開端，在西方資本主義工業文明的巨大衝擊下，開始學習歐美技術，提倡「文明開化」、社會生活的歐洲化以適應全新的「他者」。在此背景下，岡倉天心反其道而行的呼籲「亞洲一體論」以及他所關注的對中國傳統文化和藝術美學的再強調，其目的都是想要在一個全新的世界秩序中為新的「日本民族形象」尋求其地位的合法性。當然，我們也應該看到，在二十世紀初中國近代佛教復興與近現代化改造的背景之下，岡倉天心以藝術為契機，在中國之外，為中國佛教思想、藝術的海外傳播與影響所起的作用。

在分析了岡倉天心的跨文化想像心理機制以及其借助佛教所建構起的全新的日本現代主義民族闡釋模式後，本文希望通過上文三個方面對中國近代時期岡倉天心的「跨民族旅行」與文學作品的呈現，為國內倉岡天心研究提供更全面的參考。「互為背景與資源」——葛兆光教授總結近代東亞佛教交流在互為「他者」的各國近代民族國家的建構中所扮演的角色時指出：「無論是日本、中國還是韓國。宗教都面臨著同樣的問題，即如何轉變自己的形態以適應或回應所謂近代的民族國家建構關於真理的世界圖像改變，它們之間常常會互相影響，在討論近代中國、韓國和日本佛教變化時，也應當把彼此作為背景與資源來看待，分析它們之間的互動關係。」[63]因此，在思考近代中國佛教之復興、佛教在近代中國文化中的表現以及兩者關係等問題時，應當從藝術、文化交流與互動的層面上探索更寬廣的研究視野。

---

[63] 葛兆光：〈互為背景與資源——以近代東亞佛教史為中心〉，收入中國典籍與文化編輯部編：《中國典籍與文化論叢》第 7 輯（北京：北京大學出版社，2002 年），頁 272。

《人間佛教研究》第十一期（2021）
Studies in Humanistic Buddhism, Issue 11(2021)，106-141

【徵引及參考文獻】

一、古籍

〔北齊〕魏收：《魏書》，北京：中華書局，1974年。

二、近人論著

（一）專書、專書論文

方立天：《中國佛教與傳統文化》，上海：上海人民出版社，1998年。

李澤厚：《美的歷程》，安徽：安徽文藝出版社，1999年。

葛兆光：〈互為背景與資源——以近代東亞佛教史為中心〉，收入中國典籍與文化編輯部編：《中國典籍與文化論叢》第7輯，北京：北京大學出版社，2002年，頁272-277。

葛兆光：《宅茲中國：重建有關「中國」的歷史論述》，北京：中華書局，2011年。

蔡春華：《東西方文化衝突下的亞洲言說：岡倉天心研究》，北京：人民出版社，2017年。

閻文儒、常青著，龍門石窟研究所編：《龍門石窟研究》，北京：書目文獻出版社，1995年。

日・木下弘美著，鄭濤譯：《帝王巨觀：波士頓的87件中國藝術品》，上海：上海書畫出版社，2018年。

日・岡倉天心：《岡倉天心全集》，東京：平凡社，1979年。

日‧岡倉天心著，中村愿編：《岡倉天心アルバム》，東京：中央公論美術，2000年。

日‧岡倉天心著，蔡春華譯：《中國的美術及其他》，北京：中華書局，2009年。

日‧岡倉天心著，谷意譯：《茶之書》濟南：山東畫報出版社，2010年。

美‧孔華潤（Warren I. Cohen）著，段勇譯：《東亞藝術與美國文化：釐析東亞藝術在美國兩百年的鑒藏之路》，上海：上海書畫出版社，2014年。

美‧本尼迪克特‧安德森（Benedick Anderson）著，吳叡人譯：《想象的共同體——民族主義的起源與散布》，上海：上海人民出版社，2011年。

英‧勞倫斯‧比恩尼（Laurence Binyon）著，孫乃修譯：《亞洲藝術中人的精神》，瀋陽：遼寧人民出版社，1988年。

Bernard Faure, *Chan Insights and Oversights: An Epistemological Critique of the Chan Tradition.* New Jersey : Princeton University Press, 1993.

Daniel J. Sherman & Irit Rogoff (eds.), *Museum Culture: Histories, Discourses, Spectacles*. Minnesota：The University of Minnesota Press, 2003.

Homi Bhabha, *The Location of Culture*. London: Routledge, 1994.

Okakura Tenshin, *Okakura Tenshin Zenshu*. Tokyo: Heibonsha, 1981.

Okakura Kakuzō, *The Ideals of the East：With Special Reference to the Art of Japan*. Berkeley, CA: Stone Bridge Press, 2007.

Salim Kemal and Ivan Gaskell, eds. *Politics and Aesthetics in the Arts*. Cambridge: Cambridge University Press, 2000.

《人間佛教研究》第十一期（2021）
Studies in Humanistic Buddhism, Issue 11(2021)，106-141

（二）期刊論文、學位論文

王仁波：〈日本法隆寺佛教造像藝術源流的探索〉，《上海博物館集刊》第8
　　　期，2000年12月，頁248-262。

王明偉：〈陸羯南與戊戌變法〉，《史學集刊》2008年第3期，2008年5月，頁
　　　37-41。

吳瓊：〈博物館中的詞與物〉，《文藝研究》2013年第10期，2013年10月，頁
　　　99-111。

胡天舒：〈19世紀末20世紀初日本知識人的中國體驗——以部分游記為中心〉，
　　　長春：東北師範大學中國史歷史地理博士論文，2013年。

陶家俊：〈身份認同導論〉，《外國文學》2004年第2期，2004年3月，頁37-
　　　44。

陶家俊：〈安德森·卡勒範式的摹仿詩學基礎——評喬納森·卡勒與本尼迪克
　　　特·安德森的對話〉，《外國語文》第26卷第6期，2010年12月，頁1-6。

法·米歇爾·福柯（Michel Foucault）著，王喆譯：〈另類空間〉，《世界哲
　　　學》2006年第6期，2006年11月，頁52-57。

Jing He, "China in Okakura Kakuzō with Special Reference to His First Chinese Trip in
　　　1983," Dissertation, University of California Los Angeles, 2006.

John Clark, "Okakura Tenshin and Aesthetic Nationalism," *Arts: the Proceedings of the
　　　Sydney University Arts Association*, 25 (2002), pp.64-89.

Okakura Kakuzō, "Japanese and Chinese Paintings in the Museum," *Museum of Fine Arts
　　　Bulletin*, 3/1(1905), pp.5-6.

（三）網站資源

〈法隆寺伽藍〉，網站名稱：法隆寺，網址：http://www.horyuji.or.jp。

宋佩芬：〈宋徽宗和閻立本的畫如何來到美國波士頓美術館？〉，網站名稱：

　　騰訊網，2016年11月2日發表，網址：http://cul.qq.com/a/20161102/028657.

　　htm。

《人間佛教研究》第十一期（2021）
Studies in Humanistic Buddhism, Issue 11(2021)，106-141

Buddhism and Okakura Tenshin's Pan-Asianism

SHENG, Yu[*]

Abstract

Okakura Tenshin (1862—1913), also known as Okakura Kakuzo, was one of the noted thinkers and writers during the Japanese National Enlightenment of Meiji period. While studying in Tokyo Imperial University, he met and studied under Harvard-educated professor and orientalist Ernest Fenollosa. Under Fenollosa's influence, Tenshin devoted much of his life to the preservation and promotion of Japanese arts. To the expansion of Boston's Museum of Fine Arts' collections of Chinese paintings & treasures of Buddhism, he took his trips to China for four times in 1893, 1906, 1908 and 1912. With the publications of his English books in western literary field between 1903 to 1906, Tenshin established his reputation as a pioneering writer in overseas preservation and promotion of Asian artistic heritage. It should be noted, however, that while calling for the protection of eastern aesthetic ideals and western attention to Japan, Tenshin proclaimed his pan-Asianist idea "Asia is One" repeatedly on the basis of Chinese classical arts and philosophy of Buddhism, which is full of pre-militarism and self-contradiction. This ar-

[*] **SHENG, Yu**, Ph.D. Candidate from School of English and International Studies, Beijing Foreign Studies University. Her major research field is English poetry and cross-cultural studies.

ticle, based on the interpretations of Tenshin's works and his trans-pacific trips to China, comprehensively explores influences of art and philosophy of Buddhism on his life from the following three dimensions, the experience of China, the writing and the exhibition of the Eastern, hoping to summarize Okakura Tenshin's mental mechanism of Cross-Cultural Imagination as well as his Buddhism-based mode of interpretation on Nationalism of Modern Japan.

Keywords：**Okakura Tenshin, Buddhism, "Asia is One", Modern China, Identification**

《人間佛教研究》第十一期（2021）
Studies in Humanistic Buddhism, Issue 11(2021)，*142-173*

中國大陸佛教80年代重新認可
太虛大師的歷史進程

王佳*

摘要

太虛大師是現代佛教革新運動的一代宗師，他提出的人間佛教思想，被海峽兩岸佛教界所繼承和實踐。如今，中國大陸漢傳佛教推崇太虛大師、建設人間佛教，已成為一個鮮明的時代特點。然而，在50年代中期開始至「文化大革命」結束，由於政治形勢敏感性，大陸佛教即使是太虛大師門下，也長期不敢公開提及「太虛」之名。80年代，大陸佛教界及學術界重新認和學習太虛大師的進程中，趙樸初所起到的作用是無人可及的，促成了大陸佛教回到太虛大師人間佛教的道路。他以中國佛教協會會長、政協副主席等政治威望，通過官方和私人兩種途徑，尤其是與太虛大師臨終前一段交往的「敘事」，推動並且擴大了太虛大師及人間佛教思想在大陸僧尼信眾中的影響，成功地將人間佛教確立為中國佛教發展的主流方向。

關鍵詞：人間佛教、大陸佛教、趙樸初、太虛

---

* 王佳：中國人民大學宗教學博士、黑龍江省社會科學院民族研究所副研究員。

一、前言

　　人間佛教思想，是二十世紀漢傳佛教面對佛教現代化思考的智慧結晶。[1]人間佛教理念，雖在諸多佛教經典和祖師論著中早有體現，但是作為一個專有名詞而被廣泛接受，實是源自近代太虛大師的倡導和推動。[2]

　　太虛大師在民國時代即已被尊為「人間佛教導師」，深得政界人士和佛教界新僧擁戴。他與蔣介石、林森、戴季陶等國民黨政要私交甚篤，這種相對密切的關係，也間接地影響到國家、政治、民族與宗教的宏觀互動。[3]太虛大師的佛教改革理念也得到他們的認可和支持。如：蔣介石資助太虛大師出訪歐洲弘法，「宣揚三民主義所根據之中國民族文化精神及佛學」，時人視太虛大師「不啻為蔣公之專使」。[4]戴季陶主張，「要振興中國的國家，振興中國的民族，當然要從振興這最大要素的佛教上去努力」，[5]他認為佛教改革和振興會促進民族國家的發展，因而支持太虛大師。1947年3月17日太虛大師圓寂，民國政府6月16日特頒令褒揚：「釋太虛精研哲理，志行清超，生平周歷國內外，闡揚教義，願力頗宏。抗戰期間，組織僧眾救護隊，隨軍服務，護國之忱，尤堪嘉尚。茲聞逝世，良深軫惜，應予明令褒揚，以彰忠哲。此令。」[6]南京國民政府太虛大師倡導的

---

[1] 參見鄧子美：〈20世紀中國佛教智慧的結晶——人間佛教理論的建構與運作（上）〉，《法音》1998年第6期（1998年6月），頁2-8；〈20世紀中國佛教智慧的結晶——人間佛教理論的建構與運作（下）〉，《法音》1998年第7期（1998年7月），頁16-22。

[2] 詳見鄧子美、陳衛華、毛勤勇：《當代人間佛教思潮》（蘭州：甘肅人民出版社，2009年），頁74。

[3] 詳見侯坤宏：《太虛時代——多維視角下的民國佛教（1912——1949）》（臺北：政大出版社，2018年）；〈1930年代的佛教與政治：太虛法師和蔣介石〉，《四川師範大學學報（社會科學版）》第33卷第5期（2006年9月），頁126-132。

[4] 釋東初：《中國佛教近代史》（臺北：中華佛教文化館，1974年），頁475、473。

[5] 戴季陶：〈振興中國與振興佛教（1932年11月24日）〉，收入釋東初編：《戴季陶先生佛學論集》（臺北：中華佛教文化館，1972年），頁218。

[6] 〈國民政府令〉，《海潮音》第28卷第7期（1941年7月1日），頁3；收入黃夏年主編：《民國佛教期刊文獻集成》第203卷（北京：全國圖書館文獻微縮複製中心，2006年），頁415。此外，《人間佛教》1947年第7、8期合刊等也刊登了此令。

《人間佛教研究》第十一期（2021）
Studies in Humanistic Buddhism, Issue 11(2021)，142-173

這種入世的人間佛教道路，嘉許佛教僧眾信徒參與抗戰、救世護國，這也為後來臺灣人間佛教崛起奠定了必要的政治基礎。

「太虛大師之友生，遍及各黨派及無黨派中，國民黨以外，如張君勱、曾琦、邵力子，李濟琛、馮玉祥、陳銘樞等多有聯絡」，[7]他對於共產主義也有相當體認，「於共產黨員應具之體力、智力、意志力，予以同情之感」，[8]故而太虛大師門下及追隨者中，既有加入國民黨的樂觀法師、星雲法師，也有參與共產黨革命運動的巨贊法師、趙樸初居士，也有與國共兩黨均保持友善關係的法舫法師等。他們雖然政治立場不同，有的支持國民黨，有的擁護共產黨，但皆以太虛大師人間佛教為理想，積極推進佛教革新及抗日救亡。如巨贊法師在「七七事變」之後，在中國共產黨團結抗戰政策的影響下，在湖南南嶽、長沙等地組織佛道教信徒抗戰救國工作。「南嶽佛道教救難協會」請八路軍高參薛志正兼任救難協會戰時訓練班軍事教練。1939年救難協會成立大會，時任西南遊擊幹部訓練副教務長的葉劍英特別出席並且致辭。而太虛大師得知這個消息，也非常高興，法舫法師還特別在《海潮音》撰文〈湖南佛教救國運動〉稱揚，將巨贊法師領導的組織作為全國佛教徒救國的「好模範」。[9]佛教青年服務團由巨贊法師親自帶領，其愛國活動得到廣泛支持，被稱為「和尚兵」。1939年周恩來曾為佛青團書寫「上馬殺賊，下馬學佛」，徐特立、田漢、李焰火生等，甚至勸導巨贊法師還俗去延安參加革命工作。[10]從40年代開始，巨贊法師在太虛大師整理僧制基礎

7　釋東初：《中國佛教近代史》，頁 984。

8　釋印順編著：《太虛法師年譜》（北京：宗教文化出版社，1995 年），頁 293。

9　法舫：〈湖南佛教救國運動：祝湖南佛教抗敵後援會〉，《海潮音》第 21 卷第 3 期（1940 年 3 月 1 日），頁 2；收入黃夏年主編：《民國佛教期刊文獻集成》第 200 卷（北京：全國圖書館文獻微縮複製中心，2006 年），頁 42。

10　朱哲：〈法門龍象，改革先驅——謹以此文紀念巨贊法師逝世十三周年〉，《巨贊法師全集》第 3 冊（北京：社會科學文獻出版社，2008 年），頁 1106-1108。

上，倡導「生產化」、「學術化」的新佛教運動。[11]1949年中華人民共和國成立以後，巨贊法師繼續推行佛教「生產化」、「學術化」改革，並引領佛教界進行社會主義改造。愛國、鞏固民族團結、體現宗教信仰自由政策、開展佛教民間外交等，成為佛教在新時代承擔的職責──這種服務國家和人民的功能性價值被特別彰顯。1953年中國佛教協會成立的宗旨，也反映出中國共產黨和人民政府對佛教的種種期許：「團結全國佛教徒，在人民政府的領導下，參加愛護祖國及保衛世界和平運動，協助人民政府貫徹宗教信仰自由政策；並聯繫各地佛教徒，發揚佛教優良傳統。」[12]而「莊嚴國土，利樂有情」、「建設人間淨土」等目標，其實也仍未超越太虛大師的人間佛教道路。

然而，由於太虛大師與國民黨和蔣介石的關係，當時的社會輿論迫使太虛門下連其名字都不敢提。除了巨贊法師在50年代初期在文章中偶爾提及太虛大師幾次，[13]太虛大師之名就一度長期沉寂了。直到80年代初期，「太虛」的名字仍然比較敏感和隱諱，在公開語境中絕少出現。趙樸初1983年在《法音》發表的〈佛教常識答問〉，最後一部分是「發揚人間佛教的優越性」，這是他在「文革」之後公開倡導人間佛教。可是，也只表述為「前人名之為人間佛教」，用「前人」代替了太虛大師之名。淨慧法師1988年發表有關太虛大師的〈人間佛教與以戒為師──學習太虛大師關於人間佛教思想的體會〉文章，用的也是筆名「拙

11　巨贊法師認為：「太虛法師的〈整理僧伽制度論〉，是前二十幾年的東西，有許多議論失了時代價值，需要修改。我以為整理僧制，應該確定兩個目標：一、生產化，二、學術化。生產化是僧徒各盡職能，生活自給……學術化則恢復原始的僧伽制度，使每一個廟都造成學術團體，而每一個和尚都是文化人。」巨贊：〈新佛教運動的回顧與前瞻〉，原載《獅子吼月刊》1940年第1卷第1期；收入朱哲主編：《巨贊法師全集》第2冊，頁728。太虛大師1928年曾明確的指出：「若拋棄了僧寺以言廣泛的學術化的、社會化的佛教革命，則如拋棄了民族主義，而言世界革命一樣的危險。」太虛：〈對於中國佛教革命僧的訓詞〉，《海潮音》第9卷第4期（1928年5月9日），頁1-6；收入黃夏年主編：《民國佛教期刊文獻集成》第170卷（北京：全國圖書館文獻微縮複製中心，2006年），頁121。
12　《中國佛教協會章程》，1953年6月3日。
13　巨贊法師1950—1953年以筆名「慧岸」在《現代佛學》發表〈佛教徒應正確認識貫徹〈婚姻法〉運動〉。

緇」。[14]惟賢法師在1981年寫成的〈漢藏教理院與太虛大師〉文稿，長時未公開發表，一直到1988年才重新審定修改，於1992年公開流通。[15]

如今，大陸漢傳佛教推崇太虛大師、建設人間佛教，已成為一個鮮明的時代特點。一般學術研究，常將印順導師作為臺灣人間佛教的主要繼承者，而將趙樸初作為大陸人間佛教的繼承者。這種研究範式，固然線索明朗，突出人物的歷史貢獻，但是歷史畢竟是連續的譜系，這種從太虛大師到趙樸初的人間佛教傳承是怎樣形成和確立的呢？況且太虛大師名諱在大陸曾經一度帶有政治敏感性，究竟哪些歷史事件促成了太虛大師身份的政治脫敏呢？

中華人民共和國成立之後，直到1987年太虛大師圓寂四十周年之際，在趙樸初、正果法師、妙湛法師等的努力下，中國佛教界開始關注和公開紀念太虛大師，[16]但還多是限於太虛大師門下。直到1989年太虛大師誕辰百年，「太虛」之名才真正脫敏。這一年，實踐太虛大師人間佛教思想的臺灣佛光山星雲法師訪問大陸，他所開創佛教事業堅定了大陸佛教建設人間佛教的信心。同年，佛教界和學術界也舉辦了紀念太虛大師的系列活動，其中影響最大的是 1989年12月在香港召開的「太虛誕生一百周年國際會議」。這次會議，不僅從學術方面高度認可太虛大師對現代佛教的卓越歷史貢獻，而且開啟了大陸學術界和佛教界對太虛大師的關注和研究，也加深了社會層面對太虛大師的認識和理解。與此同時，趙樸初領受太虛大師臨終前親贈《人生佛教》一書的「敘事」，則成為其大力弘揚人間佛教的宗教神聖性依據。這種透過私人或非正式場合的「敘事」，在佛教界流傳頗為廣泛，且不論其內容的真實性與否，它在客觀上確實得到了明顯效果，不

---

[14] 拙緇：〈人間佛教與以戒為師——學習太虛大師關於人間佛教思想的體會〉，《法音》1988 年第 8 期（1988 年 8 月），頁 5-7。

[15] 釋惟賢：〈漢藏教理院與太虛大師〉，《慈雲文萃》（重慶：慈雲寺，1992 年），頁 1-13。

[16] 聖凱：〈導言：重建中國佛教——論趙樸初的人間佛教思想〉，《人間佛教思想文庫·趙樸初卷》（北京：宗教文化出版社，2017 年），導言頁 6。

僅使趙樸初獲得了包括太虛大師門下弟子等的衷心支持擁護，同時也強化了太虛
大師的高僧人格——預知時至，並且有先見之明，將弘揚人間佛教事業託付給了
一位可堪大任者。而趙樸初在推動大陸重新認可太虛大師的過程中，也成功實現
了人間佛教思想傳承者和太虛大師事業繼續者的身份建構。

二、趙樸初重提人間佛教

　　十一屆三中全會之後，趙樸初1980年在中國佛教協會第三屆理事會工作報告
中呼籲要發揚佛教的優良傳統，報國圖恩，報眾生恩，建立「人間淨土」。[17]之
後，在1983年第4期《法音》他進一步闡述「發揚人間佛教的優越性」，[18]提倡
菩薩行，建設人間淨土。隨後，又於1983年12月5日中國佛教協會第四屆理事會
第二次會議〈中國佛教協會三十年〉的報告中，明確提出「應當提倡一種思想，
發揚三個傳統」，[19]一種思想即人間佛教思想，三種傳統即農禪並重的傳統、注
重學術研究的傳統和國際友好交流的傳統，從而將人間佛教思想確定為中國佛教
發展的總體指導思想。這樣，從1984年開始，福建、江蘇、浙江、上海、湖北、
湖南等地佛教協會首先傳達貫徹中國佛教協會第四屆理事會第二次會議精神，中
國佛教協會《法音》刊物也對各地情況進行報導。[20]《法音》也於1984年起開始
刊登有關人間佛教主題的論文，如〈人間佛教思想資料選編〉、〈人間佛教寄

---

[17] 詳見趙樸初：〈中國佛教協會第三屆理事會工作報告（1980年12月16日）〉，《法音》1981年第
1期（1981年1月），頁5-11。

[18] 即連載的〈佛教常識問答〉的第五部分。

[19] 詳見趙樸初：〈中國佛教協會三十年——在中國佛教協會第四屆理事會第二次會議上〉，《法音》
1983年第6期（1983年6月），頁18-19。

[20] 〈提倡人間佛教思想 發揚佛教優良傳統 開創佛教徒為八十年代三大任務服務的新局面 各地佛協認真
傳達貫徹全國佛協四屆二次會議精神〉，《法音》1984年第2期（1984年3月），頁2-4。

《人間佛教研究》第十一期（2021）

Studies in Humanistic Buddhism, Issue 11(2021)，142-173

語〉、〈佛陀的人間生活〉、〈我對人間佛教思想的認識〉等。[21]

　　80年代初期時候，雖然還不敢公然提倡學習太虛大師，但是趙樸初最大貢獻是把提倡「人間佛教」放在整個中國佛教的指導地位，強調了「人間佛教」思想的普遍意義。[22]這是太虛大師當年未能做到的。1987年，「團結全國各民族佛教徒提倡人間佛教積極進取的思想」作為中國佛教協會宗旨，被明確寫入新修訂的《中國佛教協會章程》。此後，「人間佛教」思想一直作為指導大陸佛教恢復與重生的旗幟。

　　儘管，趙樸初重提「人間佛教」的政治意蘊較濃，如他自己說過：「我提『人間佛教』實際就是從使佛教與社會主義社會相適應、相協調的角度提的」，[23]但是這畢竟為中國佛教發展確立了前進方向，也在社會層面論證了佛教存在的正當性。他主張佛教與社會主義社會相協調，「一方面是要貫徹宗教信仰自由，一方面佛教徒要參加社會主義建設」。[24]這也是佛教必須面對和處理的現實問題。他比較強調佛教為社會主義服務的功能：

　　　　社會主義時期的佛教，應該如何結合時代發展為兩個文明建設服務呢？重要的是要吸取佛教文化的菁華，要發揚「人間佛教」的精神。[25]

　　　　人間佛教思想主要是不要脫離現實的思想。我們生活中今天這個時

---

[21]　一思：〈佛陀的人間生活〉，《法音》1984年第3期（1984年3月），頁27-30。拾文：〈人間佛教思想資料選編〉，《法音》1984年第5期（1984年5月），頁30-36、13。正果：〈人間佛教寄語〉，《法音》1984年第5期（1984年5月），頁16-19。聖輝：〈我對人間佛教思想的認識〉，《法音》1984年第6期（1984年6月），頁22。

[22]　陳兵、郭子美：《二十世紀中國佛教》（北京：民族出版社，2000年），頁215。

[23]　趙樸初：〈關於佛教與社會主義精神文明建設的關係（1986年3月31日）〉，《趙樸初文集》下卷（北京：華文出版社，2007年），頁757。

[24]　趙樸初：〈關於佛教與社會主義精神文明建設的關係〉，《趙樸初文集》下卷，頁757。

[25]　趙樸初：〈佛教與中國文化的關係（1986年）〉，《趙樸初文集》下卷，頁808。

代，這塊國土，這個地球上，不要脫離這個現實。佛教徒應該為世界和平

人類幸福做貢獻。[26]

趙樸初非常強調佛教是文化，佛教發展具有學術化、藝術化和社會化的特點，
是中國文化不可分割的組成部分。[27]這有助於推進「宗教鴉片論」向「宗教文化
論」的認知轉變，從而發揮佛教在社會現實中的積極價值。他同時也強調，在服
務國家和社會的過程中，佛教自身也要發揮優良傳統，提高自身建設，做到「廟
要像廟，僧要像僧」，[28]建立人間淨土。例如，《法音》慶祝中華人民共和國成
立三十五周年的寄語就是「提倡人間佛教，獻身四化建設」。[29]

　　趙樸初在很多講話和著述中，都頻頻提到過「人間佛教」這個辭彙。但是
主要有兩個層面的語境涵義，不可混同。其一，是將「人間佛教」作為唐代以
後，尤其是以慧能大師和禪宗為代表的佛教社會化、人間化的歷史傳統和發展方
向。例如，他說：「到了禪宗六祖慧能提出『佛法在世間，不離世間覺』的思
想……在實際行動上實現了釋迦牟尼的『成熟有情，莊嚴剎土』的理想，使大乘
真正發展為『人間佛教』。」又說：「我們千多年的歷史經驗證明，佛教在中國
大地上……沿著這一人間佛教的發展方向發展，取得極其巨大的成功」。[30]「人
間佛教是原始佛教本來具有的思想，不過在中國大乘佛教中得到充分的發展和體
現罷了，這個思想運動已經歷了一千多年的歷程」，這種「以人為中心的『人間

---

[26] 趙樸初：〈接受日本〈讀賣新聞〉社記者小林敬和採訪時的談話（1989 年 11 月 10 日）〉，《趙樸
　　初文集》下卷，頁 978。
[27] 詳見趙樸初：〈佛教和中國文化（1984 年 8 月）〉，《法音》1985 年第 2 期（1985 年 3 月），頁 3-5。
[28] 這原是中央統戰部副部長張執一在 1980 年中國佛教協會第四屆全國代表會議期間中央統戰部茶會上
　　提出的。
[29] 〈提倡人間佛教 獻身四化建設——慶祝中華人民共和國成立三十五周年〉，《法音》1984 年第 5 期
　　（1984 年 5 月），頁 2-3。
[30] 趙樸初：〈佛教和中國文化〉，頁 3-5。

《人間佛教研究》第十一期（2021）
Studies in Humanistic Buddhism, Issue 11(2021)，142-173

佛教」思想」事實上「非後人所創立」。[31]其二，是將「人間佛教」近於太虛大
師的「人生佛教」、「人間佛教」或「人乘佛教」含義，作為當代中國佛教的指
導原則。[32]例如，他秉承太虛大師五乘判教，倡導菩薩行，建設人間淨土，將人
乘、天乘判為世間法，將聲聞乘、緣覺乘、菩薩乘判為出世間法，「世間法是世
人易學而能夠做到的，也是應該做到的，前人名之為人間佛教」。[33]這裡的「前
人」指的就是太虛大師。

　　在第二種含義上，趙樸初指出，人間佛教思想「它的基本內容包括五戒、
十善、四攝、六度等自利利他的廣大行願」。[34]五戒、十善著重在淨化自己的身
心，六度、四攝著重在利益社會人群。[35]他認為，佛法的學習和發揚，應當「結
合人們生活實際、有補於社會道德、精神文明的建設」。[36]在世間法來說，若人
人依照五戒十善的準則行事，則可人民和平康樂、社會安定團結、國家繁榮昌
盛，從而實現和平安樂、高度精神文明的世界──「這就是人間佛教所要達到的
目的」。[37]在出世間法來說，大乘佛法說一切眾生都能成佛，人間佛教倡導學菩
薩行，「成佛必須先要做個好人，做個清白正直的人，要在作好人的基礎上才能
學佛成佛……上求佛道，下化眾生，以救度眾生為己任」。[38]他特別倡導菩薩行
的人間佛教之意義：從個體自身角度而言，學菩薩行、行菩薩道當前就能夠自覺
建立起高尚的道德品行，若人人如此，則能夠積極建設助人為樂的精神文明，利

---

[31] 趙樸初：〈中國佛教的過去和現在──在泰國國際佛教學術交流會上發表的論文〉，《法音》1987
　　 年第 4 期（1987 年 5 月），頁 4-7。
[32] 趙樸初人間佛教和太虛大師不同之處，可參見鄧子美、陳衛華、毛勤勇：《人間佛教思潮》，頁 95-
　　 96。
[33] 趙樸初：〈佛教常識答問〉，《法音》1983 年第 3 期（1983 年 6 月），頁 6。
[34] 趙樸初：〈中國佛教協會三十年──在中國佛教協會第四屆理事會第二次會議上〉，頁 19。
[35] 趙樸初：〈佛教與中國文化的關係〉，《趙樸初文集》下卷，頁 808。
[36] 趙樸初：〈佛教常識答問〉，頁 6。
[37] 趙樸初：〈佛教常識答問〉，頁 6。
[38] 趙樸初：〈佛教常識答問〉，頁 6。

益國家和社會。這是佛法在服務世間方面的功用，即「利樂有情」。再進一步，就能淨化世間，建設人間淨土。這是佛法在化導世間方面的功用，即「莊嚴國土」，包括物質的莊嚴和精神的莊嚴。[39]而中國佛教協會成立之後提出的「莊嚴國土，利樂有情」的思想，也就是人間佛教思想。[40]

對於大陸佛教界而言，80年代趙樸初重提「人間佛教」，仍然是存在相當誤解和阻力的。例如，一次中國佛教協會理事會上，就有藏族活佛請翻譯幫提出疑問：「佛教是了生脫死的，厭棄人間的，為什麼要倡導『人間佛教』呢？」[41]趙樸初自己也曾聽說了有人寫文章批評人間佛教。但是，無論怎樣，人間佛教成為了影響大陸發展方向的主流思想，而作為人間佛教的最早提出者太虛大師，也再一次成為引領大陸佛教現代化的思想導師。

三、大陸佛教界紀念太虛大師

在趙樸初重新提出人間佛教之後，中國佛教協會倡導建設人間佛教，學習和紀念太虛大師的活動也順勢開展起來。例如，1984年中國佛學院翻印太虛大師《佛學概論》作為教材；廈門南普陀寺重建了太虛大師舍利塔，並由趙樸初題寫塔額「太虛大師之塔」等。[42]

---

[39] 趙樸初：〈《佛教嘉言書法集》序（1991年12月）〉，《趙樸初文集》下卷，頁1117。

[40] 趙樸初：〈接受日本《讀賣新聞》社記者小林敬和採訪時的談話（1989年11月10日）〉，《趙樸初文集》下卷，頁988。

[41] 會議紀要手寫草稿還記錄了，對於「人間佛教」在少數民族佛教信眾中，盡量不提，若一定要提，必須注意譯詞含義。原件藏於趙州柏林禪寺。

[42] 蔡吉堂：〈太虛大師紀念塔落成始末記〉，《法音》1985年第6期（1985年6月），頁57。一些學者據此文發表時間而誤認為建塔時間是1985年，但文中明確說「去年海外諸法侶，發起募集淨財，於南普陀寺後山太虛臺上，重建紀念塔」。另虞愚〈太虛法師石塔銘〉落款：「佛曆二五二八年歲次甲子浴佛節。」所以，南普陀寺太虛大師舍利塔建成時間應為1984年。

《人間佛教研究》第十一期（2021）
Studies in Humanistic Buddhism, Issue 11(2021)，142-173

（一）1987年紀念太虛大師圓寂四十周年

　　1987年，太虛大師圓寂四十周年之際，中國佛教界開始有意識地紀念和學習太虛大師，《法音》登載一些有關太虛大師的文章。如第1期發表游有維居士的〈論太虛法師對印度佛教史三期劃分的意義〉；第4期開闢專欄進行紀念，並在開篇插頁中登載太虛大師遺像及趙樸初重書1947年挽詩。太虛大師的學生、時任中國佛教協會副會長的正果法師以個人身份發表了〈恪遵遺教　緬懷盛德——紀念太虛法師圓寂40周年〉，追思太虛大師對今代佛教的卓越貢獻，並號召：「應該繼承和發揚（太虛）法師的積極思想和菩薩精神，大力提倡人間佛教……這樣來紀念太虛法師，才能與法師的思想相應。」[43]游有維居士撰寫的〈太虛法師略傳〉一文，表彰太虛大師一生為國家、為佛教之大願大行。[44]這期《法音》上還登載了太虛大師〈人生佛教開題〉全文。[45]

　　相應地，太虛大師學生和弟子也在各地宣講人間佛教。例如，惟賢法師在1987年5月1日在重慶市佛教培訓班講〈人間佛教講話提綱〉，強調佛陀在人間應世，佛教和佛教徒在現代社會必須是人生的、科學的、實際的、愛國的、胸懷全球的，呼籲貫徹愛國愛教、農禪並重和學術研究，同時做好接待工作及寺廟文物管理工作、綠化衛生工作、社會福利事業等。[46]茗山法師1987年6月22日在棲霞寺講堂講「太虛大師愛國愛教精神」。在愛國方面，支持辛亥革命，問政而不干治；以佛教救國，提倡人生佛教；抗日期間倡組僧眾救護隊，出訪東南亞各國

---

[43]　正果：〈恪遵遺教　緬懷盛德——紀念太虛法師圓寂40周年〉，《法音》1987年第4期（1987年5月），頁11。

[44]　遊有維：〈太虛法師略傳〉，《法音》1987年第4期（1987年5月），頁11-13。

[45]　太虛法師：〈人生佛教開題（1944年秋在重慶漢藏教理院講）〉，《法音》1987年第4期（1987年5月），頁14-15。

[46]　釋惟賢：〈人間佛教講話提綱（1987年5月1日）〉，《慈雲全集3：人間佛教編》（北京：北京華藏圖書館，2009年），頁164-169。

宣傳抗日，爭取外援。在愛教方面，革新佛教教理、教規、教產；護持佛教，請願，辦刊；辦佛學院培養僧才；在國內外各地弘揚佛法。[47]

1987年，佛教界之所以能夠公開紀念太虛大師，一是因為已將人間佛教思想確立為指導原則，同時也是一定程度上利用了國家統戰工作需要的契機。1987年2月23日至3月1日中國佛教協會第五屆全國代表會議舉行，按照政策要求，修改了《中國佛教協會章程》，特別將「積極開展同港澳臺同胞和海外僑胞中佛教徒的聯誼工作」增列為新的工作任務。[48]太虛大師的門人學生，遍佈港臺和東南亞，很多已是一方領袖和棟樑，因此紀念太虛大師，高舉人間佛教，也有團結海內外佛教徒的統戰意義。

1988年，重慶佛教界在縉雲山也為太虛大師重新立塔紀念，趙樸初親題塔額「太虛大師之塔」，並為作聯：「智通三藏，機應五乘，曠代高僧傳千載；學貫古今，名揚中外，四海弘法第一人。」[49]

這一時期，學習和紀念太虛大師主要還是在佛教內部，尤其是太虛大師門下及有關寺廟道場。不久之後，學術界也隨之關注太虛大師，為其正名，研究太虛大師的論文也開始出現。

（二）1989年紀念太虛大師誕辰一百周年

1989年，太虛大師誕辰一百周年之際，公開紀念和學習太虛大師不僅局限於佛教界，學術界也參與進行了較有規模的研討交流。這標誌著太虛大師在大陸終於實現了政治脫敏。

---

[47] 茗山：《茗山日記》（上海：上海古籍出版社，2002 年），頁 555。
[48] 熊自健：《中共政權下的宗教》（臺北：文津出版社，1998 年），頁 67。
[49] 趙樸初：《趙樸初韻文集》下冊（上海：上海古籍出版社，2003 年），頁 820。

《人間佛教研究》第十一期（2021）
Studies in Humanistic Buddhism, Issue 11(2021)，142-173

1.閩南佛學院及《閩南佛學院學報》紀念專號

閩南佛學院是在南普陀寺方丈妙湛法師的努力下於1985年復辦的。1989年9月第2期的《閩南佛學院學報》，是「紀念太虛大師誕生一百周年學術專刊」，刊登太虛大師〈我的自證境界〉、〈南普陀題石〉、〈禪關漫興〉三文，並收錄學術論文十九篇。其目錄，分別是：妙湛〈僧教育的新構思〉、誠信〈太虛大師的法界圓覺思想淺析〉、方興〈太虛大師的中觀思想〉、濟群〈太虛大師的唯識思想〉、昌願〈太虛大師的真現實主義思想〉、定恒〈〈真現實論〉釋〉、了法〈太虛大師僧教育的宏圖與實踐〉、普願〈僧教育應將德育擺在首位〉、湛如〈論中國佛學的特徵〉、單培根〈讀太虛大師三宗說之感想〉、達義〈怎樣判攝一切佛法〉、道羹〈淺述太虛大師的人間佛教思想〉、賢心〈論僧制的改革〉、成敬〈佛教的道德觀〉、蔡吉堂〈佛化家庭是人間淨土的基石〉、普照〈提倡在家學佛〉、道仰〈佛學與美學〉、陳全忠〈佛學與醫學〉、演啟〈太虛大師與閩南佛學院〉。[50]

南普陀寺是太虛大師佛教改革運動的重鎮之一，太虛大師曾擔任閩南佛學院院長，閩院畢業的學僧遍佈東南亞和美加等地。改革開放以後，由於南普陀寺重要的國際地位，很快恢復開放，並且得到海外佛教界捐助修繕，復辦佛教養正院和閩南佛學院。這是太虛大師所辦佛學院中，最早實現復辦的，其圖書館即名「太虛圖書館」以示紀念。

2.中國佛教協會及《法音》紀念專欄

1989年中國佛教協會為了紀念太虛大師誕辰一百周年，特將太虛大師《佛說彌勒下生成佛經講要》、《佛說十善業道經講要》、《佛說善生經講錄》合成

---

[50] 詳見閩南佛學院：《閩南佛學院院報》第 2 期（1989 年 9 月）；網站名稱：南普陀，網址：https://www.nanputuo.com/nptxy/xbList.asp?mid=102。

一冊，由《法音》發行組流通，扉頁是趙樸初題寫的「紀念太虛大師誕生一百周年」。[51]未久，中國佛教協會、中國佛教文化研究所又流通發行太虛大師所著的《中國佛學》。[52]

1989年第11期《法音》卷首開闢「紀念太虛大師誕辰一百周年」專欄，刊登南普陀寺方丈妙湛法師的〈僧教育的新構想〉、中國佛學院方興的〈太虛大師的中觀思想〉、華中師範大學何燕生的〈太虛大師在武漢的弘法活動及其新的佛教思想〉、閩南佛學院演啟法師的〈學習太虛大師佛教人生觀〉，其中前三篇還是封面文章。當期封面照片為太虛大師之塔，封二為太虛大師造像、遺墨和趙樸初題字，開篇〈佛言祖語〉為太虛大師的〈中國佛學之重建〉，可見這期《法音》主旨非常明確——弘揚人間佛教，紀念太虛大師。

這是中國佛教協會繼1987年之後，對太虛大師又一次大規模宣傳介紹，倡導學習太虛大師，建設人間佛教。當時，佛教界對人間佛教思想仍存在一些誤解，《法音》專欄發揮了正本清源的作用。

3.太虛誕生一百周年國際會議

1989年12月，「太虛誕生一百周年國際會議」在香港召開。這是自太虛大師1947年圓寂之後，海內外學界圍繞太虛大師思想與實踐召開的第一次學術會議，也真正從學術意義上肯定了太虛大師對中國現代佛教的偉大貢獻。

這次會議，由香港佛教法住學會主辦，中國佛教協會佛教文化研究所、北京大學哲學系、臺灣中華佛教百科文獻基金會等機構協辦。參會學者四十餘人，其中大陸學者代表有：中央民族學院王堯、中國人民大學方立天和張立文、山東大學劉大鈞和王曉毅、武漢大學何燕生和羅福惠、復旦大學王雷泉、南京大學賴永

---

[51] 太虛大師講：《佛說彌勒下生成佛經講要、佛說十善業道經講要、佛說善生經講錄》（北京：中國佛教協會，1989 年）。
[52] 太虛大師：《中國佛學》（北京：中國佛教協會、中國佛教文化研究所，1989 年）。

海、國家文物局郭旃、昌明法師等。[53]港臺學者代表有：佛教法住學會霍韜晦、唐端正、李潤生、譚世保、世界佛教友誼會港澳區高永霄、法住文化學院寬運法師、屈大成、陳偉強、臺灣新文豐出版事業有限公司高本釗、臺灣中央研究院陳儀深、慈濟雜誌社陳慧劍、佛光山遊祥州、臺南妙心寺傳道法師、臺灣大學楊惠南、中華佛教百科文獻基金會藍吉富。海外學者代表有：加拿大冉雲華、美國關泰和、古鼎儀、唐力權。

會議論文集收錄文章三十二篇，分為「太虛與時代」、「思想與生平」、「人生佛教」、「佛教事業與佛教運動」、「佛教與現代中國」、「緬懷」等專欄，及「附錄：太虛誕生一百周年國際會議簡介」。

與會學者高度肯定和讚揚太虛大師對近百年佛教的地位和意義，認為太虛大師倡導和推進的佛教革新運動，影響了中國佛教近百年發展軌跡，佛教的現代化進程至今仍是基本沿著他開闢的道路前進。[54]會後，方立天先生將這次會議綜述發表在了淨慧法師主編的《禪》刊，也促使更多的人重新理解和學習太虛大師。[55]可以說，這次會議掀起了關注和研究太虛大師的熱潮。

除此之外，在紀念1989年太虛大師百年誕辰之際，門人弟子也紛紛撰文紀念，如真禪法師回憶太虛大師與玉佛寺等歷史而寫成《紀念太虛大師誕生一百周年》等。[56]而且，太虛大師著作也在社會上公開發行。1990年，慕容真將太虛大師佛學基本思想和有關中國佛教史方面的演講文字選輯《佛學入門》，由浙江古

53 何燕生：〈緬懷霍韜晦先生，曾為兩岸學術交流搭橋的「新儒家」〉，網站名稱：澎湃，2018年6月12日發表，網址：https://www.thepaper.cn/newsDetail_forward_2189140。與網頁所載有異。今據《太虛誕生一百周年國際會議論文集》所附「與會代表名錄」。
54 詳見霍韜晦主編：《太虛誕生一百周年國際會議論文集》（香港：香港法住學會，1990年）。
55 方立天：〈歷史的回響——評「太虛誕生一百周年國際會議」〉，《禪》1990年第2期（1990年2月），頁72-79。
56 真禪：《紀念太虛大師誕生一百周年》（上海：華東師範大學出版社，1990年），頁269-307。

籍出版社正式出版。[57]而且，關於太虛大師的研究，也成為後來學術界近代佛教領域的重中之重。

四、臺灣佛光山星雲法師訪問大陸

1989年3月27日至4月24日，星雲法師率臺灣國際佛教促進會弘法探親團一行近二百人訪問大陸。星雲法師是太虛大師人間佛教在臺灣的實踐者和弘揚者，這次大陸之行對兩岸佛教交流意義深遠，其歷時之長，人數之多，級別之高，影響之廣，是前所未有的。[58]國家主席楊尚昆單獨會見星雲法師，全國政協主席李先念會見星雲法師一行主要成員，[59]所到之處各省領導均親切會見，[60]《人民日報》、《文彙報》、《法音》等都進行了連續報導。

在中國佛教協會3月27日的歡迎大會上，星雲法師就講到：「太虛大師遠在本世紀初，就提倡人生佛教，唯因客觀條件限制，理想未能變成現實。直至今天，佛教才逐步與社會人生相結合，為越來越多的心靈所坦然接受。」[61]《法音》也宣傳了佛光山的十大性格。[62]趙樸初會長在歡迎宴會上也特別表達「我們十分讚賞星雲大師提倡的『佛光山的十大性格』，即人間的性格、大眾的性格、

[57] 太虛著，慕容真選輯：《佛學入門》（杭州：浙江古籍出版社，1990年）。
[58] 中國佛教協會：〈本會關於接待臺灣高僧星雲法師率國際佛教促進會弘法探親團的情況報告（摘要）〉，《會務通訊》1989年第2期，頁15。轉引自聖凱：〈導言：重建中國佛教——論趙樸初的人間佛教思想〉，《人間佛教思想文庫‧趙樸初卷》，導言頁11-12。
[59] 照片載於中國佛教協會編：《中國佛教協會成立四十周年紀念文集》（北京：中國佛教協會，1993年），彩頁13。
[60] 星雲法師弘法探親團先後訪問了北京、西安、敦煌、成都、重慶、武漢、上海、蘇州、南京、揚州、鎮江、宜興、杭州等8個省市13個城市。陝西省副省長孫達人、四川省副省長絡通達、湖北省政協主席沈因洛、上海市長朱鎔基、江蘇省代省長陳煥友、浙江省副省長許行貫等，都會見星雲法師及弘法探親團主要成員。
[61] 星雲：〈星雲大師在中國佛協歡迎大會上的講話（1989年3月27日）〉，《法音》1989年第6期（1989年6月），頁7。
[62] 星雲：〈佛光山的性格〉，《法音》1989年第2期（1989年3月），頁31-35。

文化的性格而、教育的性格、國際的性格、慈濟的性格、菩薩的性格、融合的性格、喜樂的性格和包容的性格」。[63]星雲法師及其開創的佛光山弘法事業，讓大陸佛教看到了人間佛教的實踐成效，一定程度上也促使太虛大師被重新公開認可。

　　星雲法師在首都期間，還應清華大學思想文化研究所、北京大學哲學系、中國人民大學哲學系、中國社會科學研究院世界宗教研究所、中國文化書院和中國佛教文化研究所聯合邀請，在北京圖書館報告廳作〈禪學與人生〉主題演講。他非常強調佛教與社會人生相結合，重視生活、重視人生，他說「現代社會裡，我們擁有豐富的物質生活，而且還有種種文學的、藝術的精神享受，如果再增加了『禪』，生活的意義一定能夠更充分地顯露」。[64]這次講演，吸引了很多學者、專家和高校學生參與，這種具有佛教文化特質和通俗學術風格的講演模式，也帶給當時北京佛教界帶來了耳目一新的觸動。如後來淨慧法師提出生活禪的初衷，也是對此的共識。星雲法師的這次講演，是多年來第一次由一個佛教徒在社會上作佛學演講。[65]據星雲法師晚年回憶：「這次『弘法探親團』的成就，是一場歷史性的破冰之旅。所謂牆內才可以傳教牆外不可以談傳教，有關方面希望我只在寺廟裡弘法；後來幾經協商，終於由北京大學、清華大學、中國人民大學聯合邀請我在北京國家圖書館做了一次講演。」[66]同樣地，星雲法師在南京也應南京禪學會等六個團體邀請，於政協大禮堂作〈禪學與人生〉講演，強調「禪，就是生活，是大自然，是心」。[67]

---

[63]　趙樸初：〈萬里香花結勝因——趙樸初會長在歡迎星雲大師宴會上的講話（1989 年 3 月 38 日）〉，《法音》1989 年第 6 期（1989 年 6 月），頁 44。

[64]　明非：〈星雲大師在京舉行佛學演講會〉，《法音》1989 年第 6 期（1989 年 6 月），頁 46。

[65]　明非：〈星雲大師在京舉行佛學演講會〉，頁 46。

[66]　星雲大師口述，佛光山書記室記錄：《百年佛緣》第 6 冊（北京：生活・讀書・新知三聯書店，2013 年），頁 353。

[67]　茗山：《茗山日記》，頁 685。

　　大陸佛教界將星雲法師視為太虛大師人間佛教思想在臺灣的傑出繼承者和實踐者，更是大陸人間佛教發展的榜樣。例如，曾陪同星雲法師訪問半月的淨慧法師就感言：儘管昔日「太虛大師的理想並沒有全部實現，他的人生佛教的主張也沒有變成現實」，但是星雲法師「將太虛大師倡導的人生佛教思想奉為圭臬……他所開創的佛光山事業實際上是實現人生佛教和佛教時代化的一個系統工程，可以稱之為『星雲模式』……為振興中國佛教提供了一個成功的範例」；並且，星雲法師在各地「多次同文化界座談佛學，對大學生講演佛法，這種弘法形式就大陸佛教而言，具有開風氣之先的積極意義」。[68]

　　星雲法師訪問大陸，在大陸佛教界影響很大。如《法音》報導中都尊稱為「星雲大師」。星雲法師昔日的老師茗山法師就在他訪問焦山定慧寺時稱其為「活普賢菩薩」、「星雲大師」。[69]也正是在中國佛教協會大力報導星雲法師期間，《法音》1989年第7期在封面刊載〈趙樸初會長與星雲大師〉的大幅照片同時，將「提倡人間佛教，發揚優良傳統，啟迪智慧，淨化人生」標識在了刊物封面醒目的位置，「這應該說是當代大陸佛教第一次明確地積極弘揚太虛大師開創的現代人間佛教傳統的一個標誌性事件。」[70]

---

[68] 淨慧：〈應機施教與時代精神——星雲大師率團回大陸弘法探親感言〉，《禪》1989年第2期（1989年6月），頁45。淨慧法師是最早在大陸稱佛光山事業為「星雲模式」的，表達他對星雲法師佛教弘法實踐的高度推崇。1988年美國西來寺落成，邀請臺灣、大陸高僧擔任三師七證，共同傳授三壇大戒。並且，同時舉辦「世界佛教徒友誼會第十六屆大會」。這次會議，是臺灣和大陸佛教代表首次一同參加會議，也促進了海峽兩岸佛教界直接交流，這被譽為是兩岸交往的「星雲模式」。大陸佛教代表有明暘法師、真禪法師等。但是，這次會上提出的「星雲模式」主要是強調在兩岸佛教交流方面的創舉，而淨慧法師概括的「星雲模式」則是側重佛光山在弘法實踐方面的成功範式。

[69] 茗山：《茗山日記》，頁685。

[70] 柴愛新：〈「人間佛教」與「生活禪」：何建明教授追憶淨慧長老〉，《中國宗教》2016年第4期（2016年4月），頁33。

五、太虛大師與趙樸初的一個「敘事」

　　趙樸初在〈佛教常識問答〉中提出「人間佛教優越性」，他的身份更多的是一位佛教學者；而他在中國佛教協會全國代表大會上提出「提倡人間佛教思想」時，他的身份是中國佛教協會會長，顯然主要是一位宗教政治家。然而，佛教傳統一直是以佛、法、僧三寶為核心，弘法之責歷來應由僧伽承擔，居士只是作為護法。在當代中國佛教界，趙樸初是唯一一位居士身份的會長，他的前二任分別是圓瑛法師和喜饒嘉措大師，繼任者先後為一誠法師、傳印法師和學誠法師。趙樸初畢竟是居士身份，即使他可以用政治身份和行政權威提出「人間佛教」口號，但若僅僅如此，必然會缺少宗教地位的神聖性。趙樸初提出人間佛教能夠得到佛教界普遍擁護，這種神聖性的確立，很大程度上是基於他與太虛大師的法緣關係——或者更準確的說，是來自一個有關太虛大師臨終前與趙樸初交往的一個「敘事」。

　　趙樸初與太虛大師結識很早，兩人至少在1929年時就已經通過關絅之的介紹而認識。1929年6月5日太虛大師到上海出席中國佛教會第一次常務委員會會議，太虛大師是臨時主席，趙樸初是大會記錄。[71]之後，趙樸初在太虛大師蒞臨上海時多次任記錄、翻譯等。不過，在1949年之後，他迫於政治形勢的壓力，也絕少公開提及太虛大師的名字，即使1978年之後文字著述中也鮮見「太虛」之名。可是，在非公開場合，他卻常常經常談起和太虛大師的一段往事。據說，1979年元旦當天，他夢到太虛大師，不禁想起1947年在玉佛寺相見最後一面的場景，於是恍然大悟——原來太虛大師所說的將去無錫和常州，便意味著無常——

---

[71]　據〈六月五日第一次常務委員會會議記事〉：「出席常委：仁山、惠宗、圓瑛、寂山（道香代）、太虛、鐘康厚、謝建、王一亭（絅代）、關　之。列席執行委員：大悲、德浩。臨時主席：太虛法師。記錄：趙樸初。」詳見《中國佛教會公報》第1期（1929年7月），頁2-3；收入黃夏年主編：《民國佛教期刊文獻集成》第19卷（北京：全國圖書館文獻縮微複製中心，2006年），頁488。

「無（錫）」、「常（州）」，乃暗示臨終；而護法護教則是太虛大師的臨終囑託。[72]1987年《法音》紀念太虛大師圓寂四十周年之際，趙樸初特將1947年〈太虛大師詩挽〉重書，並注云：「〈太虛法師挽詩〉，一九四七年舊作，一九八七年為紀念法師示寂四十周年書，應《法音》編輯部之屬（囑）。——趙樸初」。又補注云：「師（太虛大師）逝世前十日，以電話召至玉佛寺相見，欣然若無事，以所著《人生佛教》一書見贈，勉余今後努力護法，不期遂成永別。聞人言：師數日前告人，將往無錫、常州。初未知暗示無常也。——樸注。」[73]這些書法並文字，刊登在了《法音》封二整版，於是他與太虛大師臨終這段往事，也就流傳開來，廣為人知了。之後，他在很多場合對人談及此事，如1988年對惟賢法師講過，[74]1994年對星雲法師講過，[75]1998年對茗山法師也講過[76]等等。尤其在和星雲法師講述時，還特別表示這是「最近忽然想通」，「直到現在」才了悟太

[72] 鳳凰視頻：〈獨家視頻：「國寶」趙樸初的傳奇一生〉，網站名稱：鳳凰網，網址：https://fo.ifeng.com/a/20171027/44732779_0.shtml。這部紀錄片，採訪了趙樸初妻子陳邦織女士，相關記錄比較可靠。
[73] 載於《法音》1987 第 4 期，封二。
[74] 據惟賢云：「1947 年 3 月 17 日，太虛大師因病在上海玉佛寺圓寂，在圓寂前 4 天（『10 天』被誤聽成了『4 天』）派人把趙樸初居士找到身邊，把新編好的《人生佛教》送給他並說：『這本書，經過多年編輯，現在才成功，我把它交給你，希望你好好學習，好好弘揚。我不久以後要離開上海，到無錫、常州去。』什麼叫無錫、常州？無常。趙樸老知道這是太虛大師的遺囑，授意他繼承發揚大師提出的人生佛教。——以上這件事情，是趙樸老本人親自向我講的。那是在 1988 年，我請趙樸老進川協助落實寶頂山聖壽寺的宗教政策時，全程陪同了他好幾天。在這期間，他親自給我講的。」惟賢：〈從人生佛教到人間佛教〉，《中國宗教》2008 年第 9 期（2008 年 9 月），頁 18。另外，惟賢法師在 1988 年在聽過趙樸初談及這段往事之後，也補寫入〈漢藏教理院與太虛大師〉文中：「一九四七年三月十七日，太虛大師在上海病逝，臨終前，曾以菩薩學處諄諄教示弟子，並以《人生佛教》一書贈給趙樸初居士，囑託了畢生所寄的遺志。」見釋惟賢：《慈雲全集（第五卷）》（北京：北京華藏圖書館，2009 年），頁 37、38。
[75] 1994 年 4 月 1 日，「樸老說：『我最近忽然想通了一件事情，1947 年某一天，太虛大師在上海玉佛寺打電話給我，叫我到寺裡見他，哪知見了面，只是囑咐我要好好護持佛教，說他要去無錫和常州。當時只覺得奇怪，為何為了這點事，太虛老要我大老遠趕來，百思不解，自覺力量不夠，無法扛下這個重擔，但看太虛老非常認真的樣子，乃直下承擔了這項護法交代。十天以後，太虛大師突然心臟病發圓寂了。直到現在才體會太虛大師原來在暗示他的無（錫）常（州）已到，希望我好好護持中國佛教。』」朱洪：《步步蓮花：趙樸初佛緣人生》（北京：當代中國出版社，2011 年），頁 159。
[76] 1998 年 11 月 21 日，茗山法師至北京醫院看望趙樸初。「樸老說太虛大師了不起：太虛在上海玉佛寺臨終前，找樸老去談話。他說：『我將去無常去，囑託你要護持佛法！』並送樸老一本《人生佛教》書。太虛大師有預知預見呀！他真是太虛菩薩。」茗山：《茗山日記：續集》（上海：上海古籍出版社，2003 年），頁 530。其次，同時在場的君岡記述：「趙樸老對茗山法師說起了與太虛法師之間的那段往事，茗老當場說：『這是太虛法師把弘揚人間佛教的事託付給你了。』」君岡：〈護法人——讀〈九十二生日賦答諸親友〉有感〉，《佛教文化》1998 年第 6 期（1998 年 12 月），頁 12。

《人間佛教研究》第十一期（2021）
Studies in Humanistic Buddhism, Issue 11(2021)，142-173

虛大師說「將往無錫、常州」的隱喻，以及相授《人生佛教》勉力護持佛教之囑託。

在趙樸初與不同的人所講的「敘事」中，暗示「無常」和囑託「護法」，是兩個非常關鍵的細節元素。可是這些偏偏與他1947年原詩自注有所出入。1947年《覺有情》刊載的文字為：

太虛大師挽詩

旬前招我何為者，付我新編意倍醰。

遺囑分明今始悟，先幾隱約話頭參。

神州風雨沉千劫，曠世光華掩一龕。

火宅群兒應不捨，再來佇見兩優曇。

　　旬日前，得葦一法師電話云：大師約談。往謁，無他語，出贈新印《人生佛教》一書，囑撥冗常到佛教會。又謂葦師云：陰曆二十四日後，當離此赴無錫、常州。及期化去，葦師云：「蓋示現無常也。」——弟子趙樸初和南。[77]

對比1987年和1947年兩個注釋文字，以及趙樸初對他人的講述，有幾個地方值得注意：

（一）1987年注釋提及「勉余今後努力護法」，而1947年未載，只說「囑撥冗常到佛教會」。但他對人所言，則說太虛大師要他護持、弘揚佛教。

---

[77] 趙樸初：〈太虛大師挽詩〉，《覺有情》第 187-188 期（1947 年 6 月），頁 33；收入黃夏年主編：《民國佛教期刊文獻集成》第 89 卷（北京：全國圖書館文獻微縮複製中心，2006 年），頁 131。

（二）1947年注釋是太虛大師對葦一法師說將去無錫、常州；1987年注釋是太虛大師對他人說；而他後來對惟賢法師、星雲法師和茗山法師等人所講，則是太虛大師親口對趙樸初說將去無錫、常州。

（三）1947年提及是葦一法師來電，且葦一法師已經領悟無錫、常州隱喻「無常」，而1987年注未提葦一法師。

（四）1994年趙樸初對星雲法師說，自己是「最近」才參悟到太虛大師說將往無錫、常州的密義——但實際上，他應該是早就知道的。1947年注釋則表明，儘管太虛大師說無錫、常州時，大家尚不知他將圓寂，但是他去世之後，葦一法師即已發現此是太虛大師預示無常。至少在趙樸初撰寫挽詩的時候，他其實就已經知道無錫、常州為「無常」的暗示，他的原注中也有寫到「預示無常」。

趙樸初提及這段往事，一方面是表達深切懷念，同時更是強調《人生佛教》一書乃是太虛大師親贈，弘揚人間佛教乃是太虛大師臨終所托；另一方面，這也為太虛大師的神聖性加注，因為預知時至往生是佛門得道高僧一個很重要的標誌，意味著生死自在。太虛大師是公認的高僧、聖僧，而他臨終將《人生佛教》交給趙樸初，也順理成章地確立了趙樸初的宗教地位——作為太虛大師的合法繼承者，承擔著發揚人間佛教的神聖使命。這種神聖性，使趙樸初後來也確實獲得了太虛大師門人的認可和擁護。比如，惟賢法師認為，趙樸初居士所倡導的人間佛教是對太虛大師人生佛教的直接繼承，[78]他還曾特別作詩讚揚：「太虛倡導菩薩行，人格完成即佛成；樸老契合新時代，二諦圓融獨創新。」[79]茗山法師也認為太虛大師此舉代表著將人間佛教事業託付給了趙樸初，[80]趙樸初去世之後，他

---

[78] 參見惟賢：〈從人生佛教到人間佛教〉，頁 15-19。

[79] 釋惟賢：〈人間佛教點明燈〉之五，《慈雲全集 5：詩文雜著編》（北京：北京華藏圖書館，2009 年），頁 623。

[80] 君岡：〈護法人——讀〈九十二生日賦答諸親友〉有感〉，頁 12。

《人間佛教研究》第十一期（2021）
Studies in Humanistic Buddhism, Issue 11(2021)，142-173

撰文緬懷說：「樸老『人間佛教』的思想一直是我們中國佛協的努力方向」，要「繼續沿著樸老開拓出的道路前進」。[81]

　　這樣，諸如惟賢法師、茗山法師、星雲法師等這些聽聞者及認同者，又將太虛大師和趙樸初的這個「敘事」不斷重複講述，進一步擴大傳播範圍，由於他們自身的宗教影響力，於是更加強化了趙樸初繼承太虛大師的這種宗教神聖性地位。而趙樸初的中國佛教協會會長以及政協全國委員會副主席、政協全國委員會民族和宗教委員會主任等政治身份，則在推動宗教政策落實、佛教恢復建設中發揮了巨大作用——堪稱是「當代中國佛教第一人」，很多著名寺廟至今仍懸掛著他題撰的匾額和聯語，佛教界普遍尊稱他為當代的「維摩詰」、「老維摩」，視他為佛門大護法。他的宗教地位和政治身份，都促成了人間佛教思想的推廣和落實。而趙樸初對與太虛大師最後一面往事的「敘事」及其傳播，則在客觀上實現了多重效果，即：第一，強化了太虛大師的神聖性，預知往生，預見《人生佛教》一書思想會得到弘揚，而且慧眼識人，認可趙樸初會堪當護法偉業。第二，強化了趙樸初自己作為太虛大師直接繼承者的神聖性——此係太虛大師臨終親自所托，囑咐護持佛教，有法緣傳承依據。第三，強化了人間佛教思想的神聖性，此乃太虛大師未竟之遺志。第四，將香港、台灣以及海外佛教界之前對趙樸初的醜化和誤解，冰釋於無形。[82]

---

[81] 禪林：〈花落還開 水流不斷——茗山法師深情追憶趙樸老〉，《法音》2000年第7期（2000年7月），頁28。

[82] 由於政治立場差異，一些敵視共產黨的佛教人士曾將趙樸初罵作「教奸」、「走狗」、「佛門敗類」等。詳見樂觀：《六十年行腳記》（臺北：常樂寺，1977年）；樂觀《春秋別集》（臺北：常樂寺，1981年）；香港佛教聯合會、香港佛教僧伽聯合會、友聯研究所：《中國大陸佛教資料彙編：1949—1967》（香港：友聯書報發行公司，1968年）。

六、結語

　　克實而論，在80年代大陸佛教界及學術界重新認和學習太虛大師的進程中，趙樸初所起到的作用是無人可及的，他促成了大陸佛教回到太虛大師人間佛教的道路。他以中國佛教協會會長、全國政協副主席等政治威望，通過官方和私人兩種途徑，尤其是與太虛大師臨終前一段交往的「敘事」，推動並且擴大了太虛大師及人間佛教思想在大陸僧尼信眾中的影響，將人間佛教明確為中國佛教的發展方向。不過，當時全國各地寺廟都忙於殿堂等硬體恢復，很多地方人間佛教只是停留在「口號」上，儘管中國佛教協會在學術研究和國際交往等方面取得一定成績，但是作為佛教核心的僧伽，尚未在人間佛教義理和修證層面取得明顯進展。這一局面，直到淨慧法師生活禪的產生才取得實質性突破。

《人間佛教研究》第十一期（2021）
Studies in Humanistic Buddhism, Issue 11(2021)，142-173

【徵引及參考文獻】

一、專書

太虛大師：《中國佛學》，北京：中國佛教協會、中國佛教文化研究所，1989年。

太虛大師講：《佛說彌勒下生成佛經講要、佛說十善業道經講要、佛說善生經講錄》，北京：中國佛教協會，1989年。

太虛著，慕容真選輯：《佛學入門》，杭州：浙江古籍出版社，1990年。

中國佛教協會編：《中國佛教協會成立四十周年紀念文集》，北京：中國佛教協會，1993年。

朱洪：《步步蓮花：趙樸初佛緣人生》，北京：當代中國出版社，2011年。

茗山：《茗山日記》，上海：上海古籍出版社，2002年。

茗山：《茗山日記：續集》，上海：上海古籍出版社，2003年。

星雲大師口述，佛光山書記室記錄：《百年佛緣》，北京：生活·讀書·新知三聯書店，2013年。

香港佛教聯合會、香港佛教僧伽聯合會、友聯研究所：《中國大陸佛教資料彙編：1949—1967》，香港：友聯書報發行公司，1968年。

侯坤宏：《太虛時代——多維視角下的民國佛教（1912—1949）》，臺北：政大出版社，2018年。

真禪：《紀念太虛大師誕生一百周年》，上海：華東師範大學出版社，1990年。

陳兵、鄧子美：《二十世紀中國佛教》，北京：民族出版社，2000年。

聖凱編：《人間佛教思想文庫·趙樸初卷》，北京：宗教文化出版社，2017年。

趙樸初：《趙樸初韻文集》，上海：上海古籍出版社，2003年。

趙樸初：《趙樸初文集》，北京：華文出版社，2007年。

熊自健：《中共政權下的宗教》，臺北：文津出版社，1998年。

鄧子美、陳衛華、毛勤勇：《當代人間佛教思潮》，蘭州：甘肅人民出版社，
　　2009年。

樂觀：《六十年行腳記》，臺北：常樂寺，1977年。

樂觀：《春秋別集》，臺北：常樂寺，1981年。

霍韜晦主編：《太虛誕生一百周年國際會議論文集》，香港：香港法住學會，
　　1990年。

戴季陶著，釋東初編：《戴季陶先生佛學論集》，臺北：中華佛教文化館，1972
　　年。

釋巨贊著，朱哲編：《巨贊法師全集》，北京：社會科學文獻出版社，2008年。

釋印順編著：《太虛法師年譜》，北京：宗教文化出版社，1995年。

釋東初：《中國佛教近代史》，臺北：中華佛教文化館，1974年。

釋惟賢：《慈雲文萃》，重慶：慈雲寺，1992年。

釋惟賢：《慈雲全集》，北京：北京華藏圖書館，2009年。

二、期刊論文

〈六月五日第一次常務委員會會議記事〉，《中國佛教會公報》第1期，1929年
　　7月，頁2-3；收入黃夏年主編：《民國佛教期刊文獻集成》第19卷，北京：
　　全國圖書館文獻縮微複製中心，2006年，頁488。

〈國民政府令〉，《海潮音》第28卷第7期，1941年7月1日；收入黃夏年主編：
　　《民國佛教期刊文獻集成》第203卷，北京：全國圖書館文獻微縮複製中
　　心，2006年，頁415。

〈提倡人間佛教 獻身四化建設——慶祝中華人民共和國成立三十五周年〉，《法
　　音》1984年第5期，1984年5月，頁2-3。

〈提倡人間佛教思想 發揚佛教優良傳統 開創佛教徒爲八十年代三大任務服務的新局面 各地佛協認真傳達貫徹全國佛協四屆二次會議精神〉，《法音》1984年第2期，1984年3月，頁2-4。

一思：〈佛陀的人間生活〉，《法音》1984年第3期，1984年3月，頁27-30。

太虛：〈對於中國佛教革命僧的訓詞〉，《海潮音》第9卷第4期，1928年5月9日，頁1-6；收入黃夏年主編：《民國佛教期刊文獻集成》第170卷，北京：全國圖書館文獻微縮複製中心，2006年，頁121。

太虛法師：〈人生佛教開題（1944年秋在重慶漢藏教理院講）〉，《法音》1987年第4期，1987年5月，頁14-15。

方立天：〈歷史的回響——評「太虛誕生一百周年國際會議」〉，《禪》1990年第2期，1990年2月，頁72-79。

正果：〈人間佛教寄語〉，《法音》1984年第5期，1984年5月，頁16-19。

正果：〈恪遵遺教 緬懷盛德——紀念太虛法師圓寂40周年〉，《法音》1987年第4期，1987年5月，頁10-11。

君岡：〈護法人——讀〈九十二生日賦答諸親友〉有感〉，《佛教文化》1998年第6期，1998年12月，頁12。

拙緇：〈人間佛教與以戒爲師——學習太虛大師關於人間佛教思想的體會〉，《法音》1988年第8期，1988年8月，頁5-7。

明非：〈星雲大師在京舉行佛學演講會〉，《法音》1989年第6期，1989年6月，頁46。

法舫：〈湖南佛教救國運動：祝湖南佛教抗敵後援會〉，《海潮音》第21卷第3期，1940年3月1日，頁2；收入黃夏年主編：《民國佛教期刊文獻集成》第200卷，北京：全國圖書館文獻微縮複製中心，2006年，頁42。

拾文：〈人間佛教思想資料選編〉，《法音》1984年第5期，1984年5月，頁30-36、13。

星雲：〈佛光山的性格〉，《法音》1989年第2期，1989年3月，頁31-35。

星雲：〈星雲大師在中國佛協歡迎大會上的講話（1989年3月27日）〉，《法音》1989年第6期，1989年6月，頁7。

侯坤宏：〈1930年代的佛教與政治：太虛法師和蔣介石〉，《四川師範大學學報（社會科學版）》第33卷第5期，2006年9月，頁126-132。

柴愛新：〈「人間佛教」與「生活禪」：何建明教授追憶淨慧長老〉，《中國宗教》2016年第4期，2016年4月，頁32-35。

淨慧：〈應機施教與時代精神——星雲大師率團回大陸弘法探親感言〉，《禪》1989年第2期，1989年6月，頁45-46。

惟賢：〈從人生佛教到人間佛教〉，《中國宗教》2008年第9期，2008年9月，頁15-19。

遊有維：〈太虛法師略傳〉，《法音》1987年第4期，1987年5月，頁11-13。

聖輝：〈我對人間佛教思想的認識〉，《法音》1984年第6期，1984年6月，頁22。

趙樸初：〈太虛大師挽詩〉，《覺有情》第187-188期，1947年6月，頁33；收入黃夏年主編：《民國佛教期刊文獻集成》第89卷，北京：全國圖書館文獻微縮複製中心，2006年，頁131。

趙樸初：〈中國佛教協會第三屆理事會工作報告（1980年12月16日）〉，《法音》1981年第1期，1981年1月，頁5-11。

趙樸初：〈佛教常識答問〉，《法音》1983年第3期，1983年6月，頁3-7、13。

趙樸初：〈中國佛教協會三十年——在中國佛教協會第四屆理事會第二次會議上〉，《法音》1983年第6期，1983年6月，頁13-21。

趙樸初：〈佛教和中國文化（1984年8月）〉，《法音》1985年第2期，1985年3
　　月，頁3-5。

趙樸初：〈中國佛教的過去和現在——在泰國國際佛教學術交流會上發表的論
　　文〉，《法音》1987年第4期，1987年5月，頁4-7。

趙樸初：〈萬里香花結勝因——趙樸初會長在歡迎星雲大師宴會上的講話（1989
　　年3月38日）〉，《法音》1989年第6期，1989年6月，頁44。

蔡吉堂：〈太虛大師紀念塔落成始末記〉，《法音》1985年第6期，1985年6月，
　　頁57。

鄧子美：〈20世紀中國佛教智慧的結晶——人間佛教理論的建構與運作
　　（上）〉，《法音》1998年第6期，1998年6月，頁2-8。

鄧子美：〈20世紀中國佛教智慧的結晶——人間佛教理論的建構與運作
　　（下）〉，《法音》1998年第7期，1998年7月，頁16-22。

禪林：〈花落還開 水流不斷——茗山法師深情追憶趙樸老〉，《法音》2000年
　　第7期，2000年7月，頁28。

三、網站資源

何燕生：〈緬懷霍韜晦先生，曾為兩岸學術交流搭橋的「新儒家」〉，網站名
　　稱：澎湃，2018年6月12日發表，網址：https://www.thepaper.cn/newsDetail_
　　forward_2189140。

閩南佛學院：《閩南佛學院院報》第2期，1989年9月；網站名稱：南普陀，網
　　址：https://www.nanputuo.com/nptxy/xbList.asp?mid=102。

鳳凰視頻：〈獨家視頻：「國寶」趙樸初的傳奇一生〉，網站名稱：鳳凰網，網
　　址：https://fo.ifeng.com/a/20171027/44732779_0.shtml。

《人間佛教研究》第十一期（2021）
Studies in Humanistic Buddhism, Issue 11(2021)，142-173

The Historical Process of the Recognition of Master Taixu in Mainland China during the 1980s

WANG, Jia[*]

Absrtact

Master Taixu is a great leader of the modern Buddhism innovation movement. His Humanistic Buddhism is inherited and practiced in Taiwan and mainland. Nowadays, building Humanistic Buddhism is becoming a distinct feature of the times in mainland of China. However, from the mid-1950s to the end of the "Cultural Revolution", due to the sensitivity of political situation, people even if Master's followers were afraid to say the name of "Taixu" in public. In the 1980s, in the process of re-recognizing and learning Master Taixu in the mainland Buddhist and academic circles, Zhao Puchu played an unparalleled role, who led to Maste Taixur's Humanistic Buddhism. With the political prestige of the president of the Chinese Buddhist Association and the vice chairman of the Chinese People's Political Consultative Conference National Committee, he promoted

[*] **WANG, Jia**, Ph.D. of Religious Studies in Renmin University of China and an associate researcher of Minzu Institute in Heilongjiang Academy of Social Sciences.

and expanded the influence of Master Taixu and the thought Humanistic Buddhism among the mainland monks and nuns through official and private forms, especially the "narrative" about the communication with the Master Taixu before his death. And he successfully established the human Buddhism as the mainstream direction of the development of Chinese Buddhism today.

Keywords: Humanistic Buddhism, Buddhism in mainland of China, Zhao Puchu, Taixu

《人間佛教研究》第十一期（2021）
Studies in Humanistic Buddhism, Issue 11(2021)‧174-227

Confucian Morality and Rebirth into the Pure Land of Amitābha: The Compartmentalist Thoughts of Ven. Jingkong

Stefan Kukowka[*]

Abstract

Amitābha (nianfo 念佛), but also a this-worldly focused moral Confucian cultivation. Based on an analysis of Ven. Jingkong's online dharma talks and publications, the present article identifies the Confucian notion of filial piety (xiao 孝), and one specific paragraph of the *'Sūtra of the Meditation on the Buddha of Immeasurable Life' (foshuo guan wuliangshou jing 《佛說觀無量壽經》)* as the starting point of his advocated soteriology. This Sūtra provides the Buddhist textual foundation of xiao, thus erecting a bridge to connect the Sūtra with Confucian and Daoist texts, such as *'The Classic of Filial Piety' (xiaojing 《孝經》)*, *'Rules for Disciples' (dizigui 《弟子規》)*, and *'Treatise of the Most High on Action and Retribution' (taishang ganyingpian《太上感應篇》),'*

[*] **Stefan Kukowka**, International dual degree (cotutelle) Ph.D. student at National Chengchi University and Institut National des Langues et Civilisations Orientales (INALCO).

ipso facto explaining the incorporation as well as the 'Buddhicising' of the former texts. In this sense he emphasises that the improvement of one's fate – and therefore the chance to be reborn into the Pure Land – is not the result of acts of worship towards Buddha or the potential effectiveness of rituals or even the renunciation of all worldly distractions, thus 'going forth' (chujia 出家) and entering a monastic environment, it is rather based on 'correct' moral conduct in daily life, through acts of filial piety, compassion, honesty, and humility – which are de facto Confucian values. This train of thought falls into the category of 'compartmentalism' because Jingkong argues that Buddhism and Confucianism address different domains of reality and truth, which complement each other and address specific issues without interference. Thus, they constitute a parallel space within their shared universe of discourse: Buddhism gives reason to what holds the world together at its core and being focused on extramundane salvation, whereas (selected parts of) Confucianism explain how to conduct oneself in the world. These selected parts are then re-interpreted through a Buddhist lens and integrated. Thus, not triggering any conflicts regarding their soteriology, that needs to be reconciled. The article, therefore, investigates the questions: how does a Pure Land advocate rationalises the incorporation of other tradition's morality concepts through certain narratives, what terminology can be applied to describe this phenomenon, and finally, why does Jingkong emphasise this-worldly cultivation based mostly on the '*Rules for Disciples*'?

Keywords: **Ven. Jingkong, Pure Land Buddhism, Confucian Morality, Taiwanese Buddhism, Syncretism**

1 Introduction

For the concept of salvation within a given system of beliefs, it is essential there be alternatives for one's afterlife dependent on one's choices and manner of life, that there be either transcendental entities that 'saves' humanity from eternal damnation, or exist means to improve one's predetermined fate through conscientiously performed meritorious deeds. That is because, by its very nature, salvation must provide answers to the mundane plight of humanity, offering forgiveness, redemption, and reconciliation to resolve the contingency-problematic of life.

In Buddhism, it is the liberation from karmic bondage, that originates from blindness towards our true nature as passion-ridden beings filled with desire, anger, and ignorance (sandu 三毒), which can be attained through meditation, accumulation of wisdom, asceticism, rituals, and good deeds. There are two fundamental approaches to the salvific path in Buddhism: the path of wisdom represented by Chan meditation and the path of compassion and devotion within the Pure Land tradition. As an advocate of Pure Land, Ven. Jingkong 淨空 (1927—) lays stress on the invocation of the name of Amitābha,[1] karmic redemption[2] and Confucian

---

[1] In one of his numerous dharma talks, that are broadcasted on YouTube, he explains that in order to be reborn the Pure Land one needs 'to fix the heart-mind on one Buddha' (xixin yifo 繫心一佛) and 'to keep the repetition of the Buddha's name in one's heart-mind' (xinlitou changchang guanian fo 心裡頭常常掛念佛). Shi Jingkong 釋淨空, The Biggest Taboo of those who Invocate Amitabha's Name (nianforen zuidade jinji 念佛人最大的忌諱), https://www.youtube.com/watch?v=yLnQVZCCzsg (accessed November 10, 2017). Rošker, Jana, Epistemology in Chinese Philosophy, The Stanford Encyclopedia of Philosophy (Fall 2018 Edition), Edward N. Zalta (ed.), https://plato.stanford.edu/archives/fall2018/entries/chinese-epistemology/, (accessed November 10, 2017).

[2] See Shi Jingkong 釋淨空, Cause and Effect: The Inevitable Way of Karma (yinguo baoying sihao bushuang 因果報應絲毫不爽), https://www.youtube.com/watch?v=-6z_VqktkeU, (accessed November 10, 2017).

morality[3] as a means of salvation. In particular, he emphasises Confucian moral cultivation, as this-worldly actions serve as the foundation of the salvific path and transformation of one's fate. In this sense he emphasizes that the improvement of one's fate – and therefore the chance to be reborn into the Pure Land – is not the result of appeasing acts toward Buddha or the potential effectiveness of rituals or monastic life, it is rather based upon moral conduct in daily life, through acts of 'filial piety' (xiao 孝)[4], compassion, honesty and humility – which are de facto Confucian values.[5] Therefore he not only expounds Buddhist sūtras including 'The Five Sūtras and One Treatise on Pure Land' (jingtu wujing yilun 淨土五經一論)[6] and '*The*

---

[3] There are quite a few dharma talks of him praising the compatibility of Confucianism and Buddhism on YouTube, i.e. just to name two: Shi Jingkong 釋淨空, Confucian Culture and the Construction of a Harmonious Society (rujia wenhua yu hexie shehuijianshe 儒家文化與和諧社會建設), https://www.youtube.com/watch?v=pCUapN_IEtw, (accessed November 08, 2017); and Shi Jingkong 釋淨空, Buddha, Confucius, Mencius, Confucians of the Past Generations engaging in education for their lifetime (fotuo, kongzi, mengzi, lidai rujiade, yisheng congshi jiaoxuede 佛陀、孔子、孟子、歷代儒家的，一生從事於教學的), https://www.youtube.com/watch?v=3VO_OM07lm0, (accessed November 08, 2017).

[4] Rosemont and Ames' translate xiao as 'family reverence' instead of 'filial piety', since 'piety' implies a sense of sanctimoniousness, that according to the authors is absent in the Chinese term, but inherent in the context of Abrahamic traditions. Additionally, xiao is linked to people in living in this world, not to a transcendent world. See, Henry Rosemont and Roger T. Ames, *The Chinese Classic of Family Reverence: A Philosophical Translation of the Xiaojing*, (Honolulu: University of Hawai'i Press, 2009), p.1. Xiao is undoubtedly difficult to translate, since it reflects a variety of emotions in social and family relationships, such as respect, love, loyalty, etc. Whether 'reverence' or 'piety' adequately addresses these emotions will not be discussed in context of this article. One may refer to Alan K. L. Chan's book review: Alan K. L. Chan, Review of "*The Chinese Classic of Family Reverence: A Philosophical Translation of the Xiaojing*," by Henry Rosemont and Roger T. Ames, Journal of Chinese Studies, No. 50 (2010), pp.335-341.

[5] Yanfei Sun, "Jingkong: From Universal Saint to Sectarian Saint," in *Making Saints in Modern China*, ed. David Ownby, Vincent Goossaert and Ji Zhe (New York: Oxford University Press, 2016), p.400. Shi Jingkong 釋淨空. Piety to one's parents, respect to one's older brother, loyalty to one's monarch, faith to one's male friends; Sense of propriety, justice, integrity and honour (xiaotizhongxin xinyilianchi 孝悌忠信禮義廉恥), https://www.youtube.com/watch?v=KvSe1cL9Xbg, (accessed November 08, 2017).

[6] Including: '*The Shorter Sukhāvatīvyūha Sūtra*' (foshuo amituojing 《佛說阿彌陀經》), '*The Sūtra on Contemplation of Amitābha*' (foshuo guanwuliangshou jing 《佛說觀無量壽經》), '*The Longer Sukhāvatīvyūha Sūtra*' (wuliangshoujing 《無量壽經》), '*The Avataṃsaka Sūtra*' (huayanjing 《華嚴經》), '*The Śūraṅgama Sūtra*' (dafodingshou lengyanjing 《大佛頂首楞嚴經》) and the '*Treatise on Rebirth*' (wangshenglun 《往生論》).

《人間佛教研究》第十一期（2021）
Studies in Humanistic Buddhism, Issue 11(2021)，174-227

Discourse On The Ten Wholesome Ways Of Action' (*shishanye daojing* 《十善業 道經》, in the following abbreviated to *shishan*), but also utilizes texts based on Confucian morality ideas, for instance '*Rules of Disciples'* (*dizigui* 《弟子規》) and '*Three Character Classic'* (*sanzijing* 《三字經》), Daoist scriptures and morality books (shanshu 善書) such as '*Treatise on the Response of the Dao'* (*taishang ganyingpian*《太上感應篇》, in the following abbreviated to *ganyingpian*), '*Lord Superior Wenchang Tract of Hidden Good Deeds'* (*wenchang dijun yinzhiwen*《文 昌帝君陰騭文》), and '*The Four Instructions of Liaofan'* (*liaofan sixun* 《了凡四 訓》), all of which mirror these motifs. Thus, from this textual choice, it can be seen that he does not confine himself to 'pure' Buddhist sūtras, but also turns to texts from other traditions that fit into his edifice of ideas.

The article, therefore, seeks to elucidate answers to the following questions: What is the reason for the incorporation of other tradition's morality concepts into the belief system of a Pure Land advocate and can the term 'syncretism' be applied to describe this phenomenon? Through what narratives and canonical scriptures is this incorporation legitimised and ultimately 'buddhicised'? Why does he emphasise this-worldly cultivation based mostly on the *dizigui* in conjunction with the '*Sūtra of the Meditation on the Buddha of Immeasurable Life'* (*foshuo guan wuliangshou jing* 《佛說觀無量壽經》, in the following abbreviated to *Contemplation Sutra*)?

The first part of this paper will outline a theoretical framework, which constitutes the basis from which the questions above will be tackled. The second part will introduce the reader into Jingkongs soteriological concept, focusing on the two main pillars of his thoughts: *dizigui* and *Contemplation Sutra*. The last will combine the findings of the previous two parts and draw conclusions.

Most of the information to answer these questions will be taken from Ven. Jingkong's online dharma talks and books, as well as scholarly publications. However, the number of literature on the topic is rather limited, as there are only a few scholarly articles that discuss Ven. Jingkong's thoughts on moral education and salvation, which also tend to be quite short. By using literature and empirical-based research methods, it is possible to shed light on the meaning of the information conveyed by the communicator (Jingkong) and on the recipient's (lay people) interpretation. Therefore, the present study aims to contribute to a better understanding of Jingkong's thought in terms of his advocated path towards rebirth into the Pure Land.

2 A Theoretical Discussion of Syncretism

By analysing the origin of the word 'syncretism,' how its meaning changed throughout history and the scholarly debate surrounding its definition and usage especially in the East Asian religious context, this chapter sets the theoretical framework for the following discussion of Jingkong's Buddhist soteriology paired with a notion of Confucian morality concepts.

2.1 The Etymology and Terminology of Syncretism

The term 'syncretism' can be traced back to Plutarch (46—120) who introduced it in his work 'De fraterno amore' as a part of the 'Moralia,' in which he wrote about the people of Crete, who have frequently been drawn into war against each other, but reconciled themselves in times of conflict when facing an approaching enemy. To stay together in a unified manner was called 'sunkrētismos,' meaning 'to hold together in the Cretan way.'[7] But that does not explain where the modern definition of 'merging,' 'blending,' 'amalgamation'[8] comes from. According to Kurt Rudolph, when the Helmsted Theologian Georg Calixt (1585—1656) was caught up in the internecine rivalry of orthodox polemics, his attempts for unity and peace were branded as 'syncretism,' consequently, both Lutherans and Catholics designated it the 'syncretic conflict.' Additionally, the Jesuit Veit Erbermann (1597—1675) concluded that his attempts to achieving unity by appealing to the Apostol's Creed only resulted in superficial unity, the differences would still exist internally. This incident became the first time when 'syncretism' was used to refer to 'mixing' and eventually was understood in the pejorative context, as a fake and incompatible unity.[9] These two historical examples merge in the modern conceptualisation of 'syncretism.' On the one hand, a political usage, where it had a positive connotation of unity against a common foe. On the other hand, a theological usage, that rendered the term into an invective with the notion of blending incompatible elements into something like a 'hybrid religion.'

It is the last notion that continues to overshadow the first meaning and persists to determine the scholarly usage, as a category within the realm of metalanguage. Ulrich Berner argues for instance, that since 'syncretism' has been used by Christian theologians

---

[7] Kurt Rudolph, "Syncretism: From Theological Invective to a Concept in the Study of Religion," in *Syncretism in Religion*, edited by Anita M. Leopold and Jeppe S. Jensen (Sheffield: Taylor & Francis Ltd, 2004), pp.68-69.

[8] These synonyms were taken from *Oxford Online Dictionary*, s.v. "syncretism", https://en.oxforddictionaries.com/definition/syncretism, (accessed January 2, 2018).

[9] See Kurt Rudolph, "Syncretism: From Theological Invective to a Concept in the Study of Religion," Kurt Rudolph, "Syncretism: From Theological Invective to a Concept in the Study of Religion," in *Syncretism in Religion*, p.70.

as a (negative) normative category, it is difficult to deconstruct this notion and make use of it as a purely descriptive category because of hidden bias, assumptions, or ideologies. Furthermore, another problem results from the interplay between metalanguage and object-language. Because of its historical concatenations, it is not exclusively used as a research terminology, but also as a derogatory term within religions to distinguish themselves from certain tendencies in their ranks or from other belief systems,[10] thus denying any value to the other belief system.[11] Additionally, Baird points to the fact that syncretic tendencies can only be viewed from an etic perspective and do not exist in the emic perspective since internal believers' attitude excludes disunity in its universe of discourse. The usage would imply internal inconsistency, that does not exist and 'syncretism' as a category would be obsolete.[12] Simply because this conception cannot be comprehended on the emic level, it does not mean the problem has been solved or explained, and, does not give cause to discard 'syncretism' as a category, it only indicates that the definition of 'syncretism' is not clear enough.

Facing these difficulties in its applicability, consequently, it stands to reason to discard 'syncretism' as an analytical category, but it seems too fundamental, for its usage depends on the specific definition of the researcher, the cultural background, and the religious group in question. In the following subchapter, we shall, therefore, turn to the

---

[10] E.g., Jingkong claims that, if we depart from the way of the five precepts and ten honourable deeds (wujie shishan 五戒十善) viewing it as the fundamental dharma (genbenfa 根本法), we will abandon ourselves to evil ways (xiedao 邪道). See, Shi Jingkong 釋淨空. *Treatise on the Response of the Dao* (*taishang ganyingpian*《太上感應篇》【1】1-12), https://www.youtube.com/watch?v=HWZEEScw3VM, (accessed December 31, 2017).

[11] Ulrich Berner, "The Notion of Syncretism in Historical and/or Empirical Research," *Historical Reflections / Réflexions Historiques* 27, no. 3 (2001), pp.499-501.

[12] Robert D. Baird, "Syncretism and the History of Religions," in *Syncretism in Religion*, edited by Anita M. Leopold and Jeppe S. Jensen, p.57.

question of what can be considered syncretism and what not.

2.2 Syncretism – A Question of Definition

As has been shown in the two examples above, using syncretism as an analytical category requires the careful attention of its historical dimension and its dualistic nature in terms of emic and etic perspectives. Consequently, we need to define the subtle nuances of interreligious exchange to get an unambiguous definition that fits the research conducted for this paper.

Firstly, a syncretic[13] phenomenon – in history or current affairs – cannot be a mere mixture, as it implies a biased theological usage, which juxtaposes 'purity' and 'impurity.' Therefore, to avoid this juxtaposition, it must be understood dynamically without a distinctive end.[14] Secondly, it cannot be conceptualised as 'synthesis', because truth claims are not ascribed to the separate traditions, but rather to the result itself. It is the new unity of the former distinct doctrines or practises that would be given truth-value, not the distinct parts. At this level, a religious system has already transcended the syncretic phase.[15] Consequently, it is the nuanced greyscale in between that needs further attention. Michael Pye concluded syncretism is 'the temporary ambiguous coexistence of elements from diverse religious and other contexts within a coherent religious pattern.'[16] This

---

[13] It should be noted, that according to the Oxford Dictionary, both 'syncretic' and 'syncretistic' are acceptable adjectives of 'syncretism.'

[14] Michael Pye, "Syncretism versus Synthesis1," *Method & Theory in the Study of Religion* 6, no. 1 (1994), p.220.

[15] Rodney L Taylor, "Proposition and Practice: The Dilemma of Neo-Confucian Syncretism," *Philosophy East and West* 32, no. 2 (1982), pp.193-194.

[16] Micheal Pye, "Syncretism versus Synthesis1," p.220.

definition describes clearly the above-mentioned greyscale; however, it fails to subdivide the nuanced forms of interaction, covers them indiscriminately, and eventually, everything can become an 'ambiguous coexistence.' Hence, in what follows, I will present a subtler distinction of interreligious exchange and finally working categories, based on Timothy Brook's elaborations.[17]

Brook raises the questions what syncretism constitutes, whether the concept of syncretism applies to the Chinese religious context, and whether 'syncretism' can be used to describe the discourse called 'The Unity of the Three Teachings' (sanjiao heyi 三教合一) that started to appear in the Yuan Dynasty (1279—1368), entered intellectual discourse of Wang Yangming 王陽明 (1472—1529), Xue Dachun (1586—1660), Li Zhi 李贄 (1527—1602), Hanshan Deqing 憨山德清 (1546—1623), and Lin Zhao'en 林兆恩 (1517—1598) during the Ming Dynasty, and circulated through 'precious scroll' (baojuan 寶卷) in Ming-Qing popular texts. He starts his theoretical investigation with Judith Berling's definition of syncretism: 'the borrowing, affirmation, or integration of concepts, symbols, or practices of one religious tradition into another by a process of selection and reconciliation'[18] and highlights the last part – 'reconciliation,' because reconciliation is a crucial part when distinct worldviews are combined in terms of the re-formulation of the doctrine, the re-structuring of rites, and/ or the subjective understanding of believers. This process mitigates the dissonance between different religious systems, however, as claimed by Brook, because of logical differences,[19] these dissonances might not

---

[17] Timothy Brook, "Rethinking Syncretism: The Unity of the Three Teachings and their Joint Worship in Late-Imperial China," *Journal of Chinese Religion* 21, no. 1 (1993), pp.13-15.

[18] Judith Berling, *The Syncretic Religion of Lin Chao-en* (New York: Columbia University Press, 1980), p.9.

[19] Brook does not go into detail at this point, but I understand it as referring to different soteriological theories, because the question of how salvation can be achieved is the crux of every religion.

disappear and therefore instead of syncretism (definition above) other forms of religious interchange appear (the above-mentioned greyscale), such as ecumenism, inclusivism, compartmentalism, and eclecticism. We shall, therefore, have a closer examination of these four categories.

1.**In ecumenism**, truth is considered universal. Different religious worldviews are continual as separate traditions not because of different 'truths', but because of external elements, for instance, rituals or their universe of discourse. In the eye of the believer, they share the same pursuit of truth, and can, therefore, tolerate both views without combining it.

2.**Inclusivism** can be defined as the attempt to explain the belief system of a religious tradition regarding another religious tradition. That means, if one religion is brought into the context of another, the former will be viewed as inferior, incoherent or as a flawed representation of the truth.

3.If the exchange is described as **compartmentalism**, the different religious system will tend to acknowledge that distinct teachings explain distinct domains and aspects of reality as well as truth. They complement each other and address specific issues without interference. Thus, constitute a parallel space within their shared universe of discourse. If their explanations are insufficient, they will recourse to the other tradition, and if they cover the same area of interest, it will strengthen and consolidate the internal structure.

4.**Eclecticism** is defined as the utilization of concepts or methods that the tradition considers practical for their purposes without actual incorporation of two or more systems. It is the reaction to religious pluralism, in which people draw to different religious benefits meeting their demands to alleviate vulnerabilities of daily life.

These four categories constitute and provide an analytical framework that is more nuanced than Berling's definition of syncretism. Nevertheless, Berling's definition shall be kept in mind in the following section. The four categories and the definition will be tested in terms of their applicability in the conclusion of this paper.

While Brooks starts his historical investigation of sanjiao heyi in the Yuan Dynasty, since variations of this formula cannot be found prior to the Yuan Dynasty (1279—1368), Joachim Gentz dates the beginning of the sanjiao heyi discourse back to the 4th century when monks such as Sun Chuo 孫綽 (310—397) or Huiyuan 慧遠 (334—416) sought to mediate the differences between the three teachings for which they used certain aspects of the other's tradition.[20] As we shall see in the next section, monastics indeed tried to explain and defend their standpoint in relation to Confucianism and Daoism, especially on the field of family ethics. However, it was not a discourse on sanjiao heyi, but Buddhists trying to adapt their doctrines and lifestyle to a new environment. This is not tantamount to unifying or harmonising the three teachings into one, but to explain the apparent differences to a new readership and potential believers. Actively choosing concepts of the other's tradition did not start until the Neo-Confucians – among them Zhou Dunyi 周敦頤 (1017—1073) and Zhuxi 朱熹 (1130—1200) – incorporated a cosmology, epistemology, and ontology that borrowed a Buddhist understanding of the world, as Brook pointed out.[21] Until the Tang, the three constituted "a trinity of distinct discourses that might be lumped together for convenient reference but were not interchangeable or reducible to

---

[20] Joachim Gentz, "Religious Diversity in Three Teachings Discourse," in *Religious Diversity in Chinese Thought*, edited by Perry Schmidt-Leukel and Joachim Gentz (New York: Palgrave MacMillian, 2013), pp.123-124.

[21] Timothy Brooks, "Rethinking Syncretism: The Unity of the Three Teachings and their Joint Worship in Late-Imperial China," p.17.

any sort of unity."[22]

With the emergence of the Mongolian Yuan Dynasty and the subsequent struggle for court patronage, since the Mongolian emperors considered the three teachings as foreign in nature, an environment of relative openness and a need to explain the religious diversity gave rise to the first formulations of sanjiao heyi in writings of Liu Mi 劉謐, Tao Zongyi 陶宗儀 (ca. 1316—1402) and others where they were thought of different explanations of the same universal truth – a ecumenical point of view.[23] Wei Yueping indicates that during the Ming Dynasty, the stance of Confucians towards Buddhism and Daoism has changed. Before the Ming, Confucian scholars such as Hanyu 韓愈 (768—824), Zhuxi, and Zhang Zai 張載 (1020—1077) accused Buddhism of being an empty illusory teaching that violates the heavenly way (tiandao 天道). While during the Yuan and Ming, however, various Confucians started to highlight the similarities between the three teachings. Wang Yangming's concepts of 'the three teachings return to the same source' (sanjiao tongyuan 三教同源) and 'three rooms in one hall' (tingtang sanjian 廳堂三間) is an example for an inclusive openness[24] or – in Brooks's terms – a compartmentalist position. Later in his life, though, Wang Yangming conceptualised the relationship between the three in an inclusive vision attributing Neo-Confucianism the superior position with Buddhism and Daoism supporting it.[25] Even the 'most radical Chinese syncretist' as Berling describes

---

[22] Timothy Brooks, "Rethinking Syncretism: The Unity of the Three Teachings and their Joint Worship in Late-Imperial China," p.16

[23] Timothy Brooks, "Rethinking Syncretism: The Unity of the Three Teachings and their Joint Worship in Late-Imperial China," pp.17-18.

[24] Yueping Wei 魏月萍 , *Unity of the Way of Monarch and Teacher: Discourses of Confucians on the Unity of the Three Teachings during the Late Ming (junshi daohe: wanming ruzhe de sanjiao heyi lunshu* 《君師道合：晚明儒者的三教合一論述》). (臺北：聯經出版事業股份有限公司，2016), pp.61-62.

[25] Timothy Brooks, "Rethinking Syncretism: The Unity of the Three Teachings and their Joint Worship in Late-Imperial China," p.19.

Lin Zhao'en, who thought of the three teachings as being interchangeable and combined them into a nine-levelled cultivation system, committed himself to a 'fundamentally Confucian goal and world view'[26] not to a syncretic world view where the three teachings are reconciled and equally regarded. About the purpose of utilising non-Confucian concepts, Lin Zhao'en wrote he wanted to 'Confucianize the Taoists and Buddhists, and broaden Confucianism to its fullest extent' and 'cause the Taoists and Buddhists to return to Confucianism.'[27] As we shall see in the following discussion, Jingkong's view on the three teaching does to a certain extend resemble Wang Yangming's 'three rooms in one hall' concept which allows open interaction between the residents.

3 The successive Path to Salvation

This chapter will delve into Ven. Jingkong's thoughts on how a Buddhist practitioner – both laymen and monastics – can achieve rebirth in Amitābha's Pure Land through – what I call – 'the threefold grades of meritorious acts to rebirth' and why 'filial piety' is the central premise to realise this goal. Thus, this chapter will touch upon the questions pointed out in the introduction.

---

[26] Judith Berling, *The Syncretic Religion of Lin Chao-en*, p.238 and p.143.

[27] Lin Zhao'en, 'The Great Purpose of the Unity of the Three Teachings' (*sanjiao heyi dazhi* 三教合一大旨), in *Systematic discussions on the correct principles of the Three Teachings* (*sanjiao zhengzong tonglun* 《林子三教正宗統論》) (1597), quoted in Timothy Brooks, "Rethinking Syncretism: The Unity of the Three Teachings and their Joint Worship in Late-Imperial China," p.23.

《人間佛教研究》第十一期（2021）
Studies in Humanistic Buddhism, Issue 11(2021)・174-227

3.1 The Threefold Grades of Meritorious Acts to Rebirth

Viewing Jingkong's countless dharma talks that are broadcasted either on YouTube or websites of his Pure Land Learning Societies (jingzong xuehui 淨宗學會) scattered around the globe and reading through his lecture notes, it becomes apparent that the scriptural basis of his propagated path towards rebirth in the Pure Land of Amitābha is the apocryphal[28] '*Sutra of the Meditation on the Buddha of Immeasurable Life*' *(foshuo guanwuliang shoufojing* 《佛說觀無量壽佛經》). In his video dharma talks, such as 'Why is it necessary to learn the '*Rules for Disciples*' and the '*Treatise on the Response of the Dao*' for studying Buddhism?'[29] and books, such as '*Lecture Notes on the Three Meritorious Acts to Purify Karma*' (*jingye sanfu jiangyi*《淨業三福講記》),[30] '*Understanding Buddhist Education*' (*renshi fotuo jiaoyu* 《認識佛陀教育》),[31] '*An Introduction to Pure Land*' (*jingtu rumen* 《淨土入門》),[32] '*Essential Principles for Cultivation*' (*xiuxing yaodao* 《修行要道》)[33] and others, he frequently quotes particularly one paragraph from the *Contemplation Sutra:*

---

[28] For a detailed examination of the apocryphal nature of this sūtra, see: Kotatsu Fujita, "The Textual Origins of the Kuan Wu-liang-shou ching: A Canonical Scripture of Pure Land Buddhism," in *Buddhist Apocrypha*, edited by Buswell, Robert E. (Honolulu: Univ. of Hawaii Press, 1990), pp.149-174

[29] Shi Jingkong 釋 淨 空 , Why one has to learn *dizigui* and *ganyingpian* for studying Buddhism (xuefo weishenm yao xue *dizigui*, weishenme yaoxue *ganyingpian* 學佛為什麼要學《弟子規》，為什麼要學《感應篇》？), https://www.youtube.com/watch?v=yianeHaPwZM, (accessed February 20, 2020).

[30] Shi Jingkong 釋淨空, *Lecture Notes on the Three Meritorious Acts to Purify Karma (jingye sanfu jiangyi*《淨業三福講記》). (臺北：華藏淨宗學會，2014).

[31] Shi Jingkong 釋淨空 , *Understanding Buddhist Education (renshi fotuo jiaoyu* 《認識佛陀教育》). (臺北：華藏淨宗學會，2014).

[32] Shi Jingkong 釋淨空 , *An Introduction to Pure Land (jingtu rumen* 《淨土入門》). (香港：香港佛陀教育協會，2012).

[33] Shi Jingkong 釋淨空 , *Essential Principles for Cultivation (xiuxing yaodao* 《修行要道》). (臺北：社團法人中華華藏淨宗學會，2019).

Whoever wishes to be born in that Land [Amitābha's Pure Land] should cultivate the three meritorious acts: first, being filial and caring for one's parents, being respectful and serving one's elders and teachers, compassionately refraining from killing, and cultivating the ten good deeds; second, taking the Three Refuges, keeping the various precepts of the fully ordained monk or nun, and refrain from breaking the rules of conduct: third, arouse the mind of intention to achieve awakening, believing deeply in the law of causality, chanting the Mahayana sūtras, and encouraging people to follow the teaching. These three acts are called to purify karma.[34]

In 'A Summary of General Knowledge on Buddhism' (fojiao changshi gaishuo 《佛教常識概說》), he argues that only the Pure Land Dharma Gate leads us out of samsara during the period of the final dharma (mofa 末法) in which we live, whereas Chan practise was suitable for the period of the semblance dharma (xiangfa 像法) and living in accordance with the precepts for the period of the true dharma (zhengfa 正法). Therefore, anything apart from the three meritorious acts (sanfu 三福) described in the Contemplation Sutra, which he identifies as the basic Pure Land practice, will lead us astray.[35]

Firstly, he interprets this paragraph as moving from one sentence to the next and compares it to an eleven-storeyed building, in which the following sentences build upon

---

[34] 「生彼國者，當修三福：一者，孝養父母，奉事師長，慈心不殺，修十善業。二者，受持三歸，具足眾戒，不犯威儀。三者，發菩提心，深信因果，讀誦大乘，勸進行者。如此三事，名為淨業。」(CBETA, T12, no. 365, p. 341, c8-13).

[35] Shi Jingkong 釋淨空 , A Summary of General Knowledge on Buddhism (fojiao changshi gaishuo 《佛教常識說》). (臺北：社團法人中華華藏淨宗學會，2019), p.61.

the previous sentences and therefore containing it, and secondly, he divides the three meritorious acts into three successive grades: The first meritorious act regards how to conduct oneself, representing the 'worldly dharma' (shijianfa 世間法) or the 'vehicle of men and gods' (rentiansheng 人天乘); the second meritorious act refers to entering the Buddhist order, receiving the precepts, and starting the endeavour towards awakenment by means of the 'lesser vehicle' (xiaosheng 小乘) as foundational studies; and by practising the third meritorious act, one arrives at the 'greater vehicle' (dasheng 大乘) and becomes a Bodhisattva. This sequence cannot be interrupted, bypassed, or altered, for it is similar to climbing up a ladder.[36]

In his book '*Understanding Buddhist Education,*' Jingkong writes that before the Buddha elaborated on the methods of rebirth into Amitābha's Pure Land, he taught the 'three kinds of purifying karma' (sanzhong jingye 三種淨業), which are 'the direct cause of pure acts of the Buddhas of the three worlds' (sanshi zhufo jingye zhengyin 三世諸佛淨業正因). These three meritorious acts are the essential practice leading us to realise how the Buddhas of past, present, and future received the rewards of the various stages of attainment (zhengguo 證果).[37] Therefore, Jingkong exhorts the reader to start daily practice with the first meritorious act centring on filial behaviour, since the dharma that lead the Buddhas of the ten directions in the three worlds to realise Buddhahood is built upon the 'way of filial piety' (xiaodao 孝道) and the 'way of the teacher' (shidao 師道). The dharma represents the 'way of the teacher' and can only be practised based on the' way of filial piety,' for without it there would not be a dharma of the mundane and

---

[36] With firm, penetrating, vibrant voice he says: 'If you want to become Buddha, you have to abide by this guiding principle. If you neglect it, you will absolutely not be successful.' See footnote 22.

[37] Shi Jingkong 釋淨空 , *renshi fotuo jiaoyu* 《認識佛陀教育》, pp.35-36.

transmundane world.[38]

In the following section of the above-mentioned dharma talk, Jingkong asks rhetorically, why we are not able to act in accordance with the five cardinal relations (wulun 五倫), the five cardinal virtues (wuchang 五常), the four social bonds (siwei 四維), the eight virtues (bade八德) and immediately answers: because we lost our 'root' (gen 根). In order to make his point and to contrast the abilities of pious Buddhist practitioners at different times, he refers to Ven. Yinguang 印光法師 (1862—1940), Ven. Dixian 諦閑法師 (1858—1932) and Ven. Xuyun 虛雲法師 (1840—1959). They were able to cultivate themselves and to hold the precepts (chijie 持戒). The next generation of respectable practitioners according to Jingkong are Li Bingnan 李炳南 (1891—1986) his lay teacher for more than ten years at the Taizhong Lotus Society[39], Xia Jiquan 夏繼泉 (changed his name to Lay Buddhist Xialian 夏蓮居居士1884—1965) who wrote a compilation (*huijiben* 《會集本》) of the five existent translations of the '*Longer Sukhāvatīvyūha Sūtra*' (*wuliangshoujing* 《無量壽經》) that Jingkong and his Pure Land Societies propagate, and the lay Buddhist Huang Nianzu 黃念祖 (1913—1992) who was a student of Xia Jiquan and who wrote a monumental work of over one thousand pages of explanatory annotations to Xia Jiquan's compilation[40] that Jingkong and his Pure Land Societies as well include into their 'Buddhist Education.' This generation of lay masters was not able to realise this salvific path, to hold the precepts and to cultivate themselves

---

38 Shi Jingkong 釋淨空 , *fojiao changshi gaishuo* 《佛教常識概說》, p.53.

39 Shi Xiuchan 解修禪 , *Sixty Years of Taiwanese Pure Land Buddhism* (*taiwan jingtu liushi nian* 《臺灣淨土六十年》). (臺中：圓淨出版社，2003), pp.58-60 and pp.154-166.

40 Huang Nianzu 黃念祖居士 , *Explanation to the Mahayana Infinite Life Adornment Purity Impartiality and Awakenment Sutra* (*foshuo dasheng wuliangzhuangyan qingjing pingdeng juejing jie* 《佛説大乘無量壽莊嚴清淨平等覺經解》). (臺北：佛陀教育基金會，2011).

(which explains why they all are lay Buddhists but not monks), however, they understood the importance of this path and encouraged 'us' to learn it. By referring to venerables and lay masters of the past, Jingkong draws upon his 'intellectual lineage' to imply a motif of decline, beginning after the days of Yinguang and becoming apparent in our time, thus it becomes even more important to go back to the 'root' of correct cultivation.

In his conclusion, the 'root' of cultivation is constituted by three 'classics'[41] which are equated with the first meritorious act: firstly, the Confucian primer *dizigui* (xiaoyang fumu, fengshi shizhang 孝養父母，奉事師長) teaching proper human relationships and family ethics, secondly the Daoist morality book taishang ganying pian (cixin busha 慈心不殺) explicating the law of cause end effect (karma) and thirdly the Buddhist sutra on ten virtues shishan yedaojing (xiushi shanye 修十善業). These three texts are the backbone of his advocated 'rooted education' (zhagen jiaoyu 扎根教育) which is complemented by an uninterrupted invocation of Amitābha. After three years of diligent studies, according to him, one certainly will realise rebirth into Amitābha's Pure land, for one is now a 'good son' or 'good women' (shannanzi shannüren 善男子善女人).[42] The other two meritorious acts are interpreted as follows: the second meritorious act is equated with the '*Extended Annotations to the Outline of Precepts and Etiquette of śrāmaṇeras*' (*shami lüyi yaolüe zengzhu* 《沙彌律儀要略增註》). The third meritorious act is equated with the '*Longer*

---

[41] As Ji zhe points out, these three scriptures in fact were never considered classics in the past and the scholarly world would not ascribe the same status as Jingkong does. Ji Zhe, "Making a Virtue of Piety: Dizigui and the Discursive Practice of Jingkong's Network," In *The varieties of Confucian experience: Documenting a Grassroots Revival of Tradition*, edited by Sébastien Billioud, Religion in Chinese Societies volume 14. (Leiden, Boston: Brill, 2018), p.68.

[42] Shi Jingkong 釋淨空, Rooted education of all people starts with me (quanmin zhagen jiaoyu congwo zuoqi 全民紮根教育，從我做起), https://www.youtube.com/watch?v=OpsuC6-o6VU, (accessed February 18, 2020).

Sukhāvatīvyūha Sūtra' and its explanatory annotations written by Huang Nianzu, the '*Annotations of the Great Pure Land Sūtra with Simple Explanations*' (*jingtu dajing kezhu qianshi*《淨土大經科註淺釋》).[43] Each one of these eleven sentences is equated with a specific scripture that all together form a progressive path towards awakenment. For Jingkong, propagating a combination of Confucian, Daoist, and Buddhist scriptures into a curriculum titled 'Rooted Education' – or simply 'Buddhist Education' as the umbrella term – based on the sages of the past becomes the counter mechanism to deal with a perception of moral decline and a chaotic society.[44]

The underlying narrative of his speeches is obvious: the world is deteriorating and we are not able to practise the dharma in its original way – we lost the connection, respectively our 'root.' These three texts are beneficial in explaining the meaning behind this paragraph written in classical Chinese for a wider audience, and textual familiarity lowers the bar to receive access to Buddhist sūtras in a Confucian as well as a Daoist disguise – or as Jingkong would put it 'Traditional Chinese Culture.' What does it tell us from a soteriological perspective? If the essential and ultimate aim of Mahayana Buddhism is defined as to extricate oneself from the cycle of rebirth by means of taking refuge to the Three Precious Ones together with realising the way of becoming a Buddha and the foundation to realise this lofty goal is the chain of conditions characterized as the first *dizigui*, secondly *ganyingpian*, thirdly *shishan*, then it means that the mere invocation (or mindfulness?) of the Buddha Name (nianfo 念佛) in context of Pure Land

---

[43] Shi Jingkong 釋淨空 , *jingye sanfu jiangyi* 《淨業三福講記》.

[44] In '*Wealth, Long Life, Health, Tranquillity*,' Jingkong gives a variety of examples: modern science, high divorce rate, no or wrong family education, education of cause and effect (karma) is not valued anymore, excessive greed, etc. Shi Jingkong 釋淨空 , *Wealth, Long Life, Health Tranquillity* (*fushou kangning* 《富壽康寧》). (臺北 : 社團法人中華華藏淨宗學會 , 2019), p.124, 152, 162, 175, 185.

is not enough to first be reborn into a Pure Land and then to realise Buddhahood (even though there are examples of people calling out the name in the last moment before death and still receiving rebirth into the Pure Land)[45], there must be a this-worldly focused cultivation characterised by Confucian as well as Daoist virtues re-interpreted and utilised through a Buddhist lens that comes before everything else. Which brings us to the first character of the paragraph – xiao.

3.2 The Centripetality of xiao

When Buddhism was introduced to China during the times of the Han dynasty (206 BC—220 AD), it was confronted with challenges from Confucian scholars in terms of morality, since Buddhist focus their life predominantly on individual liberation through moral cultivation and express their devotion through celibacy, shaving their heads, and leaving their homes, whereas Confucians emphasise family and society as well as on physical integrity as found in the '*Classic of Filial Piety*' (*xiaojing* 《孝經》).[46] In the following centuries, Buddhist monastics had to respond to a Confucian ethical ideology implemented and propagated by the Han government and following dynasties, it, therefore, underwent a process of acculturation in which debates were fought on family

---

[45] See, the part regarding the lowest three levels of the nine levels of rebirth (jiupin 九品), (CBETA, T12, no. 365, p. 345, c10-p. 346, a26).

[46] 子曰：身體髮膚，受之父母，不敢毀傷，孝之始也。"Your physical person with its hair and skin are received from your parents. Vigilance in not allowing anything to do injury to your person is where family reverence begins." Rosemont and Ames, *The Chinese Classic of Family Reverence: A Philosophical Translation of the Xiaojing*, p.105. For a more detailed analysis of the historical events, see Guang Xing, "The Teaching and Practice of Filial Piety in Buddhism, " *Journal of Law and Religion* 31, no. 2 (2016), pp.212-226.

ethics.

According to Wang Yueqing, the core ethic of Chinese Buddhism may be considered as mainly an 'ethic of filial piety,' for in the process of localisation of Buddhism into the Chinese context, Buddhism was faced with the challenge to adapt to an environment that emphasised proper human relationships, self-cultivation and pursuit of morality, loyalty to the sovereign, filial behaviour, as well as regulation of the family and government of the state for the goal of pacifying the lands under heaven.[47] Fang Litian further points to xiao and zhong as normative code of the Chinese patriarchal clan society as well as the traditional religious concept of heaven (tian 天) interwoven with xiao and zhong, and the concepts of ghosts and deities connected to the ancestor worship that together formed an ethical normative based on consanguinity and religious imperatives that maintained the centralised authoritarian rule since that Zhou Dynasty. The early translations made during the Eastern Han until the Eastern Jin 東晉 (317—420), reflect a keen awareness of the translators regarding the different cultural context in which they were translating the first sutras into Chinese. They adopted methods, such as choosing (xuan 選), deleting (shan 刪), abridging (jie 節), and adding (zeng 增) to attune the sutras to a new context.[48]

All of these aspects were linked to an essential ethical category that pre- and described one's behaviour in social relationships, which is filial piety. Particular because Buddhists (from a Confucian point of view) cut their hair for going forth, turn their back on the world to live in secluded mountains, and leave the family and parents, the issue

---

[47] Wang Yueqing 王月清 , *Ethical Thought of Chinese Buddhism (zhongguo fojiao lunli sixiang* 《中國佛教倫理思想》), (臺北：雲龍出版社，2001), pp.231-232.
[48] Fang Litian 方立天 , *Chinese Buddhist Culture (zhongguo fojiao wenhua* 《中國佛教文化》), (香港：三聯書店有限公司，2008), pp.244-248.

over how to be filial, who is more filial, and what the concept of filial piety encompasses, became the cause for numerous debates in speech and writing which eventually led to a converge of a 'this-worldly focused' ethical system and an 'other-worldly focused' ethical system – the sinicization of Buddhism.

In the process of being introduced to China, Wang Yueqing[49] and Guang Xing[50] both identified three practical and theoretical methods that Buddhists used to find a way to close the gap between both ethical systems: (1) Search for filial piety in sutras to prove that Buddhism as well emphasises filial piety; (2) exaggeration of filial piety in apocryphal sutras, popularisation of stories and parables that depict filial Buddhists via public lectures, painted illustrations (bianxiang 變相), and an annual celebration of the Yulanpen festival (yulanpenjie 盂蘭盆節) ; (3) elaboration on various theories to defend and disseminate Buddhism.

These translations showed that Buddhism has its own concept of xiao, either as expounded in the Pāli Nikāyas and Chinese Āgamas[51] or as a Buddhicised version of a Confucian notion of xiao. They could, therefore, show that Buddhism by itself emphasised a concept of xiao that goes beyond the scope of material and physical support for parents as demanded in *Analects* (《論語》) 2.7,[52] for it includes all sentient beings.

This means Jingkong could easily draw upon Buddhist sūtras of his tradition

---

[49] Wang Yueqing 王月清 , *zhongguo fojiao lunli sixiang* 《中國佛教倫理思想》, pp.231–232.

[50] Guang Xing, "A Buddhist-Confucian Controversy on Filial Piety," *Journal of Chinese Philosophy* 37, no. 2 (2010), pp.249-250.

[51] Such as the '*Sutra of Siṅgāla*' (*shanshengzi jing* 《善生子經》) translated by Zhi Fadu 支法度 during the Western Jin 西晉 (266—316) in 301, or the '*Ajātaśatru sūtra*' *(foshuo weishengyuan jing* 《佛說未生冤經》) translated by Zhi Qian (fl. 220—252).

[52] Edward Slingerland, *Confucius Analects: With Selections from Traditional Commentaries.* (Indianapolis: Hackett Publishing Company Inc, 2003), p.10.

to illustrate the meaning of xiao, but he only refers to the apocryphal *Contemplation Sutra* and uses Confucian texts, such as *dizigui, xiaojing, sanzijing*, and the *Analects* to support his explanations. He claims that, since the Chengshi school 成實宗[53] and Jushe school 俱舍宗[54] disappeared in China in the late Tang dynasty (618—907), Confucian moral education fits very well to fill this gap, because they are basically the same and should, therefore, be incorporated.[55] This statement stands in contrast to the fact that the Chengshi school, on one hand, concerns the structure of mind and elaborating doctrinal issues;[56] whereas the Jushe school on the other hand comments on the doctrines of the Sarvāstivāda (shuoyiqie youbu 說一切有部) – an Abhidharma tradition that as well focusses on expounding the doctrines. Neither the Chengshi school nor the Jushe school was concerned with the sort of education that Jingkong envisioned: family ethics, the Confucian notion of human relations, and the order of society to bring about peace under heaven and rebirth for the individual in the Pure Land. Moreover, Jingkong emphasises that a devout Buddhist practitioner on his/ her way towards rebirth into the Pure Land should as well study the 'lesser vehicle' (xiaosheng), for it is the foundation of the 'greater vehicle' (dasheng). However, since both schools disappeared in China, he substitutes

---

[53] One of the thirteen major Buddhist schools (shisanzong 十三宗) that is based on the '*Treatise of Establishing Reality*' (*chengshilun* 《成實論》) written by Helibamo 訶梨跋摩 and translated by Kumārajīva (344—413) in 406-412 (T32n1646).

[54] As well one of the thirteen major Buddhist schools that is based on the '*Verses on the Treasury of Abhidharma*' (*abidamo jushelun* 《阿毘達磨俱舍論》) written by Vasubandhu 世親 (fl. 4th-5th century) and translated by Xuanzang 玄奘 (602—664) (T29n1558).

[55] Jingkong ascribes these two schools to the tradition of the 'lesser vehicle' (xiaosheng 小乘). See, footnote 22, and Jingkong. ' 淨空法師講：中國的儒、道與小乘,' accessed January 05, 2018, https://www.youtube.com/watch?v=ouP1jVhkX18. I was told the same when asking a nun of 'The Corporation Republic of Hwa Dzan' 華藏淨宗學會 (a Pure Land Learning Association founded by Jingkong in Taipei in 1989) regarding the order of learning Buddhism and why the dizigui is the first book I had to start with.

[56] See Lin Qian. *Mind in Dispute: The Section on Mind in Harivarman's *Tattvasiddhi*. (Ph.D. Dissertation. University of Washington, 2014).

them with Confucianism even though they address different aspects of reality.

The fact, that Jingkong uses non-Buddhist writings to expound xiao, leads to a shift of its subtle meaning: From 'being filial towards the way' (xiaodao 孝道) – which includes the family – to exclusive 'filial piety' (xiaoshun 孝順) and 'being respectful in serving one's elders and teachers' (fengshi shizhang). Even though he frequently uses both words,[57] but since he quotes the *Analects* 2.7,[58] and claims that a sophisticated person shall support the will of the parents as well as offer sacrifices to the ancestors at their memorial tablet because they constitute an integral whole (yiti 一體), the usage and his own explanations reveal a shift towards a Confucian notion of xiao. Additionally, the following phrase of 'being filial and caring for one's parents' that regards jing, reads: 'being respectful and serving one's elders and teachers,' which Jingkong explains as directed not at elders and teachers as persons, but rather at the work and studies one should be dedicated to. But the next sentence, in which he writes: 'Honour the teacher and revere his teachings (zunshi zhongdao 尊師重道),'[59] can be traced back to the '*Book of Rites*' (liji 《禮記》)[60] as well as to the '*Book of the Later Han*' (houhanshu 《後漢書》).[61] Considering the textual context, thus, it appears that a respectful attitude shall

---

[57] Shi Jingkong 釋淨空 . *jingye sanfu jiangyi* 《淨業三福講記》. Particular the pages 25-55.

[58] The Master said, "The filial piety nowadays means the support of one's parents. But dogs and horses likewise are able to do something in the way of support; - without reverence, what is there to distinguish the one support given from the other?" Chinese Text Project, wei Zheng (〈為政〉), http://ctext.org/analects/wei-zheng, (accessed January 11, 2018).

[59] Shi Jingkong 釋淨空 . *jingye sanfu jiangyi* 《淨業三福講記》, p.34.

[60] "In pursuing the course of learning, the difficulty is in securing the proper reverence for the master. When that is done, the course (which he inculcates) is regarded with honour. When that is done, the people know how to respect learning." Chinese Text Project, xue ji (〈學記〉), James Legge translation, http://ctext.org/liji/xue-ji, (accessed January 12, 2018).

[61] "Your servant has heard that there was not on insightful and wise kings as well as monarch, who did not revered the teacher and his teachings." (author's translation) Chinese Text Project, *rulin lieyhuan shang* (《儒林列傳》), http://ctext.org/hou-han-shu/ru-lin-lie-zhuan-shang, (accessed January 12, 2018).

not only be directed at the 'way,' but also (or even more) at the person teaching and embodying it.

Furthermore, regarding the question of rebirth, a lay Buddhist asked him whether it is possible to be reborn into the Pure Land despite not being filial towards his/her parents. He states that: no one does not fulfil his or her filial duty (buxiao) and disrespects (bujing 不敬) teachers in the Pure Land of Amitābha, because parents give us body and life, and teachers illuminate the wisdom for spiritual development. Thus, Buddhahood can only be realised if we understand these two concepts. If someone is not filial, then there will no karmic reward (fubao 福報), if someone disrespects his or her teacher, this person will learn nothing.[62]

Explaining the importance of these two concepts, he appears more as a Confucian scholar than a Buddhist monk, and again the motif of decline is implied: We are not able to be filial, because we lost direction and misidentify the real objective, thus not paying filial duty to our parents, and causing all present catastrophes. That is why he continuously reminds his audience of this correlation: Being filial leads to Buddhahood, not being filial leads to catastrophes.

This has soteriological consequences, to the extent that mere invocation of Amitābha's name is not enough (relying on tali 他力), as one also has to cultivate one's own behaviour and attitude which amounts to relying on one's power (zili 自力). Thus from an etic perspective, the Buddhist notion of zili is given a new Confucian notion, whereas from an emic perspective fundamental Buddhist values are to be found behind

---

[62] Shi Jingkong 釋淨空, Will one be reborn into the Pure Land if s/he is not filial? (nianforen buxiao fumu, neng wangsheng ma 念佛人不孝父母，能往生淨土嗎), https://www.youtube.com/watch?v=GTNNHY-VZtA, (accessed December 28, 2017).

《人間佛教研究》第十一期（2021）
Studies in Humanistic Buddhism, Issue 11(2021)，174-227

the concept of xiao and jing. It reveals again, that he emphasises a salvific path, focused mainly on this-worldly cultivation - what comes afterwards is less important. Considering the nine levels of rebirth explained in the *Contemplation Sutra*[63], they give rise to the question of why someone should care about being filial and self-cultivation if in the last moment Amitābha's name is invoked and one would still receive rebirth into the Pure Land. At first sight, it serves as a disincentive for moral action, for even the lowest of the lowest class of beings can escape countless ages of reincarnation by nianfo. However, from a doctrinal position, it serves as an incentive for moral action because, on the one hand, the pious practitioner would not choose to put his or her awakenment and the saving of other sentient beings at risk or delay it only to enjoy mundane pleasures; and on the other hand, the Pure Land of Amitābha is not the final goal but rather an intermediate step towards full awakenment that is beneficial for faster cultivation. Thus, by striving for higher grades of rebirth one follows the compassionate path of a bodhisattva and will sooner be able to save sentient beings.[64] In Jingkong's advocated soteriology, this includes filial piety as a precondition. Regarding the question how one of the lowest beings may be reborn, the answer is rather simple: If this person meets a good teacher before death, it means that the person's positive karmic reward manifested itself in form of a teacher and saved him or her, as a result of being filial in former lives.[65]

Thus, being filial is the nucleus of Jingkong's advocated path to salvation. This standpoint differs from the elaborations of Buddhist masters of the past who tried to

---

[63] (CBETA, T12, no. 365, p. 344, c09-p. 346, a26).

[64] See Jones' discussion of 'Ethics and Precepts' in the Pure Land tradition for further historical and doctrinal information, Charles B. *Jones, Chinese Pure Land Buddhism: Understanding a Tradition of Practice.* Pure Land Buddhist studies. (Honolulu: University of Hawai'i Press, 2019), pp.85-105.

[65] This was pointed out to me by the same nun of Hwa Dzan mentioned above.

explain, defend, or compare both concepts of filial piety. Mouzi's *'Master Mou's Treatise on Settling Doubts'* refuted the accusations that Buddhists would abandon one's family and disfigure one's appearance, but practice great filial piety. Huiyuan 慧遠 (334— 416) considers Buddhism and Confucianism to be different in appearance but similar in essence and believes that the Buddhist dharma observes loyalty and filial piety on a higher level.[66] Liuxie's 劉勰 (465—521) *'Treatise on the Eradication of Doubts'* (*miehuolun* 〈滅惑論〉) states that filial piety depends not on mere actions, but rather on one's correct attitude of mind, therefore, cutting one's hair does not violate filial piety.[67] Qisong's 契嵩 (1007—1072) *'Treatise on Filial Piety'* (*xiaolun* 〈孝論〉) systemised filial piety in length and concluded that if neglecting filial piety as part of the precepts, they cannot be called precepts, for it is the source of the precepts and virtuous behaviour and leads one on the path towards awakenment.[68] In *'Treatise on Explaining the Way'* (*yudaolun* 〈喻道論〉) Qisong unifies Buddhism and Confucianism in four aspects: (1) Filial piety is the principle of heaven and earth; (2) Filial piety, precepts, and good actions (xiaojieshan 孝戒善) coalesce into one; (3) Filial piety and cultivation leads to happiness of the practitioner and the parents; (4) By filial mourning (in thought) for three years one can ponder one the self and phenomena.[69] He concludes that the Buddhist concept of filial piety had the characteristics of universality and superiority. It was universal because Buddhists respected all living beings without harming them, so that peace may pervade the world, and it was superior because Buddhists extended the practice of filial piety not

---

[66] See, "Treatise on why Monks Do Not Bow Down Before Kings" (shamen bujing wangzhelun 〈沙門不敬王者論〉), (CBETA, T52, no. 2102, p. 30, b17-19).

[67] (CBETA, T52, no. 2102, p. 49 -p. 53).

[68] *Tanjin wenji* 《鐔津文集》 (CBETA, T52, no. 2115, p. 660, b15-b20).

[69] (CBETA, T52, no. 2115, p. 660, b26-p. 662,b14).

only to their parents but to all sentient beings.[70]

In this respect, Buddhist masters sought to find common grounds in terms of Confucian and Buddhist ethics in the process of acculturation and even elevated filial piety to a supramundane all-encompassing category of virtuous behaviour superseding the Confucian notion of filial piety as structuring force of the family and society at large. Wang Yueqing further points out, that the writings of Buddhist masters and Confucians from the Song (960—1279) onwards, such as Qisong, Zhang Shangying 張商英 (1043—1121), Mingben 明本 (1263—1323), Pudu 普度 (1254—1330), Zhuhong 袾宏 (1535—1615), and Zhixu 智旭 (1599—1655) on the subject of 'considering filial piety as the precepts' (yixiao weijie 以孝為戒) and 'considering the precepts as filial piety' (yijie weixiao 以戒為孝) reflect the interaction and mutual assimilation of religious and secular ethical systems.[71] Upholding the precepts becomes an act of filial piety, whereas practising filial piety is an expression of upholding the precepts.

For Jingkong, however, the key for practising Buddhism is to understand how to respect teachers and to value the path. Being filial towards one's parents and respecting one's teachers is an expression of following one's virtue possessed by nature (xingde 性德) not the precepts. Only when giving rise to one's xingde, the wisdom and virtue of our self-nature (zixing 自性) of becoming Buddha can develop. Therefore being filial and respectful is the first element of self-cultivation. Jingkong claims that the entire Buddhist dharma is built upon filial piety which he proves by explaining the character

---

[70] Xing Guang, "A Buddhist-Confucian Controversy on Filial Piety," pp.249-250.

[71] Wang Yueqing 王月清 , "A Discussion of the Buddhist Concept of Filial Piety and its Characteristics since the Song (lun songdai yijiang de fojiao xiaoqinguan ji qi tezheng〈論宋代以降的佛教孝親觀及其特徵〉)," 《南京社會科學》, no. 4 (1999), pp.61-65.

itself. It depicts the relationship between the last and next generation – past and future in beginningless time. The dharma speaks of the self-nature (zixing), reality-nature (zhenru 真如), and one's original nature (benxing 本性) and the character xiao reflects these concepts. Without wisdom, the character xiao cannot be created. He concludes the character xiao must have therefore been created by Buddhas and Bodhisattvas that appeared in human form before Buddhism entered China.[72]

This line of argumentation not only surpasses the Confucian notion of a universal category that links heaven and earth to all humans in a reciprocal relationship in which the emperor works as intermediary, but also the Buddhist notion delineated above that views Buddhist filial piety as great filial piety (Mouzi) as well as universal and superior since it is directed at all sentient beings (Qisong) or as a reflection of holding onto the precepts. By claiming that xiao was created by Buddhas or Bodhisattvas and that it reflects the concepts of self-nature, realty-nature, and original nature, Jingkong effectively sanctifies xiao as a cosmological unit that links past and future in beginningless time and thus underlies every Buddhist practise and human conduct in general.

In terms of specific Pure Land practice (nianfo), however, the late Ming (1368—1644) Buddhist Zhuhong's understanding of xiao as the precondition to nianfo resembles Jingkong's train of thought. In 'Commentary to uncover the hidden Doctrine of the Sutra of the Bodhisattva Precepts of Brahmā's Net' (fanwang pusajie jing yishu fayin 《梵網菩薩戒經義疏發隱》) he wrote, '[practising] filial piety is the method for accomplishing the way'[73] and by knowing the precepts one does not leave filial piety, this

---

[72] Shi Jingkong 釋淨空 , Ethics and Morals (lunli daode 《倫理道德》), (臺北：社團法人中華華藏淨宗學會 , ˙ 2019), pp.4-9.

[73] (CBETA, X38, no. 679, p. 162, c13).

was pointed out in various sutras. Therefore, having filial piety as the cause, one receives rebirth [into the Pure Land]. This is the reason why if those who nianfo and cultivate the Pure Land, do not obey their parents, [their practice of nianfo] cannot be called nianfo.[74]

Yinguang, whom Jingkong vies as his intellectual predecessor, follows Zhuhong's stance on combining nianfo and xiao. In a letter, Yinguang describes the characteristics of the Pure Land Dharma gate. He quotes the first meritorious act of the *Contemplation Sutra* and concludes that 'practitioners who invocate Amitābha's name must be filial and care for one's parents, […] we always have to fulfil our duty in the family and society. […] If we fail to do so, our minds contradict the Buddha's mind and receiving rebirth becomes difficult.'[75]

As these examples show, Jingkong is not the only monastic who views xiao as the sine qua non for nianfo. But in his edifice of thought, it is a sanctified cosmological unit that serves as the foundation of the Dharma and can be understood by arduously studying and practising the *dizigui*.

3.3 Dizigui in Juxtaposition with the First Meritorious Act

In his article on the discursive practice of Jingkong's network, Ji Zhe points out that the *dizigui*, written by Li Yuxiu 李毓秀 (1647—1729) later revised by Jia Cunren 賈存仁 (1724—1784), has been used as teaching material in 'private schools' (sishu 私

---

[74] (CBETA, X38, no. 679, p. 163, b11-p. 163,b13).

[75] Shi Yinguang 釋印光 , *Continuation to the Collected Works of Master Yinguang* (*yinguang dashi wenchao xubian* 《印光大師文鈔續編》), (臺北：華藏淨宗弘化基金會，2010), p.2.

塾) for moral education of children since the middle Qing dynasty and has seen a rapid
increase of distribution since the 1980s in Mainland China mainly through Jingkong's
network of lay followers that sponsored his activities.[76] Ji Zhe also identifies Jingkong's
increasing awareness of the importance of 'cultural identification for overseas Chinese'[77]
that led him to integrate non-Buddhist elements into his propagation of the dharma,
particularly those that concerned filial piety and respect for teachers. Jingkong himself
wrote in an introduction to the *dizigui*, *sanzijing*, and *xiaojing*, that abolishing the classics
and ethics is the cause of corrupt law and order. Greed, anger, and ignorance are the
causes of moral degeneration. Therefore, if one wants to achieve peace under heaven one
has to start at the 'root' – correct education of children. As he writes, reading classics,
cultivating wisdom and meditative concentration, teaching the principle of cause and
effect as well as how to fulfil one's duties, will exactly achieve that.[78]

On an intellectual level, since the coalescence of Buddhism and Confucianism
in one character xiao represents both the beginning of propriety and the first character
of the first meritorious act (see *Contemplation Sutra* above), the *dizigui* provides the
textual basis to teach correct conduct, family ethics and even work ethics as Hu Xiaolin's

---

[76] Ji Zhe, "Making a Virtue of Piety: Dizigui and the Discursive Practice of Jingkong's Network," pp.62-67.

[77] Ji Zhe, "Making a Virtue of Piety: Dizigui and the Discursive Practice of Jingkong's Network," p.67. The rapid distribution of the *dizigui* in the 80s and 90s coalesced with Jingkong starting to propagate at overseas Chinese communities in the USA, Malaysia, Singapore, and Australia in the late 80s and 90s.

[78] Shi Jingkong 釋淨空 . *Collected Edition of Rules for Disciples, Three Character Classic, Classic of Filial Piety (duizigui sanzijing xiaojing hekan* 《《弟子規》《三字經》《孝經》合刊》), (臺北 : 華藏淨宗學會 , 2012), p.2.

reflections on studying and implementing the *dizigui* shows.[79] Therefore, before studying complicated books or sutras, such as *'Four Books and Five Classics'* (*sishu wujing* 四書、五經), *'Thirteen Classics'* (*shisanjing* 十三經), *'Avataṃsaka Sūtra'* (*huayanjing* 《華嚴經》), or *'Lotus Sūtra'* (*fahuajing* 《法華經》), etc. one shall start with the *dizigui* for it is the 'root' of 'rooted education.' Furthermore, Jingkong considers it belonging to the monastic discipline as the 'foundational discipline' (*jiben jielü* 基本戒律)[80] and constitutes the beginning of the path to Buddhahood with a Confucian Text at its spearhead. If a person properly puts it into practice while dealing with things and treating people, then, despite not taking the precepts, he or she will receive rebirth through nianfo.[81] Otherwise, if one does not start with the *dizigui*, one will not be successful in any aspect of life. The *dizigui*, thus, serves as the foundation of 'propriety' (li 禮), of upholding the precepts in general and the five precepts in particular, and the ten virtuous acts, regardless of being a lay practitioner or monastic. According to Jingkong, it efficaciousness has been proven by its history of 1000 years since Zhuxi 朱熹 (1130—1200) wrote its predecessor *'What Children ought to know'* (*tongmeng xuzhi* 《童蒙須

---

[79] Xiaolin Hu, chairman of Beijing H.T Technology Develope Co. Ltd. and supporter of Jingkong in mainland China, started learning the *dizigui* in 2007. He reports major changes in his company, family, and himself: beneficial for better working atmosphere, for being happier, for understanding correct conduct, and it helped him to become a psychologically healthier person. Hu Xiaolin 胡小林 . *Experience Sharing of Traditional Chinese Culture Fostering Healthy Economic Development. Inspiring Results from Studying the Rules for Disciples* (*zhongguo chuantong wenhua daidong jingji liangxing fazhan de jingyan fenxiang, xuexiao dizigui zhi chengguo qishi* 《中國傳統文化帶動經濟良性發展的經驗分享：學校《弟子規》之成果啟示》), (臺北：華藏淨宗學會，2012). Ji Zhe further points to his role in organising forums of traditional culture after Jingkong learning centre in Lujiang was shut down by the Chinese government in 2008. Ji Zhe, 'Making a Virtue of Piety: Dizigui and the Discursive Practice of Jingkong's Network,' p.76.

[80] Shi Jingkong 釋淨空 , Traditional Culture, New wisdom, let us [learn] the *Rules for Disciples* together (*laowenhua xinzhihui rangwomen yiqilai dizigui* 老文化 新智慧 讓我們一起來「弟子規」), https://www.youtube.com/watch?v=yH0bF0LC6UQ, (accessed January 2, 2018).

[81] Shi Jingkong 釋淨空 , The *Rules for Disciples* are the Foundation of a bodhisattva (*dizigui shi pusa de jichu* 《弟子規》是菩薩的基礎), https://www.youtube.com/watch?v=BQr5SMTePxY, (accessed December 27, 2017).

知》) during the Song.[82]

The Confucian nature of the *dizigui* can be verified by contrasting the following two passages: first, from the *Analects* 1.6, second, from the *dizigui*.

The Master said, 'A young person should be filial when at home and respectful of his elders when in public. Conscientious and trustworthy, he should display a general care for the masses but feel a particular affection for those who are Good. If he has any strength left over after manifesting these virtues in practice, let him devote it to learning the cultural arts.[83]

The *Rules for Disciples* are the teachings of the sages. First, to be filial to one's parents and respect one's elder brothers; secondly, be solemn and trustworthy. Show love to everyone and become close with the benevolent. If there is still some vitality left, devote it to the cultural arts.[84]

The resemblance of these two passages is self-evident and it clearly shows the incorporation of a this-worldly Confucian moral concept into a Buddhist soteriology focused on realising rebirth in a land outside our world. Filial piety, as has been shown in the discussion above, was extended from being exclusively directed at one's parent to

---

[82] Shi Jingkong 釋淨空, Preaching Hall of Benevolence and Peace: The Importance of Traditional Education, Second Part, Pure Land Learning Association (renai heping jiangtang, chuantong jiaoyu de zhongyaoxing, jingzong xueyuan zhi er 仁愛和平講堂 - 傳統教育的重要性 淨宗學院之二), http://www.amtb.tw/bt/amtb_jindian.asp?web_choice=67&web_amtb_index=859, (accessed February 20, 2020).

[83] 子曰：弟子入則孝，出則弟，謹而信，汎愛眾，而親仁。行有餘力，則以學文。 Edward Slingerland, *Confucius Analects: With Selections from Traditional Commentaries*, p.3.

[84] Shi Jingkong 釋淨空, *dizigui sanzijing xiaojing hekan* 《《弟子規》《三字經》《孝經》合刊》, p.2. Interestingly, the second page of the booklet depicts a picture of Confucius surrounded by a rhyming couplet quotation from the first meritorious act: 孝養父母，奉事師長.

all sentient beings by various monastics during the acculturation of Buddhism into the Chinese context. Therefore, from Jingkong's perspective, 'be filial towards one's parents' in the above quotations does not only have a Confucian but also a Buddhist connotation of compassion. Filial piety towards one's parents and respect towards one's teachers has to be extended to all sentient being to cultivate non-attachment. In this way, one's virtue possessed by nature (xingde) illuminates the mind (mingxin 明心) and one sees one's Buddha-nature (jianxing 見性).[85] By this, he avoids being drawn into explaining how exclusive filial piety conforms to Buddhist non-attachment.

From an etic perspective, these dichotomic directions (exterior/interior) lead to contradictions as for the aspired salvation, but from an emic perspective, since everything is the embodiment of truth and law (dharmakāya, fashen 法身), Jingkong asks rhetorically: How can there be any dharma, that cannot be called Buddha-dharma?[86] At this point, two processes can be identified: First, a Confucian text is being used to explain a Buddhist sutra, essentially only two sentences of one paragraph, and becomes the first grade of 'the threefold grades of meritorious acts to rebirth.' Second, the same Confucian text is attributed to the Buddhist canon, losing its Confucian origins, and is re-interpreted as quintessentially Buddhist. Thus, not triggering any internal conflicts that needed to be reconciled. The last part of this chapter will consider the effects on lay practitioners and monastics.

---

[85] Shi Jingkong 釋淨空 , *Reciting Buddha, Becoming Buddha* (nianfo chengfo 《念佛成佛》). (臺北：華藏淨宗學會，2017), pp.24-25.

[86] Shi Jingkong 釋淨空, *Treatise on the Response of the Dao* (taishang ganyingpian 《太上感應篇》【1】1~12).

3.4 Nianfo as Lay Practitioner or Monastic?

If the first step is to be filial towards one's parents, then one could ask whether renouncing the household is the violation of it, since the discontinuation of one's family line is the greatest act of unfilial behaviour. This is one of the perennial questions put forward in '*Master Mou's Treatise Settling Doubts*' (*mouzi lihuolun* 《牟子理惑論》), contending about who is more filial: the monastic who accumulates great merit for the whole family and is compassionate towards all sentient beings or the one who stays at home taking care of the parents and continuing the family line.

Jingkong has been asked the same question in his Q&A videos,[87] and advises better not to renounce, since being a monastic in this time[88] is not easy. Additionally, he warns: 'There is a great number of monastic at the gates of the hell' (diyu menqian sengdaoduo 地獄門前僧道多), insinuating, if the way is not understood properly, one will fall into hell, become a hungry ghost or an animal. Thus, single-mindedly concentrating one's devotion towards Amitābha and seeking rebirth in his Pure Land is more effective than renouncing the household. But regardless of being a monastic or a lay devotee, learning starts at the roots: Confucianism *dizigui*, Daoism *ganyingpian*, and Buddhism *shishan*. Furthermore, he points to two types of renouncing the household: mind and body. This statement resembles an entry in the '*Recordings of the Ancient Teachings of the Brahma's Net Sutra*' (*fanwangjing gujiji* 《梵網經古迹記》): 'There are two [ways] of renouncing

---

[87] Shi Jingkong 釋淨空, I Want to Renounce, but it has a great Impact on My Family. What Should I do? (ziji xiang chujia, dan dui jiaren yingxiang henda, ying ruhe shihao 自己想出家，但對家人影響很大，應如何是好?), https://www.youtube.com/watch?v=Bi3tNMpyAPo, (accessed December 9, 2017).

[88] With 'this time' he is alluding to the 'period the final dharma'.

the household: the first is called the mind renounces the household, the second is called the body renounces the household,'[89] and Hongzans 弘贊 (1611—1685) explanation of what is meant by 'novice' in the '*Extended Annotations to the Outline of Precepts and Etiquette of śrāmaṇeras*': 'In the beginning, the mind of a śrāmaṇera first renounces the household and then receives the ten precepts.'[90] At this point, he then refers to the *Vimalakīrtinirdeśa Sūtra* (*weimojiejing* 《維摩詰經》) explaining that Vimalakīrti, the paragon of a mahāyāna lay Buddhist, did not receive the tonsure and the ordination, but since his 'mind left the household' he became a lay bodhisattva, who was even able to surpass and instruct the bodhisattva associated with wisdom, Mañjuśrī. He concludes if only the body leaves the household while the mind remains attached to the 'world that must be endured' (suopo shijie 娑婆世界), it is impossible to extricate oneself from saṃsāra.[91]

In order to support this line of argumentation, Jingkong refers to masters of former days such as Yinguang and Li Bingnan who never advised people to renounce the household, only to take refuge to the three jewels. The reason is when advising someone to take the ordination and the precepts in the period of the final dharma, and the person cannot live up to the rules, breaks them, the advisor must take responsibility. Only a small number of people with virtuous roots, a compassionate will, and the right intentions can

---

[89] See, 出家有二：一、心出家。二、身出家。(CBETA, T40, no. 1815, p. 712, b13-14).

[90] See, 謂沙彌始心出家，稟受十戒。(CBETA, X60, no. 1118, p. 225, c20-21). This book on the śrāmaṇera precepts is utilised as part Jingkong's advocated lay education and represents the second meritorious act as well. See. Stefan Kukowka, "Standards for Proper Behaviour – An Inquiry into the Weekly Lay Education at the Main Dharma Centre of 'The Corporation Republic of Hwa Dzan Society," (presented at 政治大學宗教研究所研究生論壇, Taipei, June 24, 2019).

[91] Shi Jingkong 釋淨空, To Renounce the Household (chujia 出家), https://www.youtube.com/watch?v=pCV16YqHdvw, (accessed December 9, 2017).

live as monastics.[92]

Following another question, whether someone who cultivates the way at home lacks the benefits of collective practice – implying monastic cultivation – he answers: If someone seeks to be reborn into the Pure Land the most important 'outer condition' (waiyuan 外緣) is not to be disturbed by the environment while invocating Amitābhas name. That is why some lay practitioners are more successful in cultivating the way than some monastics.[93] One's home is the first and foremost place of practice and one's family members are the first ought to be saved. Diligent cultivation at home, therefore, not only influences family members but also neighbours and the local community. This is what is meant by cultivating the way of bodhisattvas.[94]

What does this mean in light of soteriological consequences? It means that is not necessary to leave the household and become a monastic since the praxis of nianfo can also be pursued at home. Thus, the whole meaning of the existing monastic order is questioned. If lay Buddhist can achieve even greater levels of spiritual cultivation compared to the monastic counterpart, why would someone then voluntarily accept the life of a monastic, that involves a strict daily routine and (depending on the sex) a multitude of rules and regulations, that complicate the path to salvation? Considering Jingkong's notion of the final dharma, even having virtuous and compassionate roots is highly improbable, and if someone is lucky to have these, he or she would only represent

---

[92] Shi Jingkong 釋淨空, Does one has to bear Karmic [retribution] for Advising People not to Renounce? (quan taren buyao chujia shifou yao bei yinguo 勸他人不要出家是否要背因果 ?), https://www.youtube.com/watch?v=aC-_uSkKehI, (accessed December 9, 2017).

[93] Shi Jingkong 釋淨空, Reciting Buddha and Listening (zaijia tingjing nianfo bu qu daochang, nengfou wangsheng 在家聽經念佛不去道場，能否自在往生 ?), https://www.youtube.com/watch?v=3LTVbblef1c, (accessed December 28, 2017).

[94] Shi Jingkong 釋淨空, xiuxing yaodao 《修行要道》, p.145.

an insignificant number of people. Again, even though himself being a monastic, he de-emphasises the value of leaving the household (as the ideal way to reach awakening) and places much more stress on diligent learning of this-worldly focused morality texts as well as of regulating (non-monastic) human interaction in context of the family in conjunction with a daily nianfo practice as means to a forthcoming salvation.

4 Conclusion

As has been shown in the above study, the central Sūtra of Jingkong conceptualised path to salvation is the *Contemplation Sutra*, particularly one paragraph that is being utilised to rationalise his soteriology. Divided into three grades, every grade is assigned a specific tradition: Firstly, the worldly dharma or 'vehicle of men and gods' including Confucian, Daoist, and Buddhist 'classics', such as *dizigui*, *ganyingpian*, and *shishan*; secondly, the 'lesser vehicle'; and thirdly, the 'greater vehicle'. Jingkong's writings and dharma talks covered in this study, evidently show that he clearly emphasises the first two sentences of the mentioned paragraph: 'Being filial and caring for one's parents, being respectful and serving one's elders and teachers.' 'Being filial' becomes the pivotal element from which everything else is explained. The incorporation of Confucian and Daoist texts into the tripartite division of the salvific path is made possible because of three factors: On the one hand, since the 'lesser vehicle' disappeared in the late Tang dynasty, Jingkong claims that Confucianism and Daoism – or generally 'Traditional Chinese Culture' – fit perfectly to fill this gap, because they are the same, despite the fact, as has been shown, that the Chinese schools associated with the 'lesser vehicle' (Chengshi school and Jushe school) do not address ethical issues concerning human relation or the family; and on the other hand, the apocryphal *Contemplation Sutra* provides the textual foundation of xiao, thus building a bridge to connect the Sūtra with the Confucian text, and ipso facto explaining the incorporation as well as Buddhicising the former Confucian text itself. Moreover, by depicting Buddhism as 'education' and Shakyamuni as 'teacher', Jingkong tries to deemphasise religious aspects to manifest an appearance or image that equals Confucianism as being 'education' and Confucius as its main 'teacher.'

Jingkong's interpretation of filial piety reveals a two levelled notion: On the one hand, it is the foundation of Buddhist practice and directed at all sentient beings, precondition for rebirth into Amitābha's Pure Land, and a cosmological unit that permeates everything, thus referring to a Buddhist discourse; on the other hand, when addressing human relationships and duties, family education, the order of society, and world peace he refers to a Confucian discourse, which is similar to the method described in the '*Great Learning*' (*daxue* 《大學》) on how to achieve world peace: self-cultivation, family regulation, governance of the state, and peace under heaven. These notions address different discourses of meaning: (1) an ultimate meaning that leads the way out of suffering and (2) a temporal meaning that structures the mundane world and prepares the practitioner to be able to extricate oneself from the cycle of rebirth. It can thus be seen that both conceptions do not contradict each other but constitute a parallel space within their shared universe of discourse.

The inclusion of the above-stated classics and by his publications, Jingkong and Hwa Dzan are authoring and commenting on doctrines, thus keeping this discourse in existence – both are procedures of constitution and circulation of discourse. By this, they are organising and grouping discourses into a unit of perceived coherence and meaning. The umbrella term that reflects this discursive framework is 'education' (jiaoyu 教

育) under which both Confucian and Buddhist notions are brought together. Jingkong distinguishes four kinds of Buddhism: 1) Traditional Buddhism that is 'correct' Buddhist education (fotuo jiaoyu 佛教教育); 2) Religious Buddhism (zongjiao fojiao 宗教佛教); 3) Buddhist Studies (foxue 佛學); and 4) Heretic Buddhism (waidao fojiao 外道佛教).[95] By categorising Buddhism into these four types, Jingkong creates an opposition between true and false. Everything that is not considered traditional Buddhism is rendered false and should therefore not be pursued.

At first sight, the differentiation between 'Buddhist education' and 'religious Buddhism' seems to evoke a tendency towards secularisation, since education – in its own discourse – is associated with learning in an institutional setting (school and university). However, what he calls religious Buddhism refers to 'superstitious behaviour' – utilising another discourse that in its own is complex[96] – of a sole focus on worship, prostration, and receiving blessed rewards (fubao 福報), thus apotheosising the Buddha. Buddhist education does include worship, but it is extended to understand one's position as a student in relation to the Buddha as one's teacher to acquire wisdom. In this elaboration on 'ancient' Buddhist education, he equates it with our modern-day secularised educational system of museums, schools, and universities and claims that the monastery was a similar institution and that Arhat, Bodhisattva, and Buddha are academic degrees (Bachelor, Master, PhD).

[95] Shi Jingkong 釋淨空. *renshi fotuo jiaoyu* 《認識佛陀教育》, pp.11-13. During a closed-doors meeting, Ven. Chengde 成德 (before renouncing known as Teacher Cai Lixu 蔡禮旭老師 in Jingkong's network) further added touristic Buddhism (guanguang fojiao 觀光佛教) and business Buddhism (qiye fojiao 企業佛教) to the list. Author's field notes.
[96] See Ko-wu Huang, "The Origin and Evolution of the Concept of mixin (superstition): A Review of May Fourth Scientific Views," *Chinese Studies in History 49*, no. 2 (2016), pp.54-79.

The Confucian notion of filial piety as a structuring force of society can, therefore, be easily incorporated into his concept of Buddhist education as a this-worldly cultivation method that prepares the practitioner for more 'advanced courses' on the '*Longer Sukhāvatīvyūha Sūtra*' for example – the third meritorious act described in the *Contemplation Sutra*. In this sense, the *Contemplation Sutra* works as the overarching discursive frame of reference for discourses on family ethics, cultivation, and liberation. Its doctrinal authority subjects Jingkong and his followers to its discourse but is open to interpretation for his own ends.

Regarding the question of whether this phenomenon can be called 'syncretic,' I opt for Brook's category of 'compartmentalism,' because Jingkong argues that Buddhism and Confucianism address different domains of reality and truth. Buddhism gives reason to what holds the world together at its core and being focused on extramundane salvation, whereas (selected parts of) Confucianism explain how to conduct oneself in the world. These selected parts are then re-interpreted through a Buddhist lens and integrated. Thus, not triggering any conflicts regarding their soteriology that needs to be 'reconciled' (one category of Berling's definition). On the contrary, this factor and the fact, that Jingkong focuses his attention to one passage of the *Contemplation Sutra*, in which the threefold grades of meritorious acts leading to salvation is expounded, begin with xiao – the central category of Confucianism – the connection, internal structure as well as the main objective 'realising rebirth into the Pure Land of Amitābha' is reinforced, strengthened, and consolidated. In this sense, both complement each other in a holistic all-encompassing edifice of thought. Filial piety in a Confucian and Buddhist sense becomes the centre and starting point of individual this-worldly cultivation, realised by means of *dizigui*, while nianfo serves as transcendental means to reach out to Amitābha.

Jingkong gives special importance to the *dizigui* because of several reasons: Firstly, it centres around xiao as the starting point towards rebirth, secondly, since everything is the representation of the dharmakāya it is attributed to the Buddhist canon, loses its Confucian origin, and is re-interpreted as quintessentially Buddhist, thirdly, the period of the final dharma deprives us of the ability to understand Buddhist teachings (directly), which is why we need to start at the 'root of all' – the *dizigui*. Fourth, as Ji Zhe points out, while his endeavours to propagate the dharma internationally, the *dizigui* becomes a cultural marker for overseas Chinse as a representative of 'traditional Chinese culture' that emphasises filial piety and respect towards elders and teachers. Thus, a socio-historical and an intellectual factor are pushing for the incorporation and distribution of the diszigui into Jingkong's edifice of thought.

With that in mind, not only are the narratives Jingkong utilises understandable: 'we lost our root,' 'the world is in decline,' 'turning back to traditional Chinese culture and rejecting Western culture,' but also the textual foundation he draws on: mainly the *Contemplation Sutra* for his soteriology and the *Vimalakīrtinirdeśa Sūtra* to point out that lay praxis is as efficient or even better suitable to our day as monastic cultivation.

All things considered, Jingkong appears as having at least two identities: The Confucian scholar who teaches classical Confucian concepts, such as xiao or propriety and the Buddhist monk who expounds the meaning of the world and the way to escape the suffering of saṃsāra through nianfo. Interestingly, while studying his advocated salvific path, it became apparent that it resembles the progressing grades of the '*Great Learning*' (*daxue* 《大學》), starting at the (1) 'investigation of things' (gewu 格物) till (5) 'personal cultivation' (xiushen 修身) and ending at (8) 'freedom underneath heaven' (tianxiaping 天下平). The first five steps can be interpreted as to recover one's unclouded mind and filial nature, while the following three steps represent the bodhisattva ideal to help all sentient beings to abandon suffering and obtain happiness. This eventually means 'to rest in the highest excellence' (zhiyu zhishan 止於至善) or to become Buddha.

【Bibliography】

Sutras

Commentary to uncover the hidden Doctrine of the Sutra of the Bodhisattva Precepts of *Brahmā's Net.* （〔明〕袾宏：《梵網菩薩戒經義疏發隱》，《卍續藏經》第 38冊。）

Extended Annotations to the Outline of Precepts and Etiquette of śrāmaṇeras. （〔明〕弘贊註：《沙彌律儀要略增註》，《卍續藏經》第60冊。）

Recordings of the Ancient Teachings of the Brahma's Net Sutra. （〔新羅〕太賢：《梵網經古迹記》，《大正藏》第40冊。）

Tanjin wenji. （〔宋〕契嵩：《鐔津文集》，《大正藏》第52冊。）

The Sūtra on Contemplation of Amitābha. （〔劉宋〕畺良耶舍譯：《佛説觀無量壽佛經》，《大正藏》第12冊。）

Treatise on Establishing Reality. （〔姚秦〕鳩摩羅什譯，訶梨跋摩造：《成實論》，《大正藏》第32冊。）

Verses on the Treasury of the Abhidharma. （〔唐〕玄奘譯，尊者世親造：《阿毘達磨俱舍論》，《大正藏》第29冊。）

Books

Edward Slingerland. *Confucius Analects: With Selections from Traditional Commentaries.* Indianapolis: Hackett Publishing Company Inc, 2003.

Fang Litian 方立天. *Chinese Buddhist Culture* (*zhongguo fojiao wenhua* 《中國佛教文化》). (香港：三聯書店有限公司，2008).

Henry Rosemont and Roger T. Ames, *The Chinese Classic of Family Reverence: A Philosophical Translation of the Xiaojing.* Honolulu: University of Hawai'i Press, 2009.

Hu Xiaolin 胡小林. *Experience Sharing of Traditional Chinese Culture Fostering Healthy Economic Development. Inspiring Results from Studying the Rules for Disciples* (*zhongguo chuantong wenhua daidong jingji liangxing fazhan de jingyan fenxiang, xuexiao dizigui zhi chengguo qishi* 《中國傳統文化帶動經濟良性發展的經驗分享：學校《弟子規》之成果啟示》). (臺北：華藏淨宗學會，2012).

Huang Nianzu 黃念祖. *Explanation to the Mahayana Infinite Life Adornment Purity Impartiality and Awakenment Sutra* (*foshuo dasheng wuliangzhuangyan qingjing pingdeng juejing jie* 《佛説大乘無量壽莊嚴清淨平等覺經解》). (臺北：佛陀教育基金會，2011).

Jones, Charles Brewer. *Chinese Pure Land Buddhism: Understanding a Tradition of Practice.* Pure Land Buddhist studies. Honolulu: University of Hawai'i Press, 2019.

Judith Berling. *The Syncretic Religion of Lin Chao-en.* New York: Columbia University Press, 1980.

Shi Jingkong 釋淨空. *A Summary of General Knowledge on Buddhism* (*fojiao changshi gaishuo* 《佛教常識概説》). (臺北：社團法人中華華藏淨宗學會，2019).

Shi Jingkong 釋淨空. *An Introduction to Pure Land* (*jingtu rumen* 《淨土入門》). (香港：香港佛陀教育協會，2012).

Shi Jingkong 釋淨空. *Collected Edition of Rules for Disciples, Three Character Classic,*

219

Classic of Filial Piety (*duizigui sanzijing xiaojing hekan* 《《弟子規》《三字經》《孝經》合刊》). (臺北：華藏淨宗學會，2012).

Shi Jingkong 釋淨空. *Essential Principles for Cultivation* (*xiuxing yaodao* 《修行要道》). (臺北：社團法人中華華藏淨宗學會，2019).

Shi Jingkong 釋淨空. *Ethics and Morals* (*lunli daode* 《倫理道德》). (臺北：社團法人中華華藏淨宗學會，2019).

Shi Jingkong 釋淨空. *Lecture Notes on the Three Meritorious Acts to Purify Karma* (*jingye sanfu jiangyi* 《淨業三福講記》). (臺北：華藏淨宗學會，2014).

Shi Jingkong 釋淨空. *Reciting Buddha, Becoming Buddha* (*nianfo chengfo* 《念佛成佛》). (臺北：華藏淨宗學會，2017).

Shi Jingkong 釋淨空. *Understanding Buddhist Education* (*renshi fotuo jiaoyu* 《認識佛陀教育》). (臺北：華藏淨宗學會，2014).

Shi Jingkong 釋淨空. *Wealth, Long Life, Health Tranquillity* (*fushou kangning* 《富壽康寧》). (臺北：社團法人中華華藏淨宗學會，2019).

Shi Xiuchan 解修禪. *Sixty Years of Taiwanese Pure Land Buddhism* (*taiwan jingtu liushi nian* 《臺灣淨土六十年》). (臺中：圓淨出版社，2003).

Shi Yinguang 釋印光. *Continuation to the Collected Works of Master Yinguang* (*yinguang dashi wenchao xubian* 《印光大師文鈔續編》). (臺北：華藏淨宗弘化基金會，2010).

Wang Yueqing 王月清. *Ethical Thought of Chinese Buddhism* (*zhongguo fojiao lunli sixiang* 《中國佛教倫理思想》). (臺北：雲龍出版社，2001).

Yueping Wei 魏月萍. *Unity of the Way of Monarch and Teacher: Discourses of Confucians on the Unity of the Three Teachings during the Late Ming* (*junshi daohe: wanming ruzhe de sanjiao heyi lunshu* 《君師道合：晚明儒者的三教合一論*

述》). (臺北：聯經出版事業股份有限公司，2016).

Book chapters

Joachim Gentz. "Religious Diversity in Three Teachings Discourse," in *Religious Diversity in Chinese Thought*, edited by Perry Schmidt-Leukel and Joachim Gentz. New York: Palgrave MacMillian, 2013, pp.123-140.

Kotatsu Fujita. "The Textual Origins of the Kuan Wu-liang-shou ching: A Canonical Scripture of Pure Land Buddhism," in *Buddhist Apocrypha*, edited by Buswell, Robert E. Honolulu: Univ. of Hawaii Press, 1990, pp.149-174.

Kurt Rudolph. "Syncretism: From Theological Invective to a Concept in the Study of Religion," in *Syncretism in Religion*, edited by Anita M. Leopold and Jeppe S. Jensen. Sheffield: Taylor & Francis Ltd, 2004, pp.68-85.

Robert D. Baird. "Syncretism and the History of Religions," in *Syncretism in Religion*, edited by Anita M. Leopold and Jeppe S. Jensen. Sheffield: Taylor & Francis Ltd, 2004, pp.48-58.

Yanfei, Sun. "Jingkong: From Universal Saint to Sectarian Saint." I*n Making Saints in Modern China*, edited by David Ownby, Vincent Goossaert and Ji Zhe. New York: Oxford University Press, 2016. pp.394-418.

Zhe, Ji. "Making a Virtue of Piety: Dizigui and the Discursive Practice of Jingkong's Network," In *The varieties of Confucian experience: Documenting a Grassroots Revival of Tradition,* edited by Sébastien Billioud, Religion in Chinese Societies volume 14. Leiden, Boston: Brill, 2018, pp.61-89.

Journal Articles

Chan, Alan K. L. Review of "The Chinese Classic of Family Reverence: A Philosophical Translation of the Xiaojing," by Henry Rosemont and Roger T. Ames, *Journal of Chinese Studies*, No. 50 (2010), pp.335-341.

Guang Xing, "A Buddhist-Confucian Controversy on Filial Piety," *Journal of Chinese Philosophy* 37, no. 2 (2010), pp.248-260.

Guang Xing, "The Teaching and Practice of Filial Piety in Buddhism, " *Journal of Law and Religion* 31, no. 2 (2016), pp.212-226.

Ko-wu Huang, "The Origin and Evolution of the Concept of mixin (superstition): A Review of May Fourth Scientific Views," *Chinese Studies in History* 49, no. 2 (2016), pp.54-79.

Michael Pye, "Syncretism versus Synthesis1," *Method & Theory in the Study of Religion* 6, no. 1 (1994), pp.217-229.

Rodney L Taylor, "Proposition and Practice: The Dilemma of Neo-Confucian Syncretism," *Philosophy East and West* 32, no. 2 (1982), pp.187-199.

Timothy Brook, "Rethinking Syncretism: The Unity of the Three Teachings and their Joint Worship in Late-Imperial China," *Journal of Chinese Religion* 21, no. 1 (1993), pp.13-44.

Ulrich Berner, "The Notion of Syncretism in Historical and/or Empirical Research," *Historical Reflections / Réflexions Historiques* 27, no. 3 (2001), pp.499-509.

Wang Yueqing 王月清, "A Discussion of the Buddhist Concept of Filial Piety and its Characteristics since the Song (lun songdai yijiang de fojiao xiaoqinguan ji qi tezheng 〈論宋代以降的佛教孝親觀及其特徵〉)," 《南京社會科學》, no. 4 (1999), pp.61-65.

Dissertation and Conference Presentation

Lin Qian. "Mind in Dispute: The Section on Mind in Harivarman's *Tattvasiddhi." PhD
Dissertation, University of Washington, 2014.

Stefan Kukowka, "Standards for Proper Behaviour – An Inquiry into the Weekly Lay
Education at the Main Dharma Centre of 'The Corporation Republic of Hwa Dzan
Society," (presented at 政治大學宗教研究所研究生論壇, Taipei, June 24, 2019).

Websites

Rošker, Jana, Epistemology in Chinese Philosophy, The Stanford Encyclopedia of
Philosophy (Fall 2018 Edition), Edward N. Zalta (ed.), https://plato.stanford.edu/
archives/fall2018/entries/chinese-epistemology/, (accessed November 10, 2017).

Shi Jingkong 釋淨空, Cause and Effect: The Inevitable Way of Karma (yinguo baoying
sihao bushuang 因果報應絲毫不爽), https://www.youtube.com/watch?v=-6z_
VqktkeU, (accessed November 10, 2017).

Shi Jingkong 釋淨空, '淨空法師講：中國的儒、道與小乘,' https://www.youtube.com/
watch?v=ouP1jVhkX18, (accessed January 05, 2018).

Shi Jingkong 釋淨空, Buddha, Confucius, Mencius, Confucians of the Past Generations
engaging in education for their lifetime (fotuo, kongzi, mengzi, lidai rujiade,
yisheng congshi jiaoxuede 佛陀、孔子、孟子、歷代儒家的，一生從事於教學
的), https://www.youtube.com/watch?v=3VO_OM07lm0, (accessed November 08,
2017).

Shi Jingkong 釋淨空, Confucian Culture and the Construction of a Harmonious Society
(rujia wenhua yu hexie shehuijianshe 儒家文化與和諧社會建設), https://www.

223

youtube.com/watch?v=pCUapN_IEtw, (accessed November 08, 2017).

Shi Jingkong 釋淨空, Does one has to bear Karmic [retribution] for Advising People not to Renounce? (quan taren buyao chujia shifou yao bei yinguo 勸他人不要出家是否要背因果?), https://www.youtube.com/watch?v=aC-_uSkKehI, (accessed December 9, 2017).

Shi Jingkong 釋淨空, I Want to Renounce, but it has a great Impact on My Family. What Should I do? (ziji xiang chujia, dan dui jiaren yingxiang henda, ying ruhe shihao 自己想出家，但對家人影響很大，應如何是好?), https://www.youtube.com/watch?v=Bi3tNMpyAPo, (accessed December 9, 2017).

Shi Jingkong 釋淨空, Preaching Hall of Benevolence and Peace: The Importance of Traditional Education, Second Part, Pure Land Learning Association (renai heping jiangtang, chuantong jiaoyu de zhongyaoxing, jingzong xueyuan zhi er 仁愛和平講堂-傳統教育的重要性 淨宗學院之二), http://www.amtb.tw/bt/amtb_jindian.asp?web_choice=67&web_amtb_index=859, (accessed February 20, 2020).

Shi Jingkong 釋淨空, Reciting Buddha and Listening (zaijia tingjing nianfo bu qu daochang, nengfou wangsheng 在家聽經念佛不去道場，能否自在往生?), https://www.youtube.com/watch?v=3LTVbblef1c, (accessed December 28, 2017).

Shi Jingkong 釋淨空, Rooted education of all people starts with me (quanmin zhagen jiaoyu congwo zuoqi 全民紮根教育，從我做起), https://www.youtube.com/watch?v=OpsuC6-o6VU, (accessed February 18, 2020).

Shi Jingkong 釋淨空, The Biggest Taboo of those who Invocate Amitabha's Name (nianforen zuidade jinji 念佛人最大的忌諱), https://www.youtube.com/watch?v=yLnQVZCCzsg (accessed November 10, 2017)

Shi Jingkong 釋淨空, The Rules for Disciples are the Foundation of a bodhisattva (dizigui shi pusa de jichu 《弟子規》是菩薩的基礎), https://www.youtube.com/watch?v=BQr5SMTePxY, (accessed December 27, 2017).

Shi Jingkong 釋淨空, To Renounce the Household (chujia 出家), https://www.youtube.com/watch?v=pCV16YqHdvw, (accessed December 9, 2017).

Shi Jingkong 釋淨空, Traditional Culture, New wisdom, let us [learn] the Rules for Disciples together (laowenhua xinzhihui rangwomen yiqilai dizigui 老文化 新智慧 讓我們一起來「弟子規」), https://www.youtube.com/watch?v=yH0bF0LC6UQ, (accessed January 2, 2018).

Shi Jingkong 釋淨空, Why one has to learn dizigui and ganyingpian for studying Buddhism (xuefo weishenm yao xue dizigui, weishenme yaoxue ganyingpian 學佛 為什麼要學《弟子規》，為什麼要學《感應篇》？), https://www.youtube.com/watch?v=yianeHaPwZM, (accessed February 20, 2020).

Shi Jingkong 釋淨空, Will one be reborn into the Pure Land if s/he is not filial? (nianforen buxiao fumu, neng wangsheng ma念佛人不孝父母，能往生淨土嗎？), https://www.youtube.com/watch?v=GTNNHY-VZtA, (accessed December 28, 2017). ？

Shi Jingkong 釋淨空. Piety to one's parents, respect to one's older brother, loyalty to one's monarch, faith to one's male friends; Sense of propriety, justice, integrity and honour (xiaotizhongxin xinyilianchi 孝悌忠信禮義廉恥), https://www.youtube.com/watch?v=KvSe1cL9Xbg, (accessed November 08, 2017).

Shi Jingkong 釋淨空. Treatise on the Response of the Dao (taishang ganyingpian 《太 上感應篇》【1】1-12），https://www.youtube.com/watch?v=HWZEEScw3VM, (accessed December 31, 2017).

《人間佛教研究》第十一期（2021）
Studies in Humanistic Buddhism, Issue 11(2021)，174-227

儒家倫理作為往生極樂世界之基礎—— 以淨空法師之淨土思想為列

顧頡鋒*

摘要

　　本文以淨空法師的網路影片與書籍為分析對象，探討其具有儒家色彩的「孝」觀念與《佛說觀無量壽經經》爲何成爲其提倡的解脫思想（soteriology）。這部佛經提供大乘佛教中有關「孝」之基礎，因此成爲佛經與儒家和道家經典連接的一座橋，如《弟子規》與《太上感應篇》，進一步說明此一體化與此經典的佛教化。因此，本文探討如下的問題：身爲一位淨土倡導者，淨空是如何通過特殊的敘事闡述其他傳統的倫理規範的一體化？是否可以用「融合主義」來解析此種現象？淨空法師爲何強調此世的修養，並主要以《弟子規》為基礎？

關鍵字：淨空法師、淨土法門、儒家倫理、臺灣佛教、融合主義

---

* 顧頡鋒：「國立政治大學宗教研究所」和「法國國立東方語言文化學院（INALCO）」的雙聯博士生。

《人間佛教研究》第十一期（2021）
Studies in Humanistic Buddhism, Issue 11(2021)，228-263

佛教居士組織參與地方社會生活：以當代西樵為例

程肖力 *

摘要

　　中國居士佛教及其組織實踐歷史悠久，幾經變遷，始終是佛教的重要社會基礎和影響力量。基於宗教性志願原則結合起來的居士組織，起著聯合佛教與社會的重要作用。當代中國西樵鎮的佛教居士組織，組建形式多樣、人員構成多元、活動內容豐富。不僅在微觀上幫助西樵民眾形塑多彩的日常生活，滿足人們各種需求；宏觀上也推動多元社會共同體和公共空間的形成，有利於民間組織和地方公益的發展，無疑是現代社會建設一股不可忽視的力量。佛教居士組織之所以能積極有效地參與地方社會生活，根本原因在於以佛教信仰為背景的宗教性志願力產生出源源不斷的集體意志和社會行動力。此外，西樵個案存在的問題表明，居士組織的健康發展也離不開中國佛教和中國社會自身的建設完善。

關鍵詞：佛教與社會、居士佛教、居士組織、西樵鎮

---

* 程肖力：佛山職業技術學院馬克思主義學院專任教師。

一、前言

　　許里和（Erich Zürcher）曾言，佛教，「它傳入中國不僅意味著某種宗教觀念的傳播，而且是一種新的社會組織形式——修行團體即僧伽的傳入。」[1]此話提醒我們注意佛教的傳入發展如何豐富中國本土社會的組織形式，包括制度化出家修行團體、民間教派、居士組織等。其中，以佛教信仰為核心價值或關係紐帶的居士組織，因其主體及結構的中層地位，成為連接佛教僧團和普通信眾、[2]微觀現象和宏觀結構的橋樑，[3]從而具有可多層次深入研究的價值。

　　此外，考慮到目前的佛教居士組織研究，以歷史學、宗教學、哲學角度居多，部分使用社會學、人類學方法，總體實證性文獻偏少，個案分析容易泥於表面或局限於少數領導個體，缺乏微觀現象與宏觀結構相扣的整體研究等情形，[4]本文嘗試考察特定區域中的佛教居士組織與地方社會和日常生活的關係，以微觀深描的方式回應佛教與社會、居士組織與社會生活建設等問題。具體而言，本文

---

[1] 荷·許里和（Erich Zürcher）著，李四龍、裴勇等譯：《佛教征服中國》（南京：江蘇人民出版社，1998 年），頁 2。

[2] 任繼愈：〈序言〉，收入潘桂明：《中國居士佛教史》（北京：中國社會科學出版社，2000 年），頁 2。

[3] 邱雯雯：〈近代以來兩岸佛教居士組織研究述評〉，《閩南師範大學學報（哲學社會科學版）》第 108 期（2018 年 3 月），頁 94。

[4] 潘桂明：《中國居士佛教史》；佛日：〈近現代居士佛教〉，《法音》1998 年第 5 期（1998 年 5 月），頁 13-18；郭子美：〈新世紀佛教復興的組織基礎——二十世紀中國佛教教會社團的組建〉系列，《法音》，1999 年第 5-8 期；汲喆：〈居士佛教與現代教育〉，《北京大學教育評論》第 7 卷第 3 期（2009 年 7 月），頁 41-64；王佳：〈中國佛教團體與慈善公益事業研究評述〉，《世界宗教文化》2011 年第 2 期（2011 年 4 月），頁 6-11；趙璐、馮波：〈北京佛教慈善組織與社會建設的關係探究〉，《社會科學前沿》2013 年第 2 期（2013 年 6 月），頁 35-44；盧雲峰、和園：〈善巧方便：當代佛教團體在中國城市的發展〉，《學海》2014 年第 2 期（2014 年 3 月），頁 26-34；李玉偉：〈晚明居士群體研究〉（北京：中央民族大學專門史博士論文，2013 年）；高虹：〈佛教信仰在當代社會的實踐方式——以上海地區的「老闆佛教徒」的研究為例〉（上海：上海大學社會學博士論文，2010 年）；曹三尚：〈居士佛教倫理研究〉（西安：陝西師範大學宗教學碩士論文，2007 年）；胡新：〈近代居士佛教研究〉（武漢：華中師範大學專門史碩士論文，2011 年）；閆雪：〈社會學視角下佛教禪宗居士生活狀況研究〉（西安：西北大學社會學碩士論文，2015 年）；吳楠：〈西安善導念佛團研究〉（西安：西北大學宗教學碩士論文，2016 年）；高寶平：〈當代中國居士組織發展趨勢研究——以居士企業為例〉（西安：西北大學中國史碩士論文，2017 年）等。

首先梳理中國佛教居士組織的歷史演變和存在意義，繼而介紹西樵鎮現有相關組織的概況，接著深入分析其中四個代表組織，最後是總結和思考。

二、中國佛教居士組織的歷史演變與存在意義

關於「佛教居士」的多重涵義，已有前輩學者詳述。[5]簡言之，「佛教居士」有廣義和狹義之分，廣義指所有信奉修行佛教的在家人士；狹義方面，傳統指富有資財、知識和社會地位的在家信眾，而隨著中國信眾宗教身份認同意識的增強，現也特指正式行皈依儀式者。本文在廣泛意義上使用「佛教居士」一詞，同時肯定狹義上的「居士」在組織方面的特殊貢獻作用。

至於「居士佛教」，潘氏認為「意即居士的佛教信仰、佛教思想和各類修行、護法活動。」[6]事實上，綜合教史、思想史和社會史的角度觀之，現代「居士佛教」概念無疑是因應近代以來中國佛教發展的現實情形而建構的，涉及僧俗權力關係重構、寺院與信眾組織紐帶重組、信眾創新個人與社會協調方式等中國佛教現代化問題，目的是凸顯佛教發展中居士的作用。[7]因此，汲喆認為：「居士佛教歷史悠久，但同時又是一個嶄新的、與中國的現代性密切相關的社會學議題。」[8]這意味著在時間上，「居士佛教」也有廣狹之分，狹義專指富於現代性意味的近代居士佛教。此外，「居士佛教」內部存在精英主義和大眾主義的不同傾向。[9]

---

5 如潘桂明：《中國居士佛教史》，頁 1-4；汲喆：〈導言：居士佛教的社會學問題〉，《宗教社會學》（年刊）第 2 輯（2014 年 7 月），頁 85。
6 潘桂明：《中國居士佛教史》，頁 4。
7 汲喆：〈導言：居士佛教的社會學問題〉，頁 86-87；汲喆：〈居士佛教與現代教育〉，頁 46-47。
8 汲喆：〈導言：居士佛教的社會學問題〉，頁 88。
9 「一是知識型、理智型的路徑，以貴族、官僚、士大夫為代表；二是福田型、情感型的路徑，以普通百姓、社會民眾為基礎。」潘桂明：《中國居士佛教史》，頁 263-264。

從廣義上梳理居士佛教的源流，在印度可追溯至佛陀時代的在家信眾及其宗教實踐，在中國也是自佛教傳入紮根發展出在家信眾即有跡可循。已有文獻大多視東晉高僧慧遠領導的廬山蓮社為中國民間佛教組織的源頭，認為其組織體制獲當時南北僧俗的普遍尊崇，並影響到後來數以萬計的民間佛教結社。[10]

結合謝和耐等人的研究，可以發現，中古時期盛行的民間佛教結社，是佛教傳播與中國民間結社傳統相互結合、互相發明的產物。它一方面以完成集體宗教活動、滿足個體信仰需求為目的；另一方面，延續發展中國民間結社自治、互助的精神，促進相關組織形式的形成和完善，並對傳統結社的家庭性虛擬關係、祖先祭祀等內容表示一定程度的接納。其活動內容有三類：（一）刻經、造像、修寺、禮佛等「修福」功德行事，滿足人們對人天福祉的追求；（二）講經說法、念佛齋會、義理探討等研讀佛學行事，滿足人們修心養性、智慧超越、覺悟解脫的需要；（三）互助合作、救貧濟困、佈食施藥、建橋修井等公益慈善行事，既符合人們行善積德的精神需求，也起到凝結社會的作用。[11]至於此類佛教團體的性質，郝氏認為屬於佛教寺院的外圍組織，是中古時期佛教寺院的基本信眾群和重要社會基礎。[12]中古以後，中國佛教居士組織的存續發展，主要表現為宋代禪淨合一潮流下的士僧結社和傳統性宗教結社並存，明末居士佛教活躍帶動居士結

---

10 鄧子美：〈新世紀佛教復興的組織基礎（一）——二十世紀中國佛教教會社團的組建〉，《法音》1999 年第 5 期（1999 年 5 月），頁 3。

11 法·謝和耐（Jacques Gernet）著，耿昇譯：《中國 5—10 世紀的寺院經濟》（上海：上海古籍出版社，2004 年），頁 258-268；日·鎌田茂雄著，鄭彭年譯，力生校：《簡明中國佛教史》（上海：上海譯文出版社，1986 年），「社邑」，頁 258-277；劉淑芬：〈五至六世紀華北鄉村的佛教信仰〉，《中央研究院歷史語言研究所集刊》第 63 卷第 3 期（1993 年 7 月），頁 497-544；聖凱：《中國佛教信仰與生活史》（南京：江蘇人民出版社，2016 年），頁 59-62；陳述：〈圍繞寺廟的邑、會、社——我國歷史上一種民間組織〉，《北方文物》1985 年第 1 期（1985 年 4 月），頁 75-79；寧可：〈述「社邑」〉，《北京師院學報（社會科學版）》1985 年第 1 期（1985 年 3 月），頁 12-24；李玉栓：〈中國古代的社、結社與文人結社〉，《社會科學》2012 年第 3 期（2012 年 3 月），頁 174-182。

12 郝春文：《中古時期社邑研究》（上海：上海古籍出版社，2019 年），頁 150。

社之風盛行（尤以念佛放生的社、會最多）。[13]總之，近代以前的中國佛教居士組織的特徵在於其作為寺院僧團外圍力量的非獨立性。

為此，有學者認為，真正在宗教身份認同上明確區別於僧伽的「居士佛教」，直至近代才在僧伽佛教衰落和中國近代化轉型的大背景下出現。[14]主要表現有二：一是居士成為近代佛教復興的重要主體；二是居士自身建立有獨立於寺院僧團之外的組織形式，唐忠毛稱之為「一種世俗化的教團組織」。[15]其時，既存在楊文會、歐陽漸等人所代表的佛學型居士佛教，也有紳商和新興市民階層所熱衷的現代科學型、民族主義型、救世救心型居士佛教；他們積極的弘法護法運動和豐富的社會組織實踐，使當時整個中國佛教的景觀發生劇烈變化。[16]如陳兵所言，近代居士組織的蓬勃發展，是中國佛教內部結構性變遷與社會時代風氣共同作用的結果，但同時也充分吸取了傳統民間佛教結社的養分。[17]因此，近代佛教居士組織的重要特徵是繼承傳統的同時，實現了組織結構形態和管理方式的「現代化」以及活動內容的「人間化」。這使得近代佛教居士組織充滿開放性和社會性，不僅很好地護持了佛教，為佛教近代化做出重要貢獻，而且比僧伽／寺院佛教承擔了更多的社會功能，顯示出民間組織在構建社會方面的巨大潛能。[18]

隨著中國現代化進程的加深，近代居士佛教及其組織實踐的遺產日益為學人所重視。藉此在都市佛教語境下審視當代中國城鎮佛教團體、當代中國居士組

---

[13] 高寶平：〈當代中國居士組織發展趨勢研究——以居士企業為例〉，頁 13-15；李玉偉：〈晚明居士群體研究〉。

[14] Jia zhang and Zhe Ji, "Lay Buddhism in Contemporary China: Social Engagements and Political Regulations," *China Review*, Vol. 18, NO. 4 (November 2018), pp.12-13；金易明：〈都市佛教之特性及城市居士佛教考察〉，《世界宗教文化》2011 年第 3 期（2011 年 6 月），頁 64-65。

[15] 唐忠毛：《中國佛教近代轉型的社會之維：民國上海居士佛教組織與慈善研究》（桂林：廣西師範大學出版社，2013 年），頁 3。

[16] Jia zhang and Zhe Ji, "Lay Buddhism in Contemporary China: Social Engagements and Political Regulations," *China Review*, pp.14-22.

[17] 佛日：〈近現代居士佛教〉，頁 16。

[18] 詳見唐忠毛：《中國佛教近代轉型的社會之維：民國上海居士佛教組織與慈善研究》，「第六章」。

織發展趨勢、現代中國佛教走向者，不在少數。[19]據學者考察，1949年後，居士佛教被嚴重邊緣化，所擁有的發展空間遠不及僧伽佛教。雖然部分組織形式和機構（如居士林）得以延續，但它們的社會動員能力和影響力皆不如二十世紀上半葉。儘管如此，過去三十年國內還是孕育出寺院義工、佛學小組等由寺院僧團領導的居士組織，以及像老闆學佛群體、佛化企業一類自主的居士組織，加上新媒介的運用擴大了人們的社會網路，這種種使得佛教居士組織及其活動仍對眾多中國信眾的道德生活具有重要意義。二十世紀末，受以海外中國社會為基礎的跨國佛教組織影響，大陸居士佛教湧現出諸多新形式。比如受臺灣的慈濟、佛光山教團影響，組織模式和管理技巧日漸成熟；採用淨空的話語策略，以「傳統文化」、「孝」等修辭融合各種宗教觀念，組織各類在家學佛團體，開展《弟子規》童蒙教育、家庭親子佛學班等。總之，與近代相比，當代中國居士佛教總體缺乏自主發展的積極性和荷負佛教現代化責任的自覺性，更多關注組織管理的現代技巧或支持僧伽；同時，在全球化的影響下，跨界的居士組織不斷湧現，活動內容和影響範圍也日益擴大，整體煥發出新的活力。[20]這種新活力的表現，有學者概括為：從鬆散的非聚會型宗教向組織化的聚會型宗教變遷，聚會場所多元化，強烈的傳教性格，漸進性嚴格的修行方式和在生活中修持的目的。[21]

綜上，可見三事：（一）中國佛教居士組織歷史悠久。從近代以前主要依附寺院僧團，作為後者的外圍組織力量；到近代建立起獨立的組織形式，作為一種

19　如盧雲峰、和園：〈善巧方便：當代佛教團體在中國城市的發展〉，頁 26-34；金易明：〈都市佛教之特性及城市居士佛教考察〉，頁 63-66；夏金華：〈民國時期上海佛教團體慈善公益事業與現代寺院慈善活動的比較研究〉，《南京曉莊學院學報》2009 年第 5 期（2009 年 9 月），頁 104-113；何勁松：〈中國佛教應走什麼道路——關於居士佛教的思考〉，《世界宗教研究》1998 年第 1 期（1998 年 3 月），頁 22-30；高寶平：〈當代中國居士組織發展趨勢研究——以居士企業為例〉。

20　Jia zhang and Zhe Ji, "Lay Buddhism in Contemporary China: Social Engagements and Political Regulations," *China Review*, p.34.

21　盧雲峰、和園：〈善巧方便：當代佛教團體在中國城市的發展〉，頁 28-33。

自主的社會力量，背負復興中國佛教的重任，承擔和發揮諸多社會功能；再到重新圍繞寺院僧團，回歸多元的、日常的個體和集體生活。中國佛教居士組織不斷發展的背後是中國佛教和中國社會的歷史變遷。（二）中國佛教居士組織的形式內容豐富多樣。從蓮社、邑義、法社、藥師會到佛學研究會、居士林、義工團、學佛小組，中國佛教歷代的居士組織形式，既傳統，又與時俱進。按活動內容劃分，大致有三類：「講經說法與佛學研究型」、「修持與護法型」、「互助救濟與公益慈善型」。值得注意的是，同一居士組織可以舉辦多種類型活動或者說擁有多種關懷，因而在屬性上未必單一。（三）中國佛教居士組織的歷史演變表明，佛教作為一種社會力量，可以對國家、社會、民生的建設做出積極貢獻；尤其它的組織形態，因夾雜宗教性的志願特徵，能夠突破地緣、血緣、業緣、階層等限制，起到凝結社會人心的作用，甚至形成普世的效應。[22]

那麼，今天佛教居士組織參與地方社會生活的具體情形如何？下文將以西樵鎮為例，詳細探討之。

三、當代西樵豐富多樣的佛教居士組織

西樵鎮，位於今中國廣東省佛山市南海區西南部，以境內有西樵山得名，其社會發展堪稱「近世廣東史象徵」。二十世紀90年代，各類宗教信仰開始在鎮內復甦，尤以佛教的勢頭最盛。在西樵，當代佛教的蓬勃，是本土多元的宗教文化體系因應時代和社會的發展，在地方精英、權力階層、弘法僧尼和廣大信眾的共同實踐作用下，經過此消彼長的複雜過程而成的。佛教對今天致力於文旅經濟事

---

[22] 何蓉：〈漢傳佛教組織的類型學：演化與機制〉，《佛學研究》2018 年第 1 期（2018 年 7 月），頁294。

業的西樵而言，涵蓋傳統文化、山林景觀、宗教信仰、儀式服務、日常生活等範疇，寺、廟、庵、堂種類齊全，遍佈不同社會空間，滿足不同群體需要，影響力頗大。西樵佛教信眾的各類組織實踐正是在此環境中開展。

今天，西樵境內的佛教居士組織大大小小約有二十個，[23]其中規模及影響較大的有（按成立時間先後排序）：

（一）廣東省天柱文化慈善促進會佛山孝和覺服務隊。由鎮內聲譽頗高、人稱「勇師兄」（男性，化名，2016年因癌症去世）者組建，其前身為二十世紀90年代中期勇師兄組織的念佛團體；固定成員不多，隨緣參與者眾；隊址位於西樵鎮解放村新金花街敬和素食館對面，活動以念佛共修淨土為主，還有定期的普佛、放生，以及應眾所需的往生助念。[24]

（二）佛山南海南無阿彌陀佛慈善義務助念團。由南海區的淨土信眾自發創建，成立時間不詳，2010年前後發展至西樵；西樵成員有十來人，組成在地小分隊就近為西樵信眾服務，自稱為「西樵助念團」，由一位羅姓居士領導；主要活動包括每月定期到茂名信念寺打佛七，以及免費為團員及其親友提供助念服務；在西樵無固定活動地址。[25]

（三）寶峰寺義工團。2012年，因寺院開辦大型文化活動，吸引四方前來的義工達上千人。乘此佳勢，寶峰寺義工團於是年10月正式掛牌成為一個有組織架構和規章制度的團體，以「護持道場，服務十方」[26]為宗旨；設有團長一名，副團長多名，成員均為在家眾。截至2016年初，登記在冊的義工人數為五百九十三

23　該數目是筆者綜合個人調查所見，及鎮內有影響力的居士李美秀（化名）和衛姐（化名）二人的說法所得。受限於調查時間，筆者未能全面訪查統計，所以此處僅提供大概的數目，如有遺漏失實處，敬請諒解。
24　孝和覺服務隊信息由對該隊領導人了解頗深的伍婆婆（化名）和隊員美師兄（隊名）告知。
25　西樵助念團的具體信息由該團成員少好（化名）告知筆者。
26　語出寶峰寺義工團團長（訪談時間：2016 年 1 月 30 日，訪談地點：寶峰寺，訪談人：程肖力）。

人。[27]

（四）雲端居文化傳播有限公司。由西樵鎮及附近的居士精英創建。為首者「康師兄」（男性，化名，約四十五歲），曾擔任公職，現致力於傳播傳統文化和開展公益慈善活動。2012年前後，他在西樵山雲端村修建個人精舍，吸引志同道合者前來共修，不久便成立「雲端居學佛團」。2015年正式註冊同名文化傳播有限公司，以「弘揚中華傳統文化，護持正法道場」為宗旨，現有義工上百人。[28]

（五）又果慈善會。2014年由寶峰寺方丈和尚倡導、多位居士善信參與籌辦而成，於2015年10月掛牌，是西樵鎮內首個由佛教界人士發起且具有法人資格的慈善團體。登記在冊的理事監事成員共二十五人，其中過半為寶峰寺前任方丈又果老和尚的在家弟子。慈善會的宗旨是傳承老和尚「出世為僧，入世為善，悲憫眾生，依教奉行」的精神，弘揚佛教慈悲濟世的傳統。[29]

（六）善知識放生團。由居士李美秀（化名，女性，五十歲左右）於2016年創建，成員龐大。除定期的（每月一次）和主題的（如成員慶生）放生活動外，2018年以前每週在微信群上共修一次，其他時候不定期邀請一些在傳統文化、佛教經典闡釋、工藝美術、公益慈善方面有專長或獨特貢獻的居士開講座分享知識經驗，還會舉辦素食聯誼會、禪坐共修會等。活動形式多樣，內容豐富。現址位於順德南莊某辦公樓，由團內成員家屬便宜出租以供長期使用。[30]

（七）楞嚴法華共修團。由河源高明寺的西樵信眾組織而成。該寺當家法師

---

[27] 寶峰寺義工團創建由來參見《寶峰寺義工團的成長之路》（內部刊物）。寶峰寺現有義工資料，由該寺義工團幹事提供，在此致謝！

[28] 信息來源：雲端居文化傳播公益公眾號「公司簡介」，向該公司骨幹成員張師兄諮詢所得（訪談時間：2016年7月10日，訪談地點：寶峰寺內）。

[29] 信息來源：〈又果慈善會的緣起〉，《南海梵音》第3期（2015年12月），扉頁；又果慈善會秘書長提供的相關內部資料。

[30] 善知識放生團的信息由筆者採訪創建人李美秀所得。

主張「耳根圓通頓悟成佛法門」，稱能使人當下成佛，且有種種功德福報，在家眾欲修者須熟讀理解《大佛頂首楞嚴經》和《妙法蓮華經》。此法門約在2015年底由南莊、丹灶傳入西樵，2016年開始在官山、民樂出現小型共修，不久彙聚成約四十人的共修團。活動包括每週共修經典，逢佛誕組織前往高明寺頂禮法師，並參加法會。共修地點依成員方便而定，有固定的兩、三處地方。形式是邀請法師的傳法弟子到場講解二部經典，分享交流修學過程的種種神異體驗。[31]

（八）西樵菩提學會。全國影響廣泛的菩提學會在西樵的分支。2016年前後，由雲端居文化傳播公司協助籌辦。共修地點位於西樵嶺南文化苑。最初僅有雲端居的數位學員，後擴展至今天的三十多人規模，成員以中產以上階層為主；每週上課共修，有上師或修學層次較高的師兄指導，並在入門後根據個人根性推薦適合的法門。由於重視依次第進修，因此設有不同級別的班次分期、分階段上課，每期學習資料統一發放，完成一期學習後會有相應考試。個人修學情況受到小組長監督和記錄，是一個組織嚴密、修行層次分明、修行紀律嚴格的共修團體。[32]

綜而述之，當代西樵佛教居士組織是二十世紀90年代以後，隨著本地佛教恢復發展並日益興盛而湧現的，其特徵可概括為：

（一）組建形式多樣。既有傳統的念佛、放生、助念、經典修持社團，如孝和覺服務隊、阿彌陀佛慈善義務助念團、善知識放生團、楞嚴法華共修團；也有新式的志願服務隊、民間慈善組織、研究學會、文化傳播公司，如寶峰寺義工團、又果慈善會、雲端居文化傳播有限公司、西樵菩提學會。後者是現代社會組

---

[31] 信息來源：2016年8月15日採訪高明寺當家師的皈依弟子妙聞、妙修二人所得（訪談地點：妙修家中）；2016年8月16-17日到高明寺實地調查所得。

[32] 信息來源：訪談西樵菩提學會成員劉華文（化名）所得（訪談時間：2016年12月19日，訪談地點：寶峰寺內）。

織形式進入傳統宗教結社範疇的產物。這八個佛教居士組織的共同特點在於均由信眾自發組成、運作和發展，具有民間社會組織的特點。

（二）人員構成多元。包括企業老闆、公職人員、教師學者、公司白領、工廠藍領、流動商販、家庭婦女、退休人士、失業人士、學生及自由職業者等，遍佈社會各階層。同時，因性質定位、活動內容、發展趨向相區別，不同社團成員在性別、年齡、文化程度、經濟收入方面存在差異。比如孝和覺服務隊、慈善義務助念團、寶峰寺義工團、楞嚴法華共修團的成員以中老年女性為主，文化程度偏低，收入水平一般；善知識放生團早期成員為各式普通老百姓，後期主力變為富有金錢、時間、精力的青壯年婦女；又果慈善會、雲端居和西樵菩提學會的成員主要是社會中上層人士，文化程度較高，且男性成員比例較其他居士組織要高。

（三）活動內容豐富。當代西樵佛教居士的組織活動，總體不出「講經說法與佛學研究」、「修持與護法」、「互助救濟與公益慈善」三種歷史類型，以「修持與護法型」居多，其次是「互助救濟與公益慈善型」，專門的「講經說法與佛學研究型」較少。大部分活動多元而性質各有側重。如楞嚴法華共修團和西樵菩提學會，主要以修持為目的進行經典義理的學習；雲端居和善知識放生團以公益服務為重，但也開展其他兩類活動；孝和覺服務隊與慈善義務助念團專注於修持，同時不忘以修持作為公益，回饋社會；又果慈善會和寶峰寺義工團，會在寺院引導下豐富組織活動，不僅限於公益慈善或護持道場。

四、當代西樵佛教居士組織參與地方社會生活的內容和影響

本節重點考察佛教居士組織對地方社會生活的參與和影響，因此從上述八個有影響力的當代西樵佛教居士組織中挑選出四個代表進行深入分析。

（一）寶峰寺義工團：護持道場，自利利他

目今中國佛教發展，佛門義工的角色作用不容忽視。考察現代佛門義工的由來因素，大概有三：一是當代中國社會志願服務事業的蓬勃發展；二是佛教採取現代組織技巧和管理方式，不斷走向現代化的現實需求；三是信眾以財力、人力、物力布施道場，以共成佛事、善事的傳統。佛門義工往往兼具佛教信眾和社會志願者的雙重身份，涉及佛教布施思想、功德觀念與志願服務精神的碰撞融合。[33]

結合兩岸三地的情況，[34]若把「佛門義工」界定為：為維持佛教組織之存續或協助其開展活動而志願提供服務者。從中至少可分出兩種類型：一是專門服務教內法務，如道場的日常運作及各類佛事活動者，可稱為「教內務義工」；二是協助佛教組織或由其引導去主體地從事社會公益慈善服務者，相應稱為「教外務義工」。二者間的界限並不截然分明，具體取決於佛教組織的入世程度、社會服務傾向及其對義工的培訓引導。從擁有「教內務義工」到著重培育更多的「教外務義工」，反映的正是佛教積極入世濟世的關懷和實踐。

從其宗旨來看，寶峰寺義工團是典型的「教內務義工」。其服務內容包括寺院日常衛生、擺供花果、客寮鋪床洗曬、協助齋堂廚務、各殿堂值班、佛事法會的籌備及善後等，一應寺院教務和活動所需。經數年發展，如今寶峰寺義工團

---

[33] 作者另有專文探討現代佛門義工的由來、精神與特徵（未刊稿），此處不再贅列參考文獻。

[34] 李玉珍：〈寺院廚房裡的姊妹情：戰後臺灣佛教婦女的性別意識與修行〉，收入李玉珍、林美玫合編：《婦女與宗教：跨領域的視野》（臺北：里仁書局，2003年），頁219-332；朱建剛、梁家恩、胡俊峰：〈人間佛教的慈善實踐──對臺灣慈濟與法鼓山的比較研究〉，《西北民族研究》第81期（2014年5月），頁166-176；呂蓉蓉、陳沙麥：〈臺灣義工慈善組織發展的思考與借鑒〉，《中共福建省委黨校學報》2009年第8期（2009年8月），頁53-57；鄧子美、王佳：〈海峽兩岸佛教慈善事業多視角比較〉，《深圳大學學報（人文社會科學版）》第29卷第1期（2012年1月），頁127-128；粟霞：〈在家庭與寺廟之間──廣佛地區佛教女信徒與女信徒義工之個案研究〉（廣州：中山大學馬克思主義哲學碩士論文，2016年）。

《人間佛教研究》第十一期（2021）
Studies in Humanistic Buddhism, Issue 11(2021)，228-263

形成分工相對明確的兩大職能部門——文化部和後勤部。前者涉及活動策劃、宣傳、文書、攝影、視頻剪輯等工作，人數較少，青壯年居多；後者細分有衛生組、花果組、物資組、廚務組等，人數較多，以中老年為主。每個部門小組皆有相關負責人，直接向上級領取任務和彙報情況。這些負責人大多是寺院的資深義工，逢重大法會活動，由團長統一按需分配人手給他們。除幾位核心人物外，團內成員普遍以「某某師兄」相稱。

近兩年，因又果慈善會的成立，寶峰寺義工逐漸走出寺門，參與到服務社會的公益活動中。又果慈善會與義工團，作為圍繞寶峰寺成立的兩個居士組織，因主要成員高度重合，工作上常相互扶持。「教內務義工」的定位，不時給義工團的管理帶來問題，具體表現在部分義工對「寺院義工和社會義工」的認知爭議和疑惑上。對此，團長一般強調，寶峰寺義工團與其他社會義工組織雖不乏交流互動，然前者主要為寺院服務，性質不同；寺院義工相比社會義工，須懂得基本的佛門禮儀和佛教知識。可見，寶峰寺義工團領導對組織的定位，有著強烈的護持道場色彩。

就佛門義工的自我認知和實踐體會，本文對寶峰寺二十六位資深義工進行了深度訪談和參與觀察（詳見附錄一），發現：1、做義工是人們培養或實踐信仰的一個重要途徑；2、人們發心到寺院做義工的動機多元，大致可分為積累功德、增加社交、實踐佛法、接觸／學習佛法、促進自我成長五類；3、義工通過強調自身行為的無私性、奉獻性、利他性來與一般信眾、功德主相區別；4、「緣分」，被義工普遍解釋為他們選擇服務特定寺院的原因，其實質是種種已有社會關係的反映和新的社會關係的締造，包括他們與寺院所結成的「世出世間，共同成就」關係；5、到佛門做義工，不僅滿足了人們的各種現實需求，也切實構成他們日常生活的一部分，反過來還會影響他們的精神信仰、身份認同、社會認知和生活態度。比如團長衛姐，多年的常駐服務，已使她的個人生活與寺院

緊密相連，以至於非「想斷就斷」的程度；[35]義工惠嫻，深入參與寺院義工事務後，學佛心態和個人生活為之一變；[36]義工學仁，多次參與服務後萌生皈依佛門的想法，甚至希望兒子將來可以出家。[37]

（二）又果慈善會：入世為善，溫暖社會

目前，西樵轄內共有十個社會慈善團體（詳見附錄二）。其中，政府主導、聯合相關企業單位和社會熱心人士組建的三個；由地方鄉賢、宗族團體領導創辦，服務於特定村居社區的六個；由宗教人士組織創建的僅又果慈善會一個。這些團體均受業務主管單位、社團登記管理機關南海區民政局和西樵鎮人民政府的業務指導和監督管理。

與其他社會慈善團體相同，又果慈善會的主要業務範圍包括：籌集慈善基金和物資，組織、開展各類社會公益慈善服務活動，協助政府、民間發展各項慈善事業，按照捐贈者的志願進行慈善資助項目等。[38]成立至今，慈善會已開展的項目有：春節慰問孤寡老人及貧困戶，每年資助二十位貧困大學生每人二千元，公益徒步，慈善義賣等；[39]以扶貧濟困、捐資助學、慰問弱勢群體為主，並形成常規性項目，部分活動帶有佛教色彩（如為慰問對象普佛放生）。此外，慈善會活動常以寶峰寺名義舉行，且寺方參與成為宣傳要點。由此透露出慈善會的自我定位（宗教慈善團體）與官方認知（社會慈善團體）間存在一定張力。對此，可舉例加以說明。

---

[35] 訪談時間：2016 年 2 月 28 日，訪談地點：寶峰寺，訪談對象：衛姐，訪談人：程肖力。
[36] 訪談時間：2016 年 6 月 15 日，訪談地點：寶峰寺茶吧，訪談對象：義工惠嫻，訪談人：程肖力。
[37] 訪談時間：2016 年 10 月 2 日，訪談地點：寶峰寺舊址，訪談對象：義工學仁，訪談人：程肖力。
[38] 信息來源：《佛山市南海區西樵又果慈善會章程》，內部資料。感謝慈善會相關工作人員提供。
[39] 信息來源：《南海梵音》1-6 期「又果慈輝」項目及「又果慈善會」公眾號。

1、2016年初慈善會舉辦了首次捐資助學活動。事後，部分寺方代表和會員對活動主持者和舉行地點提出質疑，認為既是佛教慈善行為，應將活動組織安排在寺院，而非政府大樓內，並建議明年由寺方獨立籌辦。考慮到理應接受民政部門的監督管理，以及活動有多方人員參與，不便操作，建議最終未被採納。至今，慈善會的助學捐贈儀式仍在政府大樓內由社工局人員協辦。[40]

2、2016年2月慈善會創建了「日行一善功德群」（微信群），目的在於積累善款，同時也接受對寶峰寺的布施。[41]不久，該群善款的使用遭到外界議論。對此，有人建議群內只收取社會慈善款項，有人則認為做佛事與做善事都是功德，沒必要分開。出現混淆功德善款與社會善款情況的原因，一是群內人員大部分為寶峰寺的護法義工和善信居士，二是佛教信眾之慈善觀念異於社會慈善。[42]

3、善款事件折射出慈善會內部關於「行善」的理念存在差異，這實質是成員參會動機不同的反映。慈善會成員大多是地方中產及以上人士。將他們聯合起來的，一是同為老和尚弟子的身份認同，二是寶峰寺搭建的平臺，三是信仰實踐和社會行善的需求。他們的入會動機中，[43]滿足信仰實踐和社會行善需求者最常見。但具體到個體，社會行善未必與信仰有關，而可能只是出於單純回饋社會的願望。

上述事例共同說明又果慈善會作為宗教慈善團體的特殊性，即：1、以佛教信仰為組織的核心價值和關係紐帶；2、組織兼具宗教性和社會性；3、具備一般社會慈善組織的基本特徵；4、慈善活動不限於社會慈善，還包括具有宣教性質的內容，籍世善弘法的同時起到服務大眾、溫暖社會的作用。[44]依王佳的分類，[45]又果慈

---

[40] 筆者全程參與「2016年又果慈善會助學捐贈儀式」前後籌備及總結工作。
[41] 「日行一善功德群」微信群公告。
[42] 2016年3月20日，又果慈善會第四次例會，會議地址：西樵山北門客服中心又果慈善會會址。
[43] 有具體訪談記錄，限於篇幅，此處省略。
[44] 佛教慈善組織的特性，同時參考王佳：〈中國佛教慈善組織的發展現狀〉，《黑龍江民族叢刊》第118期（2010年10月），頁173。
[45] 王佳：〈當代福建佛教慈善組織運行模式剖析〉，《世界宗教研究》2010年第5期（2010年10月），頁43-52。作者認為佛教慈善組織的母體可分為依託寺廟、社會力量、政府機構或獨立組織不同類型；根據內容，則可分為「救濟型」、「服務型」、「弘法型」三種理想類型。

善會屬於依託寺院，主要從事救濟型工作的佛教慈善組織。

　　黃海波認為，以宗教信仰為基礎的非營利組織的身份建構，可以解決具有宗教背景的組織從事社會公益活動時所面臨的身份難題和各種合法性壓力，並為宗教因素在世俗性公益事業領域中的存在提供有效的組織基礎。[46]但事實上，身份認同和合法性的張力在已然建立起非營利性宗教慈善組織型態的機構的日常運作中仍會存在。這與國家政策的制定、地方部門的管轄、社會民眾的認知以及組織自身的定位有關。又果慈善會成員構成對外擴張不足，使其在公益慈善服務方面的社會性受限，與近代佛教居士慈善組織相比，缺乏足夠的獨立性和社會擔當。當然，我們並不否認又果慈善會服務地方、溫暖社會的貢獻，同時承認它在地方公益體系中的突破性作用——打破血緣、地緣、業緣互助救濟的傳統界限，在政府機構、其他社會力量之外另闢公共服務空間。

（三）善知識放生團：共修功德，凝結社會

　　善知識放生團的組建，與創建人李美秀個人中年罹患重病而深信佛教業報輪迴和放生功德的經歷直接相關。由於能力優秀、善緣廣結，李美秀實際主導了放生團的整體發展。她所組織的放生活動，因適應民情、形式多樣而廣受歡迎。參與者不僅從中切實了解到護生功德，還通過與法師同道的交流收穫知識經驗。因此，經口耳相傳，放生團隊伍不斷擴大，以致需要形成專門的義工團確保各項放生活動有序進行。同時，圍繞「分享善知識，傳播正能量」的口號，兼顧各人修學興趣不同，李美秀設有多種主題的微信共修群，如「心靈花園群」（聽經聞法、解答疑惑）和「祈福助念群」（共修功德迴向無量[47]），響應參與者眾多。

---

[46] 黃海波：〈宗教性非營利組織的身份建構研究——以（上海）基督教青年會為個案〉（上海：上海大學宗教社會學博士論文，2007年）。
[47] 摘自李美秀於2016年7月10日發布在「佛子祈福助念共修群」（微信）上的祈福助念信息。

影響廣泛使放生團吸引了不少熱衷於傳統文化和公益事業的民間團體。他們大多有佛教信仰和志願服務背景，積極加入各類共修群，宣傳自己的活動。對此，李美秀表示歡迎和支持，並受他們影響，希望改變單靠放生和線上共修團結成員的現狀，創辦符合放生團理念的佛教公益組織。[48]不久，名為「慈恩之家」的公益會所於2017年3月12日正式開張，成為善知識放生團的固定場所。對於「慈恩之家」，李美秀的定位是「非營利性公益組織」；以「共修佛家文化，分享善知識，傳播正能量，護持正法道場，幫助弱勢群體」為宗旨，定期開展共修和公益活動。共修活動包括：每月一次放生供齋，每週一次法華共修，日常念佛，各類祈福、拜懺、助念及法師開示等。公益活動有：家教班、國學班、藝術班、禪修班、美食班、養生班、名媛課堂、電商運營會、聯誼會等。[49]此外，在社會慈善方面，會所亦有所作為。如定期派出義工為孤寡老人送愛心餐，每週為環衛工人送水和早點，慰問貧困戶等。

公益會所的發展，促使放生團的理念關懷從共修功德為主轉向共修功德與凝結社會並重。活動多元化吸引了眾多企業家、慈善家、專業人士、中產階級加入，豐富了成員的構成。其中尤為顯著的是一群三十至五十歲，文化素養較高，有一定經濟實力，熱衷於社交和公益活動，追求實現自我的婦女群體。她們與李美秀興趣相投，協助策劃組織系列公益課程，既出錢，又出力，成為會所的骨幹成員。對這群婦女來說，李美秀所創辦的公益會所，提供了在家庭、單位之外的另一社會空間，讓她們可以體驗集體生活，學習提升自我，分享人生經歷，傳播善知識，回饋社會。

與此同時，佛教信仰始終是公益會所吸引新生力量、形成群體價值追求的重

---

[48] 信息來源：李美秀於 2016 年 4 月 4 日在「善知識放生團共修群」上回應杏壇觀音廟公益活動時所發表的一番言說。

[49] 「慈恩之家」的相關活動信息來源：公眾號「慈恩之家」。

要來源。無論早期的放生團，還是後來的公益會所，共修功德這一精神訴求都得到成員們的普遍認可和實踐。李向平認為，功德回向，把利益個人的因果對應式功德邏輯，建構為回向一切眾生的非對稱性關係及社會公共邏輯，是共修得以實現的一個信仰要素，也是功德共同體的建設基礎，更是佛教信仰的社會性體現，能使參與者收穫一種社會歸屬感。[50]佛教信仰此種聯繫個體和集體、營造社會公共空間的作用，至今仍在發揮，以居士組織體現最為明顯。這也是善知識放生團對地方社會的重要價值所在。

（四）雲端居文化傳播公司：德性培育，教化社會

雲端居始終專注佛法弘揚和德性培育，走的是「佛化人間」的道路。在領導者康師兄看來，佛教修行的實質是修心，眾多社會問題皆需要從內心去解決；佛法即佛陀的教育，依佛陀的教誨，先學會做人，方可追求成佛。由此，他將修行實踐落實到以佛法為指引的具體教育上，尤其注重下一代。[51]這是雲端居成立至今積極開展各類親子教育活動的核心緣由。

早年，康師兄曾在寶峰寺參與舉辦了兩期親子佛學教育班，[52]後因條件不成熟而沒有繼續。不久，他便轉依江門觀音寺開辦活動，明確以「啟迪智慧，淨化人心」的佛陀教育思想作指導，設計一系列課程。以第十二屆「中國夢‧我的夢」親子夏令營為例。內容包括：義工學員文藝表演、佛門禮儀教授、經典誦

---

[50] 李向平：〈緣分‧功德‧共同體──佛教信仰的私人性與社會性〉，《湖南師範大學社會科學學報》2009 年第 4 期（2009 年 7 月），頁 7。

[51] 康師兄口述：〈奉獻自己 照亮別人〉，見寶峰寺刊物：《南海梵音》第 3 期（2015 年 12 月），頁 32-34。

[52] 兩期均是親子共同參與的形式，主要內容包括學習佛門禮儀、品嘗素齋、學習音樂、聽師父開示、給親人寫信、孝敬父母等。信息來源：西樵寶峰寺所辦刊物《南海梵音》（半年刊）。

《人間佛教研究》第十一期（2021）
Studies in Humanistic Buddhism, Issue 11(2021)，228-263

讀、法師開示、沙畫製作、「麥田計畫」山區家庭援助故事分享、中華孝道文化課堂、親子互訴衷腸、戶外行腳、放生、供燈、慰問老人院、走訪貧困戶。全程圍繞孝道、仁愛、感恩、慈悲、互助等主題展開，尤其注重學員的修學總結和心得分享。

　　豐富多樣、動靜結合的課程內容，言傳身教、生動有趣的教學方式，加上參與者的積極反饋和口碑相傳，親子營活動收效甚佳，每期參加人數最高可達五百人，既成功護持道場，也打響了雲端居團體的名聲。如今，雲端居廣納人才，組成以康師兄為首，包括眾多優秀文化宣講者、社會熱心人士、勵志人物等在內的講師團。除江門觀音寺「佛陀教育」系列活動外，同時在南海區沙頭朗星觀音堂開辦公益親子國學班。後者分少兒班和成人班教學，每月逢週五晚上課一至二次。雲端居還設有「送課下鄉」的移動課堂免費服務，以「幸福人生講座」為主，也可按需求方指定內容進行講座，服務對象包括企業、社區、敬老院、學校等。[53]

　　可見，雲端居一直秉承「佛陀教育」的思想，通過觸動人心的舉例實踐教學，向社會大眾傳播中國傳統的孝道文化和佛家慈悲觀念，以期實現淨化人心、培育德性的團體目標。雖然該團隊也會舉行放生、供燈一類功德佛事和義賣拍賣、救濟貧困等公益慈善活動，但重心仍在佛化教育方面。其關於人們為何要以及該如何修善心、養德性的主張實踐，既起到教化社會的作用，同時也弘揚了佛法。

　　以歷史的眼光觀之，雲端居的「佛陀教育」理念，一方面繼承了中國視佛教為社會教化之力量的傳統做法；另一方面延續了近代居士佛教以學興教，自主通

---

[53]　筆者與雲端居骨幹成員張師兄聊天所得（訪談時間：2016 年 7 月 10 日，訪談地點：寶峰寺內）。

過知識德性培養道德德性的脈絡。[54]值得注意的是，雲端居的活動組織模式和教學內容，明顯受到淨空關於在家居士修學傳統文化的一套話語實踐的影響。

五、結論和思考：佛教居士組織參與社會生活的動力因素及現存問題

行文至此，我們該如何理解贊寧所言的「社之法，以眾輕成一重，濟事成功，莫近於社」？[55]何蓉認為，隱藏於個人選擇、組織形成與傳承當中的志願原則是宗教發生、發展的核心；佛教傳入中國，不僅形成了相對獨立於中國傳統倫理的志願性宗教，還培養了個人的志願意志，豐富了中國民間社會的組織形式；而志願性帶來的行動力，是佛教組織得以長存人間，同時保留獨特性的依托所在。[56]換言之，志願組織的形成與存在，是佛教的重要社會基礎；志願性是佛教組織的顯著特徵和發展動力。

那麼，佛教組織的志願性來源於什麼？顯而易見，無論寺院僧團，還是本文所討論的居士組織，其志願性的來源是宗教性，即關於佛教的信仰和價值觀念。從私人範疇的信仰關懷到公共範疇的社會實踐的機制原理，李向平已有論述，[57]龔浩群則提供了更為細緻的考察。她發現，當代泰國民眾的公民身份是在本土公共性邏輯中得以實現的，而後者來源於佛教的「功德」觀。在此意義上，龔超越人類學關於禮物「交換」、「互惠」的解釋，從「給予」角度去理解，強調佛教的「功德本身就是作為生命的個體和個體與其他生命的聯繫的統一」、「獲得功德的方式——無論是個人行為還是集體行為——最終都體現了佛教徒的社會觀

---

54 詳見汲喆：〈居士佛教與現代教育〉，頁 41-64。
55 〔宋〕釋贊寧：〈結社法集〉，《大宋僧史略》卷 3，《大正藏》第 54 冊，頁 250 下。
56 何蓉：〈漢傳佛教組織的類型學：演化與機制〉，頁 295。
57 詳見李向平：《信仰但不認同：當代中國信仰的社會學詮釋》（北京：社會科學文獻出版社，2010 年）。

念」。[58]

　　如前所述，佛教居士結社共修成事在中國有著悠久的歷史傳統。在佛教業報輪迴、慈悲布施、功德福田等思想引導下，中國民眾發明本土傳統，結成信仰或功德共同體，既行建寺、誦經等佛事，亦施修橋、濟貧等世善，還舉經濟、禮俗等互助。藉此，佛教信仰突破私人範疇，進入集體空間，在更寬廣的層面影響人們的日常和社會生活。雖然與佛教在泰國作為公民宗教的社會影響相比，中國的情形有所不同，但近代居士佛教及其社會組織實踐已然顯示出佛教在貢獻國家社會建設方面所擁有的潛能。至於當代的情形，從西樵個案來看，意義和問題同在。

　　當代大陸佛門義工的出現，除前述因素外，還可能是受臺灣影響的結果，[59]反映了兩岸社會文化的交流互動。但相比臺灣佛門義工積極主動的社會參與，大陸佛門義工仍多局限於護持道場層次，社會公益服務表現較弱。寺院義工與寺院的親密關係，往往會影響他們的自我認知和組織定位。就寶峰寺義工團而言，他們明確以護持寺院為宗旨，而與寺方結成一種「世出世間，共同成就」的關係。這層關係的特殊性（非契約性的，關乎宗教情感和道德權威）導致在相處過程中，義工傾向於把寺院當作莊嚴道場和另一層精神意義上的「家」，由此去做行動上的維護和感情上的依賴，大多忽略或回避組織歸屬的問題。與之相對，寺院對待義工的態度則更多是理性的。如此一來，儘管到佛門做義工可滿足信眾各類精神和生活需求，但以對寺院僧團的感情歸屬或道德權威想像為核心的組織關係，終究因依於變動的人事而不牢固，隨時面臨鬆散的危機。正如一位訪談對象

---

[58] 龔浩群：《信徒與公民——泰國曲鄉的政治民族志》（北京：北京大學出版社，2009 年），頁 82、73。

[59] Jia zhang and Zhe Ji, "Lay Buddhism in Contemporary China: Social Engagements and Political Regulations," *China Review*, pp.25-26.

所言：「來與不來，全憑內心的緣分。」[60]

　　相比之下，善知識放生團的獨立性和社會性較強。創建至今，善知識放生團既不依賴寺院，也不圍繞僧團，走的是聯合同道、面向社會的自主發展道路。他們通過佛教「人間化」、「現代化」的實踐，搭建起聯繫個體和集體的平臺，凝結社會的同時，也營造出其他公共空間。隨著公益會所發展，原來的功德共同體也在悄然向更廣泛的社會共同體轉變。就塑造豐富的集體生活而言，善知識放生團無疑是當代西樵佛教居士組織中的佼佼者。然而，近兩年，善知識放生團卻停滯不前，主要原因是核心領導人物李美秀個人生活重心轉移，不再費心經營，甚至中止了諸多廣受歡迎的項目，導致團體凝聚力下降。這提醒我們注意居士精英在居士組織中的影響作用。

　　對於中國宗教的各種入世模式，周越區分出兩種不同類型——做「善事」（提供「公共之善」）和營「善世」（構建「善之公眾」、「善之社會」）。前者是老生常談的宗教入世內容，即各種服務於社會的慈善活動，如修建橋樑、醫院、學校以及賑災等；後者充滿強烈的道德教化衝動，其理想是通過觀念的教導，使人們的性情德行在日常中得到良好培養。[61]雲端居文化傳播有限公司的追求實踐正是構建「善世」的類型。事實上，教化社會的道德衝動在當代西樵佛教居士組織中普遍存在。如善知識放生團、又果慈善會，皆有開展弘揚國學和孝道文化的活動。這種現象的出現，如果除卻傳統的因素，確能證實淨空相關主張在當中的作用，那無疑將為淨空影響大陸居士佛教多添加一個地方註腳。

　　至於又果慈善會，則是中國宗教入世的另一種模式——做「善事」的代表；

---

[60] 訪談時間：2016年2月28日，訪談地點：寶峰寺齋堂，訪談對象：義工本桂（化名），訪談人：程肖力。

[61] 英·周越（Adam Yuet Chau）著，張曉梅譯：〈做「善事」還是構建「善世」——宗教入世與宗教主體化在中國〉，收入金澤、陳進國主編：《宗教人類學》第3輯（北京：社會科學文獻出版社，2012年），頁154。

且由於其創建、發展與寶峰寺密切相關，從側面也反映出地方佛教積極入世的努力。研究表明，佛教慈善一直是中國慈善事業的重要力量，慈善作為弘法利生的實踐方式，在近代更被視為「佛教的基石」。這一思想傳統，延續至今天，為海峽兩岸佛教界所自覺繼承和積極實踐。但即便是已於公益慈善服務方面造就國際影響的慈濟功德會、國際佛光會，也依然與政治保持一定距離，並不具備形成「公共領域」或「替代性社會文明」的充足條件，毋論其慈善事業如今仍受政府職能部門嚴格管控的大陸佛教。宗教組織不能以其宗教身份來提供社會服務，必須建立獨立於其宗教母體的慈善機構方可參與提供公共善業，宗教組織對自身的捐助沒有監督權力等現實規定，限制了大陸佛教慈善事業的進一步發展。[62]這種「宗教」與「福利」互相分離獨立的主流規範，讓又果慈善會多次陷入「佛教慈善還是社會慈善」的迷亂中。

當然，官方的政策亦有其合理考慮。與佛教所能提供的慈善資源一樣豐富的，是信眾慈善行為的複雜動機。如明清士紳參與寺院組織的募捐活動背後往往有一定理性利益的驅動，非純粹的慈善。[63]政府要清晰把握此類行為，只能以與國家所提供的社會福利服務相似的標準衡量和規範之。[64]佛教慈善跨越社會倫理和宗教信仰兩

---

[62] 日‧道端良秀著，關世謙譯：《中國佛教與社會福利事業》（高雄：佛光出版社，1981年），頁34-150；王月清、劉丹：〈中國佛教慈善的現狀與未來〉，《江海學刊》2010年第5期（2010年9月），頁101-105；杜麗婕：〈中國佛教社會工作的倫理與實踐——基於文化和歷史傳統的本土經驗〉，《雲南師範大學學報（哲學社會科學版）》第48卷第5期（2016年9月），頁74-82；何建明：〈中國佛教慈善思想的現代傳統〉，《中國哲學史》2009年第3期（2009年8月），頁108-115；安德瑞（André Laliberté）著，陳文飛譯：〈佛教慈善與中國的社會政策：替代性社會文明的契機？〉，收入汲喆、田水晶、王啟元編：《二十世紀中國佛教的兩次復興》（上海：復旦大學出版社，2016年），頁164-182；陳星橋：〈關於佛教慈善的若干思考〉，《法音》2011年第11期（2011年11月），頁46-47；李榮峰：〈基於社會服務視角的佛教慈善發展研究〉（長春：吉林大學中國哲學博士論文，2015年）；李玲玲：〈試論佛教慈悲思想及其當代踐履——以臺灣佛教的慈善事業為例〉（鄭州：鄭州大學倫理學碩士論文，2010年）；王麗芳：〈我國慈善文化建設研究〉（廈門：廈門大學行政管理碩士論文，2007年）。

[63] 加‧狄茂希‧卜正明（Timothy Brook）著，張華譯：《為權力祈禱：佛教與晚明中國士紳社會的形成》（南京：江蘇人民出版社，2008年），頁335-339；美‧柯嘉豪（John Kieschnick）著，趙悠等譯，祝平一等校：《佛教對中國物質文化的影響》（上海：中西書局，2015年），頁203。

[64] 英‧周越：〈做「善事」還是構建「善世」——宗教入世與宗教主體化在中國〉，收入金澤、陳進國主編：《宗教人類學》第3輯，頁154。

個範疇。前者與社會慈善的精神宗旨類同，指向公共領域，是政府所能把握、認同和支持所在；後者是佛教慈善的獨特處，也是佛教所能提供的眾多慈善資源的源頭，涉及私人領域，政府對此無從準確掌握。宗教和社會結合，所呈現的佛教慈善行為動機，或為離欲修行，或為無私奉獻，或為祈福消災，或為現世利益，種種類類，世出世間。推及佛教組織的其他活動，亦是同理，一方面超越，一方面入世。這種在世出世的跨界，對世俗主義的政府而言，有時是十分危險的，需要時時提防；對佛教界來說，如何把握這條界限，則關乎佛教的現實存續發展，乃生存大事；在廣大信眾看來，惟其能圓融遊行於世間和世外，同時滿足他們解脫超越、修心養性、消災納福、社會交往、互助行善、實現自我等多種需求，佛教方能彰顯其獨特魅力和價值。

綜上，千百年來，佛教的哲學義理、思想文化、組織形態和社會實踐潛移默化地影響著一代又一代中國人。這種影響，既是個體精神和生活層面的，也是集體社會和組織層面的。居士組織，不僅是佛教的重要社會基礎，也是佛教對社會的一種貢獻。基於宗教性志願原則結合起來的居士組織，作為一種世俗組織，進入社會時，擁有比寺院僧團更多的便利和優勢，因此起到承上啟下和左右聯合的作用。當代中國西樵鎮的佛教居士組織，組建形式多樣、人員構成多元、活動內容豐富。不僅在微觀上幫助西樵民眾形塑多彩的日常生活，滿足人們各種需求；宏觀上也推動多元社會共同體和公共空間的形成，有利於民間組織和地方公益的發展，無疑是現代社會建設中一股不可忽視的力量。佛教居士組織之所以能積極有效地參與地方社會生活，根本原因在於以佛教信仰為背景的宗教性志願力產生出源源不斷的集體意志和社會行動力。當然，從本文的個案來看，居士組織的健康發展，反過來也有賴於中國佛教和中國社會自身的建設完善。

【徵引及參考文獻】

一、古籍

〔宋〕釋贊寧：《大宋僧史略》，《大正藏》第54冊。

二、近人論著

（一）專書

汲喆、田水晶、王啟元編：《二十世紀中國佛教的兩次復興》，上海：復旦大學出版社，2016年。

李玉珍、林美玫合編：《婦女與宗教：跨領域的視野》，臺北：里仁書局，2003年。

李向平：《信仰但不認同：當代中國信仰的社會學詮釋》，北京：社會科學文獻出版社，2010年。

金澤、陳進國主編：《宗教人類學》第3輯，北京：社會科學文獻出版社，2012年。

郝春文：《中古時期社邑研究》，上海：上海古籍出版社，2019年。

唐忠毛：《中國佛教近代轉型的社會之維：民國上海居士佛教組織與慈善研究》，桂林：廣西師範大學出版社，2013年。

聖凱：《中國佛教信仰與生活史》，南京：江蘇人民出版社，2016年。

潘桂明：《中國居士佛教史》，北京：中國社會科學出版社，2000年。

龔浩群：《信徒與公民——泰國曲鄉的政治民族志》，北京：北京大學出版社，2009年。

日・道端良秀著，關世謙譯：《中國佛教與社會福利事業》，高雄：佛光出版社，1981年。

日・鐮田茂雄著，鄭彭年譯，力生校：《簡明中國佛教史》，上海：上海譯文出版社，1986年。

加・狄茂希・卜正明（Timothy Brook）著，張華譯：《為權力祈禱：佛教與晚明中國士紳社會的形成》，南京：江蘇人民出版社，2008年。

法・謝和耐（Jacques Gernet）著，耿昇譯：《中國5—10世紀的寺院經濟》，上海：上海古籍出版社，2004年。

美・柯嘉豪（John Kieschnick）著，趙悠等譯，祝平一等校：《佛教對中國物質文化的影響》，上海：中西書局，2015年。

荷・許里和（Erich Zurcher）著，李四龍、裴勇等譯：《佛教征服中國》，南京：江蘇人民出版社，1998年。

（二）期刊論文

王月清、劉丹：〈中國佛教慈善的現狀與未來〉，《江海學刊》2010年第5期，2010年9月，頁101-105。

王佳：〈中國佛教慈善組織的發展現狀〉，《黑龍江民族叢刊》第118期，2010年10月，頁173-179。

王佳：〈當代福建佛教慈善組織運行模式剖析〉，《世界宗教研究》2010年第5期，2010年10月，頁43-52。

王佳：〈中國佛教團體與慈善公益事業研究評述〉，《世界宗教文化》2011年第2期，2011年4月，頁6-11。

朱建剛、梁家恩、胡俊峰：〈人間佛教的慈善實踐——對臺灣慈濟與法鼓山的比較研究〉，《西北民族研究》第81期，2014年5月，頁166-176。

《人間佛教研究》第十一期（2021）
Studies in Humanistic Buddhism, Issue 11(2021)，228-263

汲喆：〈居士佛教與現代教育〉，《北京大學教育評論》第7卷第3期，2009年7
月，頁41-64。

汲喆：〈導言：居士佛教的社會學問題〉，《宗教社會學》（年刊）第2輯，
2014年7月，頁85-89。

杜麗婕：〈中國佛教社會工作的倫理與實踐——基於文化和歷史傳統的本土經
驗〉，《雲南師範大學學報（哲學社會科學版）》第48卷第5期，2016年9
月，頁74-82。

李玉栓：〈中國古代的社、結社與文人結社〉，《社會科學》2012年第3期，
2012年3月，頁174-182。

李向平：〈緣分・功德・共同體——佛教信仰的私人性與社會性〉，《湖南師範
大學社會科學學報》2009年第4期，2009年7月，頁5-9。

呂蓉蓉、陳沙麥：〈臺灣義工慈善組織發展的思考與借鑒〉，《中共福建省委黨
校學報》2009年第8期，2009年8月，頁53-57。

邱雯雯：〈近代以來兩岸佛教居士組織研究述評〉，《閩南師範大學學報（哲學
社會科學版）》第108期，2018年3月，頁89-96。

何建明：〈中國佛教慈善思想的現代傳統〉，《中國哲學史》2009年第3期，
2009年8月，頁108-115。

何勁松：〈中國佛教應走什麼道路——關於居士佛教的思考〉，《世界宗教研
究》1998年第1期，1998年3月，頁22-30。

何蓉：〈漢傳佛教組織的類型學：演化與機制〉，《佛學研究》2018年第1期，
2018年7月，頁287-295。

佛日：〈近現代居士佛教〉，《法音》1998年第5期，1998年5月，頁13-18。

金易明：〈都市佛教之特性及城市居士佛教考察〉，《世界宗教文化》2011年第
3期，2011年6月，頁63-66。

夏金華：〈民國時期上海佛教團體慈善公益事業與現代寺院慈善活動的比較研究〉，《南京曉莊學院學報》2009年第5期，2009年9月，頁104-113。

陳述：〈圍繞寺廟的邑、會、社——我國歷史上一種民間組織〉，《北方文物》1985年第1期，1985年4月，頁75-79。

陳星橋：〈關於佛教慈善的若干思考〉，《法音》2011年第11期，2011年11月，頁43-50。

趙璐、馮波：〈北京佛教慈善組織與社會建設的關係探究〉，《社會科學前沿》2013年第2期，2013年6月，頁35-44。

寧可：〈述「社邑」〉，《北京師院學報（社會科學版）》1985年第1期，1985年3月，頁12-24。

鄧子美：〈新世紀佛教復興的組織基礎（一）——二十世紀中國佛教教會社團的組建〉，《法音》1999年第5期，1999年5月，頁3-5。

鄧子美：〈新世紀佛教復興的組織基礎（二）——二十世紀中國佛教教會社團的組建〉，《法音》1999年第6期，1999年6月，頁3-5。

鄧子美：〈新世紀佛教復興的組織基礎（三）——二十世紀中國佛教教會社團的組建〉，《法音》1999年第7期，1999年7月，頁3-5。

鄧子美：〈新世紀佛教復興的組織基礎（四）——二十世紀中國佛教教會社團的組建〉，《法音》1999年第8期，1999年8月，頁3-5。

鄧子美、王佳：〈海峽兩岸佛教慈善事業多視角比較〉，《深圳大學學報（人文社會科學版）》第29卷第1期，2012年1月，頁124-131。

劉淑芬：〈五至六世紀華北鄉村的佛教信仰〉，《中央研究院歷史語言研究所集刊》第63卷第3期，1993年7月，頁497-544。

盧雲峰、和園：〈善巧方便：當代佛教團體在中國城市的發展〉，《學海》2014年第2期，2014年3月，頁26-34。

Jia zhang and Zhe Ji, "Lay Buddhism in Contemporary China: Social Engagements and Political Regulations," *China Review*, Vol. 18, NO. 4 (November 2018), pp.11-39.

（三）學位論文

王麗芳：〈我國慈善文化建設研究〉，廈門：廈門大學行政管理碩士論文，2007年。

李玉偉：〈晚明居士群體研究〉，北京：中央民族大學專門史博士論文，2013年。

李玲玲：〈試論佛教慈悲思想及其當代踐履——以臺灣佛教的慈善事業為例〉，鄭州：鄭州大學倫理學碩士論文，2010年。

李榮峰：〈基於社會服務視角的佛教慈善發展研究〉，長春：吉林大學中國哲學博士論文，2015年。

吳楠：〈西安善導念佛團研究〉，西安：西北大學宗教學碩士論文，2016年。

胡新：〈近代居士佛教研究〉，武漢：華中師範大學專門史碩士論文，2011年。

高虹：〈佛教信仰在當代社會的實踐方式——以上海地區的「老闆佛教徒」的研究為例〉，上海：上海大學社會學博士論文，2010年。

高寶平：〈當代中國居士組織發展趨勢研究——以居士企業為例〉，西安：西北大學中國史碩士論文，2017年。

曹三尚：〈居士佛教倫理研究〉，西安：陝西師範大學宗教學碩士論文，2007年。

閆雪：〈社會學視角下佛教禪宗居士生活狀況研究〉，西安：西北大學社會學碩士論文，2015年。

黃海波：〈宗教性非營利組織的身份建構研究──以（上海）基督教青年會為個
　　案〉，上海：上海大學宗教社會學博士論文，2007年。

粟霞：〈在家庭與寺廟之間──廣佛地區佛教女信徒與女信徒義工之個案研
　　究〉，廣州：中山大學馬克思主義哲學碩士論文，2016年。

（四）其他

寶峰寺內部刊物：《南海梵音》第3期，2015年12月。

附錄一　寶峰寺資深義工基本信息一覽表

序號	姓名（均作化名處理）	性別	年齡	居住地址	文化程度	職業	收入狀況[65]	團內職位
1	潘紅衛	女	53	西樵沙頭	初中	布匹店的老闆，已退休	中等	義工團團長
2	李惠嫻	女	51	西樵官山	高中	某國企前副廠長，已退休	高等	文化義工
3	羅英紅	女	52	西樵永利	初中	一洗車店老闆，已退休	高等	文化義工
4	關志森	男	45	南海黃岐	初中	某竹製品公司副經理	中等	後勤義工
5	區正斌	男	48	佛山禪城	初中	某管理處工作人員	中等	後勤義工
6	徐來誠	男	49	順德樂從	初中	自由職業	中等	後勤義工
7	梁笑銀	女	50	佛山城區	高中	某印刷廠退休人員	中等	後勤義工
8	張家香	女	56	西樵官山	小學	家庭婦女	低等	後勤義工
9	陳本桂	女	50	西樵民樂	初中	家庭婦女	低等	後勤義工
10	鄭濟華	女	51	西樵百東	小學	環衛工人	中等	後勤義工
11	關婉珊	女	51	西樵崇南	高中	財務（已退休）	高等	文化義工
12	劉嫦月	女	52	佛山市區	初中	家庭婦女	中等	後勤義工
13	潘有喜	女	60	西樵大岸	讀了幾年	家庭婦女	低等	後勤義工
14	崔少芳	女	61	西樵民樂	讀了幾年	家庭婦女	低等	後勤義工
15	李萍芬	女	60	西樵嶺西	讀了幾年	家庭婦女	中等	後勤義工
16	林歡妍	女	36	禪城南莊	大學	自由職業	中等	文化義工
17	康學仁	男	47	廣州越秀	高中	攝影師	中等	文化義工
18	劉華文	男	47	西樵官山	高中	服裝廠老闆	高等	文化義工
19	譚怡弟	女	45	西樵官山	高中	服裝廠老闆娘	高等	後勤義工
20	郭東	男	39	禪城南莊	初中	養老院工作人員	中等	後勤義工
21	馬廣大	男	46	禪城南莊	初中	養老院管理人員	中等	後勤義工
22	何杏圓	女	45	順德樂從	初中	家庭婦女	高等	後勤義工
23	陳紹娟	女	65	西樵官山	沒讀過書	家庭婦女	低等	後勤義工
24	方迎春	女	53	西樵山根	高中	某建材公司的管理人	中等	後勤義工
25	孔招弟	女	54	西樵百滘	小學	家庭婦女	低等	後勤義工
26	李少妹	女	62	西樵崇南	沒讀過書	家庭婦女	中等	後勤義工

---

[65] 「收入狀況」按照佛山市 2017 年最低工資標準 1510 元／月，個人平均月收入低於或與此標準持平的為「低等」，高於此標準三倍以內的為「中等」，高於此標準三倍以上的為「高等」。

就「佛門義工的自我認知和實踐體會」，對寶峰寺二十六位資深義工訪談的問題
    如下：

1.個人信仰狀況。包括是否信佛（如否，則詢問是否有信仰，信仰什麼）、信佛
    多少年、是否已皈依、日常持戒情況等。

2.自認「佛門義工」與其他義工的區別（更通俗的問法是：「你覺得自己現在所
    做的義工工作跟其他社會義工有何區別？」）

3.為何要到寺院做義工？為何選擇到寶峰寺做義工？

4.心目中認為寺院是一個什麼樣的地方？義工與寺院僧團是何種關係？

附錄二　西樵社會慈善團體信息一覽表（登記在冊）[66]

序號	社會團體名稱	登記日期	統一信用代碼	法定代表人／負責人	地址	業務範圍	註冊資金（萬元）
1	佛山市南海區西樵慈善會	2003-12-11	5144060569816994XM	梁瑞英	南海區西樵鎮政府社會事務辦公室	慈善募捐，扶貧助困。	3
2	佛山市南海區西樵民樂延陵慈善會	2010-04-26	51440605553697610T	吳信民	南海區西樵鎮民樂延陵村內	慈善募捐、扶貧助困。	1
3	佛山市南海區西樵大桐堡慈善會	2012-10-15	514406050553738911	程耀南	南海區西樵鎮大同村委會	組織舉辦慈善活動，募集慈善資金和物資，扶貧助困。	1
4	佛山市南海區西樵西岸慈善會	2013-04-28	514406050685149805	黃勝超	南海區西樵鎮西岸管理處辦公室	慈善募捐，扶貧助困。	3
5	佛山市南海區西樵安定慈善會	2013-08-20	514406050767063098	梁仲森	南海區西樵鎮愛國杏頭村民小組辦公室	慈善募捐，扶貧助困。	3
6	佛山市南海區西樵華光慈善會	2014-04-09	514406050975285728	吳國平	南海區西樵鎮華夏村第六村民組	慈善募捐，扶貧助困。	3
7	佛山市南海區西樵樂善會	2013-04-23	51440605066723439Q	麥聯惠	南海區西樵鎮登山大道政府大院內教育局辦公室	籌集慈善資金和物資；助學興教；開展各類慈善活動。	3
8	佛山市南海區西樵智善會	2013-07-22	514406050750819417	萬順妹	南海區西樵鎮官山圩江浦西路94號四樓	開展各類慈善、社會公益、交流等活動。	3

---

[66] 據佛山市南海區民政局官網公佈的截至 2017 年 7 月 31 日全區登記在冊社會團體信息製表。網址：http://minzheng.nanhai.gov.cn/cms/html/5188/2017/20170804173930610199253/201708041739306101992 53_1.html。

序號	社會團體名稱	登記日期	統一信用代碼	法定代表人／負責人	地址	業務範圍	註冊資金（萬元）
9	佛山市南海區西樵寶頭慈善會	2015-06-16	514406053453664890	梁耀安	南海區西樵鎮樵金路崇南社區居民委員會內	籌集慈善資金和物資；組織各類慈善活動；協助政府、民間發展各項慈善事業；按照捐贈者的意願進行慈善資助項目。	8
10	佛山市南海區西樵又果慈善會	2015-10-10	51440605354757668U	釋能容（化名）	佛山市南海區西樵山北門客服中心	慈善募捐，扶貧助困。	3

《人間佛教研究》第十一期（2021）
Studies in Humanistic Buddhism, Issue 11(2021)，228-263

Lay Buddhist organizations participate in local social life:a case study of Xiqiao in contemporary China

CHENG, Xiao Li[*]

Abstract

China's lay Buddhism and its organizational practices have a long history, and it has been an important social foundation and influential force of Buddhism. Based on religious voluntary principle, the lay Buddhist organization plays a connecting role between Buddhism and society. Lay Buddhist organizations of Xiqiao in contemporary China has various forms of organization, diversified personnel composition and rich activities. Not only in the micro - help Xiqiao people shape colorful daily life, to meet people's needs; Macroscopically, it also promotes the formation of diversified social communities and public spaces, which is conducive to the development of civil society and local public welfare. Therefore, the lay Buddhist organization is undoubtedly a force that cannot be ignored in the construction of modern civil society. The root cause

[*] **CHENG, Xiao Li**, Full time teacher of School of Marxism, Foshan Polytechnic.

of the active and effective participation of lay Buddhist organizations in local social life lies in the continuous collective will and social action which are generated by religious volunteerism based on Buddhist belief. In addition, the problems of the case show that the healthy development of lay Buddhist organization, also depends on the construction and perfection of Chinese Buddhism and civil society.

Keywords: Buddhism and society, lay Buddhism, lay Buddhist organization, Xiqiao

《人間佛教研究》第十一期（2021）
Studies in Humanistic Buddhism, Issue 11(2021)，264-295

「四眾」之外：近代上海佛寺的工役群體與寺院經濟

朱明川 *

摘要

　　本文關注近代中國佛寺中的工役，通過這一特殊群體探討百年來都市佛教寺院經濟的發展和變遷。寺工群體歷來數量龐大，是叢林生活中的必要組成部分。近代以來，都市佛寺興起，提供服務的寺工在寺院經濟中的作用愈發重要。然而，在這種佛教服務業的僱傭關係下，寺工們的宗教身份也變得模糊起來。在二十世紀40、50年代，圍繞著勞資糾紛與僧俗矛盾的雙重衝突，寺工們開始組建工會以求抗爭佛教會。隨著時代的迅速變化，雙方的境遇也幾度逆轉。本文依據報刊、檔案、調查報告和回憶錄等資料，著重考察上世紀40、50年代上海地區的寺僧與工役的糾紛事件，還原雙方的博弈過程及其背後的觀念。透過寺院工役群體近百年來的命運變遷，可以更深入地了解近代寺院的運作方式，並從新的角度發掘「都市佛教」寺院經濟的特性。

關鍵詞：寺工、寺院經濟、都市佛教

---

* 朱明川：復旦大學哲學學院碩士研究生。本文初宣讀於 2019 年 1 月香港中文大學人間佛教研究中心舉辦的「佛教與近代中國」學術論壇。感謝陳劍鍠教授提供發表機會。在論文修改的過程中，獲得何建明、汲喆、李玉珍、李四龍等教授和兩位匿名評審人的寶貴意見；又有 Rostislav Berezkin、邵佳德、李裕晨等師友無私提供幫助，在此一併致謝。

一、前言

> 不問金枝並玉葉，那管皇親及國親。
>
> 須要捨身如奴婢，低頭下拜奉諸僧。
>
> 莫怪老僧來驅遣，也無閑飯養閑人。
>
> 與我廚中粗作用，每日供齋五百僧。[1]

　　在《香山寶卷》中，觀音菩薩的化身妙善公主想要到白雀寺出家修道，卻被方丈阻撓，被要求先在廚房中做雜役，服侍眾尼僧。妙善在廚房中辛勤勞碌，應對百般雜務，但卻「無怨恨之心，常生歡喜之意」，將這種捨身行為看作是證悟菩提的必經之路。到寺院中服務僧人，在很多情況下是出家修道的前置條件。如六祖慧能在剃度之前，也被五祖發配到寺院後廚中破柴踏碓八個餘月。服侍僧人的勞作可被視為對三寶的恭敬，苦其筋骨的過程亦是一種修煉，愈發能夠顯示虔誠與決心。此外，對於廣大俗眾而言，捨身入寺、服務僧人的奉獻足以積累功德。此前南朝帝王多有此舉，梁武帝（464—549）捨身同泰寺，並非是要出家為僧，而是入寺為奴，服侍僧人；[2]陳後主（553—604）夢見「有狐入其床下，捕之不見，以為妖」，於是「自賣於佛寺為奴以禳之」。[3]

　　事實上，委身寺院服務僧人並非只有宗教層面上積累功德的意涵；從實際情況來看，僧人亦需要各類人手來解決種種世俗繁雜之事。在這種需求之下，「寺工」群體便出現了。俗眾來到佛寺當工役，為寺院和僧人勞動，並以此作為

1　不著撰人：《香山寶卷》，清同治七年杭州寶善堂刻本，收入濮文起主編：《民間寶卷》第 10 冊（合肥：黃山書社，2005 年），頁 178。

2　〔北齊〕魏收：《魏書》（長春：吉林人民出版社，1995 年），卷 98，「列傳八十六」，頁 1342。

3　〔唐〕李延壽：《南史》（北京：中華書局，1975 年），卷 10，「陳本紀下第十」，頁 307。

主要的謀生手段，是為「寺工」。佛寺中的工役們雖非僧人，但他們在寺院和寺院經濟中有著重要作用，使得這一群體能夠在寺院生活中長期存在。北朝有「佛圖戶」這一制度，彼時人身依附關係強烈，佛教界倡議政府「請民犯重罪及官奴為佛圖戶，以供諸寺掃灑」；[4]南朝的「寺戶」亦是類似角色，這類賤民被稱為「白徒」、「養女」等；直到唐代，相似的制度還存在於敦煌、高昌等地，這類供使喚，幹雜活的僕役與奴婢，有時亦被稱作「常住百姓」，但地位卻比同樣依附佛寺，為寺院耕種和輸送糧食的「僧祇戶」們低很多。[5]正是他們接近於無償勞動的生產，使得佛寺財富激增。近世以降，寺院不再擁有大量人口，人身依附關係減弱，但是為寺院耕種土地的佃農和為寺院服務的僕役依舊存在，他們被稱作「人力」、「老郎」、「人僕」等。[6]

二、近世以來寺工群體的變遷

佛陀涅槃前，曾要求弟子少欲自活，比丘不應擁有僕從奴婢，「畜人僕」一類的行為被歸為「八不淨」。[7]然而，中國的高僧大德往往配有專門的僕役，近代觀宗寺有茶房數人專門負責照料諦閑法師（1858—1932）的起居，替諦閑向門下眾僧傳訊，每當諦閑外出講經時，除了門人弟子陪伴之外，亦有茶房一人跟隨服侍；[8]太虛（1890—1947）在普陀山閉關時，雖有印光（1862—1940）等一眾法師在外護關，但他還是僱傭了僕役一人，專門負責在關內服侍。[9]需要說明

4　〔北齊〕魏收：《魏書》卷 114，「釋老志」，北京：中華書局，1974 年，頁 3037。
5　法・謝和耐（Jacques Gernet）著，耿昇譯：《中國 5—10 世紀的寺院經濟》（蘭州：甘肅人民出版社，1987 年），頁 125-144。
6　參見日・釋道忠：《禪林象器箋》卷 6，《大正藏補編》第 19 冊，「稱呼門」，頁 199 中 -200 上。
7　參見〔宋〕釋志磐：《佛祖統紀》卷 4，《大正藏》第 49 冊，頁 163 下 -164 中。
8　釋倓虛：《影塵回憶錄》（臺北：華藏淨宗學會，2012 年），頁 126。
9　釋太虛：《太虛大師全書》（北京：宗教文化出版社，2005 年），卷 31，頁 170。

的是，寺院中的俗家工役們的服務對象不僅限於上層，也涵蓋到日常生活中的方方面面，以支撐整個寺院系統的正常運轉。他們在寺院生活中佔有重要地位，從宋元時期的禪宗文獻來看，寺工們會參與到教團內部的重要儀式場合，如祖師誕辰、住持入院、方丈升座、重要人物來訪、結夏安居、僧人葬禮等。如達摩祖師的忌日時，僧人們在法堂中設祭，會派專門的僧人帶領人僕們排列參拜；[10]當有尊宿來訪作客時：

> 住持必於寢堂具香燭相接，仍令鳴僧堂鐘。客頭報首座，領眾插香問訊畢。眾退，兩序勤舊就陪坐。燒香喫茶罷，侍者方插香禮拜。帶行侍者、行者、人僕、轎從參拜。方丈執局及參頭領眾行者、人僕、轎番，以次參拜。[11]

以結夏和結冬為例，按照元代盧山的《禪林備用清規》記載，在首座入堂、巡堂之後，眾人會依次上前插香展拜，之後：

> 方丈客頭行者進罣罳椅子，住持即趺坐。侍者一班，進前插香，九拜。次辦事小師，插香九拜。次參頭行者領眾行者插香，禮三拜。若冬年節，寮前老郎、方丈轎番、直廳、供過、人僕等，皆當聲喏參拜。[12]

在《敕修百丈清規》中，同樣的環節有著更詳細的規定，住持會對先前參拜的首

---

10 參見〔元〕釋德煇：《敕修百丈清規》卷2，《大正藏》第48冊，「報恩章・達磨忌」，頁1117下-1118上。
11 〔元〕釋德煇：《敕修百丈清規》卷2，《大正藏》第48冊，「住持章・住持日用」，頁1122中。
12 〔元〕釋弌咸：《禪林備用清規》卷3，《卍續藏經》第63冊，「結制行禮」，頁633上-下。

《人間佛教研究》第十一期（2021）
Studies in Humanistic Buddhism, Issue 11(2021)，264-295

座、知事、堂頭等人回禮，在回禮完畢之後：

> 眾退，住持趺座，侍者小師插香展拜。次參頭領眾行者插香禮，拜。次
> 作頭領老郎、諸直廳、轎番、人僕等參拜。[13]

此中「行者」為有心出家而尚未剃度者，其餘的「寮前老郎」、「方丈轎番」、「直廳」、「供過」、「人僕」等皆為俗眾寺工，他們同樣需要作為叢林的一員參加集體活動，位置次序低於出家僧眾。到明代以後，叢林規制並未有太大改變，《水滸傳》中寫魯智深在五台山出家，在寺外見有人賣酒，卻被告知那酒是「挑上去賣給寺內火工、道人、值廳、轎夫、老郎們做生活的吃……」，魯智深醉酒之後打入山門，為將他制服，監寺便「叫起老郎、火工、直廳、轎夫，三二十人，各執白木棍棒，從西廊下搶出來。」[14]可見，寺工們受僧人領導，卻不需要完全遵守僧人的戒律。

明代小說中呈現的叢林分工在近代也是存在的，根據尉遲酣（Holmes Welch, 1923—1981）的觀察，「飯頭」、「茶頭」一類的崗位，都是由執事僧領導下的俗家工人擔當；[15]「工人」、「道人」、「齋公」之流，往往是寺院中最底層的群體，他們供職於廚房、磨房、菜園、庫房等處，有些也在客堂中擔任「照客」，此外，另有人承擔裁縫、木匠、理髮師的工作。在民國九年（1920）前後的南京棲霞寺中，有兩、三個常駐的理髮師和三、四個裁縫。到了春季的傳戒期內，裁縫增至十個或十二個。常州天寧寺中常駐裁縫的數量有十五個之多，

---

[13] 〔元〕釋德煇：《敕修百丈清規》卷7，《大正藏》第48冊，「節臘章・結制禮儀」，頁1153上-下。

[14] 〔元〕施耐庵：《水滸傳》（明萬曆三十八年容與堂刻本），「第四回」。

[15] 美・尉遲酣（Holmes Welch）著，包可華、李阿含譯：《近代中國的佛教制度》上冊（北京：中國書店，2010年），頁14。

寺內工作的工人總數約有二百人，與住寺僧人的比例為一比四。[16]

在大型叢林之外，小型寺廟的日常運作也離不開寺工們。當倓虛（1875—1963）在哈爾濱籌建極樂寺時，最初捐款的眾居士並未打算建成一座十方叢林，有人提議：

請法師兩人，再用一個茶房，一個廚子，一個香燈，一共五個人就可以了。每到星期日時，我們居士們可以到廟裡來談談，有時候可以請法師給我們講講經。[17]

這類建議反映的是都市佛寺中不少信徒的心聲，寺院不再只是作為僧人們的修行場所，它同時也應滿足施主們的休閒、聚會、觀光的需求。對於捐建寺廟的功德主來說，這一點顯得尤為重要。[18]由此，配套的服務人員便成為了都市佛寺中不可或缺的一部分。

寺工們為寺院工作，換取固定的薪水，儼然形成一種職業。晚明憨山德清（1546—1623）在復興曹溪祖庭時，曾親自制定寺工的人事工資制度，要求僱傭「老郎二人、伴僕一人。看守公館，打鐘鼓報客，以聽常住差使供役。每人每歲工食銀一兩二錢，共銀三兩六錢。」[19]太虛大師常年僱傭侍者，其薪水由一位供養太虛的居士支付；至於一般寺院中寺工們的工資，則由賬房統一派發。

尉遲酣認為，寺工們往往對自己待遇感到滿足，俗家工人都以能夠替僧侶服

---

16 美・尉遲酣：《近代中國的佛教制度》上冊，頁 27-28。
17 釋倓虛：《影塵回憶錄》，頁 305。
18 加・卜正明（Timothy Brook）著，張華譯：《為權力祈禱：佛教與晚明中國士紳社會的形成》（南京：江蘇人民出版社，2008 年），頁 118-131。
19 〔明〕釋德清述，釋福善錄，釋通炯編：《憨山老人夢遊集》卷 50，《卍續藏經》第 73 冊，「興復曹溪規約十條」，頁 810 下 -814 上。

《人間佛教研究》第十一期（2021）
Studies in Humanistic Buddhism, Issue 11(2021)・264-295

務，從而獲得功德為榮，對工資的高低並不在意，[20]很難確認在近世以來委身於寺院的大多數寺工們是不是都保持著信仰層面的捨身精神。不過可以理解的是，收入、待遇和工作環境也是寺院工作吸引人的原因之一。即便是在近代廟產興學風波的衝擊下，寺院經濟已極度傾頹，在寺院中工作也不至於饑寒交迫，更不會流離失所，寺工們已成為寺院生活的一部分。彼時寺院中有專門房間，供寺工們居住，倓虛法師在青島開闢湛山寺時，即在僧寮之外，加建一間茶役房。[21]尉遲酣在天寧寺遇到的裁縫表示自己的待遇很好，吃住條件與僧人們一致。[22]另一大叢林福州鼓山湧泉寺的情況也類似，參訪者在香積廚中看到：

> 一個燒火的齋公正在那裡把山中拾來的稻柴一把一把地往灶口裡塞，聽說這些齋公多係福建連江、興化等縣農民，因農村破產而離鄉求生。他們在寺中每年工資僅五六十元，惟膳宿則由寺中供給，所以比在農田中終年耘耕而不得一飽，尚勝一籌。[23]

寺工們的經濟收入如何？有趣的是，大多數時候寺工們的主要收入來源並非是固定的工資，「小賬」在其中佔有重要比重。商品經濟繁盛的時代，餐飲業的從業者往往能夠收穫顧客的打賞，這類賞錢在近代被稱作「小賬」、「堂彩」等。需要說明的是，「堂彩」類似於當代的服務費，具體數值按照消費總額的一定比例來計算，一般是正賬的十分之一；「小賬」與西方的「小費」並不相

---

20 美・尉遲酣：《近代中國的佛教制度》，頁28。
21 釋倓虛：《影塵回憶錄》，頁484。
22 美・尉遲酣：《近代中國的佛教制度》，頁28。
23 〈福州鼓山〉，《申報》，1931年1月12日。

同，每位茶房、堂倌們收到的「小賬」不直接歸個人所有，而是被統一收納到一起，之後再進行分配。[24]即便是在寺院中，這種風氣也是存在的，尉遲酣在金山寺觀察到：

> 金山的二十幾個茶房，不論是在客堂、庫房與方丈室工作的，都完全沒有規定的工資。那些伺候施主們的，便有一些小費。那些不曾拿到的，也可以分得一些。譬如每天有施主請做的超度法事，每一個不曾拿到小費的茶房，可依其年齡得到一兩個銀元（此數與念經的和尚比是很優越的了）。[25]

可見，除卻信仰因素，成為寺工不失為亂世中一種良好的謀生手段，既有棲身之所，又有額外的收入。

寺工和僧人在同一屋簷下生活，雙方的互動便明顯地多了起來。一方面，由於二者同寄身寺院，於是他們與寺院儼然成為命運共同體。所以當仁山（1887—1951）和太虛到金山寺大舉進行佛教革命時（1912），遭到了來自寺僧和寺工的雙重抵抗。將金山寺改為學堂無疑會減少寺院的香火和經懺收入，連帶著寺工的各項收入也會下降，甚至面臨失業風險。金山寺僧人雪亭、青權等對此大為不滿，「率工役數十人，打入會所，仁山等數人受刀棍傷」。[26]另一方面，雖然寺工的義務之一是服侍僧人，二者是主僕關係，但當寺院經濟十分依賴

---

[24] 彼時的文學作品中多有對這類社會現象的生動描述，具體可參梁實秋：〈小賬〉，《梁實秋文集》第7冊（廈門：鷺江出版社，2002年），頁508；張天翼：〈小賬〉，《張天翼文集》第2冊（上海：上海文藝出版社，1985年），頁274。
[25] 美·尉遲酣：《近代中國的佛教制度》，頁55-56。
[26] 釋太虛：《太虛大師全書》，卷31，頁71。

271

《人間佛教研究》第十一期（2021）
Studies in Humanistic Buddhism, Issue 11(2021)，264-295

寺工時，僧人的神聖感減弱，寺工便不再總是對僧人百依百順。寺工們甚至會想方設法地使自己的經濟利益最大化，即便有時這種行為既有損於自己的功德，也有違道德和法律。[27]

三、都市佛教服務業：近代上海寺院經濟的新形態

在上海這個五方雜處的大都市，佛寺為諸多的外來人口提供了棲身之所與謀生之道。這裡是中國佛教的重鎮，有著豐饒的信仰市場，因此不但有大量外地僧人湧入，此外有不少外地的大型叢林也選擇在上海市區內開設下院，他們或是購買市區內的大宅，或是租用房間。這類佛寺成為凝聚同鄉移民的精神家園，尤其是市區、租界這類外來豪族聚居的地方，無疑為佛教提供了一方沃土。

常州天寧寺即出於盈利目的在上海設有下院。早在1927年，天寧寺僧人惟寬在上海法租界金陵中路購入民宅一幢，改作商鋪向外出租，以收取租金。抗日戰爭期間天寧寺經濟困難，住持證蓮法師（1893—1967）打算在上海開闢分院，通過佛事和素齋來籌措經費，以滿足常州一眾僧人的日常開支。1940年，證蓮法師買入太倉路一百五十多間民宅，其中一百餘間依舊作為民宅向外出租，另外五十多間改作寺院，名為「莊嚴寺」。寺內佛像、法器和一切家具皆從天寧寺運來，管理寺院的僧人，及廚工、茶房等二十餘人，亦從常州派來。由於環境優雅，服務周到，莊嚴寺不但成為聚眾講經的勝地，同時前來做佛事、委託代辦素齋的信眾日益增多，香火旺盛，收入綽有富餘。莊嚴寺的收入在自給之外，大都用於反哺上院，彼時天寧寺正在創辦常州佛教醫院，醫護人員、病床、醫療器械

---

[27]　〈圓覺寺廚司下手砍斃賬房〉，《新聞報》，1940 年 5 月 19 日；〈華嚴寺傭工謀斃住持僧〉，《上海報》，1935 年 5 月 5 日。

等一切經費開支，皆由莊嚴寺資助。[28]上海佛教服務業的收入之豐從中亦可見一斑。

眾多市區佛寺中最典型者當為位於泰興路新閘路的清涼禪寺。清涼禪寺為常州清涼寺在上海的分院，該地位於公共租界中，原為辛家花園，是一處富商的私人園林。清宣統年間，這片宅院被轉賣給常州籍商業巨擘盛宣懷（1844—1916），此後康有為（1858—1927）又租住在此處長達八年。在這一時段內，原本園林中的景觀被精心改造，增修了亭台樓閣、水榭曲廊和花圃果園，並在其中養殖了袋鼠、大龜等異獸，成為一處富有海派特色的奇苑。康有為搬走之後，盛宣懷的夫人將辛家花園的北部開闢為家廟，交由常州清涼寺方丈清海靜波（1865—1939），靜波法師將此地作為常州清涼寺在上海的「中院」。[29]到抗日戰爭結束時，清涼禪寺雖然在戰火中略微受損，規模大不如前，但依然經濟良好，每月通過經懺可收入七十萬元，又可通過素齋盈利二十萬，以至於該寺不但可以支付僧眾和寺內慈善組織的日常開支，每月還可補貼常州的上院六十餘萬元。[30]

早在民國初年，金山風潮之後，江浙諸山的長老在上海集會，成立中華佛教總會，靜波法師即參與其中，此後更是在民國3年（1914）改組中華佛教會，自任會長。[31]民國10年（1921）之後，靜波在上海租賃或購入了數處地產，建立清涼寺在上海的分院，辛家花園即是其中一處。從上海清涼禪寺在報紙上刊登的商

---

[28] 阮仁澤、高振農：《上海宗教史》（上海：上海人民出版社，1992年），頁162。另參見美・尉遲酣：《近代中國的佛教制度》，頁332。

[29] 清末靜波在上海北泥城橋西平橋路租賃房屋開闢分院，但規模不大。民國時期常州清涼寺在上海擁有兩處同名的附屬寺廟，「中院」即位於泰興路新閘路，由辛園改建；「下院」位於牛莊路，在1939年後開闢，靜波去世之後，該處與上院和中院脫離關係。見〈上海市社會局關於清涼禪寺註冊登記等文件〉，上海市檔案館：Q6-10-46，1945年12月。另可參薛理勇：《上海掌故大辭典》（上海：上海辭書出版社，2015年），頁538-539。

[30] 〈上海市社會局關於清涼禪寺註冊登記等文件〉。

[31] 釋太虛：《太虛大師全書》，卷31，頁73。

業廣告來看，他們的自我定位即是以經懺和素齋服務紳商為主要產業：

> 常州清涼、天寧兩叢林，經懺之講究，為蘇省之冠。然接收外面經
> 懺，惟清涼寺一家。今春本埠集成紗廠陳觀察作古，即函招清涼寺僧多
> 人來滬，禮「梁皇懺」四十九天。其規則之嚴謹，功德之圓滿，迥非租
> 界僧人所能望其項背。同人等以該寺離滬較遠，佛事往返不便。爰商該
> 寺方丈靜波和尚建設下院……即日開辦，俾便滬上紳商各界，延禮佛事
> 及水陸功德道場、陰陽慶等事。其地方寬大，素齋潔淨，接待周到。至
> 經懺及各項佛事定價，均照大例。[32]

從此後莊嚴寺的情況來看，廣告中說天寧寺不提供異地上門的經懺服務並不是
一個長期的現象。可見到上海開設分院經營素齋和經懺是近代常州兩大叢林的
發展共識。在草創之初，上海清涼寺即依靠經懺與素齋業務，迅速成為滬上最
為知名的寺院之一，與玉佛寺齊名。上海外來人口匯聚，從彼時報紙上的訃告
可以看出，旅居上海的商客選擇在這裡舉行遺體告別儀式的原因是，清涼禪寺
可以停厝（遺體寄存）。之後，人們在此設奠，然後輔以佛教經懺，並佐以素
齋茶飲待客。[33]全套服務完整而齊全，甚至當時的殯儀館都將清涼禪寺視為業界
標竿，以與之合作為榮。[34]在作為高級殯葬服務場所之外，清涼禪寺同時也憑藉
其優雅的環境成為海上紳商士人雅集的會所。各類商業組織、同鄉會、信仰團
體，甚至是戲班演出、文藝講座都選擇租用清涼禪寺的場地作為宴會場地。[35]

---

[32] 〈上海建設常州清涼寺下院廣告〉，《申報》，1909 年 9 月 10 日。

[33] 〈訃告〉，《申報》，1931 年 9 月 11 日；〈訃告〉，《申報》，1939 年 4 月 2 日。

[34] 〈樂園殯儀館啟事〉，《申報》，1940 年 9 月 28 日。

[35] 〈團體消息〉，《申報》，1937 年 6 月 7 日；〈滬社、甬社票房〉，《申報》，1947 年 9 月 24 日。

清涼禪寺的貴客們大都是上海灘的商業大亨、達官政要。靜波法師熱衷與這類社會精英結交，他曾加入扶乩組織，在清涼禪寺中請濟公降乩，並主持鸞書的出版。[36] 濟公扶乩雖被主流佛教界視為異端，卻是民國上海商界的流行信仰，尤其是王一亭（1867—1938）等著名居士商人，更是推崇濟公扶乩的重要力量。[37]靜波法師此舉可謂是投其所好，自然收穫紳商居士們的好感。

靜波法師與政界也保持良好關係。在民國23年7月（1934），為應對舉國的旱災，國民政府行政院授意高僧高道祈雨。上海清涼禪寺受到了行政院秘書長褚民誼（1884—1946）的青睞，在上海商人王一亭、邵如馨等人的贊助下，壇場設在寺中。六十三代天師張恩溥（1894—1969）和太虛大師聯袂舉行「全國祈雨消災大會」三天，果有靈應，由是人氣愈盛，[38]清涼禪寺已成為國家公祭的首選場所。在民國25年（1936）西安事變爆發時，清涼禪寺舉辦「祈禱大會」，設蔣介石延生牌位，眾人為委員長祈福三晝夜。[39]有了政商兩界的加持，清涼禪寺自然會在建成短短數年之內成為海上名剎。以至於當清涼禪寺因地產問題被盛家後人訴訟時，靜波法師縱使連續三次被判敗訴，卻能夠依靠杜月笙（1888—1951）、王一亭、朱子橋（1874—1941）等名流的社會動員能力來干預司法，他們以「尊重宗教、保護寺廟」為口號，抗拒執行判決。[40]

民國上海佛寺的主要收入之一便是經懺佛事的收入，寺院的素齋產業在此刻成為了佛事的衍生品。當作為主角的僧人們登壇行法主持經懺時，寺工們需要擔任副

[36] 不著撰人：《太上飛鸞得氣諸品真經》上海圖書館藏，1934 年。

[37] 關於濟公扶乩團體，及其與王一亭等大居士的關係，可參見王見川：〈清末民初中國的濟公信仰與扶乩團體：兼談中國濟生會的由來〉，《民俗曲藝》第 162 期（2008 年 12 月），頁 139-169；美・康豹（Paul Katz）著，陳亭佑譯：《中國宗教及其現代命運》（臺北：博揚文化出版社，2017 年）。

[38] 〈全國祈雨消災大會〉，《申報》，1934 年 7 月 20 日。

[39] 〈西安事變中，佛教舉行祈禱大會〉，《申報》，1936 年 12 月 23 日。

[40] 〈清涼寺抗告查封結果〉，《申報》，1936 年 12 月 18 日。關於此前上海清涼寺在地產糾紛中敗訴的原因和審判過程，可參見嚴斌林：〈亂世淨土糾紛案——以民國時期上海清涼寺案為例〉，《近代中國》第 27 輯（2017 年 12 月），頁 120-144。

《人間佛教研究》第十一期（2021）
Studies in Humanistic Buddhism, Issue 11(2021)，264-295

手，他們要為法會準備物資，為齋主提供素食與茶飲。外出應赴經懺的團隊通常由九人構成，除卻七名僧人，另二人即是寺工，一人是茶役，另一人負責挑經擔等。[41]寺院中的佛事情況則更為複雜，各個寺院雖然只是自稱「代辦素齋」，不會明確地宣稱將經營素食作為主業，但事實是，許多寺院的素齋分為不同檔次，齋主們在素齋上投入的錢並不比經懺佛事的收費低廉，根據尉遲酣在上海留雲禪寺的訪談，一桌精緻一點的十人素齋的價格，就已和請十二位僧人做一天經懺的費用持平。[42]在近代上海，佛寺作為消費場所的功能相較於其他地區更為明顯，雖然上海城內並沒有容納數百人的大型禪林，但卻有精緻的素齋筵席。近代中國的素食運動即是先在上海開展，繼而推廣各地，佛寺之外的素食餐廳已是廣受歡迎，但晨鐘暮鼓的寺院顯然與素食更加匹配：能夠在佛寺中飲食，這既是一種享受，同時又能獲得一種「持齋」、「修行」的感受。彼時的社會名流多有此好，喜在寺院中「蓮池雅集」。如近代常州籍藝術家程清（1867—1940）在上海接待外國貴賓時，便選擇到同樣來自常州的清涼寺中設宴。[43]滬劇名家范青鳳（1902—1961）四十大壽時，同道們便為他在上海國恩寺中擺下生日宴，席間還請僧眾誦《壽（受）生經》祈福祝壽。[44]更為著名的是上海灘青幫巨頭黃金榮（1868—1953），他的八十大壽的壽宴也被安排在玉佛寺中。[45]這一風潮產生的結果誠如本節所述，清涼禪寺一類的佛寺會成為不同團體青睞的宴會場地。上海佛寺中的素齋已不再只是提供給僧人或居士的伙食，承擔素齋茶房工作的寺工

---

[41] 〈為呈請調處屬會所屬靜安寺法藏寺清涼寺要求改善待遇由〉，上海市檔案館：Q6-8-3396，1947年7月。

[42] 美·尉遲酣：《近代中國的佛教制度》，頁276。

[43] 〈白葭居士昨在清涼寺宴外賓，茶神在座，以中國茶道佐談經，主賓大樂〉，《小日報》，1935年8月4日。

[44] 〈范青鳳四十榮慶，道中發起誦經祝壽，廿五日假國恩寺歡敘素齋〉，《申曲畫報》，1940年第164期。

[45] 程錫文：〈我當黃金榮管家的見聞〉，收入吳漢民主編：《20世紀上海文史資料文庫》第10輯（上海：上海書店，1999年），頁268。

們，使得佛寺能夠更契合消費者的喜好。[46]當作為「消費場所」的佛寺俘獲了社會名流們的芳心之後，它又作為「宗教場所」，獲益頗豐，進而得到整個社會輿論的支持。僧人們對於寺院服務業如何看待？或許他們並未將此視為佛教商業化的體現，反而以「宗教」之名，淡化這其中的營利性質。[47]在他們的說辭中，僧侶和寺工們都只是在為齋主們提供便利，而非經營產業。

四、1940年代上海寺院經濟的內部矛盾

抗日戰爭並未對上海市區的佛教事業造成太大衝擊，反而造成了更多僧人的湧入。根據戰後社會局的統計，市區佛教場所有所增加，外地僧人湧入，外地寺工們也隨之而來，諸如莊嚴寺一類的新興寺院在這一時段迎來大發展。[48]與此同時，自戰爭爆發以來的通貨膨脹已經愈演愈烈，但是經濟狀況在戰爭結束後並未改善，反而滑向深淵。經濟不景氣，上海佛寺的生意也就不會太好，僧多粥少的局面使得寺院經濟體內部的矛盾變得尖銳起來。在物價飛漲的情況下，寺工們的工資並沒有增加，已無法滿足基本需求；此外，小賬收入也被僧人們克扣。有玉佛寺的寺工控訴「小賬中百分之五十五利益被眾和尚侵佔」，法藏講寺的寺工則稱被住持強迫簽訂不平等協議，靜安寺寺工寫信檢具寺內佛學院的教師僧人竟也

---

[46] 在最為極端的事例中，佛寺為滿足來客茶餘飯後之後想要飄飄欲仙的需求，僧人會協同寺工向來客提供額外的毒品和賭博服務。見〈大聖寺內，計破毒窟〉，《申報》，1947年12月24日。

[47] 〈本會公函（四）：為本市各寺廟代辦素齋非營業性質函請准予免申報營業稅由〉，《中國佛教會上海市分會會務特刊》，1948年8月1日。轉引自黃夏年主編：《民國佛教期刊文獻集成補編》第76輯（北京：中國書店，2008年），頁448。

[48] 到1949年時，上海全市境內仍有寺1950處，僧1771人，尼1528人。見張化：《上海宗教通覽》（上海：上海古籍出版社，2004年），頁7。從各個寺廟平均僧尼數目來看，佛寺總量上的巨大是因為它們大多並非是大型叢林，只是容納十餘僧人的小型廟宇，甚至是只有一兩名僧尼經營，專做經懺佛事的「佛店」。

向工人抽取小賬。[49]在寺工們中間，呼籲提高待遇的聲浪高漲，而寺廟卻將這類言論視為對佛教與僧團的大不敬。

　　作為僱主與傭工，僧人與寺工的矛盾是長期存在的，這並非是二戰後經濟危機時的新現象。此前，各地的寺廟經濟體內也曾爆發過種種衝突，有時甚至會演化成暴力事件。如清末杭州孤山聖因寺的廚師在和僧人發生口角後被開除，於是負氣引強盜返回寺院搶劫。[50]及至民國，工人地位提升，工會制度逐漸確立。寺工在面對這類糾紛時便可避免暴力，採取更合法的手段，利用工會捍衛自己的權益。經濟危機下的上海寺工們，面對工資和小賬方面頻出的爭執，決定聯合起來，進行抗爭。民國35年（1946）10月，寺工們在中正東路的龍興寺召開會議，組織成立「上海市素齋茶廚業職業工會」（以下簡稱「素齋工會」），公推歐慎林為會長，向政府註冊報備。需要注意的是，龍興寺也非大型佛寺，即便是與清涼寺、莊嚴寺等容納數十人的中型寺廟相比，其規模也遠遠不如。[51]但這裡也發展成一方士紳聚會的場地，在龍興寺這一臨街民房建築的三樓，即是無錫旅滬同鄉會的會所。

　　在素齋工會向上海市社會局呈報的備份文件中，寫明了寺工們成立工會組織的原由：

> 滬地寺廟林立，各廚房內茶役廚司等職工數逾千，各寺觀待遇殊不一致，平時又乏聯絡，以致糾紛時起。民等目睹同仁如同散沙，故認為本市素齋茶廚業職業工會等組，刻不容緩。[52]

---

[49] 〈為呈請調處屬會所屬靜安寺法藏寺清涼寺要求改善待遇由〉。
[50] 〈續述西湖盜案〉，《申報》，1885年12月21日。
[51] 〈呈為等組上海市素齋茶廚業職業工會由〉，上海市檔案館：Q6-6-777，1946年10月。
[52] 〈呈為等組上海市素齋茶廚業職業工會由〉。

在工會籌備成立時，眾人預估上海的寺工們大約有千人之多。事實上，第一批會員僅三百餘人，他們中的一部分此前已加入上海市酒菜業工會，深諳服務行業中的生存之道。經過一年的發展，會員人數上漲了一倍。在這一時段，法藏寺的寺工們集體加入，帶動其他中型佛寺入會。

　　起初寺工們只是聚在一起抱怨長期以來所受到的壓迫，伴隨著團體規模的壯大，素齋工會已有足夠的力量，去踐行他們「調解糾紛，為職工謀福利」的動機。他們不但要處理「小賬」的問題，還要解決「各寺觀待遇殊不一致」的問題。在民國36年（1947）6月，清涼禪寺的郭榮金等工人，要求素齋工會出面與寺方協商，希望能夠簽訂保障寺工權益的三項僱傭條款：此前扣留的三成小賬發還寺工自行分配，今後也不再克扣小賬；恢復「三等工資制度」（即抗日戰爭前政府規定工人工資分為三級，其比例為1.5：1：0.5，之後再結合當時的物價指數、生活費指數給出具體的實際工資）；小賬收入公開公示，僧俗雙方不相互侵佔利益；各寺廟如需新僱傭寺工，需先由素齋工會委派失業會員填補職位。此外，還有一大頗具創建性的倡議，要求寺院出售錫箔灰的收入劃歸茶廚職工所有，作為一項福利基金存入銀行。錫箔在佛事活動中被焚燒，灰燼可回收利用，且價格可觀。素齋工會遂就此與彼時清涼禪寺住持雪煩和尚商議，卻未得到正面答覆。

　　此前威望頗高的靜波法師已經去世，清涼禪寺陷入了一段爭奪繼承權和領導權的內亂中。清涼禪寺在抗日戰爭中曾開設救助國軍傷兵的佛教醫院，但幾經波折之後的繼任者雪煩和尚（1909—1994），卻被人揭發在淪陷時期和日本人接觸過密，背負「漢奸」罵名。[53]此時他正焦頭爛額，無暇回應手下寺工和素齋工會要求，便將此事的決策權推到上海市佛教會會長持松法師（1894—1972）

53　〈漢奸雪煩罪行錄〉，上海市檔案館：Q6-10-46，1945年12月。

處。持松執掌的靜安寺此時亦不安寧，寺工們因飽受壓迫而怨聲載道。持松對於素齋工會的要求十分憤怒，直斥之為無理，他認為「寺廟係宗教機關，自有宗教之制度，絕不應與素齋業相提並論」。針對各項訴求，他分別給出回應：首先，雖然抗日戰爭前工人有工資制度，但佛寺不曾有過，所以這一制度在佛寺中不適用，一旦寺院經濟不佳，無法給出相應的工資，必將導致虧損；至於小賬，在佛事中並非只是素齋茶廚的從業者付出勞動服務齋主，若沒有僧人登壇行法主持佛事，附屬於佛事的素齋和茶水服務便不會有生意，「小賬」便無從談起了，因此「小賬」、「堂彩」一類的收入應由僧人與寺工共享，由寺院統一分配；僱傭和解僱的人事權，那更是寺院不可動搖的權利，不可受制於工會組織。至於錫箔灰這一特殊物種，原本是在經懺佛事中產生的，既然儀式皆由僧人完成，儀式過程中的產物當然也應歸於僧人處置，寺工無權插手。[54]

　　此後雙方幾度協商不成，持松呈報上海市社會局，聲稱對方無理取鬧，佛教會遭到了謾罵，希望政府能夠維護宗教團體的尊嚴；而素齋工會亦認為佛教會的傲慢是在「藐視政府的工會法團制度」。於是雙方先後致函社會局控訴對方，請政府主持公道。在之後的整個7月份，政府先後召開了三次調解會，邀請工會的理事和各個寺廟的住持出席。彼時國民政府剛剛在一個月前出台了新的《工會法》，正期望通過工會力量發展生產，挽救經濟頹勢。持松面對素齋工會「藐視工會制度」的指控，已無法得到政府的同情。在7月21日，雙方經政府調解簽下和解筆錄，素齋工會的大部分訴求實現了，他們像其他工人一樣有了固定的工資；小賬收入將完全公開，寺方和其他僧人均不得侵佔提成，交由職工自行分配。至於錫箔灰一項，由寺廟方和寺工方五五分成，參與佛事的僧人不得介入分配。

---

[54] 〈寺廟鬧糾紛，相爭錫箔灰，佛教會表示審關門〉，《申報》，1947年7月13日。

協議生效之後，因各寺廟經濟問題，職工待遇難以完全落實，各大廟紛紛以此理由推脫，中小型寺廟也上行下效。[55]甚至還有少數僧人希望通過黨部向政府施加壓力，得以從錫箔灰的收入中分取一部分利益。[56]雖然如此，但此前的和解筆錄至少提供了法律依據，社會局由此下達訓令，敦促中國佛教會上海分會盡快履行，寺工的權利得到了保護。在取得這一階段性勝利之後，素齋茶廚工會又將矛頭轉向道教會，工會要求道教也能按照佛教會所承諾的三個條件，提升職工待遇。彼時上海亦有數家道教廟宇經營素齋者，如全真宮觀桐柏宮便在淪陷時期以素食揚名。在道教會會長李理山（1873—1956）看來，道教會並未參與此前勞資雙方的糾紛，本不受協議的約束。不過他同意素齋茶房的小賬收入歸職工所有，宮觀不予抽成，對於工資制度和錫箔灰的分配無法認可。彼時道教宮觀的經懺活動和收入並不如佛教那般豐富，經濟更為窘迫，但在工會的一再要求和社會局的再次出面之後，也只得同意按照佛教的辦法施行。

在這一衝突的最初階段，持松為首的佛教會並未將素齋工會看做是合理的行業組織。作為出家僧侶，他無法理解在家人豈能和出家人討價還價，這令持松感到「有辱佛門」，侵犯了宗教團體的神聖性；與之相對的是，工會卻從未將寺院僧人們作為神聖不可侵犯的上層，在以「同志」相稱的工會內部，大家並未將自己定位為在家居士或者善男信女，他們更願意將寺廟與和尚們視為純粹的「資方」，只是索取「勞方」的待遇與利益。

即便在糾紛發生之後，滬上諸佛寺的法師們依舊沒有意識到二者觀念上的分歧。民國37年（1948）春，法藏講寺的茶役領班馮筱定被住持僧揚東法師開除。

---

55 〈為呈報屬會所屬工友改善待遇簽訂筆錄寺方迄未遵辦呈請鈞局依法強制履行由〉，上海市檔案館：Q6-8-3396，1947年9月。
56 〈為各寺廟與素齋茶廚工會錫箔灰問題應加入僧侶清眾三份均分臚陳理由呈請重行分配以昭公允由〉，上海市檔案館：Q6-8-3396，1947年7月。

《人間佛教研究》第十一期（2021）
Studies in Humanistic Buddhism, Issue 11(2021)，264-295

彼時法藏寺有四十二名茶役，「揚東平日對茶役管制極嚴，晨起必點名報數，早晚強制念經二次。全體茶役對此種規則甚爲不滿。最近素齋茶廚業職業工會成立，法藏寺茶役全體參加爲會員，其領班馮筱定且當選爲理事。全體茶役乃公推馮筱定向揚東交涉，要求廢除點名念經。」[57]於是，馮被揚東藉故開除。可見，有的僧人仍將寺工看作是佛教教團內的潛在成員，縱使他們並未皈依，卻也被要求參加早晚功課，接受佛法熏習。

五、勞資糾紛與觀念衝突：矛盾在1949年後的延續

在大陸易幟前夕的通貨膨脹和經濟崩潰時期，僧眾與工役的矛盾並未完全解決。素齋工會在此後的主要工作就是爲被各個寺廟開除的寺工們申訴，工會出面參與調解，以期讓失業者復工。[58]此前帶頭控訴僧人的清涼禪寺茶役郭榮金，僅過了半年就在與清涼寺監院和尚的糾紛中意外身死。[59]從雙方簽訂和解筆錄之後的兩年來看，寺工的待遇雖有了法律層面的保障，但實際地位並未得到太多的提升，勞方在面對資方時始終缺乏抗衡的籌碼，在寺院中工作雖有一定概率被僧人剝削，但至少是一個可以糊口的穩定崗位。

時局瞬息萬變，沒過太久，「剝削」便難以成立，二者的地位甚至發生了倒置。在新政府的社會主義改造運動中，傳統寺院經濟所依賴的田產、募化、香火和經懺這四大支柱都已動搖，寺院的部分空間被佔作他用，其性質和功能被迫改

---

[57] 〈法藏寺開除茶役，社會局今晨調解〉，《申報》，1948年4月19日。另見〈法藏寺清規嚴，茶役亦須念經〉，《新聞報》，1948年4月19日。此事後來經過社會局調節，以法藏寺向被開除寺工支付一筆解僱金告終。見〈法藏寺糾紛解決，茶役領班給資解僱〉，《申報》，1948年4月20日。

[58] 〈法藏寺、素齋茶廚業職業工會與上海市社會局關於開除糾紛之往來文書〉，上海市檔案館：Q6-8-459，1947年8月。

[59] 〈醜事傳遍全寺，茶役氣憤身死，清涼寺和尚被控訴〉，《申報》，1947年12月4日。

變；而寺僧則被視作不勞而獲、不事生產的典型，被要求參與勞動。[60]寺工們作為「飽受欺壓的勞苦大眾」，迎來了「翻身農奴把歌唱」的新時代。

需要說明的是，在對待寺工的態度上，新政府和此前的民國政府如出一轍，他們並未將這類人士視為附庸於佛教的居士團體或信仰組織，只是將之作為勞動者看待：素齋工會雖已不復存在，但是寺工們被收納進了「店員工會」一類的同質組織中。在這種情況下，寺工是都市服務業（餐飲行業）的勞動者，而僧人則是這一產業的經營者。在1952年初，佛教會的中定、葦舫、達圓三位法師作為資方代表，與素齋工會的勞方代表一起，被要求響應中國商業工會上海市委員會的號召，取消小賬這一「陋規」。於是，佛寺素齋業與西餐館、歌舞廳、麵包房等一併簽署了一份協議，小賬一類的額外收入被取消，寺工收入中的這一部分被營業額提成（「內扣」）所取代。[61]然而，沒過多久，佛寺素齋這一行業便銷聲匿跡了。

早在1951年年底，清涼禪寺將房屋全部轉讓給了隔壁公私合營的製藥廠，全寺的僧眾和職工都轉業為藥廠工人。[62]勞資雙方在這一刻被一視同仁地對待，他們一同成為了勞動者。滬上其他佛寺在面對新政權時並未這般積極主動，其結局也就遠不如清涼禪寺了。如1952年夏，吉祥寺住持雪悟法師與九名寺工簽訂解僱協議，蓋因寺中佛事素齋業務清淡，已不能維持生計，且全寺上下轉業困難，實已陷入窮途末路。於是雙方經過協商，解除僱傭關係，寺工們在拿到一大筆解僱金和路費補貼之後得以返鄉謀生。彼時吉祥寺的僧俗們對新政府的政策仍抱有幻想，在協議中還計劃：「俟後如經濟好轉寺內佛事素齋業務恢復，需添僱職工

60　學愚：《中國佛教的社會主義改造》（香港：香港中文大學出版社，2015年），頁184。

61　〈關於佛教會寺廟素齋業取消外加小賬陋規勞資協議草案〉，上海市檔案館：C5-2-156-39，1952年1月。

62　學愚：《中國佛教的社會主義改造》，頁204。

《人間佛教研究》第十一期（2021）
Studies in Humanistic Buddhism, Issue 11(2021)，264-295

時，解僱職工得優先陸續復員。」⁶³從檔案資料來看，彼時玉佛寺、國恩寺、普濟寺等均在政府介入下簽訂勞資雙方解僱協議書，與寺工們和平分手，雖然復員的願景在之後顯然未能成真。

　　前文中提及的常州天寧寺下院——莊嚴寺的情況則惡劣得多。1952年5月，莊嚴寺住持僧印潭主動向政府申請，希望能夠在官方協調下處理該寺的最後一樁勞資糾紛——解僱該寺的廚司及茶房。彼時莊嚴寺仍有廚司六人，茶房十三人。在印潭向政府請示的理由說明書中，寺方陳列的緣由如下：自新政府到來之後的三年，該寺素齋的營業額便連年下降，盈利已不足以支付職工們的開資；經懺佛事也在這三年中日趨沒落，且「人民思想提高，不肯作消費與浪費之舉」，寺方認為繼續經營與之相關的素齋行業是沒有前途的；此外，寺僧們也正響應政府號召，參與勞動，但是寺院房屋多被公安部隊佔用，已無法改造成手工業廠房，僧人轉業尚成問題，更無暇考量寺工們的出路。⁶⁴

　　各類說辭最核心的特徵在於，即便莊嚴寺資產已經凋零殘破，僧人們仍認為寺工們對宗教缺乏敬畏與尊重。廚司茶房之流，只將寺廟方視作企業，未將之視為宗教場所。那僧人開除他們自然也屬於「辦宗教分內事」，是為家法，希望由此將「寺廟財產歸佛教所有，非外人所有也」。⁶⁵

　　在40年代，工役們關於提高工資待遇、維護自身權益的訴求很難得到落實；到了新時代，勞苦大眾翻身做主，連帶這類訴求也具有了政治話語層面上的合法性。彼時政府雖強調宗教信仰自由，並未要消滅佛教，但僧人們已被視為舊社會不勞而獲、不事生產的反面角色，成為新民主主義改造的對象。向作為「資本

63 〈吉祥寺素齋解僱協議書〉，上海市檔案館：C5-2-163-44，1952年7月。
64 〈莊嚴寺印潭關於申請解僱廚司及茶房理由請指示函〉，上海市檔案館：B128-2-960-174，1952年6月。
65 〈莊嚴寺印潭關於申請解僱廚司及茶房理由請指示函〉。

家」的僧人索取薪水，便已不再只是「訴求」，而成為一種「鬥爭」。自1952年初起，莊嚴寺中僧人與工役的關係便惡化起來。寺工們轉業無門，生計困難，其收入已無法繳納寺廟中的住宿費用。在由此引發的衝突中，印潭被三十名寺工圍毆。[66]此後「鬥爭」愈加頻繁，政治地位上翻身的寺工們藉機「有錢強借錢，有貨強借貨……負責人不允，即行動武毆打。鬥爭層出不窮，要罵就罵，要打就打，有案可稽。負責人水深火熱之中，求生不得，求死不能，只有懇求政府大力救拔，維護宗教財產，為莊嚴寺解僱全體職工」。[67]政府的「救拔」便是安排印潭與四位寺工代表談判，寺方被要求支付未來三個月的工資和伙食費。雖然小賬作為陋規已被取消，但寺方還是按照舊社會的慣例，提前分了三個月的小賬，至此才將解僱協議簽訂，糾紛最終平息下來。

滬上佛教此後的整體命運可以知曉：據說，僧人們常年四體不勤，並無勞動技能，許多老弱病殘的僧人完全沒有勞動能力；此外，又由於部分大和尚在民國時期與彼時的黨政要員來往過密，因此在轉業過程中處處碰壁。工役們前途如何？他們應當更容易匹配新時代的要求？在未來的歷次運動中，他們是否會作為「舊社會中受壓迫的勞動人民」，站出來控訴曾經在同一屋簷下的僧人們？這些問題我們不得而知，也並不在本節的考察範圍之內。但可以通過上述的典型個案，發現在政權交替之際，寺工的身份顯然是更受新政府價值觀所青睞的那一方。在勞資雙方發生糾紛時，僧人依舊試圖用宗教內部的身份優勢迫使寺工時，已難以獲得新政府的同情與支持。

---

[66] 〈莊嚴寺印潭關於職工要求出租寺房轉業不遂竟動武毆打請處理函〉，上海市檔案館：B128-2-960-170，1952 年 4 月。

[67] 〈莊嚴寺印潭關於職工要求出租寺房轉業不遂竟動武毆打請處理函〉。

六、結論：近代以來的都市寺院經濟及其觀念

寺工本是來自於佛寺之外的俗眾。宋元以來，寺工們被視作叢林的內部成員，他們受僧人管轄，也擁有和僧人一同參與出席寺院集體生活的權利和義務，並在這些重要場合中與僧人們一樣，實踐著清規中的繁文縟節。在中國佛教的長期觀念中，為寺院工作、服務僧團的行為歷來被視為俗眾實踐個人信仰的途徑，有助於功德積累。《香山寶卷》是成形於近代的佛教文本，妙善公主的故事深入人心，在民間被傳唱至今。這在一定程度上可以說明，捨身、奉獻、服務佛寺與僧眾的宗教精神，在民間依舊是頗受認可的。然而，進入近代，現實中的情況是，在名山古剎中服務的工役們或許仍秉持著對佛教或僧人的敬畏，保留著些許奉獻情懷；但在都市的新興佛寺裡，當佛寺作為消費場所的屬性愈發明顯時，寺工們便愈發不希望受到佛教內部的身份或觀念的約束，再也沒有人願意效仿妙善公主了。

近代以來原有寺院經濟的崩潰，外加居士佛教力量的壯大，種種原因都使得寺院經濟開始呈現出一種新的面貌。在這一時段，寺工們所扮演的角色也愈發重要了。民國時期的上海無疑是展現這一時代特徵的最佳平台。作為移民城市，大量的江南叢林也湧入上海，在上海開設下院。它們的利益得失既與旅滬同鄉的贊助密切相關，也需獲取本地其他社群的支持。在這種處境下，都市中的佛教服務業顯然成為達成上述兩個目標的關鍵環節：應赴經懺、代辦素齋。在近代中國，太虛等「新派僧人」對傳統佛寺的經懺行業批判有加，認為這是僧團墮落的一大誘因；此外，根據國民政府頒布的《神祠存廢標準》，經懺、焰口、超度一類的傳統藝能，皆被歸為需要在反迷信運動中被禁止的項目。[68]然而，事實情況

---

[68] 《神祠存廢標準》於 1928 年頒布，收入中國第二歷史檔案館編：《中華民國史檔案資料彙編》第 5 輯第 1 編（南京：江蘇古籍出版社，1994 年）。

卻是，政府的高官政要與社會名流們，在個人生活中對經懺佛教並不排斥；僧團更是十分依賴經懺帶來的經濟收益，維持寺院的長期運作。從清涼寺靜波和尚的生平事跡來看，他早在民國初年便積極擁抱新的宗教政策與教會制度，參與籌建佛教會；又曾將模仿基督宗教，將佛寺收益用於建立各種現代的慈善機構。以此觀之，他應當也屬於較為「新派」的一類。然而，他以經懺作為基業，這顯然又是新僧們嗤之以鼻的。民國上海的寺院經濟，也可以從側面反映出近代佛教史中「新舊之爭」這一長期命題的內在複雜性。[69]

近代上海的新型寺院經濟模式，不僅僅是增加收入以解決僧團的經濟危機；此外，這也為外來僧人們結交、凝聚旅滬同鄉提供了場所和契機；更多的，僧人們藉此滿足紳商政要們的興致與慾望，使他們甘當護法。後者豐厚的經濟資本與社會資本提升了佛教的社會地位和影響力。佛教服務業的勃興自然離不開寺工群體的參與，無論是經懺還是素齋，都需要寺工們付出勞動。由此看來，僧團即仰仗於紳商政要的扶持，又依賴寺工勞動帶來的成果。在經濟轉型的過程中，寺工團體也逐漸壯大起來，作為都市中廣大服務行業裡的一員。近代工人權利意識覺醒，相對於其他工人，寺工們的僱主雖然有些另類，但藉助工會制度，他們開始為了自身利益向佛教僧侶們抗爭。

在國共兩黨易守之際的衝突中，僧人們「資方」的身份和此前獲取的更高的社會地位都使得工役們落於下風。然而，到了新時代，曾經的高層交際反而變成僧人身上的枷鎖；帶來無數收益的佛寺服務業成為都市佛教的原罪。「資本家」與「被剝削者」的地位瞬間倒置，寺工在雙方的抗衡中逐漸佔據上風。然而，縱觀四、五十年代發生在上海的這一過程，無論境遇如何，僧人的態度是一以貫之的。他們顯然始終未能對時局做出正確的認知和判斷，原有的工會制度和新政府

---

[69] 參見何建明：〈中國近代佛教史上的激進與保守——以太虛與圓瑛之間關係為中心的歷史考察（下）〉，《普門學報》第 25 期（2005 年 1 月），頁 209-243。

對勞動者的態度，均被無視。在與寺院工役交涉的過程中，僧人們還沉浸於叢林慣習，往往搬出「宗教神聖」的理由，要求寺工們尊重僧侶，並試圖將他們作為僧侶之下的在家佛教徒進行管理。很難區分這只是僧人們的論爭策略抑或是僧人們心中的真實想法。從雙方對話的結果上來看，這一理由只能造成了雞同鴨講的局面；並且，這在現代世俗國家顯然不能夠成為理由，新舊政府均無法因此而庇護寺僧們。

誠然，當代上海已有諸多佛寺經歷了「寺院公司化」的歷程，[70]本文所描述的矛盾與衝突現象已不再尖銳。回溯上世紀的這段往事，其中反應的觀念始終值得關注。民國時期的上海佛教正接受著現代性的洗禮。一方面，「佛教會」這一現代組織成立，僧人們受到現代「宗教」觀念的影響，明確地開始將自身標榜為宗教團體，並試圖以此為自身謀取更多權益。另一方面，寺院經濟轉型的過程中，現代工會制度也在佛寺中普及開來，這時僧人們卻仍舊囿於傳統的叢林觀念，並由此對之嚴加抵制。在這一佛教走向現代的過程中，宗教身份與社會身份，神聖權威與世俗權利，它們之間的邊界仍待明晰與考量。

---

[70] 參見曹曙紅：〈探索都市寺院物業管理的新模式——玉佛寺物業管理工作走向社會化〉，《中國宗教》2004 年第 10 期（2004 年 10 月），頁 50-51。

【徵引及參考文獻】

一、古籍

〔北齊〕魏收：《魏書》，長春：吉林人民出版社，1995年。

〔唐〕李延壽：《南史》，北京：中華書局，1975年。

〔宋〕釋志磐：《佛祖統紀》，《大正藏》第49冊。

〔元〕施耐庵：《水滸傳》，明萬曆三十八年容與堂刻本。

〔元〕釋弌咸：《禪林備用清規》，《卍續藏經》第63冊。

〔元〕釋德煇：《敕修百丈清規》，《大正藏》第48冊。

〔明〕釋德清述，釋福善錄，釋通炯編：《憨山老人夢遊集》，《卍續藏經》第73冊。

〔北齊〕魏收：《魏書》卷114，「釋老志」，北京：中華書局，1974年。

不著撰人：《香山寶卷》，清同治七年杭州寶善堂刻本，收入濮文起主編：《民間寶卷》第10冊，合肥：黃山書社，2005年。

不著撰人：《太上飛鸞得氣諸品真經》，上海圖書館藏，1934年。

日‧釋道忠：《禪林象器箋》，《大正藏補編》第19冊。

二、近人論著

（一）專書

中國第二歷史檔案館編：《中華民國史檔案資料彙編》第5輯第1編，南京：江蘇古籍出版社，1994年。

吳漢民主編：《20世紀上海文史資料文庫》第10輯，上海：上海書店，1999年。

阮仁澤、高振農：《上海宗教史》，上海：上海人民出版社，1992年。

張化：《上海宗教通覽》，上海：上海古籍出版社，2004年。

張天翼：《張天翼文集》，上海：上海文藝出版社，1985年。

梁實秋：《梁實秋文集》，廈門：鷺江出版社，2002年。

黃夏年主編：《民國佛教期刊文獻集成補編》第76輯，北京：中國書店，2008
年。

學愚：《中國佛教的社會主義改造》，香港：香港中文大學出版社，2015年。

薛理勇：《上海掌故大辭典》，上海：上海辭書出版社，2015年。

釋太虛：《太虛大師全書》，北京：宗教文化出版社，2005年。

釋倓虛：《影塵回憶錄》，臺北：華藏淨宗學會，2012年。

加・卜正明（Timothy Brook）著，張華譯：《為權力祈禱：佛教與晚明中國士
紳社會的形成》，南京：江蘇人民出版社，2008年。

法・謝和耐（Jacques Gernet）著，耿昇譯：《中國5—10世紀的寺院經濟》，蘭
州：甘肅人民出版社，1987年。

美・尉遲酣（Holmes Welch）著，包可華、李阿含譯：《近代中國的佛教制
度》，北京：中國書店，2010年。

美・康豹（Paul Katz）著，陳亭佑譯：《中國宗教及其現代命運》，臺北：博揚
文化出版社，2017年。

（二）期刊論文

王見川：〈清末民初中國的濟公信仰與扶乩團體：兼談中國濟生會的由來〉，
《民俗曲藝》第162期，2008年12月，頁139-169。

何建明：〈中國近代佛教史上的激進與保守——以太虛與圓瑛之間關係為中心的歷史考察（下）〉，《普門學報》第25期，2005年1月，頁209-243。

曹曙紅：〈探索都市寺院物業管理的新模式——玉佛寺物業管理工作走向社會化〉，《中國宗教》2004年第10期，2004年10月，頁50-51。

嚴斌林：〈亂世淨土糾紛案——以民國時期上海清涼寺案為例〉，《近代中國》第27輯，2017年12月，頁120-144。

（三）報章

〈范青鳳四十榮慶，道中發起誦經祝壽，廿五日假國恩寺歡敍素齋〉，《申曲畫報》，1940年第164期。

〈續述西湖盜案〉，《申報》，1885年12月21日。

〈上海建設常州清涼寺下院廣告〉，《申報》，1909年9月10日。

〈福州鼓山〉，《申報》，1931年1月12日。

〈訃告〉，《申報》，1931年9月11日。

〈全國祈雨消災大會〉，《申報》，1934年7月20日。

〈華嚴寺傭工謀斃住持僧〉，《上海報》，1935年5月5日。

〈白葭居士昨在清涼寺宴外賓，茶神在座，以中國茶道佐談經，主賓大樂〉，《小日報》，1935年8月4日。

〈清涼寺抗告查封結果〉，《申報》，1936年12月18日。

〈西安事變中，佛教舉行祈禱大會〉，《申報》，1936年12月23日。

〈團體消息〉，《申報》，1937年6月7日。

〈訃告〉，《申報》，1939年4月2日。

〈圓覺寺廚司下手砍斃賬房〉，《新聞報》，1940年5月19日。

〈樂園殯儀館啟事〉，《申報》，1940年9月28日。

〈寺廟鬧糾紛，相爭錫箔灰，佛教會表示寗關門〉，《申報》，1947年7月13
　　日。

〈滬社、甬社票房〉，《申報》，1947年9月24日。

〈醜事傳遍全寺，茶役氣憤身死。清涼寺和尚被控訴，略誘過失致死罪嫌〉，
　　《申報》，1947年12月4日。

〈大聖寺內，計破毒窟〉，《申報》，1947年12月24日。

〈法藏寺清規嚴，茶役亦須念經〉，《新聞報》，1948年4月19日。

〈法藏寺開除茶役，社會局今晨調解〉，《申報》，1948年4月19日。

〈法藏寺糾紛解決，茶役領班給資解僱〉，《申報》，1948年4月20日。

（四）其他

〈上海市社會局關於清涼禪寺註冊登記等文件〉，上海市檔案館：Q6-10-46，
　　1945年12月。

〈漢奸雪煩罪行錄〉，上海市檔案館：Q6-10-46，1945年12月。

〈呈為等組上海市素齋茶廚業職業工會由〉，上海市檔案館：Q6-6-777，1946年
　　10月。

〈為呈請調處屬會所屬靜安寺法藏寺清涼寺要求改善待遇由〉，上海市檔案館：
　　Q6-8-3396，1947年7月。

〈為各寺廟與素齋茶廚工會錫箔灰問題應加入僧侶清眾三份均分臚陳理由呈請重
　　行分配以昭公允由〉，上海市檔案館：Q6-8-3396，1947年7月。

〈法藏寺、素齋茶廚業職業工會與上海市社會局關於開除糾紛之往來文書〉，上
　　海市檔案館：Q6-8-459，1947年8月。

〈為呈報屬會所屬工友改善待遇簽訂筆錄寺方迄未遵辦呈請鈞局依法強制履行
　　由〉，上海市檔案館：Q6-8-3396，1947年9月。

〈關於佛教會寺廟素齋業取消外加小賬陋規勞資協議草案〉，上海市檔案館：
　　C5-2-156-39，1952年1月。

〈莊嚴寺印潭關於職工要求出租寺房轉業不遂竟動武毆打請處理函〉，上海市檔
　　案館：B128-2-960-170，1952年4月。

〈莊嚴寺印潭關於申請解僱廚司及茶房理由請指示函〉，上海市檔案館：B128-
　　2-960-174，1952年6月。

〈吉祥寺素齋解僱協議書〉，上海市檔案館：C5-2-163-44，1952年7月。

《人間佛教研究》 第十一期（2021）
Studies in Humanistic Buddhism, Issue 11(2021)‧264-295

Temple Labor Groups and the Monastic Economy in Modern China—— Based on the Case Studies in Shanghai Area

ZHU, Mingchuan[*]

Abstract

This paper focuses on the labor group that served monks and donors in temples, such as servants, cooks, cleaners, etc. There was a distinct transformation of the monastic economy in the last century that urban Buddhist temples tended to regard the service industry as their main source of income. Accordingly, the role of temple laborers who provided services had become increasingly important, and they would not defer to monks as before. According to the National Labor Act of the Republican government, temple laborers began to organize unions to fight against the exploitation of monks. Based on newspapers, archives, survey reports, and memoirs, this paper analyses the new form of monastic life in early modern Shanghai, attempting to reveal more details about the relationship between the temple labor and monks. Furthermore, this paper also indicates the tension between monks and temple laborers, including religious identity crisis and

---

[*] **ZHU, Mingchuan**, Graduate Student, School of Philosophy, Fudan University.

labor disputes. Through the fate of temple laborers and their employers, we can gain a deeper understanding of the operation of modern Buddhism and explore the economic characteristics of urban Buddhism monasteries from a new perspective.

Keywords: Temple Labor, Monastic Economy, Urban Buddhism

《人間佛教研究》第十一期（2021）
Studies in Humanistic Buddhism, Issue 11(2021)，296-341

教會、教育：聖嚴法師早期以基督宗教為鏡像的佛教改革理念

徐鳴謙*

摘要

　　本文所嘗試探討的是聖嚴法師（1930—2009）於主要在1950年代後半針對台灣佛教現況所提出的改革建言，及當中與基督宗教組織事業、傳教形式相契合之部分。取材為其從軍來台後，尚未重新出家前以「醒世將軍」等為筆名所發表於佛教期刊中的文章，尤聚焦〈站起來吧，中國佛教！〉（1957）、〈敬為中國佛教的現狀請命〉（1958）、〈一個問題兩點意見〉（1958）三篇。所提供觀察包括：彼等論述一定程度上與民國時期新僧們所發表的類似，但同時考察聖嚴個人生涯事業，及同時代佛教發展的走向趨勢，會發覺這些即使是早期的言論卻和往後行動相互呼應。此乃基於中國佛教來到海外台灣、香港等地，其發展環境已能逐漸允許更多改變和創新。另一方面，本文回顧大陸近現代佛教改革及向基督宗教借鑑的歷史與研究成果。同時敘述了中國佛教於1949年國共分治後轉移到港台的情況，和50、60年代兩地所發生的佛耶辯論。以作為聖嚴發言的相關背景。

關鍵詞：聖嚴、近當代中國佛教、台灣佛教、佛教改革、佛耶辯論、宗教對話

---

* 徐鳴謙：國立政治大學宗教研究所博士候選人。

一、前言

　　本文所嘗試探討的是聖嚴法師（1930—2009）主要在1950年代後半針對台灣佛教現況所提出的改革建言，及當中與基督宗教組織事業、傳教形式相契合之部分。聖嚴乃當代中國佛教傳統舉足輕重的僧人之一，其有多重形象與身分，如佛教學者、禪師、教育家、人間佛教實踐者等等。同時為第一位以出家身分至日本佛教大學就讀並取得博士學位者。[1]日後並於台灣開辦「中華佛學研究所」，注重現代佛教學術方法，培育相關研究人才。聖嚴所領導的團體「法鼓山」與「佛光山」、「慈濟」等山頭齊名，成為台灣大型國際化人間佛教機構的代表，對於化導社會知識分子、中產階級以上群體有一定作用。

　　有關人間佛教概念、組織和活動與基督宗教的相似性，或說以之為借鏡的建構，過去學界多少有些關注。如姚玉霜與龔布齊（Richard Gombrich）曾對基督宗教作為太虛（1890—1947）、星雲（1927—）二人「人間佛教」理念樣板與學習對象的情況有所描述。該研究並將太虛與星雲的影響來源和傳教事業風格做出區分，而認為太虛受到較多基督新教的影響，或其事業較能與新教類比，相對於星雲之於羅馬天主教。[2]除此之外，有鑑於近代以來佛耶雙方交涉、對話與相互學習是顯著的議題，參與人員及影響層面相當廣泛，這些主題也多有被報導。較具代表性者如賴品超所編之《近代中國佛教與基督宗教的相遇》（2003）。此外，周曉微以其學位論文出版之《現代性和中國佛耶關係（1911—1949）》（2016）、張化的〈20世紀上半葉佛教學習基督教之新復興——以上海為例〉

---

[1]　轉引自闞正宗：《重讀台灣佛教：戰後台灣佛教（續編）》（臺北：大千出版社，2004年），頁426。

[2]　Yu-Shuang Yao, Richard Gombrich, "Christianity as Model and Analogue in the Formation of the 'Humanistic' Buddhism of Tài Xū and Hsīng Yún," *Buddhist Studies Review* 34/2, (2018), pp.218-231.

（2016）同樣為這方面的作品。

本文取材為聖嚴從軍來台後，尚未重新出家前以「醒世將軍」、「張本」為筆名所發表於佛教期刊中的一些文章。其中又特別為〈站起來吧，中國佛教！〉（1957）、〈敬為中國佛教的現狀請命〉（1958）、〈一個問題兩點意見〉（1958）等三篇。材料雖不多，但卻可能提供吾人一定之洞見，包括：這些對時下佛教改革呼籲的論述，是多麼與民國時期「新僧」們在期刊上發表的文章相仿。不過，若觀察聖嚴個人的生涯事業，及同時代佛教發展的走向趨勢，又會發覺這些早期直率言論卻和往後行動能相互呼應。因此我們了解國共分治（1949）後，中國佛教來到台灣，其發展的土壤已隨時間演進，而能逐漸允許更多改變和創新。

其次，就佛耶交涉的角度而言，同樣我們看到這些可能是以基督宗教為借鏡的倡議，如何與前人探討佛耶關係、對佛教內部做出建言的話語一致。當中不難發現佛教徒某些定型的論述與刻板認知，如佛教被批為迷信落後，耶教則教理遜色，但傳教方式先進。佛教振興與改善自我形象須組成強而有力的機構，首要即興辦有系統之教育。就此，聖嚴可說承載著大陸佛教的歷史記憶，眼觀台灣耶佛兩教發展而擬定佛教未來發展方針。值得一提的是，同時間在港台兩地所發生之佛耶激烈辯論，聖嚴亦是參與其中的核心人物。職是之故，可以假設其在批判它者，同時加以效法來建設佛教內部的立場上，有更多體會與實際動機。

本文標題「以基督宗教為鏡像的佛教改革理念」所指即為在宗教制度、教育及傳教活動上向該教借鏡之意，帶有更多佛教徒的心理反射意涵。正如法國精神分析學家拉岡（Jacques Marie Émile Lacan）所指出，人們的認知活動須經由「它者」的映射才能了知自我存在、形塑認同。[3] 一定程度上，宗教徒的心理認

---

[3] 參見 Roudinesco, E., "The Mirror Stage: An Obliterated Archive," in Jean-Michel Rabate ed., *The Cambridge Companion to Lacan* (New York: Cambridge University Press, 2003), pp.25-34.

知亦是如此，若非基督宗教於鴉片戰爭後伴隨著西方技術、思潮進入中國，佛教於十九世紀後半至二十世紀上半的百年中不見得會經歷如此大的變革。聖嚴和其他青年僧侶在台灣意謂著佛教改革思想的銜接，及更重要的，其配合環境變遷而來的付諸實踐。透由此文對文本及歷史的回溯，可更加了解當代台灣人間佛教樣態產生的脈絡。以下將藉著視野的逐漸拉近來達到論述目的。作為背景，首先回顧佛教在大陸時期的革新活動及向基督宗教借鑒之內容，進一步描述上世紀50、60年代港台所發生的佛耶交涉與辯論。最後聚焦聖嚴早期於期刊上所發表的佛教改革建言，並進行討論。

二、近現代中國佛教改革及向基督宗教借鏡

眾所周知，基督宗教於唐代即以「景教」的形式傳入中國，其後發展一度中斷。明代時天主教再度進入中國，一度引發和佛教間的諍論。雖佛教藉由判教和義理爭辯一度站上風，但鴉片戰爭後，基督教藉由新簽訂的條約長驅直入內地，對佛教造成壓力。概括而言，基督教尤其是造成近現代中國佛教改革的原因之一，同時也在制度、組織、活動等外部層面成為佛教效法的對象。其所引領的各項現代化[4]宣教活動甚早，如馬禮遜（Robert Morrison，1782—1834）來華後便

---

[4] 本文脈絡中所論述之現代化，從佛教的角度出發主要還是就「西化」或形式上的「基督宗教化」來理解。在此層面上，尤著重西方技術與基督教模式所帶來的影響，故如印刷術和郵務進步使大量出版、流通成為可能；新式學堂教授佛教義學之外的普通科目，嘗試興辦國家教育系統內的學校；特別在民國成立後隨政治社會環境之改變與需要，自願或被迫地發起成立社團組織，集結眾人之力向官方交涉或運作各種教內業務，乃至朝全國統一組織的方向前進；新式媒介、媒體——廣播、電影、電視出現後被擷取作為傳教之運用，這些都是近代以前所未見。又為符合現代國家與新式菁英對「宗教」的想像，佛教也必須表現出理性和對社會有益之態度，意謂著與流行信仰、被稱為「迷信」的實踐劃清界線，興辦各種福利事業以調整形象。現代化最直接的對照是傳統式的山林佛教，後者更直接的目的往往是追求宗教證悟而刻意與人群疏遠，定期性的聚集群眾傳教與獲得普遍社會大眾認同並非傳統佛教的興趣所在。

《人間佛教研究》第十一期（2021）
Studies in Humanistic Buddhism, Issue 11(2021)，296-341

開啟了西式活字印刷出版事業；[5]1833年有首份基督教刊物《東西洋考每月統紀傳》（*Eastern Western Monthly Magazine*）發行。[6]反觀中國第一份佛教刊物則為1912年的《佛學叢刊》，由狄楚卿（1873—1941）所創辦。[7]

　　一方面，正如康豹（Paul R. Katz）等人所指出，中國的新社會菁英受基督教影響甚深，他們於軍政界佔有重要地位，而將佛教和其他中國宗教貼上迷信落後的標籤，進而使之成為改革對象，連帶地啟動這些宗教內部的回應與革新。同時不能忘記就連「宗教」概念本身都是經日本而來的西方舶來品，當中帶有相當程度的基督教影響，佛、道教等中國宗教為了符合這種規範，也不得不對本身組織和各種實踐活動做出調整，以免落入「迷信」的一端。[8]而佛教採取的手段除向鄰近的日本學習，也就是要效法基督宗教了。[9]

　　談及佛教徒取法耶教，當今學界首先要討論人物便是「復興之父」楊文會（1837—1911）。楊文會的「支那佛教振興策」過往受到相當之關注，當中對佛教興辦教育提出建言，認為可學習耶穌天主教及日本佛教開設學堂招收學生，且教學應包含佛學以外的普通科目。[10]其也認識到，若欲振興中國，應向西方

5　蘇精：《鑄以代刻：傳教士與中文印刷變局》（臺北：國立臺灣大學出版中心，2014年），頁6-13。

6　Katz, P. R, *Religion in China and its Modern Fate* (Waltham, Massachusetts: Brandeis University Press, 2014), p.71.

7　有關《佛學叢報》，另參見倪管嬣：〈清末民初佛教信仰認知的轉型——以《佛學叢報》為探討〉，《政大史粹》第30期（2016年9月），頁55-96。

8　參見Katz, *Religion in China and its Modern Fate*, pp.8-12.

9　何建明、賴品超：〈基督宗教與近代中國佛教的改革運動〉，收入賴品超編：《近代中國佛教與基督宗教的相遇》（香港：道風書社，2003年），頁73；陳兵、鄧子美：《二十世紀中國佛教》（臺北：現代禪出版社，2003年），頁42。

10　「今日者百事更新矣。議之者，每欲取寺院之產業以充學堂經費，於通國民情，恐亦有所未愜也。不如因彼教之資，以興彼教之學，而兼習新法，如耶穌天主教之設學課徒。日本佛寺亦擴充佈教之法，開設東文普通學堂，處處誘進生徒；近日剙設東亞佛教會，聯絡中國、朝鮮，以興隆佛法，猶之西人推廣教務之意也。我國佛教衰壞久矣，若不及時整頓，不但貽笑鄰邦，亦恐為本國權勢所奪。將歷代尊崇之教，一旦舉而廢之，豈不令度世一脈，後人無從沾益乎！為今之計，莫若請政務處立一新章，令通國僧道之有財產者，以其半開設學堂，分教內、教外二班。外班以普通學為主，兼讀佛書半時，講論教義半時，如西人堂內兼習耶穌教之例。內班以學佛為本，兼習普通學。」楊文會：〈支那佛教振興策一〉，《楊仁山居士遺書》卷16，《大藏經補編》第28冊，頁605中-606上。

宗教一樣對外傳教，而宣教當以佛教為優先。[11]又如維慈（Holmes Welch）在《中國佛教的復興》中描述楊文會的印經事業時，也提到這種影響與傾向。楊文會的「金陵刻經處」約始於1866年，該年恰好是第一團「內地會」（the China Inland Mission），傳教士利用新簽訂條約進入內陸傳教。書中認為西方教士對於教義的掌握，及在街頭向一般民眾宣教的行為激發了楊文會印經之信念。不過佛教徒本身相信流通經書具有功德，同時楊文會也表示，印經是為了彌補太平天國動亂（1851—1863）時被毀之書籍。又他還受同儕影響，認為末法時代佛法的存續仰賴經典流通。與楊交往的居士鄭學川亦從事印經工作，後出家法名妙空，據稱其創立了五個刻經所，包括揚州的「江北刻經處」。妙空開始刻經的時間可能比楊文會早，亦可能是他啟發了楊的行動。[12]

因此，我們也不能誤會所有中國佛教的「現代」活動都是依據基督宗教為樣板所觀摩學習或受其刺激而來。各種相似實踐的產生，其箇中原因仍舊複雜。當今學界早已充分意識到二十世紀初期開始紛紛成立的佛學院與佛教組織，許多原初動機僅是為躲避方興未艾之廟產徵收風潮，並與政府協商交涉。教育部分的例子包括很可能是中國第一所佛教現代學堂「湖南僧學堂」，該機構還是在水野梅曉（1877—1949）、伊藤賢道兩位日僧的協助下所成立。[13]維慈早已清楚表明，近現代中國佛教「復興」

---

[11] 「泰西各國振興之法，約有兩端：一曰通商，二曰傳教。通商以損益有無，傳教以聯合聲氣。我國推行商業者，漸有其人。而流傳宗教者，獨付缺如。設有人焉，欲以宗教傳於各國，當以何為先？統地球大勢論之，能通行而無悖者，莫如佛教。」楊文會：〈支那佛教振興策二〉，《楊仁山居士遺書》卷16，《大藏經補編》第28冊，頁606上 - 中。

[12] 參 Welch, H., *The Buddhist Revival in China* (Cambridge: Harvard University Press, 1968), p.10, pp.20-21. 另見〈楊仁山居士事略〉：「乙丑。來金陵，得經書數種。明年移居甯。于時董江甯工程之役，同事真定王公梅叔，遂于佛學，相得甚歡。復與邵陽魏剛已、陽湖趙惠甫、武進劉開生、嶺南張浦齋、長沙曹鏡初諸君子遊，互相討論，深究宗教淵源；以為末法世界，全賴流通經典，普濟眾生。北方《龍藏》，既成其文。雙徑書本，又燬于兵燹。于是發心刻書本藏經，俾廣流傳。手草章程，得同志十餘人，分任勸募。時發心最切者，為江都鄭學川君。鄭君未幾，即出家，名妙空子。刱江北刻經處于揚州東鄉之磚橋雞園，刻經甚夥。居士乃就金陵差次，擘畫刻經事。」楊文會：《楊仁山居士遺書》卷1，《大藏經補編》第28冊，頁428中 -429上。

[13] 「〔1904〕是年，日僧水野梅曉來華。助寺僧於長沙辦湖南僧學堂，以抵制官紳之佔寺奪產；為中國僧寺辦學保產之始」釋印順：《太虛大師年譜》（新竹：正聞出版社，2014年），頁26。

不過是對一連串現實事件的反應。[14]此中基督宗教所扮演的角色充其量是個催化者，和幫助佛教在現代社會適應的一面鏡子。

再者，或許相當重要的一點，是文本上向基督宗教借鑑的倡議，幾乎只發生在佛教緇素菁英，特別是太虛和其理念的擁護者之上，而不能代表整個中國佛教界。他們甚至只能被稱為是重要少數。民國時期在這種理想的實踐上，也都僅是不斷試誤和初步成果的產生。換言之，若佛教的「現代化」或「基督教化」結果非常成功，則大概不會看到國共分治後聖嚴、星雲（1927—）等人的持續呼籲。有鑑於過往對民國佛教人士建議向基督宗教學習的研究已堪稱完整，在此無意重述，僅就本文主題相關之佛教組織與教育兩部分，其於二十世紀上半葉的改革發展，及對耶教之回應進行概要式回顧。

（一）組織

清末民初，為抵抗寺產徵收風潮，在釋敬安（1851—1912）的爭取下，清政府同意各地方設立「僧教育會」，寺院自辦教育。1907到1910的數年間於北京、湖南、寧波和杭州等地便相繼有該等組織的成立。陳兵、鄧子美認為各地僧教育會應算是「中國近代佛教組織的雛形之一」。至於楊文會1910年所創辦之「佛學研究會」則為第一個居士和佛教學術研究團體。[15]不過全國性的佛教組織則有待民國肇建後。1912年以敬安為首所籌備的「中華佛教總會」隔年於上海正式成立。此組織設立意謂著有志之士注意到一個引領佛教發展、維護教內權益的機構存在之重要性。然民國初期政局不穩，中華佛教總會亦命運乖舛，先後遭北

---

[14] Welch, H., *The Buddhist Revival in China*, p.20.
[15] 陳兵、鄧子美：《二十世紀中國佛教》，頁 56、61。佛學研究會乃是接續楊文會之學堂「祇洹精舍」因經費不足停辦後而成立。參見 Welch, H., *The Buddhist Revival in China*, p.9.

洋政府刁難、廢除，歷經改組為「中華佛教會」，最終仍於1918年遭段祺瑞主導的政府取締。[16]下個更具規模的全國性佛教組織是「中國佛教會」，1929年4月間由十七個省的佛教徒代表於上海決議成立。該組織阻擋了部分20年代末期至30年代初期的廟產興學風潮，但隨即發生了分別以太虛和圓瑛為首的改革派、保守派之爭；此為民國時期佛教新派與舊派衝突的代表事件之一，雙方角力延續至對日戰爭初期方止。[17]1945年抗戰勝利後「中國佛教整理委員會」獲准成立，太虛所主導的佛教會繼續運作。但隨這位佛教改革者的逝世及國民政府遷播來台，原先的理想和規劃也皆消逝。中佛會成為國共分治前大陸最後一個全國性佛教組織。

綜言之，二十世紀上半葉所成立的佛教組織大體上是對時局之回應，主要在於佛教面對外在不利自身的行動時，必須以組織的形式，集合整體力量，加以交涉與抗衡。縱使佛教內部面對現代性衝擊的心態有相當之歧異。對革新派而言，適應社會須提升整體僧人素質，至少在受教水準和知識方面。並且佛教也要表現出理性和對社會有益的傾向。而欲達這些目標要由一全國統一的組織來對佛教做「整理」。因此我們得以看到太虛在其佛教改革生涯中不斷地做出類似論述，於1915年之《整理僧伽制度論》中，他已有完整的理想與規劃。何建明、賴品超指出該著作中眾多部分，如對「住持部」和「信仰部」的區分、寺院管理制度和僧教育等明顯受到近代日本佛教改革的影響，換言之，該等影響亦間接地來自基督宗教。除此之外，太虛也理解景教「有律儀、尚慈濟」的優點，並就基督宗教「內侶、外侶」之區分和佛教徒住持、信仰兩部做一對照。[18]可見生涯早期其就

---

[16] 以上有關「中華佛教總會」，參見陳兵、鄧子美：《二十世紀中國佛教》，頁 57-60。
[17] 參見陳兵、鄧子美：《二十世紀中國佛教》，頁 66-72。
[18] 參見何建明、賴品超：〈基督宗教與近代中國佛教的改革運動〉，收入賴品超編：《近代中國佛教與基督宗教的相遇》，頁 81-83。

已直接參考過基督宗教之制度了。

　　延續《整理僧伽制度論》中的規劃，太虛曾期望居士能籌組統一之「佛教正信會」，與住持僧有別，並整合全國各省佛教團體紛亂不一的狀況。如〈當速組佛教正信會為在家眾之統一團體〉（1923）一文中言：「今各處佛教團體紛紛設立，名目繁多。或一地有數個佛教團體，各不相顧或反相擠。或數省無一個佛教團體，全無所知或無所為。故速當和合為一個佛教正信會，以同以真正信佛法僧為根本故。」[19]此理想於1928年間籌組全國佛教代表會時可看到些許變化，時適逢內政部長薛篤弼、中央大學邰爽秋教授倡議廟產興學，佛教界新舊二派也提起一股團結之勢。全國佛教徒代表會議於該年5月由太虛、圓瑛等人在上海發起，目的為成立佛教之統一執行機構。[20]太虛於〈發起全國佛教代表會議的提議〉（1928）中提到「在全國統一團體未成立前，於首都先成立一全國籌備處」，並須「議決各種整理僧寺之方案」、「議決各信眾團體組織之方案」，以及「議決僧眾與信眾之區別與關係」。[21]隔月（1928年7月），當全國性組織已確稱為「中國佛學會」時，太虛又指出全國佛會之組織應內分「僧眾部」與「民眾部」，也就是以一僧俗團體存在，進而由內部區分兩個群體——「有其分界而又有其聯合」。主要在佛學研究方面，兩者可以融合；依僧寺財產而生活者，則專屬僧眾部，並且僧寺財產應屬全國僧團所有。[22]至於其後1929年成立的中國佛教會，基本上為僧俗共存之會員制，與太虛最初的構想不一致。[23]

---

[19] 釋太虛：《太虛大師全書》第18卷（北京：宗教文化出版社，2004年），「制議」，頁391。
[20] 陳兵、鄧子美：《二十世紀中國佛教》，頁65-66。
[21] 釋太虛：《太虛大師全書》第18卷，頁340-341。
[22] 釋太虛：〈佛教僧寺財產權之確定〉，《太虛大師全書》第18卷，頁334-335。
[23] 在一些地方，可看到太虛對佛教會中僧俗共處的批評。如〈告全國僧寺住持〉（1931）中言：「出家五眾，尤以比丘眾為首，故常住佛教教化機關之主持佛教教化團體，必應在比丘為首之出家僧眾。至在家二眾，則應一方為親近三寶之修學者，一方為護以政治、資以經濟之奉事三寶者。而現今之佛教會，僧俗混合組成，其在家眾既無資格之規定，亦無入會之手續，雜濫而無界限，易滋流弊，故亦必須速為改組。」釋太虛：《太虛大師全書》第18卷，頁363-364。

太虛於1936年的文章〈建設現代中國佛教談〉中重述了在家眾統一佛教組織的倡議，從這方面來看，僧俗分離的結構依舊是他佛教組織制度的理想。[24]再一次地，若考慮太虛著述的思想脈絡，此輪廓應是相當清楚的。1914年他在〈上佛教總會全國支會部聯合會意見書〉裡提到：

> 原我佛設教，教會組織之法，本極完善。凡從佛出家之比丘、比丘尼眾，莫不擺脫君親家國之累，以個人為教會單純份子，以教會為個人直接團體……據現勢以觀之，佛教之統一機關，固非佛教總會莫屬也。但其他之佛教團體，固方層出不窮矣。如某所知者，如佛教會、佛學會、佛教宏誓會、維持佛教同盟會、佛教維持會、佛教青年學會等。而某所未知者，更不知其有幾也。不與之整理聯合，各自擴充其勢力，未免自相競爭，以滋紛擾。今當通告各會認定佛教總會為佛教統一機關。佛教總會亦認可各會為佛教特別團體，以自由信仰而結集，共謀佛教之福利。但其章程，須一一經佛教總會核正備案，以符自由結社之國憲。[25]

當中太虛表明屬於教會者本來就僅有出家眾：比丘、比丘尼，且佛教總會對其他的佛教團體應具有直屬的管理權力。在別處，太虛同樣認為剃度之僧尼為佛教會之當然會員。[26]一方面，若有僧眾不入教會，則他們將無從被約束起，也就

---

[24] 參見釋太虛：〈建設現代中國佛教談〉，收入黃夏年等主編：《民國佛教期刊文獻集成》第193卷（北京：全國圖書館文獻縮微複製中心，2006年），頁174-176。

[25] 釋太虛：《太虛大師全書》第18卷，頁287、291-292。

[26] 參見釋太虛：〈告全國佛教徒代表〉，《太虛大師全書》第18卷，頁359。又〈中國佛教會兩大問題〉（1935）中的「會員問題」裡指出：「〔中國佛教會〕會章中雖規定寺庵住持皆須入會為會員，而未規定凡同住寺庵之比丘、比丘尼（姑以沙彌等為出家之未成年者，且不列入）皆為當然會員，此是一大缺點。因此（一）僧尼既不皆為會員，則佛教會不能包括僧尼之全體，即不能約束及整頓全體之僧尼。（二）全國非寺庵住持之僧尼，應另組成對立之佛教團體，形成佛教內教團之分裂。（三）佛教會組成之分子，或致在家教徒反多過出家教徒，而佛教會在全國寺僧中即無健全之基礎。由此在徵求會員之際，應即規定凡住寺庵之僧尼，皆為當然會員。」釋太虛：《太虛大師全書》第18卷，頁369-370。

難以達成革新者想要的僧尼素質控制。1925年，其明確指出屬於僧人之佛教會只是功能性的，當僧伽整理工作完成後即可廢「佛教會」名稱，而轉稱「佛教住持僧」，而原屬在家眾的「佛教協會」則轉為「佛教正信會」，與住持僧相對。[27]這表示統一之僧伽佛教會對太虛而言，某方面僅是改革手段，並非最後目的。另一方面，即使太虛贊成僧俗組織分流，其也認為兩者應該合作，否則「混合而不分途組織，既多互侵互亂之弊；分組而不聯合，又成相隔相礙之患。」[28]

　　無論如何，廟產徵收對民國佛教革新者而言無非是一機會，太虛一方面透過和政治領導階層的人際關係對外協調，同時期望藉由全國性組織的成立攫取佛教內部領導權。其宏大的整理僧伽制度規劃在無實質權力的情況下顯難以達成。而寺產的威脅時有時無，也就使得這種權力獲取手段增添困難。最為人所知者，1931年4月太虛於中國佛教代表大會時提出「廟產興學已打銷，再言整頓僧寺興辦教務等等，徒惹人厭」[29]的言詞，此時中佛會內部新舊兩派歧見早已激化。對日戰爭時期，太虛主導了撤退至大後方中國佛教會，卻因戰時環境限制，無法發揮太多影響力。[30]戰事結束，曾一度嘗試整理佛教會，但隨後太虛逝世，並又遭遇國共內戰。整體而言，太虛整理僧伽改革佛教的理念並未被貫徹在全國佛教組織的架構中被執行。如羅馬天主教般的單一教會和統一行政在中國佛教中成為一

27　〈中華佛教聯合會當如何組織耶〉：「中華佛教聯合會垂成立矣，各省應之者雖已多處，而各縣則猶難普及。此會之聯合，雖在聯縣會合成一省會，聯省會合成全國會；而遍於縣省國之橫的聯合，則尤重在出家佛教僧與在家佛教徒之由分組而合組。如何分組耶？即每縣每省及全國皆組成純粹出家僧眾之佛教會，及純粹在家教徒之佛教協會（或即名前期所云之佛教正信會，但此時先名協會者亦可）。由佛教會（出家僧眾的）專聯合僧眾，依照《整理僧伽制度論》作整理僧伽之事業。逮整理之事業完成，則廢佛教會之名稱而但名佛教住持僧。由佛教協會專向普通社會宣傳人天戒善之佛法，以起全國人民皈依三寶之正信，後即轉名佛教正信會，為佛教中與住持僧相對之一團體。」釋太虛：《太虛大師全書》第18卷，頁326。1931年太虛對中國佛教會所提出的改革版本與此大同小異，建議廢止中國佛教會及各縣市、各省佛教會，改組為各縣市、各省、全國之僧寺聯合會；居士部分則組成相對應的「護法社」。參見釋太虛：〈告全國僧寺住持〉，《太虛大師全書》第18卷，頁364-365。

28　參見釋太虛：〈告全國僧寺住持〉，《太虛大師全書》第18卷，頁364-365。

29　釋太虛：〈告全國佛教徒代表〉，《太虛大師全書》第18卷，頁358。

30　陳兵、鄧子美：《二十世紀中國佛教》，頁72。

種未被實現的理想，與改革新派僧人的歷史記憶，伴隨著僧侶到海外後仍不斷被提起。

　　除太虛外，民國時期諸多認同其理念的僧人們，也莫不批評中國佛教組織鬆散，成員不團結、各自為政，如此對新佛教之建設造成阻礙。一些過去已受到注意的文獻資料，如《海潮音》第17卷第4期（1936）的「中國佛教建設專號」裡便可見此傾向。[31]大鑫（1887—1961）於〈中國佛教建設方案〉裡便言「時至今日，思潮異乎昔；凡組織與形式，無論軍政各種機關，皆已建立於制度之上，以收統一之效果。然視我國僧伽，太嫌保守陳規，不事改善，散散漫漫，毫無團結力，對內不能造就僧材，培養道德，對外不能抵禦欺侮，增高地位」。[32]伊陀在〈怎樣建設現代中國佛教〉中也以「建一有權威中央佛教會」為標題進行論述。[33]他們皆是站在太虛僧伽改革的立場。縱使這些言論不見得提到是以基督宗教為參照，甚至太虛將統一佛教會架構的來源溯自南傳佛教錫蘭等國，[34]相關敘述在新僧群體裡仍是可見。如成謙於〈今後佛化之進行〉（1924）中便提出欲振興佛教須「組織有勢力之團體，西人之宣傳耶穌教井井有序，政府亦能為其後盾。我國僧尼可集成一大會，於全國中心之都市。而於每省每縣但作分會，以調查一切主持，一切盡其寺產之能力，以供世界佛化辦事之所需」。[35]

[31] 參見周曉微：《現代性和中國佛耶關係（1911—1949）》（成都：巴蜀書社，2016年），頁127。
[32] 釋大鑫：〈中國佛教建設方案〉，收入黃夏年等主編：《民國佛教期刊文獻集成》第193卷，頁209。
[33] 釋伊陀：〈怎樣建設現代中國佛教〉，收入黃夏年等主編：《民國佛教期刊文獻集成》第193卷，頁236。
[34] 釋太虛：〈建設現代中國佛教談〉，收入黃夏年等主編：《民國佛教期刊文獻集成》第193卷，頁177-178。
[35] 釋成謙：〈今後佛化之進行〉，收入辛迪等主編：《民國佛教期刊文獻集成補編》第4卷（北京：全國圖書館文獻縮微複製中心，2008年），頁376；刊《佛學院第一班同學錄》，原文無標點。同文亦載於《台灣佛教新報》及《世界佛教居士林林刊》。

《人間佛教研究》第十一期（2021）
Studies in Humanistic Buddhism, Issue 11(2021)，296-341

（二）教育

前述已提及上世紀前半葉因廟產徵收風潮，導致佛教界產生自辦教育需求。除此之外，亦有為振興佛教而開辦教育者。楊文會的「祇洹精舍」受錫蘭佛教者達摩波羅（Anagārika Dharmapāla, 1864—1933）之影響而創辦，於1908年成立。[36]此不但具有現代形式，兼納佛學與西學，並也借鑑了日本佛教及基督教的教育系統。[37]受學於此學堂者，後續有歐陽漸（1871—1943）設立「支那內學院」；而另一位我們所熟知的佛教改革者太虛，更於1922年開辦「武昌佛學院」，成為民國時期的典範，後續所成立的佛教學校皆始以「佛學院」為名。[38]不僅如此，1927年基於防止寺產被占用的考量，太虛被推為廈門南普陀寺住持，接管閩南佛學院，並成為院長。30、40年代又先後有北平柏林教理院、漢藏教理院、巴利三藏院的成立。據稱民國時期由太虛及其生徒任教或主持的佛學院少說有四十至五十所。[39]作為僧人，志在整理僧伽，太虛對僧教育的重視自不待言。其於1928、1929年間環遊歐美，有機會實際考察各西方教會機構、宗教學院、大學，深化其僧教育理念，此點已為學界所認識。[40]陳兵、鄧子美亦指出了太虛對社會教育的貢獻，這些包括興辦武院附設小學與1946年於重慶所開辦的大雄中學。[41]

整體來說，尤對新僧而言，民國佛教教育不算成功。太虛的辦學並非一路

---

[36] 參見 Welch, H., *The Buddhist Revival in China*, p.9.
[37] 陳兵、鄧子美：《二十世紀中國佛教》，頁105-106。
[38] 參見釋印順：《太虛大師年譜》，頁140
[39] 陳兵、鄧子美：《二十世紀中國佛教》，頁122；鄧子美：《傳統佛教與中國近代史：百年文化衝撞與交流》（上海：華東師範大學，1994年），頁207、286-287。
[40] 參見何建明、賴品超：〈基督宗教與近代中國佛教的改革運動〉，收入賴品超編：《近代中國佛教與基督宗教的相遇》，頁84。
[41] 陳兵、鄧子美：《二十世紀中國佛教》，頁124。

順遂，在武院成立後兩年就因改革無法順其意而辭去院長一職。他的僧教育理想甚高，結合中國傳統叢林與西式教育方式，而現實中能達成的僅是一小部分。[42]試誤階段的僧教育裡可發現各種問題，很難說跟傳統叢林教育比起來較為優越。儼然曾反思時下僧教育所暴露出的缺點，包括青年學僧犯戒作惡、過於安逸、有人反俗、有人自殺。其言：「若未受過僧教育，而走向這裡種路子，尚不足怪；以曾受相當僧教育，而出此下策；雖為不足齒，誠謂可憐愍亦復可惜矣！」儼然認為除辦僧教育者難辭其咎外，青年出家者的動機不良也是原因，因此應慎選僧才來源，避免濫收徒眾、濫傳戒法。[43]另因戰事影響、時局多變，民國時期的佛學院也命運乖舛，存續時間有短有長，或斷斷續續，最終大多難免面臨停辦命運。更重要的，這些佛教所創辦的學校相當程度上都只能算是嘗試，而無法取得系統性、普遍性的開展。

在現實不盡完美情況下，文本中同樣可以看到新僧們對興辦佛教教育的呼籲。如玉泉在〈醒來吧中國佛教徒〉與成謙在〈今後佛化之進行〉中都強調要辦「有系統的」教育。他們的方法各有所重，但大同小異。玉泉的言論較偏向僧教育：

> 以現在所有的寺廟，作為校址，所有的財產，作為基金，所有的僧侶，收為學子。某處能設初級佛學院，某處能設中級佛學院，某處能設高級佛學院，總以寺廟大小，財產豐富為標準。組成有系統條然不紊的佛學院，使青年學僧，得循序升學，以免「負笈窮途」之嘆。[44]

此種架構大體不脫太虛的整理僧伽制度。成謙則較偏向僧教育與社會教育的綜合，他認為佛教要造就人才，應當興辦小學、中學和大學。小學無論僧俗均可入

---

[42] 陳兵、鄧子美：《二十世紀中國佛教》，頁 123。
[43] 釋儼然：〈從青年學僧的墮落說起〉，收入黃夏年等主編：《民國佛教期刊文獻集成》第 191 卷（北京：全國圖書館文獻縮微複製中心，2006 年），頁 533；亦見釋葦舫：〈建設中國佛教的重心〉，收入黃夏年等主編：《民國佛教期刊文獻集成》第 193 卷，頁 228。
[44] 釋玉泉：〈醒來吧中國佛教徒〉，收入黃夏年等主編：《民國佛教期刊文獻集成》第 193 卷，頁 305。

學，並教導淺近之佛法，到了中學和大學才逐漸加深。高中以上還須學習外國語言，以為世界性傳教作準備。[45]其倡議大致上符合民國佛教徒的努力方向，正如我們知道佛教除了辦小學外，也開始因實際的需要而編撰學童之佛化教科書。[46]惟這種教育形式仍是少數個案，並且佛教大學的想法有落實上困難。

談及社會教育，過往研究都注意到僧人寄塵（1885—1974）對此範疇的重視，與其拿基督教所做的一番對照。[47]但須注意寄塵的出發點很大部分係從寺院經濟的角度出發，他認為在不景氣的時代，那些仰賴資產階級的營生模式，如經懺、香火、募捐等也很難不產生動搖。因而其強調要注重社會教育中的社會生產教育，包含農工等職業科目。在佛教教育機構的建立上，他和前述都是類似的，認為要在各縣設佛教完全小學、各省設完全中學，首都則設佛教大學。整體而言，民國時期除廟產徵收的刺激讓佛教界自辦教育加以因應外，新派人士批評佛教內部辦學不力，甚至主張應向基督宗教學習的理由，主要在於佛教僧尼知識不足而為人所輕蔑故。因此，興辦教育可讓佛教在社會中的地位提升，這種認知在新僧群體裡幾乎是肯定的。類似的倡議也如佛教應辦慈善事業並向基督宗教學習，基本上亦出於改善外在觀感的動機。此外，何建明、賴品超注意到民國佛教

---

[45] 釋成謙：〈今後佛化之進行〉，收入辛迪等主編：《民國佛教期刊文獻集成補編》第 4 卷，頁 376。

[46] 此如僧人善因所編著的《佛化教科書》，為簡單易懂之白話文佛學教科書。此書的第一冊目前在台灣圓光佛學院的特藏室可得，例言中顯示該書乃專為佛教徒設立之孤兒院、貧兒院、感化院，及國民學校等所編，共四冊，每冊四十課。當中並有太虛之序，係 1923 年書於武昌佛學院。序言中提到：「自歐風東漸，學說日新，古教浸衰，道德掃地。成人既無所遵崇，孩童亦失其規範……吾友善因法師有鑑于此……特于課餘之暇，編集小學佛化教科書四冊。」善因曾任《海潮音》編輯，其個人之序言則載海刊第六期（1924），為前一年寫於長沙佛學講習所。參見釋善因：〈佛初教科書序，附例言〉，收入黃夏年等主編：《民國佛教期刊文獻集成》第 159 卷（北京：全國圖書館文獻縮微複製中心，2006 年），頁 283。

[47] 釋寄塵指出：「佛教的教運往下走的問題，固然僧教育不發達的所致，然而不過問社會的教育也是一個原因吧？因僧徒缺乏社會中的人材，是不能從事生產，自食其力的！基督教則不然，有小學，有中學，有大學，凡屬社會中所有的學科，是應有而盡有的。故基督教徒人材濟濟，實為現代各教徒所不能及，而基督教徒所活動的業務，也為各教徒所不能望其項背的；故基督教的推進發展幾有執世界宗教的牛耳，詢非過譽！反觀佛教又如何？佛教徒對之能無愧汗嗎？」釋寄塵：〈從寺院裡改造起〉，收入黃夏年等主編：《民國佛教期刊文獻集成》第 193 卷，頁 199。

改革的提議不只來自新僧，還有國民政府官員也希望佛教做出改變，並同樣建議效法耶教。[48]這顯示讓佛教遵循基督宗教之道路而現代化的期待乃內、外部並存。

三、內戰後港台佛耶之再遭遇與辯論

前述已回顧二十世紀上半葉中國佛教改革及各種向基督宗教借鑑之倡議與論述，至少在組織、教育等層面，可說是反覆出現。本文後半所嘗試指出的乃這種言論在時間和地域範圍上的延續性，並以聖嚴法師為例。不過在對其建言考察之前，仍須就國共分治後的港台環境做概述，並交代此時佛耶雙方互動與辯論情形，以為相關之背景脈絡。

眾所周知，隨大陸政權易主，1949年前後有為數不少的中國佛教徒避難英屬香港及台灣。確切人數有多少實不可考，真華（1922─2012）曾指出1949年以後來台的法師約七十人左右。[49]相對於1945至1950年代初期，共有六十萬左右之大陸平民來台；軍隊部分，1950年前後來台的總數也約六十萬人。[50]同樣，香港在1945到1951年間，每月平均有十萬不願在共產黨統治下生活的人，從內地跨越邊界而來，造成人口激增，從1945年的六十萬到50年代中期約二百二十萬。[51]

隨著國民政府遷台，港台兩地的佛教圈並非各自封閉獨立，而是時有互動，人員、資訊彼此來往。一方面，兩地佛教在1949年後的發展有諸多類似之處。鄧

---

[48] 何建明、賴品超：〈基督宗教與近代中國佛教的改革運動〉，收入賴品超編：《近代中國佛教與基督宗教的相遇》，頁 91-99。

[49] 釋真華：〈敬悼當代「說法第一」的道源長老〉，收入道源老法師紀念集編輯委員會編：《道源老法師紀念文集》，1989 年，網站名稱：般若文海，網址：https://book.bfnn.org/books2/1594.htm#a07。

[50] 詳見林桶法：《1949 大撤退》（臺北：聯經出版事業公司，2009 年），頁 422-423。

[51] Leung, B. and Chan, S. H., *Changing Church and State Relations in Hong Kong, 1950─2000* (Hong Kong: Hong Kong University Press, 2003), p.24.

家宙指出戰後留港僧侶所立的寺院間有派系、省籍問題；同時道場以特定法師號
召佛事吸引信眾、捐款，造成彼此競爭，形成所謂的「山頭主義」（Factional-
ism），[52]此情況在台灣亦漸漸發生。整體而言，香港及台灣兩地本無如過去大陸
的大型叢林寺院，[53]亦無相當之條件可支持此種集體修行制度的大規模開展。在
沒有大量土地、田產的情況下，隨著從大陸而來的僧侶數量持續增多，及配合50
年代開始的都市化腳步，兩處之佛教都必須和在家信眾更加緊密地接觸及仰賴其
支持。這意謂不僅是佛教內部可能的競爭，還有和本質上以傳教為主的基督宗教
的競爭。

　　佛耶間競爭與互動在50、60年代的台灣表現得明顯，因大陸政權易主，不
只將佛教推至海外，也帶來了大量的基督宗教神職人員。天主教在台灣方面「一
時之間有數十個國際男女修會在台傳教」，神父數量持續成長，至1968年達到
高峰的八百四十四人。[54]因此，道安法師（1907—1977）於1953年就已注意到台
灣佛耶雙方信徒互相攻擊的表面問題。[55]這同時與基督宗教在政治資源上的優勢
有關。對此，江燦騰提到，自1954年《中美共同防禦條約》簽訂，至1978年底
台美宣布斷交為止，由於台灣社會對西方的依賴，故「從流行式樣到文化的意識
形態，都產生了高度的傾慕之心」。[56]如此環境自然有利天主教、基督教在台發

---

[52] 參見鄧家宙：《香港佛教史》（香港：中華書局（香港），2015年），頁122。

[53] 有關近代大陸叢林寺院的型態參見 Welch, H., *The Practice of Chinese Buddhism* (Cambridge: Harvard University Press, 1967), pp.3-46.

[54] 古偉瀛：〈台灣天主教中的多國色彩〉，收入古偉瀛編：《東西交流史的新局：以基督宗教為中心》（臺北：國立臺灣大學出版中心，2005年），頁416。另可參見趙文詞：〈臺灣天主教會的成長與衰退：以瑪利諾會的兩個傳教區為例〉，《臺灣學誌》第6期（2012年10月），頁53-76；簡鴻模：〈基督宗教在台傳教史〉，網站名稱：輔仁大學學術資源網，網址：https://www.google.com/url?sa=t&rct=j&q=&esrc=s&source=web&cd=5&cad=rja&uact=8&ved=2ahUKEwjCs4mbxcjnAhUJK6YKHfDiB2UQFjAEegQIAhAB&url=http%3A%2F%2Fscholar.fju.edu.tw%2F%25E8%25AA%25B2%25E7%25A8%258B%25E5%25A4%25A7%25E7%25B6%25B1%2Fupload%2F037680%2Fcontent%2F981%2FG-9050-17693-.doc&usg=AOvVaw0EqDQ5Fgfxx0YK2FAk0M_I。

[55] 參見釋道安：〈日記（三）〉，《道安法師遺集》第7冊，頁1114，網址：http://dev.dila.edu.tw/daoan/#。

[56] 江燦騰：《台灣百年佛教史之研究：1895—1995》（臺北：南天書局，1996年），頁473。

展。另外，不能忽視的是身為基督徒的主政者——蔣中正（1887—1975）及其夫人蔣宋美齡（1897—2003）在公領域對佛教的壓抑。如星雲曾述，早期欲買下電視時段做佛教節目，卻被告知蔣夫人不准佛教上電視；又僧人也不能出現在電視節目中，只有連續劇裡才允許和尚角色出現。此情況直到蔣經國（1910—1988）執政時才得以改變。[57]在基督宗教的優勢地位下，台灣佛教所做出之回應，江燦騰也略有提及，諸如發展校園組織、發行佛教刊物、電台弘法，以及巡迴各地進行國、台語並行的通俗講演。[58]香港佛教方面，50和60年代分別標示著現代化的萌芽與茁壯期，[59]除了電台、影視等新式弘法之外，在辦教育、慈善方面甚至起步較早，成效也不錯。[60]

除表面這些顯著的改變與回應，較隱而未顯的是佛耶雙方信徒的角力與文筆交鋒。後者甚至可說是此時期港台佛教與基督宗教互動的特色。即便佛耶之對話、論諍並非新的產物。明末佛教針對天主教在中國的傳播就提出以天辨天、以佛辨天和以儒辨天的應對策略，這是針對該教主張要辟佛、老而歸儒的立場。陳永革指出，這不外乎是以他教本身可能存在的矛盾而攻之、以佛教本身的思想來問難，並且對該教和中國本身思想、文化、習俗等之適合性提出質疑。[61]此外，袾宏（1535—1615）還把上帝判為忉利天主，將天主教納入佛教的世界觀下而

---

[57] 參見釋星雲：《貧僧有話要說》（臺北：福報文化股份有限公司，2015年），頁488-489。又蔣夫人利用自身之地位與影響力在菁英社會組織，如婦聯會中形成基督教的圈子。據稱同樣為婦聯會一員的當代佛教護法孫張清揚（1913—1992）曾多次被蔣宋美齡勸說改宗。參見李玉珍：〈臺灣戰後崛起的優婆夷典範之群體意涵〉，《玄奘佛學研究》第21期（2014年3月），頁112-113。

[58] 江燦騰：《台灣百年佛教史之研究：1895—1995》，頁473。

[59] 參見鄧家宙：《香港佛教史》，頁103-178。

[60] 見釋覺光（1919—2014）1960年10月率團來台參訪時向大眾之報告。張廷榮：〈香港佛教僧伽回國觀光團留給國人的印象〉，《海潮音》第41卷第10期（1960年10月），頁2。另外，60年代起香港佛教團體新辦了中學15所、小學20所以上、幼稚園至少3所。參見鄧家宙：《香港佛教史》，頁198。

[61] 陳永革：〈論明末佛教與天主教的辯論〉，收入王志成、賴品超主：《文明對話與佛耶相遇》（北京：社會科學文獻出版社，2012年），頁50。

《人間佛教研究》第十一期（2021）
Studies in Humanistic Buddhism, Issue 11(2021)，296-341

安立在一個次等位階，相當程度上定調了佛教較基督宗教優越之立場。[62]

　　民國時期的佛耶對話中，何建明、賴品超考察佛教《人間覺半月刊》的相關內容，指出了幾點特色，包括駁斥基督宗教指佛教為消極、或釋迦牟尼為上帝派遣而來等這類批評；釐清某些基督徒因以佛解耶或以耶解佛而對佛教所產生的誤解；批判基督宗教的歷史觀和內部教義矛盾。雖然如此，卻肯定某些耶教的面向，如對傳教、社會服務的奉獻和熱忱。[63]

　　周曉微則分析，民國時期佛教主要以合一、平行兩種方式和基督教對話。「合一」指佛教在世界觀、宗教超越性等形而上的義理層面自居為優越；「平行」則是佛教徒有時在特定層面上否定與基督教間有任何共通性。[64]相較同時代某些基督宗教人士開放地承認真理來源的多樣性或積極投入佛耶對話，即所謂「相交」型態，其歸納總結此時之佛教「我是而他非，執持佛教的真理唯一性，強調佛教的獨一性，在這一點上，民國時代的中國佛教比中國基督教更為自信」。[65]

　　整體而言，內戰後二十年的佛耶對話內容並無超出明清到民國初期太多。少數可標示的差異在於，此段期間的對話時有演變成辯論之現象。彼等辯論主要發生於文本中，也就是筆桿交鋒而非實際的口頭爭辯。這表示針對特定人所敘述內容大量引用、進行反駁，甚至加入人身攻擊，或成為意氣之爭、為辯而辯。同時

---

[62] 「彼雖崇事天主，而天之說實所未諳。按經以證，彼所稱天主者，忉利天王，一四天下、三十三天之主也。此一四天下，從一數之而至於千，名小千世界，則有千天主矣。又從一小千　之而復至於千，名中千世界，則有百萬天主矣。又從一中千　之而復至於千，名大千世界，則有萬億天主矣。統此三千大千世界者，大梵天王是也。彼所稱最尊無上之天主梵天，視之　似周天子視千八百諸候也。彼所知者，萬億天主中之一耳。」〔明〕袾宏著，徐昌治編：〈天說一〉，《聖朝破邪集》卷7，《大藏經補編》第28冊，頁322中-323上。

[63] 何建明、賴品超：〈佛教對基督宗教的回應：一個個案分析〉，收入賴品超編：《近代中國佛教與基督宗教的相遇》，頁127-145。

[64] 參見周曉微：《現代性和中國佛耶關係（1911—1949）》，頁118-123。

[65] 參見周曉微：《現代性和中國佛耶關係（1911—1949）》，頁124。另外，值得一提的是台灣於日治時期也發生過小規模佛耶雙方的辯論，對台灣本土佛教的發展與轉型造成影響。參見闞正宗：《重讀台灣佛教：戰後台灣佛教（續編）》，頁89-91。

另一並行的現象是，因應戰後知識和教育逐漸普及，現代學術研究成果和方法被應用在這些來回的文字交談中。是故基督教牧師有前往日本大學專研佛學者，如龔天民（1926—）；而佛教中也有利用歷史、哲學等西方學科知識來駁斥基督教者，如聖嚴。他們所撰寫或應答辯論之內容往往可以出書成冊，變成該教中理解外教，或向對方信徒宣教時的教科書。[66]

綜觀1950年代後半至60年代這段期間，由佛教人士對基督教所做之回應，促使牧師辯論並且出版成冊者有書數本、文章數篇。包括煮雲（1919—1986）的《佛教與基督教的比較》（1956），牧師吳恩溥（1914—2018）以《駁「佛教與基督教的比較」》（1956）反擊之，當時仍在軍中服役的聖嚴（張採薇）再用《評駁佛教與基督教的比較》（1956）為煮雲辯護。另印順（1906—2005）於1963年起作〈上帝愛世人〉、〈上帝與耶和華之間〉、〈上帝愛世人的再討論〉三篇，[67]其自述是受基督徒傳教的刺激。[68]事實上印順早年曾接觸基督教，但因當時的反基督教運動，及無法接受該教某些思想的情況下，並未成為基督徒。[69]早在1932年，他就已對基督教提出批判，發表第一篇評論文章〈理想中的偶像——耶穌〉。[70]1965年印順的〈上帝愛世人〉一文被吳恩溥收入《牧師・和尚辯道集》加以抨擊；同書另回應了1963年覺光發表於香港《星島晚報》一篇名為〈覺光法師談鬼〉的文章，是少數涉及香港法師的辯論。[71]

此外亦有佛教徒主動出擊，針對基督宗教人士撰寫之佛教相關文章加以評

66 對基督教牧師而言這種傾向甚為明顯，參見龔天民：〈傳道人最好懂些佛教〉，《龔天民新文集三十篇》（臺北：校園書房，1993年），頁107-114。
67 參見侯坤宏：《印順法師年譜》（臺北：國史館，2008年），頁212-213、221-222。印順的三篇文章，先後連載於《海潮音》，後皆收入《我之宗教觀》（新竹：正聞出版社，2011年），頁179-300。
68 釋印順：《我之宗教觀》，頁179。
69 釋印順：《我之宗教觀》，頁304。
70 參見侯坤宏：〈探索青年印順法師的思想〉，《法光》第273期（2012年6月），頁2-3。
71 吳恩溥於本書（1986）〈序〉中分別稱印順與覺光為台灣及香港佛教領袖。另以上有關煮雲、聖嚴、印順與吳恩溥之間的辯論，以及龔天民對佛教之批判，闞正宗於《重讀台灣佛教：戰後台灣佛教（續編）》，頁92-129，亦有詳細介紹，但於對當代佛教現代化之影響僅有提到，未做較系統性之陳述。

論者。此部分聖嚴著作頗豐，《評駁佛教與基督教的比較》也包含其中。聖嚴自述該書的撰寫為他開啟了新的文類風格，由文藝寫作轉往宗教討論，而這也是其所出版的第一本著作。[72]後續相關之文章尚有：〈非偶像論〉（1957）駁斥基督徒稱佛教為偶像崇拜；〈論佛教與基督教的同異〉（1958）否定上帝與佛性、真如真理等之共通性，隔年又撰〈再論佛教與基督教的同異〉；1963年之〈對佛耶之諍之我見〉與〈耶教・政治・武力〉為分別回應毀謗佛教之宣傳品及佛教、基督教徒筆戰；1966年撰〈基督教與佛教之間〉等三篇，及〈天主教的月神杜而未〉，隔年集結成《基督教之研究》出版。[73]聖嚴稱該書出版後神父與牧師對佛教的攻擊就此停止。然並不表示重視信仰的基督徒對佛教可以服氣，或促成其對兩教教理有更深入的思考。聖嚴自認一定程度上它僅能使無信仰者或佛教徒理解基督教。也因為這本書，佛教徒在面對該教挑釁時能有得以回應的工具，諸如將部分內容影印成冊「回贈」給那些到寺院發傳單的基督徒。[74]

　　從地域上來看，此時的佛耶對話、辯論實無港台之分，因互動多以文章發表為主，而兩地出版品在相互取得上並無困難。故佛教的部分主要來自台灣，其中又以聖嚴表現得特別突出。這些皆是同時代佛教人士中回應基督宗教較為積極者。正如闞正宗所指出的，戰後台灣佛教界對耶教的強勢傳教行為一向採取

---

[72] 見《評駁佛教與基督教的比較》之再版自序。釋聖嚴：《基督教之研究》（臺北：法鼓文化，2016年），頁 243-244。

[73] 以上各文章之題名、出處、年代、內容概要、撰寫動機詳見林其賢：《聖嚴法師年譜》（臺北：法鼓文化，2016年），頁 112、120、125、189、201、217、224。其中〈論佛教與基督教的同異〉及〈再論佛教與基督教的同異〉兩文亦收入釋聖嚴：《神通與人通》，《法鼓全集》第 3 輯第 2 冊（臺北：法鼓文化，1999年），頁 195-231。

[74] 有關《基督教之研究》出版後所造成之影響，見釋聖嚴：《聖嚴法師學思歷程》，《法鼓全集》第 3 輯第 8 冊（臺北：法鼓文化，1999年），頁 75。基督新教從清末起在中國就有組織地印刷、散發佈道宣傳品與小手冊，從事這類工作的機構稱為「聖教書會」。依據研究，1912年大陸有九家聖教書會，位於上海、漢口、北京等大城市；宣傳品內容有時也與時代議題有關，如衛生、反裹足、反迷信等。參見羅偉虹主編：《中國基督教（新教）史》（上海：上海人民出版社，2014年），頁 196-199。

忍耐和忽略的方式，[75]一方面出於本身的義理教導，同時也是在特殊政治情勢下避免更多爭端衝突。關於這點，煮雲的《佛教與基督教的比較》印行後，書隨即遭到台中蓮社李炳南（1891─1986）的攔截，深怕會惹出事端。[76]吳恩溥、龔天民兩位牧師則以香港為基地。和聖嚴有著相似之處，兩人皆是基督教中的文筆戰將，一生著作等身。[77]他們除擅長寫作外，也自持著某種對傳教的堅持，如龔曾自述：「我未作過和尚，與中國佛教界人士也並無任何個人恩怨。我只是出於我的基督教信仰，在靈裡覺得非對佛教徒傳道不可」。[78]雖然就某些僧人的眼光看來，牧師研究並批判佛教不過是炒短線行為，為的是獲取個人名譽和事業成功。[79]無論如何，上世紀50、60年代佛耶對話較先前轉為激烈之傾向可能意謂著宗教競爭程度增加。事實上，不只兩教間互相論戰，基督宗教內部競爭也相對增強。趙文詞（Richard Madsen）便指出此時台灣天主教資深神父間經常要比較彼此讓信徒受洗的數量。[80]基督教同時也在批判內部異端。[81]而佛教自身則不斷與流行信仰實踐，那些被批評為「迷信」的部分劃清界線。

---

[75] 另香港佛教人士中，如覺光面對來自吳恩溥的攻擊亦是採取不願回應的態度。見〈覺光法師談鬼訪問記〉，收入吳恩溥：《牧師．和尚辯道集》（香港：聖文社，1986年），頁173-175。

[76] 參見闞正宗：《重讀台灣佛教：戰後台灣佛教（續編）》，頁92、98。

[77] 兩人之背景亦參見闞正宗：《重讀台灣佛教：戰後台灣佛教（續編）》，頁104-106、118。在此其指出了香港牧師批判佛教與道風山之間的可能關聯。此外，龔天民的著作以理解、批判佛教為主，如《佛教學研究：一位牧師佛學的報告》（1959）、《唐朝基督教之研究》（1960）、《現存世界十一宗教》（1991）、《六道輪迴真相》（1992）、《佛教常識問答集》（1994）、《「認識佛教」講座》（1995）、《佛教、基佛比較與天主教》（1996）；吳恩溥則除與佛教辯論外，有更多著作在批判基督教內的靈恩運動，如《評今日的方言運動》（1964）、《闢妄歸真集》（1966）、《全面認識聖靈》（1985）、《辨別聖靈與邪靈》（1987）、《聖經看靈恩運動：辨別真靈恩與假靈恩》（1989）、《辨別異端邪說》（1991），其他作品尚有《青年信仰問題》（1983）、《上下四方談：世事小論評》、《筆兵七十年》（2008）等。

[78] 龔天民：《龔天民新文集三十篇》，頁113。除此之外，龔天民在同一文集（頁29-44）中認為佛、基兩者在諸多根本教義上無法相容，故會阻礙基督教的發展。而這些兩教間所謂「背道而馳」的觀點，確實可能是造成基督宗教在華發展一直將佛教視為頭號對手的原因。亦見闞正宗：《重讀台灣佛教：戰後台灣佛教（續編）》，頁118-119。

[79] 參見覺光對基督徒罵佛之觀感，收入吳恩溥：《牧師．和尚辯道集》，頁174。

[80] 趙文詞：〈臺灣天主教會的成長與衰退：以瑪利諾會的兩個傳教區為例〉，頁59。

[81] 詳見吳恩溥：《評今日的方言運動》（香港：聖文社，1964年）；《闢妄歸真集》（香港：聖文社，1966年）。兩書皆主要批判江端儀（1923─1966）的方言運動。

《人間佛教研究》第十一期（2021）
Studies in Humanistic Buddhism, Issue 11(2021)，296-341

　　進一步細看此時期佛耶互動過程與辯論內容，可更加確認雙方之張力與宗教競爭間呈現相當關聯。開啟與基督教牧師爭辯，煮雲之《佛教與基督教的比較》是其1955年於台南赤崁樓康樂台以相同題目所進行為期五天演講的紀錄。一方面，煮雲在弘法上是以通俗講演為擅長。[82]故無論這場演講或後續書籍的發行都得到廣大回響，聖嚴稱該演說內容出版後，「此書問世不及一月，風行海內外，初版三千本，搶購一空，三數月內已再版到四版」，反應熱烈情況可見一斑。[83]

　　煮雲之所以對基督教做出評論，也與其佈教活動有關。1950年來台後，因當時外省和台灣僧侶間尚有不小之隔閡，不易找到常住安定下來，因此隨即走訪各地弘法；1952年雖住錫鳳山蓮社，仍沒有停止巡迴弘法的工作。[84]1951至1958年間行腳於台、澎兩地，自述東台灣是他「跑得最勤、記載最多的地方」；1956年走訪花東一個月餘，作〈東台灣行腳散記〉。1958年閉關前，幾近每年都要環島弘法。[85]由於煮雲所到往往是偏鄉地帶、無佛法之處，因此丁敏也稱他為大陸來台法師中深入偏遠鄉鎮巡迴佈教的先鋒、開拓者。[86]以他的資歷，對基督宗教傳教士在鄉間及山區的活動應是更有感觸。煮雲曾說：

　　我是中國佛教會派出來環島佈教的，在他們信徒看起來，我是佛教最高

　　機關下來的，如果我再無對治方法，仍然來一個忍辱波羅蜜，恐怕這些

---

[82] 除四處演講外，煮雲尚有諸多風行一時的佛教通俗著作，如《南海普陀山傳奇異聞錄》。亦見丁敏：〈煮雲法師的佛教經驗與佛教事業——1949 年大陸來臺青年僧侶個案研究〉，《中華佛學學報》第 12 期（1999 年 7 月），頁 289。

[83] 釋聖嚴：《基督教之研究》，頁 337。

[84] 丁敏：〈煮雲法師的佛教經驗與佛教事業——1949 年大陸來臺青年僧侶個案研究〉，頁 283-291。有關煮雲之生平略述、鳳山佛教蓮社發展概況，亦見李玉珍：〈佛教蓮社與女性之社會參與——1930 年代上海蓮社與 1960 年代台灣蓮社之比較〉，收入黃克武、張哲嘉主編：《公與私：近代中國個體與群體之重建》（臺北：中央研究院近代史研究所，2000 年），頁 255-312。

[85] 以上煮雲巡迴弘法的歷程，見釋煮雲：〈序〉，《弘法散記》，《煮雲法師全集》第 6 冊（高雄：鳳山佛教蓮社，1988 年）。

[86] 丁敏：〈煮雲法師的佛教經驗與佛教事業——1949 年大陸來臺青年僧侶個案研究〉，頁 291。

信徒心有未願，同時驕橫的外教徒將更加得勢欺人；中間份子都是同情有錢、有勢的基督教，輕視佛教為消極、為迷信。我有以上三點理由，所以不能再作緘口的金人，讓佛教徒任人宰割了。[87]

因此，煮雲以「破邪顯正」為己任。他不斷對外教做出回應，而基督教更是其公開演講時經常破斥的對象。[88]《佛教與基督教的比較》便成為在這方面的代表之作。

綜觀煮雲在《佛教與基督教的比較》中對基督教所採取的反擊策略，乃是列出二十條兩教間的比較。包含前五條針對教主生平、修行、證果階位等；第六條針對經典與教義；七到九條談中國傳統價值——忠國、孝親、仁慈與兩教的相容性；十到十四條是現代價值——自由、平等、博愛、民主、科學之於佛耶雙方的關係。煮雲在此議題上的影響力或許來自其通俗講解能力，但須注意他無受過正統學術訓練，因此對文獻及知識的掌握難免有疏漏之處。彼等論述很快就被抓到把柄而加以抨擊：同年牧師吳恩溥作《駁「佛教與基督教的比較」》，即對於該書內容一一批駁，當中包含許多對《聖經》文字引用的不精準。[89]這使得聖嚴加入這場爭論。此時的聖嚴同樣未受過正式學術訓練，不過先前卻於軍中漸漸展現文采。其針對吳恩溥的文字鋒利回應，作《評駁佛教與基督教的比較》。

正因時煮雲和聖嚴皆無現代西方學術背景，故兩人對基督教的批判多以中國本位角度出發，進而論述該教與中國文化、社會的不相容性。[90]中國民族價值觀

---

[87] 釋煮雲：《弘法散記》，頁 39。

[88] 丁敏：〈煮雲法師的佛教經驗與佛教事業——1949 年大陸來臺青年僧侶個案研究〉，頁 292-293。此處的「外教」亦包含民間信仰、齋教、一貫道等。

[89] 參見吳恩溥：《駁「佛教與基督教的比較」》（香港：聖文社，1956 年），頁 3。其中吳以懸賞新台幣一千元的方式要求煮雲指出所引述聖經典故的原文出處。

[90] 闞正宗加入對印順觀點之考察後，亦認為基督教與中國傳統文化的契合與否是當代台灣佛耶之諍的主要論題之一。參見氏著：《重讀台灣佛教：戰後台灣佛教（續編）》，頁 115。

又可分為傳統與現代，後者與國父思想等有很大關聯。從煮雲的條列式比較中可清楚看到這點。這樣的討論很自然地於佛耶之間形成一種內與外、弱與強差別：基督教是伴隨西方船堅炮利而來的宗教、文化強勢侵略者；而佛教是中國的宗教，雖它亦是外部傳播進入，不過卻已在地化，代表中國傳統思維與精神，是受侵略的弱者。基督宗教的基礎是外在之神權，並且耶和華還是外國民族——以色列的神。[91]

　　就佛教徒看來，基督教意圖剷除、改變中國舊有的風俗、習慣、制度；雖然從基督教的視角而言，在中國的傳教是一種救贖活動。吳恩溥聲稱基督教為中國帶來自由、平等、博愛，進而影響孫中山（1866—1925）思想、中華民國的建立。對此，聖嚴反駁國父思想淵源中有的乃是中國之正統思想，此出於堯、舜、禹、湯、文、武、周公、孔、孟等聖賢，[92]反過頭來他批判基督徒在中國不要民族、不祀祖先、不尊敬國父遺像，甚至不科學。[93]對於兩教現況及未來，吳恩溥攻擊佛教是迷信且日漸衰弱的宗教，聖嚴則認為與傳統價值不合而又拒絕在地化的基督教終將消失於中國，並呼籲基督教不要為了續存於此而對民族社會進行「徹底改造」。[94]佛耶兩方各說各話，鮮少出現交集。

　　當然在這種辯論的形式上，意氣之爭的意義要大於實質討論內容。很多時候雙方都只是在挑對方語病，似乎無論如何都要爭一口氣。有時佛教似乎在義理、歷史證據方面占了上風，但這並不意謂客觀標準上所論述的都符合當前學術之理解，抑或能改變佛教相對基督宗教於外在環境中弱勢的認知。煮雲與聖嚴皆無意識到「宗教」一詞完全是西方而來的概念，透過日本明治維新時期的造詞

---

[91] 參見釋聖嚴：《基督教之研究》，頁 270。
[92] 參見釋聖嚴：《基督教之研究》，頁 280。
[93] 參見釋聖嚴：《基督教之研究》，頁 260-266、275。
[94] 參見釋聖嚴：《基督教之研究》，頁 266、331-333。

翻譯及中國知識份子梁啟超（1873—1929）等人的吸收，佛教是宗教的想法才普遍流行。[95]因此當煮雲說：「從古以來，佛教就稱為宗教，基督教呢？他們祗可叫做Religion。因為這個名詞含有『信仰』和『神造』的意味，絕不能稱為宗教。」[96]這僅能理解為是在批判基督教以神權和信仰為基礎，而義理不若佛教深厚。[97]聖嚴亦搬出儒家對「宗」與「教」的解釋，前者謂「開宗明義」，後者即「修道之謂教」。言下之意，基督教只有所宗（上帝），而沒有道，因為上帝造人、上帝獨一的世界觀是「反科學、反民主」、「不自然、不合理」的，而不能稱為是道。[98]總而言之，即使對「宗教」這個西方概念，煮雲與聖嚴依然以中國傳統的見解來解釋，此標示了兩人在這場佛耶辯論中所採取的策略。

　　總結本節所述，佛耶辯論可被視為國共分治後二十年間港台佛耶互動的一個縮影。即便內容不脫前人，在宗教對話層面未發展出突破與新意，此種緊張關係以鮮明的文字被記錄下來。同時間佛耶雙方因實際接觸所產生之微小宗教衝突，因缺乏更多詳實的文獻記載，僅能獲知片段。[99]佛耶辯論在另外一個重要意義上是可能引發了僧侶參與者對佛教近況的反思，聖嚴作為辯論當中佛教方的要角，其思維動向尤值得關注。此可與以下將提到的佛教改革建言一併觀察。

---

[95] 參見 Yu, J., "Revisiting the Notion of Zong: Contextualizing the Dharma Drum Lineage of Modern Chan Buddhism," *Chung—Hwa Buddhist Journal* 26, (2013.7), pp.116-117. 亦見 Masuzawa, T., *The Invention of World Religions, or, How European Universalism was Preserved in the Language of Pluralism* (Chicago: University of Chicago Press, 2005), pp.107-146；Nedostup, R., *Superstitious Regimes: Religion and the Politics of Chinese Modernity* (Cambridge: Harvard University Asia Center, 2009), pp.4-11.

[96] 釋煮雲：《佛教與基督教的比較》，頁 86。

[97] 可參見同段文中煮雲接下來對「宗教」二字的論述：「『教』是教導，是一個總名，從總名之中分門別類，各有各的所宗才叫做宗教。佛教是真正宗教，何以證明呢？因為佛教有十宗……試問基督教呢？你們所宗的是什麼？宗來宗去祗有一味——祈禱。但祈禱不能得救，試問又宗在什麼地方呢？他們以為佛教叫做宗教，他們也可以冒充叫做宗教，豈不令人笑壞肚皮嗎？」。釋煮雲：《佛教與基督教的比較》，頁 87。

[98] 釋聖嚴：《基督教之研究》，頁 299。

[99] 佛耶接觸與衝突，如李炳南所言，曾發生耶教徒闖入屏東東山寺傳教、唱歌的事件，以及戰後台灣佛教於台南大仙寺首次傳戒時，基督宗教信眾在山門口宣教。參見氏著：〈答辯嘉義真耶穌教的傳單〉，《菩提樹》第 4 期（1953 年 3 月），頁 2。闞正宗對這些資料也多有掌握。參見氏著：《重讀台灣佛教：戰後台灣佛教（續編）》，頁 94。

四、聖嚴早期之佛教改革建言

　　聖嚴於1956年8月下旬完成《評駁佛教與基督教的比較》後，即以「醒世將軍」、「張本」等筆名在佛教期刊上發表多篇文章。此時其文類風格已轉向思想論述。[100]如〈從東西方文化談到今日佛教的責任〉中，聖嚴對世界宗教與文化做東、西二分，並將「東方人的佛教」溯源自印度。在此，他意圖將佛教的地位提升，認為即使西方物質文明進步，卻因宗教趕不上時代而導致唯物共產思想的出現。而佛教受保守的印度婆羅門、中國儒家傳統限制，也遭受時代誤解。但其相信，在此動亂時代，若要安定社會人心，仍得從恢復佛教信仰著手。[101]其後，聖嚴更有一系列以當前佛教現狀為關懷的文章刊載，先後分別是〈站起來吧，中國佛教！〉（1957）、〈敬為中國佛教的現狀請命〉（1958）兩篇發表於《菩提樹》，及〈一個問題兩點意見〉（1958）刊《今日佛教》，為當時參加該雜誌社舉辦之座談所提意見。[102]

　　就此系列文章的脈絡而言，並不能武斷地說是針對佛耶辯論刺激所做之陳述，當中夾雜著中國僧人所持有的佛教衰弱歷史記憶，與佛教青年對現況的無奈，但仍可觀察出基督宗教的鏡像反射。此種意識在「教會」組織架構與教育體制改革範疇表現得較為顯著。對於佛教衰敗認知，聖嚴在〈站起來吧，中國佛教！〉裡帶出了中國隋唐為佛教黃金時代的說法，即便這種論述目前已普遍受到

---

[100] 最早期的幾篇分別為：〈人生何處來？又往那裡去？〉，刊《人生》（舊）第9卷第7期（1957）；〈佛教青年與青年佛教〉，刊《佛教青年》第4卷第3期；〈理想的社會與美化的人生〉，刊《人生》（舊）第9卷第8期（1957）；〈從東西方文化談到今日佛教的責任〉，刊《菩提樹》第59期（1957）。參見林其賢：《聖嚴法師年譜》，頁104、108-111。

[101] 醒世將軍（釋聖嚴）：〈從東西方文化談到今日佛教的責任〉，《菩提樹》第59期（1957年10月），頁13。

[102] 參見林其賢：《聖嚴法師年譜》，頁107、110、114、120-122。

西方學界的挑戰。[103]他提到太虛對佛教改革的努力，仍認為這樣的影響有限，因革新力有未逮，新式菁英對佛教歧見仍多。此方面聖嚴所引的批評是胡適認為佛教「一隻飯碗，若干飯桶」之說。值得一提的是，此時聖嚴已明確知道中國佛教的未來有賴於他們這些海外佛教徒，因此他說「大陸上已經沒有佛教，中國佛教的延續，全靠我們台灣佛教徒以及海外僑胞的維持」。[104]

聖嚴在〈站起來吧，中國佛教！〉中，點出當前中國佛教徒的心態問題，首先在於沒有堅定信心，其次則是缺乏合作精神。前者主要關乎佛教教育議題，因為教育失敗而導致中國佛教徒欠缺正信、宗教實踐的方法與信念。其言：「中國的近代佛教（古代也不見得好了多少），根本就談不上什麼教育，所以中國人的信佛，也無可諱言地，大部份是屬於迷信！」又批評「一般的現狀，佛教的寺廟，只是燒香許願的地方，並不是接受教育的所在，僧侶不以自我教育及教化群眾為天職，只靠香火經懺來生活。」也因此，他拿出基督宗教的情況作為對照，認為寺廟若能用來弘法教化，則未嘗不是一件好事，正如西方社會村落裡教堂是人們的精神中心、散播福音之場所。聖嚴建議就一般信徒的教育而言，佛寺應「舉行定期而短時間的宣教活動」。[105]僧伽教育方面，要培養出能刻苦、有宗教精神、具熱忱的僧人，可比基督教傳教士：「比如基督教的傳佈，所以有如此的迅速，物質文明的誘惑，固然是他們的因素之一，但他們教士傳教的狂熱，也是主要的成份」。聖嚴將僧人養成教育的失敗歸咎於佛教沒有教育制度，這可說是他首次切入該問題的核心。同時也就清末民初至今佛教所興辦的教育提出反省：「雖有一些熱心的人在辦佛教教育，那也只是塵世式的佛教教育，他們只能教授

[103] 詳見 Schicketanz, E., "Narratives of Buddhist Decline and the Concept of the Sect (Zong) in Modern Chinese Buddhist Thought," *Studies in Chinese Religions* 3/3, (2017), pp.281-300.
[104] 醒世將軍（釋聖嚴）：〈站起來吧，中國佛教！〉，《菩提樹》第 60 期（1957 年 11 月），頁 4。
[105] 醒世將軍：〈站起來吧，中國佛教！〉，頁 4。

一些知識學問，卻不能訓練出虔誠熱忱的宗教精神」。[106]整體而言，在此的論述本質上可視為是以基督教傳教士的教育制度來反射佛教內部情況。

針對佛教不團結方面，聖嚴認為中國人本身宗族觀念就非常濃厚，於是在佛教裡成為宗派門戶之見的問題。關鍵在於佛教「只有散亂的個體」而「沒有統一的組織」，即便太虛曾欲整理僧伽制度卻也未見成功。一定程度上，我們可觀察到這無非是延續新僧思維而來的論點，挾帶著似於基督宗教教會組織的框架。同樣在革新者的語調下，聖嚴批判了當前所看到現象，如「諸山長老」們不願意放下各自的事業，彼此合作。[107]從一個有抱負的佛教青年眼中看來，此種態度顯然過於自利，無法符合佛教的無我精神。

在〈敬為中國佛教的現狀請命〉中，聖嚴將其想法歸納得更清楚，使用「問題」、「教會」、「教育」、「理想」為標題來加以敘述。他提到要以佛教徒的身分來為中國請命，因現狀中存在著太多問題。缺乏完善組織與團結為最首要者，除此之外，教育、宣傳、內部整頓，抵禦外侮、在家和出家群體間的緊張關係、政府輕視佛教、人們對佛教印象不佳等也都是。[108]對於教會，聖嚴在此加入更多新詮釋，其稱當今的中國佛教精神要原始佛教化，方法則應時代化。後者須適應現代的組織體系與架構，如此才會產生管理、教育和對外宣傳之力量。他擴充了對「僧伽」的解釋，認為該詞並不只代表出家群體：「僧伽是社團組織的通稱，凡是佛教徒都該加入佛教的團體組織」，故概括了僧俗四眾。[109]行文至此，聖嚴有感而發，他指時下教內所發生的一些衝突，如因編輯《佛教聖經》所導致之爭論、寺產爭訟案等皆因佛教會無能。由於教會缺乏權威和能力監督介入，

---

[106] 醒世將軍：〈站起來吧，中國佛教！〉，頁 4-5。
[107] 醒世將軍：〈站起來吧，中國佛教！〉，頁 5。
[108] 醒世將軍（釋聖嚴）：〈敬為中國佛教的現狀請命〉，《菩提樹》第 64 期（1958 年 3 月），頁 4。
[109] 醒世將軍：〈敬為中國佛教的現狀請命〉，頁 4-5。

各種糾紛也就各說各話、莫衷一是而無解決之道。佛教會的權力實須信徒的授權與接受管理，這些都仰賴僧俗人士的團結與協商。[110]

後來聖嚴再度論述了理想佛教教育的本質，同樣分成「僧教育——出家眾由人到佛的全程教育」與「一般信眾教育——在家眾的基礎教育」，並從自身經驗出發。可能他受到參與佛耶辯論的影響而認為佛教普遍缺乏教育。即便有，其傳授的知識也太過高深狹隘，故言：

> 佛教本身沒有教育，即使有教育，也是單線直上的專門教育，所以我們的知識學問，只能見其高深而無從全其博大，同時我們只在佛學的範圍中含英咀華，並沒有將其他的學問，來作比較研究，因此，內典的自我，限制了外學的滲入，我們雖能「深入經藏、智慧如海」，奈何我們不懂人家，人家對我們更是莫測高深……而且正因為我們的知識是單線直上的，即或對於教內的義理有所抉擇捨取，那也只是自家門內的事，故對思想張不開來，也接不出去。[111]

在此聖嚴提出了「知識比較」的問題。意即教內對僧侶的教育因缺乏外部知識、外學的學習，故無法和他人產生對話，別人也不易了解佛教，如此傳教便產生困難。前述問題的另一面向是，在社會上逐漸重視文憑的情況下，佛教因缺乏相對應的機構，僧人對自己的教育水平也感到自卑。正如華嚴關主曾對聖

---

[110] 醒世將軍：〈敬為中國佛教的現狀請命〉，頁 5。有關聖嚴對中國佛教會的批評，另參〈今日的台灣佛教及其面臨的問題〉一文（1967），其表示：「遷移台灣之後的中國佛教會，比起撤退之先的大陸時代，可謂毫無進步，它的狀態是，會員不信任教會，教會無權處置會員，教會是一個對政府行文的空架子，會員利用教會而不服從教會，因為教會無權，也就變成了無能。」轉引自林其賢：《聖嚴法師年譜》，頁 228。
[111] 醒世將軍：〈敬為中國佛教的現狀請命〉，頁 5。

嚴說的：「中國佛教的教育真可憐，我們尤其可憐，像我這樣子，連當一個小學教員的資格都不夠。」聖嚴本身也是佛教中的失學青年，從軍前「小學只讀了四年，所謂佛學院也只讀了三年」。再者，因為缺乏像樣的文憑，青年法師屆齡到軍中服役時連下士的頭銜都很難爭取到，也都是同一現象的寫照。[112]

言及至此，聖嚴依舊提出了基督教的對比：

> 在社會知識階層的文化界中，講基督而為基督作義務宣傳的人，到處皆有，能為佛教說句把良心話的，則實在少見。有人以為這是世間人士的勢利，因為基督教有錢，佛教窮。其實，這固然是理由之一，但其最大的理由乃在教育，基督教除了創辦學校的學校教育，尤其著重於慈善救濟的社會心理教育，有教育的工夫，就會收到教育的影響。[113]

此段引文的重點不外乎對教育的強調，因有教育佛教才能創造自身於知識界中的人才，在一般的思想界有發聲之地。聖嚴到此階段的倡議已非常明確：佛教應創辦社會教育體制內的學校，也就是避免「私塾式、局部式的，尤其是沒有畢業資歷可言的」學校。就其觀點，這並非個人或單一團體力量可完成，而須仰賴教會與眾人團結。[114]易言之，學校之創辦應由佛教會統一規劃主導，以避免紛亂又無法達到目標的情況發生。因此教會與教育系統的建置乃相輔相成。

對於佛教教育及其可能被實踐的方式，聖嚴在〈一個問題兩點意見〉中又加入更多細節；[115]不僅重視辦教育所須的經濟來源，也認為佛教教育問題事實上就

---

[112] 醒世將軍：〈敬為中國佛教的現狀請命〉，頁 5-6。
[113] 醒世將軍：〈敬為中國佛教的現狀請命〉，頁 5-6。
[114] 醒世將軍：〈敬為中國佛教的現狀請命〉，頁 6。
[115] 醒世將軍（釋聖嚴）：〈一個問題兩點意見〉，《今日佛教》第 2 卷第 7 期（1958 年 11 月），頁 32。《今日佛教》雜誌目前取得不易，本文寫作過程中得林悟石先生襄助，複印自法鼓文理學院圖書館，特此感謝！

是「錢」的問題。因此所謂「一個問題」即「如何教育佛教徒樂意為佛教的教育事業而拿出錢來？」進一步展開這個議題，即如何教出更多肯出錢的佛教徒，並利用佛教徒的社會網絡向非佛教徒勸募。此包含一種由教育而勸募，以勸募來興辦教育的循環關係。而且他也不再提到僧教育的部分，而是延續前面已發展出的觀念，直接認為佛教教育即正規之學校教育和一般文化教育兩部分。前者中，聖嚴再度反思二十世紀上半葉以來的佛學院辦學情況，認為它們不過是「現代化的萌芽或雛形」，離「制度化和現代化」仍有一段距離。對此，他再度提出呼籲，認為佛教「迫切需要有一個乃至數個像樣的佛教大學，以及越多越好的佛教教會中學」。倘若不這麼做的話，則佛教很難獲得別人的重視與同情，因多數人可能會是「別一種宗教教育下生長的兒女」，暗指佛教可能會在基督宗教辦學興盛的環境下失利。而一般文化教育則對應的是媒體、文化出版等方面，主張運用小說、圖畫、影片等媒介工具在弘法中，並使用學術方法撰寫論文，讓佛教思想能得到知識份子的興趣。這些之目的皆在於「使佛教普及化和通俗化」。[116]

綜言之，即便缺乏相當直接之證據，筆者仍傾向將聖嚴此段時期對佛教教育的重視，歸結於參與佛耶辯論與持續存在的雙方緊張關係。或許在此過程中，他感受到佛教徒對知識掌握的不足，進而影響佛教受外界質疑時的應答對話能力。從聖嚴本身記述來看，往後幾年當他持續與牧師、神父辯論時，情況依然如此。故其感嘆彼時空環境下佛教中有能力回應耶教攻擊的人太少了，除煮雲外（但他因高血壓和1959年北投閉關時不慎摔傷引發的病痛，而於此領域沒能有新的產出[117]），就剩下印順。[118]相較之下，佛教的形象和社會地位仍有待提升。

---

[116] 醒世將軍：〈一個問題兩點意見〉，頁32。
[117] 釋煮雲：《精進佛七溯塵緣》，《煮雲法師全集》第9冊（高雄：鳳山佛教蓮社，1988年），頁1-2。
[118] 釋聖嚴：《聖嚴法師學思歷程》，頁72-73。

《人間佛教研究》第十一期（2021）
Studies in Humanistic Buddhism, Issue 11(2021)，296-341

從以上提及的三篇文章可看到，聖嚴起初對中國佛教現況改革的呼籲較多是從教育層面入手，統一組織只是作為達成此一目標的必要手段而已。不過其在60年代初期經青松法師（張曼濤，1933—1981）提醒，[119]轉而對制度方面的改革提出更多建言。1962年10月聖嚴作〈今日中國佛教會的大責重任〉，建議加強中國佛教會之權利，由政府協助強制執行經備案之佛教法規，實行原則包含令俗人擔任寺院住持者剃度出家、收納寺院財產歸「各級教會」、由佛教會統一招收及訓練住持人員、令男女分處，與建立教育、考試制度等。同年底再發表〈擁護教會與健全佛教——再論今日中國佛教會的大責重任〉，呼籲眾人加入佛教會，並由教會統一頒發皈依證。[120]依當時佛教遭受壓抑的背景來看，此理想並不難理解：統納寺產及信仰人口意謂著一個強大的教會，人多勢眾足以在政治及社會上發揮影響力；而標準化的宗教人員訓練與派駐可讓佛教「正統性」貫徹，清除可能讓人詬病之流弊，改善社會形象；教育可提升僧侶的知識水平，進而與基督宗教神職人員並駕齊驅。

戰後台灣佛教中，聖嚴並非唯一主張要統一佛教組織的僧人，其好友星雲亦有相似論述。星雲自述1949年來台時曾寫下〈我所希望中國佛教會駐台辦事處者〉一文，為的是要建議中國佛教會「加強組織結構與佛教徒的訓練，以促進佛教的發展，但是未能引起共鳴」。[121]又對比民國時期新僧的論述，這些其實也都是在一個特定的思想範疇中。那麼，如何展現出聖嚴早期對佛教改革建言的獨特性，而非僅視為一種基於對現況不滿，看似跟隨前人想法的表述。誠如前言中已表明的，此一時期聖嚴為佛教發言的特色並不在想法之新穎，而是當環境改變

---

[119] 在一篇名為〈佛教的新生命何在？〉（刊舊版《人生》第 8 期）之文章中，青松法師指出中國佛教須建立宗教制度，如此方能落實宗教教育。參見林其賢：《聖嚴法師年譜》，頁 154。
[120] 前述兩文分別刊《覺世》第 200 及 202 期。轉引自林其賢：《聖嚴法師年譜》，頁 179、181-182。
[121] 釋星雲：〈重新估定價值〉，《往事百語 2：老二哲學》（高雄：佛光文化事業有限公司，2011 年），頁 51-53。該文目前不存，僅能從其自述中得知。

後，其可被實行貫徹的可能性大幅提升。縱並非以全然相同的樣貌達成，卻有諸多類同，包括往後佛教團體興辦政府承認學歷的體制內學校，以及中央化、標準化的國際教團等。[122]因此，聖嚴的言論相當程度上可被看作是一位中國佛教人士於海外「預示」了未來大型人間佛教團體之發展，並可能藉由吸收前人想法及與基督宗教實際互動，或隱或顯地將耶教作為佛教體制架構的參考。

同時，聖嚴對佛教教育的關注影響了往後事業。眾所皆知，他親身投入現代學術教育學習，[123]成為當時極少數擁有日本佛教大學博士學位的法師。1985年創辦「中華佛學研究所」，提倡國內佛學教育與國際接軌，以此因緣才有後來的「法鼓山」──一個龐大、中央標準化、重視教育與慈善，並持續活躍於當代的人間佛教機構。就生涯事業的理念與實踐而言，聖嚴是很始終如一的，也確實繼承了太虛的佛教革新理想。事實上，一方面可能出於鼓舞讀者，其相信戰後海外環境比太虛之時代更有機會實踐改革。因變革的需要已獲更得更普遍認同，他所做的是要喚起佛教青年之信心，依照太虛的志願往前走。[124]聖嚴本身就是位新僧，終其一生推動著在弘法事業初期就已堅定相信的願景。

---

[122] 在此須額外說明的是從統一佛教會理想到中央標準化僧團間的轉換，筆者認為聖嚴往後逐漸發覺前者實有窒礙難行之處，因此於1966年之文章〈由佛教的傳播事業說起〉中其有一番感嘆：「我們已無法指望虛有其名的教會來給我們做些什麼，也無法指望統一了台港兩地的全體佛行政，再來給我們做些什麼。我們卻很可以由一個區域的，或幾個道場的住持們，聯合起來，統一行政，然後就用統一的力量，做統一的事業，分工合作，事半功倍。……我們盼望有高僧的應現，也盼望有完美的教團的組織及事業。」（刊《香港佛教》第73期（1966年6月），頁7。）此說明了無法統一佛教會，甚至是港台雙邊佛教組織的情況下，聖嚴開始主張規模更小的地區性合作。這個倡議顯然並未成功，於是由個人所主導的僧團成為另一選項。這方面，星雲的佛光山可能在形式上提供了範本。
[123] 於此須注意聖嚴心路歷程上的轉變，其自述早先（1965）東初建議他赴日留學時，因不喜日本學者將佛教義理、信仰和西洋哲學、宗教對比討論，故未動念。後又因張曼濤之勸說而改變心意。四年後聖嚴發表〈學術化的日本佛教〉（刊《香港佛教》第115期），針對日本佛教界研究風氣高昂、實修風氣低沉的現象指出「研究發表仍是維繫佛法慧命的方便之一」。另於〈留學僧·文學博士·佛教教育〉（1975）中提到學術的佛教是「以學術為接引的方便，始不被視為迷信」，對佛法合理化及現代化而言格外重要。以上見釋聖嚴：《留日見聞》，《法鼓全集》第3輯第4冊（臺北：法鼓文化，1999年），頁18-20、104、202-203；林其賢：《聖嚴法師年譜》，頁211-212、255-256、311。
[124] 參見醒世將軍：〈站起來吧，中國佛教！〉，頁5。

《人間佛教研究》第十一期（2021）
Studies in Humanistic Buddhism, Issue 11(2021)，296-341

五、結論

　　本文回顧了近代以來中國佛教改革及向基督宗教借鑑之情形，並將此現象的觀察延續到國共分治後的海外，以聖嚴法師早期之佛教改革建言為例，且用時下台灣的佛耶緊張關係及發生於港台的佛耶辯論為背景。就結論而言，筆者認為基督宗教是激發中國佛教傳統樣貌改變的因素之一，亦同時作為其轉變的樣板。此種宗教組織形式與實踐活動移轉至台灣，造就了現今人們所熟知的佛教山頭，也就是大型國際化人間佛教團體。戰後數十年間，海外佛教徒對耶教的學習，一方面透過親身經歷的體察，二來則以前人，尤其是佛教改革倡議者太虛等人的觀點為依。後者事實上為清末至民國時期佛教對中國基督教及日本佛教的借鏡並加以內化，相較之下更加隱而未顯。

　　很長一段時間裡，中國佛教改革的聲音雖大，但人數卻少，且僅屬於較為菁英的部分。本文所舉聖嚴之例或可被視為少數個案，但考量和基督宗教神職人員、信徒的交鋒是處於這個時空下許多佛教徒的共同經驗，不難想像其他交會中亦產生同樣模式的發展。開創慈濟的證嚴（1937—　）或許是個理想的案例。廣為人知的「一灘血」及「三修女」事件激發了證嚴對慈善事業的熱誠。[125]另一方面，即使她非外省籍僧侶，並不表示沒有受到太虛思想的影響。[126]

　　同樣地，星雲無非也是一例。相對聖嚴，星雲之佛教事業開創得更早，1953年受李決和（1903—1979）等人之邀前往宜蘭雷音寺講經，標示著個人弘法生

---

[125] 轉引自闞正宗：《重讀台灣佛教：戰後台灣佛教（續編）》，頁 346。關於三修女其人，見溫金柯：〈記三位和證嚴法師交談的海星中學修女：貝蒂、黃雪文和高凌霞〉，《法光》第 239 期（2009 年 8 月），網站名稱：臺大佛學數位圖書館，網址：http://enlight.lib.ntu.edu.tw/FULLTEXT/JR-BJ013/bj013212578.pdf。

[126] 在一處二手資料上顯示，當時仍未受戒的證嚴（王錦雲）是為了請購《太虛全書》而於慧日講堂巧遇印順，進而使印順成為其皈依師。參見美・趙文詞（Richard Madsen）著，黃雄銘譯註：《民主妙法：臺灣的宗教復興與政治發展》（臺北：國立臺灣大學出版中心，2015 年），頁 84。

涯的展開。自此開始一系列的新式作為，包括號稱全台第一支的佛教歌詠隊、佛教廣播節目、幻燈片弘法、環島弘法、海外弘法、監獄弘法、佛教遊行、佛教劇本創作、錄製佛教唱片；在青少年族群的耕耘方面，其設立了兒童班、光華文理補習班等。[127]當中或多或少都可看到基督宗教傳教方式的影子。他甚至出錢買卍字項鍊讓人穿戴，就彷彿基督徒胸前的十字架一般。[128]星雲傳記《傳燈》的作者符芝瑛，不避諱地提到這些作法中與神父、牧師的共通性，諸如以食物結緣品吸引兒童來到寺院。[129]星雲在一次宜蘭的街頭佈教活動中遭基督徒丟石頭攻擊，是少數被記錄下來早期和基督教的接觸。[130]趙文詞指出，這個事件可能刺激了他的行動，包括對巡迴弘法的強調。[131]最後，1967年佛光山的創建是一個中央化教團的開始。符芝瑛認為佛光山全球性的體系類似於「天主教教會的架構，由上而下，本山統一訓練人才，派到各地發展，有地方分權，也有中央集權」。[132]

除此之外，雖本文著墨於台灣而未深入處理香港、東南亞等其他華人社群的佛教交涉狀況，但雙方之競爭與佛教對耶教的借鏡仍是共同主題。[133]作為一種

---

[127] 有關星雲前往宜蘭弘法的過程及新式傳教活動，見釋星雲：《貧僧有話要說》，頁 197-200；符芝瑛：《傳燈：星雲大師傳》（臺北：天下文化，1995 年），頁 64-91。其中「光華文理補習班」是由身為教師的信徒們為清寒學生所做的課業輔導。另關於環島佈教，當時星雲帶領的弘法團在鄉村道路間大聲廣播「我們的佛教來了！」對此，其於晚年回憶時表示：「在那個蔣夫人領導的基督教弘揚勢力之下，我們能可以苟延殘喘，把佛教也能逐步的發展，把佛教叫得這麼響亮，實在說，對於台灣佛教史研究的人士們，應該要注意到這一點。」（釋星雲：《貧僧有話要說》，頁 199-200。）星雲的行動與當時大環境的對照可在此看見。
[128] 符芝瑛：《傳燈：星雲大師傳》，頁 72。
[129] 符芝瑛：《傳燈：星雲大師傳》，頁 71。
[130] 符芝瑛：《傳燈：星雲大師傳》，頁 67。
[131] Madsen, R., *Democracy's Dharma: Religious Renaissance and Political Development in Taiwan* (Berkeley: University of California Press, 2007), p.64.
[132] 符芝瑛：《傳燈：星雲大師傳》，頁 150。另就星雲和太虛間的聯繫而言，星雲自述兩人有過一面之緣，也深受其影響。參見釋星雲：《參學瑣憶》第 1 冊（高雄：佛光文化事業有限公司，2018 年），頁 34-35。
[133] 香港基督宗教發展及佛耶競爭情況，可見火頭僧（釋保賢）之描述：「耶穌、天主教的情形，以香港而論，真是學校林立，醫院、診所、社會慈善、福利事業，到處有之，而每週佈教活動達六千餘處，對於一般貧民，不惜以麵包牛奶糖菓餅干救濟糧食衣物給與工作職位來拉攏信教。其信徒雖不至『激增』，但也有增無減。這情形應該說是宗教競爭，是對佛教比賽，佛教當然瞠乎其後，不堪一比。」氏著：〈再談佛教青年運動〉，《香港佛教》第 40 期（1963 年 9 月），頁 3。

反思的立場，本文認為，從鴉片戰爭結束到國共分治後的二、三十年間，基督宗教一直作為佛教適應現代社會的觀摩範例。在耶教這面鏡子及廣受現代性影響的環境中，佛教產生自身衰落的認知與歷史記憶，並發展出落後—現代的「進步範式」，逐漸朝「現代化」道路邁進。即便基督宗教這個被學習的對象是佛教徒認為內在價值系統較為遜色的。菁英佛教人士大概知道1920年代反宗教運動時，耶教同樣難逃被抨擊的命運。又當60年代左右基督宗教於台灣失去政治與資源優勢時，亦無可避免地面臨成長停滯與衰退。[134]有趣的是，當其不再讓佛教徒備感壓力時，僧俗群體似乎也就忘了現今佛教一定程度上是照著那面鏡子而來。然而，它者雖能幫助認識自我，卻有可能帶來誤認。佛教的風險是望著他人行動時，忽略千年來那些滋養中國佛教的養分，包括山林隱修與雲遊學習的傳統。不久之前，僧人閉關禪修或閱藏，對於其宗教生涯和整個佛教界而言都是重要事件，如今此習慣和象徵意義已消逝。[135]西方研究近現代中國佛教的大家維慈曾表達出類似擔憂：當僧侶忙於講經、交際、從事組織活動、知識學習等，會耽誤其能夠禪修的時間，連帶影響出家眾於居士眼中的威信。若乏僧寶，佛教又何在？[136]另外，發展到現在世界性的漢傳佛教、跨國僧團，其存續時間不過數十年，仍太過短暫，是否能通過其他佛教傳統及其他宗教競爭的考驗，尚有待觀察。

---

[134] 天主教於 60 年代中期後走向衰退；基督新教則面臨短暫發展停滯，於 1974 年後順應都市化趨勢再度持續成長。參見趙文詞：〈臺灣天主教會的成長與衰退：以瑪利諾會的兩個傳教區為例〉；簡鴻模：〈基督宗教在台傳教史〉。

[135] 清末民初如太虛等菁英僧侶的共通點是他們幾乎都有閉關經歷。參見 Birnbaum, R., "Buddhist China at the Century's Turn," *The China Quarterly* 174, (2003), p.437.

[136] 參見 Welch, H., *The Buddhist Revival in China*, pp.266-267.

【徵引及參考文獻】

一、古籍

〔明〕袾宏著，徐昌治編：《聖朝破邪集》，收入藍吉富主編：《大藏經補編》第
　　28冊，臺北：華宇出版社，1985年。

二、近人論著

（一）專書

江燦騰：《台灣百年佛教史之研究：1895—1995》，臺北：南天書局，1996年。

吳恩溥：《駁「佛教與基督教的比較」》，香港：聖文社，1956年。

吳恩溥：《評今日的方言運動》，香港：聖文社，1964年。

吳恩溥：《闢妄歸真集》，香港：聖文社，1966年。

吳恩溥：《牧師‧和尚辯道集》，香港：聖文社，1986年。

周曉微：《現代性和中國佛耶關係（1911—1949）》，成都：巴蜀書社，2016年。

林其賢：《聖嚴法師年譜》，臺北：法鼓文化，2016年。

林桶法：《1949大撤退》，臺北：聯經出版事業公司，2009年。

侯坤宏：《印順法師年譜》，臺北：國史館，2008年。

符芝瑛：《傳燈：星雲大師傳》，臺北：天下文化，1995年。

陳兵、鄧子美：《二十世紀中國佛教》，臺北：現代禪出版社，2003年。

楊文會：《楊仁山居士遺書》，收入藍吉富主編：《大藏經補編》第28冊，臺北：
　　華宇出版社，1985年。

《人間佛教研究》第十一期（2021）
Studies in Humanistic Buddhism, Issue 11(2021)，296-341

鄧子美：《傳統佛教與中國近代史：百年文化衝撞與交流》，上海：華東師範大學，1994年。

鄧家宙：《香港佛教史》，香港：中華書局（香港），2015年。

羅偉虹主編：《中國基督教（新教）史》，上海：上海人民出版社，2014年。

蘇精：《鑄以代刻：傳教士與中文印刷變局》，臺北：國立臺灣大學出版中心，2014年。

釋太虛：《太虛大師全書》第18卷，北京：宗教文化出版社，2004年。

釋印順：《我之宗教觀》，新竹：正聞出版社，2011年。

釋印順：《太虛大師年譜》，新竹：正聞出版社，2014年。

釋星雲：《往事百語2：老二哲學》，高雄：佛光文化事業有限公司，2011年。

釋星雲：《貧僧有話要說》，臺北：福報文化股份有限公司，2015年。

釋星雲：《參學瑣憶》，高雄：佛光文化事業有限公司，2018年。

釋煮雲：《弘法散記》，《煮雲法師全集》第6冊，高雄：鳳山佛教蓮社，1988年。

釋煮雲講，李志剛記：《佛教與基督教的比較》，《煮雲法師全集》第7冊，高雄：鳳山佛教蓮社，1988年。

釋煮雲：《精進佛七溯塵緣》，《煮雲法師全集》第9冊，高雄：鳳山佛教蓮社，1988年。

釋聖嚴：《比較宗教學》，《法鼓全集》第1輯第4冊，臺北：法鼓文化，1999年。

釋聖嚴：《神通與人通》，《法鼓全集》第3輯第2冊，臺北：法鼓文化，1999年。

釋聖嚴：《留日見聞》，《法鼓全集》第3輯第4冊，臺北：法鼓文化，1999年。

釋聖嚴：《評介‧勵行》，《法鼓全集》第3輯第6冊，臺北：法鼓文化，1999年。

釋聖嚴：《聖嚴法師學思歷程》，《法鼓全集》第3輯第8冊，臺北：法鼓文化，1999年。

釋聖嚴：《歸程》，《法鼓全集》第6輯第1冊，臺北：法鼓文化，1999年。

釋聖嚴：《基督教之研究》，臺北：法鼓文化，2016年。

闞正宗：《重讀台灣佛教：戰後台灣佛教（續編）》，臺北：大千出版社，2004年。

龔天民：《龔天民新文集三十篇》，臺北：校園書房，1993年。

龔天民：《佛教常識問答集》，臺北：龔愛華，1994年。

美‧趙文詞（Richard Madsen）著，黃雄銘譯註：《民主妙法：臺灣的宗教復興與政治發展》，臺北：國立臺灣大學出版中心，2015年。

Katz, P. R., *Religion in China and its Modern Fate*. Waltham, Massachusetts: Brandeis University Press, 2014.

Leung, B. and Chan, S. H., *Changing Church and State Relations in Hong Kong*, 1950—2000. Hong Kong: Hong Kong University Press, 2003.

Madsen, R., *Democracy's Dharma: Religious Renaissance and Political Development in Taiwan*. Berkeley: University of California Press, 2007.

Masuzawa, T., *The Invention of World Religions, or, How European Universalism was Preserved in the Language of Pluralism*. Chicago: University of Chicago Press, 2005.

Nedostup, R., *Superstitious Regimes: Religion and the Politics of Chinese Modernity*. Cambridge: Harvard University Asia Center, 2009.

Welch, H., *The Practice of Chinese Buddhism*. Cambridge: Harvard University Press, 1967.

Welch, H., *The Buddhist Revival in China*. Cambridge: Harvard University Press, 1968.

（二）專書論文

古偉瀛：〈台灣天主教中的多國色彩〉，收入古偉瀛編：《東西交流史的新局：以基督宗教為中心》，臺北：國立臺灣大學出版中心，2005年，頁391-418。

何建明、賴品超：〈佛教對基督宗教的回應：一個個案分析〉，收入賴品超編：《近代中國佛教與基督宗教的相遇》，香港：道風書社，2003年，頁127-145。

何建明、賴品超：〈基督宗教與近代中國佛教的改革運動〉，收入賴品超編：《近代中國佛教與基督宗教的相遇》，香港：道風書社，2003年，頁73-124。

李玉珍：〈佛教蓮社與女性之社會參與——1930 年代上海蓮社與 1960年代台灣蓮社之比較〉，收入黃克武、張哲嘉主編：《公與私：近代中國個體與群體之重建》，臺北：中央研究院近代史研究所，2000年，頁255-312。

陳永革：〈論明末佛教與天主教的辯論〉，收入王志成、賴品超主編：《文明對話與佛耶相遇》，北京：社會科學文獻出版社，2012年，頁46-58。

Roudinesco, E., "The Mirror Stage: An Obliterated Archive ," in Jean-Michel Rabate ed., *The Cambridge Companion to Lacan.* New York: Cambridge University Press, 2003, pp.25-34.

（三）期刊論文

丁敏：〈煮雲法師的佛教經驗與佛教事業——1949年大陸來臺青年僧侶個案研究〉，《中華佛學學報》第12期，1999年7月，頁275-302。

火頭僧（釋保賢）：〈再談佛教青年運動〉，《香港佛教》第40期，1963年9月，頁3。

李玉珍：〈臺灣戰後崛起的優婆夷典範之群體意涵〉，《玄奘佛學研究》第21期，2014年3月，頁97-130。

李炳南：〈答辯嘉義真耶穌教的傳單〉，《菩提樹》第4期，1953年3月，頁2-3。

侯坤宏：〈探索青年印順法師的思想〉，《法光》第273期，2012年6月，頁2-3。

倪管嬣：〈清末民初佛教信仰認知的轉型——以《佛學叢報》為探討〉，《政大史粹》第30期，2016年9月，頁55-96。

張廷榮：〈香港佛教僧伽回國觀光團留給國人的印象〉，《海潮音》第41卷第10期，1960年10月，頁2。

趙文詞：〈臺灣天主教會的成長與衰退：以瑪利諾會的兩個傳教區為例〉，《臺灣學誌》第6期，2012年10月，頁53-76。

醒世將軍（釋聖嚴）：〈從東西方文化談到今日佛教的責任〉，《菩提樹》第59期，1957年10月，頁12-13。

醒世將軍（釋聖嚴）：〈站起來吧，中國佛教！〉，《菩提樹》第60期，1957年11月，頁4-5。

醒世將軍（釋聖嚴）：〈敬為中國佛教的現狀請命〉，《菩提樹》第64期，1958年3月，頁4-7。

醒世將軍（釋聖嚴）：〈一個問題兩點意見〉，《今日佛教》第2卷第7期，1958年11月，頁32。

釋大鑫：〈中國佛教建設方案〉，收入黃夏年等主編：《民國佛教期刊文獻集成》第193卷，北京：全國圖書館文獻縮微複製中心，2006年，頁207-214。

釋太虛：〈建設現代中國佛教談〉，收入黃夏年等主編：《民國佛教期刊文獻集成》第193卷，北京：全國圖書館文獻縮微複製中心，2006年，頁154-178。

釋玉泉：〈醒來吧中國佛教徒〉，收入黃夏年等主編：《民國佛教期刊文獻集成》第193卷，北京：全國圖書館文獻縮微複製中心，2006年，頁302-308。

釋伊陀：〈怎樣建設現代中國佛教〉，收入黃夏年等主編：《民國佛教期刊文獻集成》第193卷，北京：全國圖書館文獻縮微複製中心，2006年，頁235-254。

釋成謙：〈今後佛化之進行〉，收入辛迪等主編：《民國佛教期刊文獻集成補編》第4卷，北京：全國圖書館文獻縮微複製中心，2008年，頁375-376。

釋寄塵：〈從寺院裡改造起〉，收入黃夏年等主編：《民國佛教期刊文獻集成》第193卷，北京：全國圖書館文獻縮微複製中心，2006年，頁196-206。

釋善因：〈佛初教科書序，附例言〉，收入黃夏年等主編：《民國佛教期刊文獻集成》第159卷，北京：全國圖書館文獻縮微複製中心，2006年，頁283。

釋聖嚴：〈由佛教的傳播事業說起〉，《香港佛教》第73期，1966年6月，頁7。

釋葦舫：〈建設中國佛教的重心〉，收入黃夏年等主編：《民國佛教期刊文獻集成》第193卷，北京：全國圖書館文獻縮微複製中心，2006年，頁224-234。

釋儼然：〈從青年學僧的墮落說起〉，收入黃夏年等主編：《民國佛教期刊文獻集成》第191卷，北京：全國圖書館文獻縮微複製中心，2006年，頁533-534。

Birnbaum, R., Buddhist China at the Century's Turn. The *China Quarterly* 174, (2003), pp.428-450.

Schicketanz, E., "Narratives of Buddhist Decline and the Concept of the Sect（Zong）in Modern Chinese Buddhist Thought," *Studies in Chinese Religions* 3/3, (2017), pp.281-300.

Yu, J., "Revisiting the Notion of Zong: Contextualizing the Dharma Drum Lineage of Modern Chan Buddhism," *Chung—Hwa Buddhist Journal* 26, (2013.7), pp.113-151.

Yu-Shuang Yao, Richard Gombrich, "Christianity as Model and Analogue in the Formation of the 'Humanistic' Buddhism of Tài Xū and Hsīng Yún," *Buddhist Studies Review* 34/2, (2018), pp.205-237.

（四）網站資源

溫金柯：〈記三位和證嚴法師交談的海星中學修女：貝蒂、黃雪文和高凌霞〉，《法光》第239期，2009年8月，網站名稱：臺大佛學數位圖書館，網址：http://enlight.lib.ntu.edu.tw/FULLTEXT/JR-BJ013/bj013212578.pdf。

簡鴻模：〈基督宗教在台傳教史〉，網站名稱：輔仁大學學術資源網，網址：https://www.google.com/url?sa=t&rct=j&q=&esrc=s&source=web&cd=5&cad=rja&uact=8&ved=2ahUKEwjCs4mbxcjnAhUJK6YKHfDiB2UQFjAEegQIAhAB&url=http%3A%2F%2Fscholar.fju.edu.tw%2F%25E8%25AA%25B2%25E7%25A8%258B%25E5%25A4%25A7%25E7%25B6%25B1%2Fupload%2F037680%2Fcontent%2F981%2FG-9050-17693-.doc&usg=AOvVaw0EqDQ5Fgfxx0YK2FAk0M_I。

釋真華：〈敬悼當代「說法第一」的道源長老〉，收入道源老法師紀念集編輯委員會編：《道源老法師紀念文集》，1989年，網站名稱：般若文海，網址：https://book.bfnn.org/books2/1594.htm#a07。

釋道安：〈日記（三）〉，《道安法師遺集》第7冊，頁1114，網址：http://dev.dila.edu.tw/daoan/#。

《人間佛教研究》第十一期（2021）
Studies in Humanistic Buddhism, Issue 11(2021)，296-341

Church and Education: Christianity that was mirrored in Sheng Yan's Early Buddhist Reform Ideas

XU, Ming Qian[*]

Abstract

This study focuses on the Buddhist reform suggestions proposed by Sheng Yan (1930—2009) in Buddhist journals mainly during the second half of the 1950s. While advocating ideas such as a stronger and unified Buddhist association as well as a more modernized Buddhist educational system, he referred to or mirrored the Christian churches, education and missionary forms. Although these are somewhat similar to what the "new monks" (Xinseng) have already been said in the Republican era, we would find the remarks echoed Sheng Yan's own career and the trend of contemporary Chinese Buddhist development. This is based on the fact that after Chinese Buddhists have come to Taiwan, Hong Kong and other places overseas due to the Civil War, its environment has gradually allowed more changes and innovation. On the other hand, this

[*] **XU, Ming Qian**, Ph.D. Candidate, Graduate Institute of Religious Studies, National Chengchi University.

article reviews the history and studies of modern Buddhist reform and the references to Christianity in China. It also describes the Buddhist—Christian debates that took place outside the mainland in the 1950s and 1960s as the relevant background.

Keywords：**Sheng Yan, Modern Chinese Buddhism, Buddhism in Taiwan, Buddhist Reform, Religious Dialogue**

《人間佛教研究》第十一期（2021）

Studies in Humanistic Buddhism, Issue 11(2021)，342-347

撰稿體例

壹、順序架構與正文內容之格式

一、摘要（靠左，14級標楷體。摘要內容為12級標楷體）（中、英文摘要含題目，不同頁，500字內）

　　關鍵詞：□、□、□、□、□（不超過5個；12級標楷體，加粗，靠左邊界，與前段間空1行）

二、段落、字體要求：

　　1.各章節標題，依壹、一、（一）、1.、（1）之級別順序標示，以四級為限。

　　2.每段第一行第一字前空兩字元。

　　3.各章節之標題為16級標楷體，上下間隔1行。

　　4.正文與參考文獻：新細明體12級。

　　5.獨立引文：標楷體12級。

　　6.注腳：新細明體10級。

　　7.英文與阿拉伯數字請採用Times New Roman字型。

　　8.梵文與巴利文之羅馬字體轉寫，亦請採用Times New Roman字型。

　　9.文中出現年月日、頁數、註解編號等，皆以阿拉伯數字表示。

　　10.圖表均需加編號。表名列於表上方，表註列於表下方；圖名、圖註列於圖下方。

三、標點要求：

　　1.請用新式標點符號，惟書名號改用雙尖號《》，篇名號改用單尖號〈〉。行文中書名和篇名連用時，省略篇名號，如《法華經‧普門品》。若為英文，書名請用*斜體字*，篇名請用 "quotation marks"。

　　2.除破折號、刪節號各占兩格外，其餘標點符號各占一格。英文則用半形標點符號。

　　3.正文內之引文，加引號「」；引文中有引文時，使用雙引號『』。引文如有刪節，以「……」標明。引文原文有誤時，應在該處以括號標示（原文如此），必要時得加注說明。引文超過四行即應另起一行獨立引文，每行向右縮三格，不另加引號，與前後文上下各空1行；特別引用之外文（請

翻譯成流暢達意之中文，於注腳中附上所引篇章之外文原名，視乎需要將所徵引之原文置於注腳中），也依此方式處理。

貳、注腳之格式

一、注腳號碼請用阿拉伯數字隨文標示（即當頁注）；引文資料無論在句中或句末，應標注於引號「」之後。正文中的注腳編號，請以阿拉伯數字標示於標點符號右上方。
二、古籍文獻資料，出版社若有標注頁碼者，則以之為據；若無標注頁碼者，則標示眉心頁碼。
三、原書出版日期，如以「民國」、「昭和」等標示，皆改為西元紀年。
四、注腳體例請依下列格式：

（一）引用專書

廖明活：《中國佛性思想的形成和開展》（臺北：文津出版社，2008年5月），頁156。

甘迺斯・齊思克（Zysk, Kenneth G.）著，陳介甫、許詩淵譯：《印度傳統醫學——古印度佛教教團之醫學：苦行與治病》（*Asceticism and Healing in Ancient India: Medicine in the Buddhist Monastery*）（臺北：國立中國醫藥研究所，2001年12月），頁100-102。

Mark Edward Lewis, *Writing and Authority in Early China* (Albany: State University of New York Press, 1999), pp. 5-10.

（二）引用論文

1.期刊論文

陳劍鍠：〈佛教論述女性障礙修行的相關省思——從淨土法門談起〉，《文與哲》第13期，2008年12月，頁1-44，尤其頁30。

Joshua A. Fogel, "'Shanghai-Japan': The Japanese Residents' Association of Shanghai," *Journal of Asian Studies* 59/4 (2000), pp. 927-950, esp. pp.930-31。

2.論文集論文

陳劍鍠：〈印光對永明延壽「四料簡」的詮釋——兼及自力、他力與禪、淨難易

之辯〉，收入釋光泉主編：《靈隱寺與中國佛教（上）（下）》（北京：宗教文化出版社，2013年8月），頁595-606，尤其頁600。

3.學位論文

劉霞羽：〈普度及其《蓮宗寶鑑》研究〉（杭州：杭州師範大學中國哲學碩士論文，2006年4月），頁12。

Edwin O. James, "Prehistoric Religion: A Study in Prehistoric Archaeology"(史前宗教：史前考古學的研究)(Cambridge：Harvard University Ph. D. dissertation, 1957), p.18.

（三）引用古籍

1.原書只有卷數，無篇章名，注明全書之版本項，例如：

〔明〕郝敬：《尚書辨解》（臺北：藝文印書館，1969年《百部叢書集成》影印《湖北叢書》本），卷3，頁2上。

2.原書有篇章名者，應注明篇章名及全書之版本項，例如：

〔唐〕釋皎然：〈達磨大師法門義讚〉，《杼山集》，收於〔明〕毛晉編：《禪門逸書》初編第二冊（臺北：明文書局，1980年1月），卷8，頁89。

3.原書有後人作注、譯者，例如：

〔梁〕釋慧皎撰，湯用彤校注，湯一介整理：〈晉廬山釋慧遠〉，《高僧傳》（北京：中華書局，1992年10月），卷6，頁211。

4.西方古籍請依西方慣例。

（四）引用報紙

陳如嬌報導：〈世界佛學會考本月31日舉行〉，《中國時報》，1994年7月24日，第7版。

Michael A. Lev, "Nativity Signals Deep Roots for Christianity in China," *Chicago Tribune* [Chicago], 18 March 2001, Sec. 1, p. 4.

（五）引用網路資料

陳劍鍠：〈近代確立蓮宗十三位祖師的經過及其釋疑〉，網站名稱：Confucius2000，網址http://www.confucius2000.com/scholar/chenjh2.htm，2001年4月3日發表，檢索日期：2013年12月13日。

（六）再次徵引

1.再次徵引時如接續者，可用下列簡便方式處理：

　　1 同前注，頁180-181。

　　2 As above, pp. 90-110.

2.如果再次徵引如不接續者，且不在同一頁當省略出版信息：

　　陳劍鍠：〈續法《楞嚴經勢至念佛圓通章疏鈔》對華嚴思想之運衡〉，頁
　　190。

　　Patrick Hanan, "The Nature of Ling Meng-Ch'u's Fiction," pp.85-112, esp. p.89.

（七）對正文內容以注腳加以補充說明者，格式如下：

1.《禮記・曲禮上》：「敖不可長，欲不可從，志不可滿，樂不可極。」（〔西
　漢〕戴聖傳，〔東漢〕鄭玄注，〔唐〕孔穎達正義：《禮記注疏》，臺北：藝
　文印書館，1981年1月，卷1，頁12）。

2.本文係採用〔日〕瀧川龜太郎著：《史記會注考證》（臺北：藝文印書館，
　1972年2月）。凡正文中所援引者，皆於文末直接標示出處頁碼，不另作注。

（八）若歸納、整理他人著作之意見或觀點，須加注，並以「參閱」、
　　　　「詳見」、「參見」等標明之。

參、徵引及參考文獻之格式

一、文後所附參考文獻，以「徵引及參考文獻」為標題。分「古籍」與「近人
論著」兩部分。「古籍」以時代排序；「近人著作」又分①「中、日、韓文論
著」、②「西文論著」、③「網絡資料」三大類。近人論著中、日、韓文以作者
姓氏筆畫排序（由少至多）；西文以作者姓名字母排序。如無作者，以書名筆畫
或字母排序。同一作者有兩種以上著作時，依出版年排序。

二、每筆資料包含之內容及其排列順序，依次為：①作者，②書名，③出版地，
④出版社，⑤出版日期；若為「期刊論文」，則另加標起迄頁碼。

三、參考文獻體例請依以下格式：

（一）古籍：（16級標楷）

〔晉〕王弼著，樓宇烈校釋：《老子周易王弼注校釋》，臺北：華正書局，1983
年9月。

〔明〕郝敬：《尚書辨解》，臺北：藝文印書館，1969《百部叢書集成》影印
《湖北叢書》本。

〔明〕釋蕅益：《阿彌陀經要解》，收入釋蕅益編，釋成時審訂：《淨土十
要》，《卍新纂續藏經》（東京：國書刊行會，1975-1989，以下同）第61
冊。

（二）近人論著：（16級標楷體）

1. 中、日、韓文論著（含外文譯作；16級標楷體；加粗）

山本佛骨：〈信行と道綽の交涉〉，載《印度　仏教　研究》第12卷第2　，
1958年3月，頁229-231。

平川彰：《淨土思想と大乘戒》，《平川彰著作集・第7卷》，東京：春秋社，
1997年7月第2刷。

甘洒斯・齊思克（Zysk, Kenneth G.）著，陳介甫、許詩淵譯：《印度傳統醫
學——古印度佛教教團之醫學：苦行與治病》（*Asceticism and Healing in
Ancient India: Medicine in the Buddhist Monastery*），臺北：國立中國醫藥
研究所，2001年12月。

林妙貞：〈天台圓教之淨土義與人間淨土之修證實踐〉，桃園：國立中央大學哲
學研究所博士論文，2011年7月。

陳劍鍠：〈道綽、善導的懺悔觀——以末法觀念及念佛三昧為核心〉，收入李豐
楙、廖肇亨主編：《沈淪、懺悔與救度》（《文學與宗教研究叢刊3》），
臺北：中央研究院中國文哲研究所，2013年5月，頁253-293。

曾其海：〈山家派知禮的佛教哲學思想〉，《哲學與文化》第22卷第5期，1999
年5月，頁438-447。

2. 西文論著(16級標楷體；加粗；與前段間隔1行)

Akira Hirakawa. *A History of Indian Buddhism: From Śākyamuni to Early Mahāyā-
na.* Paul Groner Trans., Honolulu: University of Hawaii Press, 1990.

Hurvitz, Leon: "Chu-hung's One Mind of Pure Land and Ch'an Buddhism", in *Self
and Society in Ming Thought,* William Theodore deBary ed., New York: Columbia
University, 1970, pp.451-482.

Ku, Cheng-mei, "The Mahayanic View of Women: A Doctrinal Study," Ph.D. diss., Madison: University of Wisconsin-Madison, 1984.

Patel, C. Kartikeya, "The Paradox of Negation in Nāgārjuna's Philosophy," *Asia Philosophy 4/1*(1994), pp. 17-32.

3. 網絡資料（16級標楷體；加粗；與前段間隔1行）
陳劍鍠：〈近代確立蓮宗十三位祖師的經過及其釋疑〉，網站名稱：*Confucius2000*，網址http://www.confucius2000.com/scholar/chenjh2.htm，2001年4月3日發表，檢索日期：2013年12月13日。

《人間佛教研究》第十一期（2021）
Studies in Humanistic Buddhism, Issue 11(2021)，348-353

香港中文大學
文學院人間佛教研究中心

【歷史背景】

　　香港中文大學以「結合傳統與現代，融合中國與西方」為創校精神，重視人文與生命教育；星雲大師弘傳人間佛教，以「佛說的、人要的、淨化的、善美的」為核心理念，是未來世界的一道光明，更是全人類的財富。因此，香港中文大學與佛光山文教基金會簽訂合作協議，共同推動人間佛教理念，以及推展佛教文化思想之研究。

- 2005年，香港中文大學與佛光山文教基金會合作，在香港中文大學文化及宗教研究系成立人間佛教研究中心，致力於人間佛教相關學術研究、交流及推廣。
- 2010年，佛光山文教基金會與中大簽訂「人間佛教研究中心第二期合作協議」，在過去佛學研究與文化推廣並重的基礎上，繼續深入人間佛教的相關研究，推動中外學術界交流與互動，加強佛學人才培養和文化推廣。
- 2014年8月，中心升格隸屬文學院，繼續推動人間佛教研究、文化教育等事務，以及推廣佛教中外學術交流，培養佛教研究人才。
- 2015年，佛光山文教基金會與中大繼續攜手，為「人間佛教研究中心」第三期合作開啟新局。
- 第四期（2020-2025年）之合作，中心將本著創立宗旨，延續第三期之業績，擴大發展方向，為可持續發展累積因緣條件，發揮實際影響力，使人間佛教的理念得以積極獲得落實。

【工作方針】

　　香港中文大學文學院人間佛教研究中心致力於推廣佛教教育、人間佛教研究及佛學研究人才之培育。歷年來舉辦國際學術會議與出版學術期刊，均獲學術界和佛教界的高度評價。

　　為繼續深化人間佛教理論，培養佛教研究人才，推動佛教研究學術團體之間的合作與交流，中心未來五年之工作方針如下：

1. 每年舉辦世界性佛教學術研討會，加強國際佛教學界之交流，促進人間佛教理念之推廣。每年舉辦東亞、東南亞人間佛教發展與佈教相關的學術研討會、人間佛教管理文化論壇。

2. 接受各大學或學術單位之學者申請訪問，進行長短期跨領域學術交流，提供研究平臺，分享研究成果。

3. 每年舉辦各類學術講座、論壇、交流會，以宣揚人間佛教理念。

4. 定期出版通訊、學報、專著、學術年刊、學術叢刊、有聲書、電子書等出版品。

5. 設立人間佛教資料中心，收集及彙整人間佛教相關文獻、圖像及電子資料，使之成為人間佛教資料完整而齊全之資料中心。

6. 設立研究基金，提供長期（三年）、短期（一年）之人間佛教研究計畫，聘請國內外學者擔任副研究員或研究員，擬定研究項目，針對人間佛教之理念，進行研究並提供堅實的理論基礎。

7. 設立博士後研究計畫，積極培養人間佛教研究之青年學者。

8. 接受學術單位、佛教寺院的委託，承擔專題研究項目。

9. 透過文學院向中大研究生院申請設立「人間佛教研究專業」之博士課程（Ph. D），提供專業的佛學研究課程，培養佛教研究人才。

10. 籌辦及推廣人間佛教管理文憑課程予中高階層管理人士進修，從佛法的思維建立東方式管理範式。

11. 推廣研修實務課程，配合香港佛光道場舉辦修持性課程，於積極推展學術研究之餘，亦鼓勵各項宗教修持活動，體現淨化社會人心之意義。

《人間佛教研究》第十一期（2021）
Studies in Humanistic Buddhism, Issue 11(2021)，348-353

Centre for the Study of Humanistic Buddhism, The Chinese University of Hong Kong

Background

The Chinese University of Hong Kong (CUHK) emphasizes humanity and life education with the theme of "combining tradition and modernity, integrating China and the West". The concept of Humanistic Buddhism is "taught by the Buddha, needed by humankind, purified, virtuous and beautiful". It is the light to the future, the wealth of all humankind. The Chinese University of Hong Kong and the Fo Guang Shan Foundation for Buddhist Culture and Education signed a cooperation agreement to promote the concept of Humanistic Buddhism and to promote the study of Buddhist cultural thoughts.

- In 2005, the Chinese University of Hong Kong cooperated with the Fo Guang Shan Foundation for Buddhist Culture and Education to establish The Centre for the Study of Humanistic Buddhism (the Centre) at the Department of Cultural and Religious Studies of the Chinese University of Hong Kong, dedicated to academic research, exchange and promotion of Humanistic Buddhism.
- In 2010, Fo Guang Shan Foundation for Buddhist Culture and Education and CUHK signed the "Second Cooperation Agreement for The Centre for the Study of Humanistic Buddhism". On the basis of the emphasis on Buddhist studies and cultural promotion in the past, it continued to deepen the research on Humanistic Buddhism and promote the exchanges between Chinese and foreign academic circles. Interaction, strengthen the cultivation of Buddhist talents and cultural promotion.

- Since August 2014, the Centre has been promoted to The Faculty of Arts in CUHK, continuing to promote the study of Humanistic Buddhism, cultural education and other matters, as well as promoting Buddhism Chinese and foreign academic exchanges, and cultivating Buddhist research talents. In 2015, Fo Guang Shan Foundation for Buddhist Culture and Education and CUHK continued to work together to open a new situation for the third phase of The Centre for the Study of Humanistic Buddhism.
- In the fourth phase of cooperation (2020-2025), the Centre will follow the founding tenet, extend the performance of the third phase, expand the development direction, accumulate the karma for sustainable development, exert practical influence, and enable the concept of Humanistic Buddhism to be actively implemented.

Mission

The Centre is dedicated to promoting Buddhist education and academic researches of Humanistic Buddhism and nourishing Buddhist scholars. Over the years, the Centre has organized several international academic conferences and several volumes academic journals have been published over the years. These contributions win a good reputation by academics and Buddhist circles.

In order to continue to deepen the theory of Humanistic Buddhism, cultivate Buddhist research talents,, and facilitate the cooperation and exchanges between Buddhist research academic groups, the work guidelines of the Centre for the next five years are as follows:

1. Organize international conferences on Buddhist Studies every year to strengthen the connection with overseas academia, and to spread the thoughts of Humanistic Buddhism. Organize conferences on development and preach about Humanistic Buddhist in East Asia and Southeast Asia and forums on Buddhism and Business.

2. Accept both long-term and short-term visiting scholar applications. The Centre will encourage visiting scholars to study in an interdisciplinary way and share their researches.

3. Organize a wide variety of lectures, symposia, and exchange meetings every year to facilitate the worldwide academic exchanges, and to spread the thoughts of Humanistic Buddhism.

4. Periodically publish newsletters, academic journals, books, academic annuals, collections, audio-books, and e-books, etc.

5. Set up Information Centre of Humanistic Buddhism to thoroughly collect and sort out the sources and images of Humanistic Buddhism from the publications and databases.

6. Start a foundation. This foundation will support both the long-term (three years) and short-term (one year) research projects on Humanistic Buddhist studies. Supported by the foundation, the Centre will invite experts from Greater China, Asia, and western countries to systematize and theorize the thoughts of Humanistic Buddhism.

7.Provide several postdoctoral positions to encourage and cultivate young scholars.

8.Collaborate on monographic projects together with other institutions and Buddhist monasteries.

9.Apply for Graduate School's approval via the Faculty of Arts to establish Ph.D program in Humanistic Buddhist studies which nourishes more Buddhist scholars by providing series of professional courses.

10.Offer and promote Diploma in Management of Humanistic Buddhism to assist middle to senior management to establish an Eastern mode of management.

11.Provide practice and meditation courses together with Hong Kong Fo Guang Vihara. These practical courses aim at purifying the mind and balancing the interpersonal relationship.

《人間佛教研究》第十一期（2021）
Studies in Humanistic Buddhism, Issue 11(2021)，354-356

《人間佛教研究》稿約

一、本刊刊載研究「人間佛教」及其他佛學領域之學術論文。

二、本刊每年出版一期。截稿日期為八月三十一日。自第九期起，預定於一月出刊。

三、除經本刊同意外，不接受任何已正式發表之稿件（含紙本及網路稿件），會議論文之稿件須未經出版。

四、本刊設匿名外審制度，請勿於來稿中出現足以辨識作者身分之資訊。

五、本刊接受中文（繁體字）稿件。每篇以不少於壹萬字不超過兩萬五千字為宜（特約稿不在此限）。英文稿件，每篇以不超過一萬五千字為原則。書評不超過五千字。

六、稿件必須包含：中英文題目、中英文提要、中英文關鍵詞、正文及引用文獻等幾個部分。格式請參考「撰稿體例」（請於本中心網頁自行下載）。並請填妥「投稿資料表」，與稿件一併惠寄。

七、稿件中涉及版權部分，引用前請預先徵得原作者或出版者之正式同意。文稿如發生抄襲侵犯他人著作權或引起糾紛等情事，責任由作者自負。

八、經決定採用之稿件，本刊有權更改格式。若有其他必須修改之處，請作者依編輯委員會之建議處理。未獲採用者則致函奉告。來稿不退。

九、本刊有權將已刊登之論文，彙集出版相關論叢。

十、本刊不設稿酬，來稿若經採用，將致贈該期《人間佛教研究》五冊。

惠賜稿件請寄：

郵　　寄：香港新界沙田 香港中文大學馮景禧樓2樓204室 「人間佛教研究中心」
　　　　　《人間佛教研究》編輯委員會 收

電子郵件：cshb@cuhk.edu.hk （郵件「主旨」請註明「投稿」字樣）

聯絡電話：(852) 3943 5938

傳　　真：(852) 2603 5621

Call for Papers
Studies in Humanistic Buddhism

1. The *Studies in Humanistic Buddhism* (*SHB*) publishes scholarly papers and book reviews on a wide range of topics in the fields of Buddhist studies. One issue will be edited and produced per year. The submission deadline is August 31st. From Issue 9 onwards, printed copies will be completed in January.

2. Submitted papers will be evaluated in the normal double-blind process and peer-reviewed by experts in relevant research field. The author should avoid including in the paper any information that might reveal his/her identity, and will be informed if the paper is deemed either acceptable or unsuitable. All submitted manuscripts will not be returned to authors.

3. *SHB* will not accept any published work regardless on papers or on the internet unless with the editorial board's permission. Conference papers are accepted only if they have not been published before.

4. *SHB* accepts papers written in traditional Chinese character within 25,000 characters, and in English within 15,000 words. Book review should normally be no more than 5,000 characters/words. All papers in Chinese should be written in the *SHB* style. Submissions in English must follow *The Chicago Manual of Style*. An abstract and keywords should be written in both Chinese and English, and reference is necessary. Papers should be emailed as an attachment in Word as well as in PDF format to the email address given below.

5. Plagiarism is forbidden. All quotation from both firsthand and secondhand references should be given sources in details. *SHB* disclaims responsibility for any dispute caused by author's plagiarization.

6. Please fill in the form found on the Centre's website with your Chinese and English name, institution, professional title, address, telephone, fax and email address and send it to us together with your paper.

7. *SHB* entitles to change the style of accepted papers. Submitting authors should revise their papers according to editorial board's suggestion.

8. The decisions of the editorial board are final.

《人間佛教研究》第十一期（2021）

Studies in Humanistic Buddhism, Issue 11(2021)，354-356

9. *SHB* proclaims the right to compile and publish the papers from *SHB* in a relevant collection.

10. No fee will be charged or provided for publishing your paper in *SHB*. All authors whose papers are accepted will be presented five copies of *SHB* on publication.

By Post: "*Studies in Humanistic Buddhism*" Editorial Board,
Centre for the Study of Humanistic Buddhism, Room 204,
Fung King Hey Building, The Chinese University of Hong Kong, Shatin, Hong Kong
Email:cshb@cuhk.edu.hk (Please title "Paper Submission")
Tel: (852) 3943 5938
Fax: (852) 2603 5621

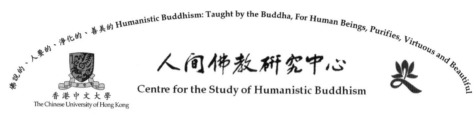

人间佛教研究中心
Centre for the Study of Humanistic Buddhism

香港中文大學
The Chinese University of Hong Kong

《人間佛教研究》 第十一期（2021）
Studies in Humanistic Buddhism Issue 11 (2021)

本學刊以年刊形式出版，出版日期為每年的一月。本期出版日期:2021年1月。
The Journal is published on an annual basis in January. Issue11 is published in January 2021.

香港中文大學人間佛教研究中心主辦
Sponsored by Centre for the Study of Humanistic Buddhism, The Chinese University of Hong Kong
香港中文大學人間佛教研究中心編著
Edited by Centre for the Study of Humanistic Buddhism, The Chinese University of Hong Kong

名譽顧問 Honorary Adviser　星雲大師 Venerable Master Hsing Yun　（佛光山文教基金會 F.G.S. Foundation for Buddhist Culture & Education）

主　　編 Chief Editor　　陳劍鍠 Chen, Chien-huang　　（香港中文大學 The Chinese University of Hong Kong ）

執行編輯 Executive Editor　李聖俊 Lee, Sheng-chun　　（國立成功大學 National Cheng Kung University ）

編輯顧問 Advisory Board　John Kieschnick　　　　　(Stanford University)
(以筆畫序)　　　　　Robert Buswell　　　　　(University of California)
　　　　　　　　　林鎮國 Lin, Chen-kuo　　　（國立政治大學 National Chengchi University)
　　　　　　　　　麻天祥 Ma, Tian-xiang　　　（武漢大學 Wuhan University)
　　　　　　　　　黃夏年 Huang, Xia-nian　　　（中國社會科學院 Chinese Academy of Social Sciences)
　　　　　　　　　董平 Dong, Ping　　　　　（浙江大學 Zhejiang University)
　　　　　　　　　鄧子美 Deng, Zi-mei　　　　（江南大學 Jiangnan University)
　　　　　　　　　藍吉富 Lan, Chi-fu　　　　（中華佛學研究所 Chung-Hwa Institute of Buddhist Studies)
　　　　　　　　　廖明活 Liu, Ming-wood　　　（香港大學 The University of Hong Kong)
　　　　　　　　　藤本淨彥 Fujimoto Kiyohiko　　（淨土宗総合研究所 Jodo Shu Research Institute)

編輯委員 Editorial Board	Charles B. Jones	(The Catholic University of America)
(以筆畫序)	Natasha Heller	(University of California)
	朴永煥 Park, Young-hwan	(東國大學 Dongguk University)
	何燕生 He, Yan-sheng	(郡山女子大學 Koriyama Women's University & College)
	吳光正 Wu, Guang-zheng	(武漢大學 Wuhan University)
	吳有能 Ng, Yau-nang	(香港浸會大學 Hong Kong Baptist University)
	李玉珍 Li, Yu-chen	(國立政治大學 National Chengchi University)
	杜保瑞 Tu, Bao-rui	(國立台灣大學 National Taiwan University)
	侯坤宏 Hou, Kun-hong	(國史館 Academia Historica))
	姚治華 Yao, Zhi-hua	(香港中文大學 The Chinese University of Hong Kong)
	徐聖心 Hsu, Sheng-hsin	(國立台灣大學 National Taiwan University)
	陳永革 Chen, Yong-ge	(浙江省社會科學院 Zhejiang Academy of Social Sciences)
	程恭讓 Cheng, Gong-rang	(南京大學 Nanjing University)
	黃國清 Huang, Kuo-ching	(南華大學 Nanhua University)
	溫金玉 Wen, Jin-yu	(中國人民大學 Renmin University of China)
	廖肇亨 Liao, Chao-heng	(中央研究院 Academia Sinica)
	廣興 Guang Xing	(香港大學 The University of Hong Kong)
	賴錫三 Lai, Hsi-san	(國立中山大學 National Sun Yat-sen University)
	釋覺瑋 Ven. Jue Wei	(南天大學 Nan Tien Institute)
	闞正宗 Kan, Zheng-zong	(佛光大學 Fo Guang University)
	顧偉康 Gu, Wei-kang	(新加坡佛學院 Buddhist College of Singapore)
	龔雋 Gong, Jun	(中山大學 Sun Yat-sen University)

出版Publisher　　　　香海文化事業有限公司

Gandha Samudra Culture Co. Ltd.

臺灣新北市三重區三和路三段117號6樓

6F,No.117 Section 3, Sanhe Road, Sanchong District, Taiwan

電話 Tel: +886-2-2971-6868

電郵 Email: gandha@ecp.fgs.org.tw

網址 Website: http://www.gandha.com.tw/

© 香港中文大學人間佛教研究中心

Centre for the Study of Humanistic Buddhism, The Chinese University of Hong Kong

ISBN 978-986-99122-4-2

定價 新臺幣380元 / 港幣130元

秘書處Secretariat　　香港中文大學人間佛教研究中心

Centre for the Study of Humanistic Buddhism, The Chinese University of Hong Kong

香港沙田香港中文大學馮景禧樓204室

Rm 204, Fung King Hey Building, The Chinese University of Hong Kong, Shatin, Hong Kong

電話 Tel: +852 3943 5938

傳真 Fax: +852 2603 5621

電郵 Email: cshb@cuhk.edu.hk

網址Website: http://www.cuhk.edu.hk/arts/cshb/

總經銷Sole Distributor　時報文化出版企業股份有限公司

333桃園縣龜山鄉萬壽路二段351號

電話 +886-2-2306-6842

法律顧問　舒建中、毛英富

登 記 證　局版北市業字第1107號

國家圖書館出版品預行編目(CIP)資料

人間佛教研究. 2021第11期 / 香港中文大學人間佛教研究中心

編著. -- 新北市：香海文化事業有限公司,2021.01

360面；17x23公分

ISBN 978-986-99122-4-2(平裝)

佛教│論文集

220.7　　　　　　　　　　　　　　　109022069

贊助出版

財團法人佛光山文教基金會、香港佛光道場、國際佛光會香港協會

如有缺頁、破損、裝訂錯誤，請寄回本中心調換。

版權所有　請勿翻印